KB130508

# 교육과정의 이해 <sup>3판</sup>

김대현 저

HOW TO UNDERSTAND
AND SHAPE CURRICULUM

학지사

30년 이상 연구자의 길을 걸을 수 있도록 좋은 책을 통해 지원해 주신 학지사 김진환 사장님, 편집부 김순호 이사님과 유가현 과장님, 영업부 김은석 상무님의 건강과 행복을 바랍니다.

## 3판 **머리말**

춥다.

매우 춥다.

내일은 수은주가 영하 14도로 떨어진다고 한다.

외출할 때 모자와 목도리를 반드시 챙겨야겠다.

몸만 추운 게 아니다.

정치는 혼란스럽고, 경제는 뒷걸음친다.

국가 안보도 위험하다.

삶이 날로 팍팍해진다.

빨리 봄이 왔으면 한다.

『교육과정의 이해』 3판을 내게 되었다.

2011년 책을 내고 두 번째 개정이다.

그동안 세상이 많이 달라졌고, 학교 현장에도 많은 변화가 있었다.

이번 개정의 방향을 세 가지로 압축할 수 있다.

첫째, 국가수준 교육과정의 개정이다. 2022년 12월 말 새 교육과정이 고시되고 올해 초등학교 1학년부터 적용된다. 새 교육과정을 반영하여 내용을 고쳐 썼다.

둘째, 국가 교육정책의 변화다. 자유학기제, 고교학점제, 진로연계교육, 디지털교과서, 학교자율시간, 학교−지역 연계교육 강화 등의 교육정책을 반영하고자 하였다.

셋째, 학교 현장의 변화다. 학교에서는 역량중심 교육과 성취기준 수업이 강화되고, 학습자중심 수업이 보편화되었으며, 과정중심 평가가 일상화되었다. 교육과정-수업-평가-기록의 일체화가 강조되고 있는 변화를 반영하려고 하였다.

이러한 내용의 변화와 함께 집필의 목적을 더욱 뚜렷이 하고자 하였다.

첫째, 독자층을 명확히 하였다. 이 책의 주요 독자는 예비 교사와 현직 교사라고 할 수 있다. 이 책에는 교육과정 분야의 가장 기본적인 개념과 원리를 담았다. 교육과정 분야를 전문적으로 연구하는 학자들에게도 '기본을 다진다'는 점에서 도움이 되겠지만, 교사가 되려는 분들 그리고 현재 학교에서 학생들을 가르치는 분들이 반드시 알아야 할 내용을 중심으로 엮었다.

둘째, 줄이고 비우는 정신을 실천하고자 했다. 지난 초판이나 개정판에 있는 내용의 3분의 1을 덜어 내었다. 자식처럼 하나같이 소중하게 생각되기 때문에 늘리는 것보다 줄이는 일이 힘들었다. 이번 개정에서는 교직에 종사하는 분에게 꼭 필요한 내용만 담았다.

셋째, 저자의 목소리를 대폭 낮추었다. 초판과 개정판에서는 주제에 따라 저자의 연구 결과를 많이 소개하였다. 학술지에 실린 내용으로 타당성과 객관성이 담보된 것이지만 쟁점이 될 수 있다고 생각했다. 다만, '학교 · 지역 연계교육'과 관련된 장을 추가한 것은 비록 '사심'이기는 하지만, 우리 교육의 미래라고 생각하여 교사들이 관심을 가지고 실천해 가야 한다고 믿기 때문이다.

날이 추우니 대기는 깨끗하고 먼 산도 또렷하다.
몸의 한기는 견딜 수 있다.
학부모와 일반 시민이 우리 교육을 걱정하지 않는 세상이 빨리 왔으면 한다.

2024년 1월
금정산 자락에서 김대현

# 1판 머리말

춥다. 겨울이 어떤 계절인가를 온몸으로 느낀다. 외출 후 집에 들어오면 보일러부터 켜게 된다. 1월 중 서울의 평균 기온이 영하에 머물고, 부산은 96년 만에 최저 기온을 기록하였다고 한다. 겨울은 가난한 사람에게 더욱 견디기 힘든 계절이다.

새로운 교육과정이 금년부터 시행된다. 치열한 국제경쟁 속에서 선진국의 대열에 합류하고자 하는 강렬한 소망을 담고 있다. 이번 교육과정으로 '글로벌 창의 인재'가 길러졌으면 한다.

그러나 새 교육과정이 교실의 추위를 얼마나 걷어 낼지 의문이다. 우리는 그동안 많은 교육과정을 가졌었다. 국가에서는 교육과정을 바꾸고 교사들은 개편된 교과서를 들고 교실에 들어갔다. 하지만 그 속에서 학생들의 삶은 얼마나 달라졌을까?

객관적이고 공정하며 엄격한 평가가 필요하지만 학생들의 삶이 예전과 달라진 것처럼 보이지 않는 것은 나의 착각이나 편견 때문일까? 학교를 방문하거나 교실을 관찰할 기회가 종종 있다. 다녀오면 어깨가 처지고 마음이 무거워진다. 복도나 교무실에서 마주치는 교사들의 굳은 얼굴과 수업 시간에 보이는 학생들의 무료한 표정은 연구실로 돌아온 이후에도 한동안 머릿속에 머문다.

교육과정을 개정한다고 해서 이러한 문제들이 한꺼번에 해결되지는 않는다. 하지만 국가수준의 교육과정이 국가의 교육계획을 담고 있는 것이라면, 학교 현장의 이러한 상황을 개선하는 데 개정의 중점을 두어야 하지 않을까?

최근 몇 년 동안 교육과정 관련 저서와 논문이 많이 출간되었다. 이 책을 쓰는 과정에서 도움을 준 저서와 논문들이 적지 않다. 그중에는 학부나 대학원에서 읽히는 전문적인 수준의 글도 많이 있다. 이 책은 이들 저서와 논문에서 많은 내용을 빌리고 아이디어를 얻었다. 그러나 이 책은 교육과정 분야에서 저자가 학계에서 발표하거나 학회지에 게재한 글들에 바탕을 두고 있다. 이 책은 저자의 독자적인 생각과 견해를 많이 반영하고 있다. 체제의 구성과 집필된 내용에서 이러한 점을 찾을 수 있을 것이다. 이 책은 총 14개의 장으로 구성되며, 다음과 같은 특징을 가지고 있다.

첫째, 교육과정 분야에서 반드시 알아야 할 기본적인 개념과 원리를 알기 쉽게 제시하였다. 교육과정의 개념과 유형, 교육과정의 주요 활동인 개발/운영/평가의 개념과 원리, 교육과정의 적용 범위와 관련 있는 국가수준/학교수준/교실수준 교육과정의 개념과 성격 등을 명확히 규정하고자 하였다.

둘째, 거시적 교육과정 분야와 미시적 교육과정 분야를 균형 있게 다루었다. 거시적 교육과정 분야인 국가수준 교육과정의 개발 모형, 교육의 목적과 진술 방식, 교육내용의 선정과 조직 방식, 교육과정의 설계 방법 등을 기술하였으며, 미시적 교육과정 분야인 학교수준 교육과정, 교실수준 교육과정, 교과서의 구성과 활용 방법, 교육과정의 운영과 학교수준의 교육과정 평가 등을 서술하였다.

셋째, 교육과정 분야의 최근 연구 성과를 반영하였다. 교육과정 개발 모형에서 숙의 모형과 구성주의 모형을 구체적으로 제시하고, 통합교육과정과 수준별 교육과정을 포함시켰으며, 창의적 체험활동의 내용과 운영상의 유의점을 제시하였다. 특히 14장에서는 최근의 연구 성과를 토대로 우리나라와 미국에서의 교육과정 연구 진행과 이론 형성 과정을 제시하고, 우리나라의 교육과정 연구와 이론 개발의 과제를 제안하였다.

책을 집필하는 데 많은 분의 도움을 받았다. 강이화, 김은주, 김혜나 선생이 도움을 주었고, 같은 분야에서 활동하는 박소영, 이은화, 정성아, 김아영 선생의 비평도 큰 자극이 되었다. 지금은 정년퇴임을 하신 김원희, 변영계 두 분 은사님과 같은 학과에 근무 중인 김석우, 박창언 교수님께도 은혜를 입었다.

집필을 끝내면 늘 아쉬움이 남는다. 교정지를 받아 들면 중요한 내용이 빠진 것 같아 후회가 생기고, 탈고를 앞두고는 혹시 잘못된 내용이 없나 하는 걱정을 하게 된다. '세상에 완전한 것은 없다'는 최면을 걸며 최종 교정지를 넘기지만 편치 않은 마음은 어쩔 수가 없다. 부족한 내용은 채우고, 잘못된 내용은 고칠 것을 약속드린다. 이 부족한 책이 지치고 무료한 표정의 학생들로 가득 찬 교실의 추위를 녹이는 데 보탬이 되었으면 한다.

책을 내면서 학지사에 무한한 감사를 드리고 싶다. 편집부의 이세희 선생님과 영업부의 김은석 선생님의 노고에 감사드린다. 이 책의 출간을 오랫동안 기다리면서 한결같은 마음으로 지원을 해 주신 김진환 사장님께도 고마운 마음을 전한다.

이천십일년 일월 한겨울에
김대현 배상

✎ 차례

· Part **01** ·

# 교육과정의 개념과 수준

Chapter **01**

## 교육과정의 기능, 개념, 유형      15

Chapter **02**

## 교육과정의 주요 활동과 그 기반      37

···How to understand and shape curriculum···

CHAPTER

# 01

# 교육과정의 기능, 개념, 유형

학생들이 새로운 분야의 학문을 처음으로 접할 때 가장 힘들어하는 것은 그 학문 분야의 성격을 이해하는 일이다. 실제로 학생들이 학문 분야의 성격을 파악하는 것은 학기 초가 아니라 수업이 한참 진행된 학기 중간이나 아니면 학기 말이라고 볼 수 있다. 따라서 교재의 첫 장에 해당 학문 분야의 성격을 상세히 기술하는 것은 이해가 되지도 않을 내용을 학생들에게 제시함으로써 그들에게 부담을 줄 뿐이다. 이런 점에서 여기서는 교육과정 분야에서 다루게 될 주요한 주제들을 대략적으로 소개하고자 한다. 이 장에서는 교육과정의 기능, 개념, 유형 등을 살펴본다.

구체적인 학습과제는 다음과 같다.

- 학교 교육에서 교육과정의 기능을 이해한다.
- 교육과정의 다양한 의미를 알아본다.
- 교육과정의 유형과 유형별 특성을 파악한다.

## 1. 교육과정의 기능

교육활동은 대개 교육기관(敎育機關)에서 이루어진다. 교육기관이란 교육에 관한 일을 맡아 하는 곳이라는 의미를 지니며, 우리 사회에서 교육기관이라고 하면 학교를 쉽게 떠올리게 된다. 학교는 말 그대로 학생을 가르치는 교육기관이며, 법률적으로는 이러한 역할을 수행하는 유치원, 초등학교, 중학교, 고등학교, 대학교와 특수학교 등을 가리킨다.

교육기관이 교육에 관한 역할을 담당하는 곳이라면, 국가나 지방자치단체가 설립하거나 인정하는 공적(公的)인 교육기관은 아니지만, 학원도 교육기관임은 부인할 수 없는 사실이다.

학원은 그동안 고입 또는 대입 준비교육을 위한 입시계 학원이 주류를 이루었으나, 최근에는 취업준비와 직업을 바꾸는 데 도움을 주는 직업기술교육, 건전한 여가생활을

위한 취미교육 등으로 그 영역을 넓혀 가고 있다. 또한 사회가 발전함에 따라 교육욕구
가 더욱 커진다는 측면에서 볼 때 학원교육이 담당하는 영역은 더욱 넓어질 전망이다.

그러면 도서관, 미술관, 박물관 등의 공공시설, 소속직원의 연수를 위한 사업장 시
설, 「평생교육법」에 따라 설립된 평생교육시설, 「근로자직업훈련촉진법」에 따른 직
업능력개발 훈련시설, 「도로교통법」에 따른 자동차운전학원 등의 시설도 교육기관에
속하는가? 이들 기관도 교육을 목적으로 설립되었거나 기관 운영의 주요 목적 중의
하나를 교육에 둔다면 교육기관으로 볼 수 있다.

교육을 실시하는 기관 속에 교육과정이 존재한다. '어떤 특정 개인의 교육과정'이
나 '어느 가정의 교육과정'이라는 말을 사용할 수 없는 것은 아니지만 어색하기 이를
데 없다(하지만 교육과정 분야의 최근 연구 동향은 오히려 이러한 의미의 교육과정을 강조
하고 있다). 교육과정은 교육을 실시할 목적으로 설립되거나 교육을 중요한 기능으로
삼고 있는 교육기관에서 갖는 것이다. 이 말은 교육기관이 자신의 설립 목적을 달성
하거나 교육적 기능을 수행하기 위해서 교육과정을 갖게 된다는 뜻이다. 교육과정이
무엇인가에 대해서는 다음 절에서 구체적으로 논의할 예정이므로, 여기서는 교육과
정을 간단히 '교육목적을 달성하기 위한 교과의 목표와 내용' 그리고 '전반적인 교육
의 목표와 내용에 대한 계획'이라는 통상적 의미로 규정하고, 기관 속에서 교육과정
이 갖는 역할을 제시하고자 한다.

먼저 교육과정을 학교에서 가르치는 '교과의 목표와 내용'이라는 관점에서 살펴
보자. 교육목적은 궁극적으로 그것이 지적이든, 정의적이든, 신체적이든, 도덕적이
든 아니면 이들을 모두 합친 것이든 간에 학습자의 변화로 나타나야 한다. 학습자에
게 어떠한 변화도 찾아볼 수 없다면 그들이 교육을 받았다고 말하기는 어렵기 때문이
다. 교육기관에서 학습자에게 영향을 주어 변화를 일으키는 주요한 힘으로는 교수자
(教授者), 교재, 교육환경 등을 들 수 있다. 그런데 인간 학습자는 수동적인 존재가 아
니므로 자신에게 영향을 주는 이러한 힘들과 끊임없이 교류한다는 점에서 학습자도
변화를 일으키는 힘 중의 하나에 속한다.

이러한 힘들이 학습자에게 개별적으로 영향을 주어 변화를 일으키기도 하지만, 대
개는 수업이나 평가와 같은 복합적인 활동을 통하여 영향을 미친다. 수업은 교수자
가 교재와 교육환경을 조작하고 학습자를 동기화시켜서 학습자가 배움을 통하여 변
화의 기회를 가질 수 있도록 돕는 활동을 가리키며, 평가는 교육에 영향을 미치는 교

수자, 학습자, 교재, 교육환경 등 제반 힘들과 수업과 같은 교육활동 등에 대한 정보
를 수집하여 교육적 의사결정을 돕고 성과를 사정하는 활동을 가리킨다.

그렇다면 교육과정은 학습자의 변화에 어떤 영향을 미치는가? 교육과정은 학습자
에게 직접 영향을 미친다기보다는 수업을 통하여 영향력을 행사한다고 볼 수 있다.
교육과정은 기관이 결정한 교육목적을 달성하기 위한 교과의 목표와 내용에 대한 계
획으로서 수업의 방향, 내용, 전략 등의 선택에 영향을 미친다. 또한 교육과정은 교육
평가의 방향, 목적, 준거와 기준, 방법 등을 결정하는 데 지침의 역할을 함으로써 학
습자의 변화에 관여한다. [그림 1-1]에서 보는 바와 같이 교육과정은 수업과 교육평
가 활동을 통하여 학습자의 변화라는 궁극적인 교육목적을 성취하는 데 기여한다.

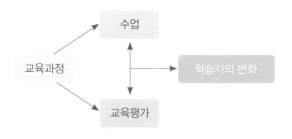

[그림 1-1] 교육과정과 학습자 변화의 관계

다음으로 교육과정을 '교육목적을 달성하기 위한 목표와 내용에 대한 계획'이라는
관점을 살펴보자. 학교라는 교육기관에서 교사가 하는 가장 중요한 활동은 수업, 생
활지도, 학급경영, 교육평가라고 할 수 있다. 앞에서 말한 바와 같이, 수업은 교수자
가 교재와 교육환경을 조작하고 학습자를 동기화시켜서 학습자가 배움을 통하여 변
화의 기회를 가질 수 있도록 돕는 활동을 가리킨다. 생활지도는 당면한 일상생활의
문제를 학생 스스로가 해결할 수 있도록 돕는 교사의 전문적인 활동이며, 학급경영은
학급의 교육목적을 효과적이고 효율적으로 달성하기 위하여 학급 내 인적·물적 요
소들을 계획, 조직, 지도, 통제하는 활동을 의미한다. [그림 1-2]에서 보는 바와 같이
교육과정은 교육의 목표와 내용에 대한 계획이라는 점에서 수업, 생활지도, 학급경
영, 교육평가의 방향을 제시하고 운영의 지침을 제공하는 역할을 한다.

학교에서 교육목적을 효과적이고 효율적으로 달성하기 위해서는 상기한 여러 교
육활동들이 서로 고립되지 않고 유기적인 연관성을 가지면서 순환되어야 한다. 즉,

[그림 1-2] 교육의 영역

학교의 교육목적 달성은 교육과정, 수업, 생활지도, 학급경영, 교육평가 활동들이 공통의 목적을 지니고 상호 간에 연계성을 지니면서 운영될 때 실현될 가능성이 높아지는 것이다.

## 2. 교육과정의 개념

정의(定意)란 말 그대로 어떤 주어진 용어의 다양한 뜻 중에서 '어떤 하나의 뜻(意)을 선택하여 정(定)한다.'는 의미를 담고 있다. 교육과정 분야의 문헌을 살펴보면 교육과정이 무엇인가 하는 정의는 문헌의 수만큼 다양하기 때문에 교육과정 분야를 처음 공부하는 사람들은 그 실체를 파악하지 못하여 혼란을 겪을 수 있다.

이런 점에서 교육과정에 대하여 단일하고 적절한 정의를 내릴 필요가 있다고 생각할 수 있으나, 이런 일은 Zais(1976)의 말처럼 '생산적이지 못한 일'로 보인다. 왜냐하면 용어에 대한 정의는 정의를 내리는 사람의 신념에 따라 용어의 다양한 뜻 중에서 하나를 선택한 것이어서 어떤 정의가 옳다거나 그르다고 말할 수 없기 때문이다. 또한 용어에 대한 단일한 정의를 채택하는 것이 무엇보다 생산적이지 못한 이유는 그 용어가 사용된 시대적·역사적 맥락을 무시함으로써 용어가 지닌 풍부한 의미를 살필 수 있는 기회를 잃게 되기 때문이다.

따라서 여기서는 교육과정의 정의라는 말 대신에 교육이나 교육학 분야에 종사해 온 사람들이 교육과정에 대하여 지닌 생각, 즉 교육과정의 개념(conceptualization)을 실제적 입장과 이론적 입장으로 구분하여 살펴보고자 한다.

## 1) 실제적 입장

### (1) 교육과정: 교육내용

교육과정의 개정 작업이 있을 때 신문이나 방송에서 보도하는 교육과정의 일반적인 의미는 각급 학교에서 배우는 교과들의 종류, 중요도, 시간 배당 등이다. 즉, 언론 기관에서 고등학교 교육과정이 바뀌었다고 보도하는 것은 고등학생들이 배우게 될 교과목의 종류, 필수와 선택의 구분, 각 교과에 배당된 단위 수가 달라진다는 것을 말한다. 이러한 의미의 교육과정은 학교에서 배우게 될 교과들의 목록(courses of study)을 가리킨다.

또한 중학교에서 국어를 가르치는 어떤 교사에게 교육과정을 보여 달라고 요구할 때, 국어 교과에 포함되는 언어 기능, 문법, 문학 등에 관한 주요 주제를 열거한다면, 그는 교육과정을 해당 교과의 강의 요목으로 생각하는 것이다. 이런 의미의 교육과정은 한 강좌에서 가르칠 내용을 요약해 적어 놓은 강의 요목(syllabus)과 같은 것이다.

이와 같이 교육과정을 교과들의 목록이나 교과들의 강의 요목인 교육내용으로 생각하는 입장은 역사적으로 가장 오래되었고 널리 알려져 있다. 만일 일반인들에게 학교에서 하는 일을 대략적으로 알리고자 할 때, "우리 학교는 이러이러한 교과들을 통하여 학생들을 교육하고 있습니다."와 같이 교육내용으로 답하는 것은 쉽고 편안한 일이다.

### (2) 교육과정: 학습경험

교육목적이 학생들의 바람직한 행동 변화에 있다는 것은 널리 알려진 사실이다. 만일 어떤 학생이 학교를 다니면서 주요한 교과들을 배웠지만 조금도 나은 방향으로 달라지지 않았다면, 학습에 문제가 있다고 생각한다. 이 말은 아무리 주요한 내용으로 구성된 교과라 하더라도 학생에게 학습되지 않는다면 교육적으로 아무런 가치가 없다는 것이다.

교육과정을 학습경험으로 보는 입장은 이러한 취지에서 제안되었다. 학생들의 바람직한 행동 변화가 교육목적이라면, 교육과정은 학교의 시간표에 제시된 교과들의 목록이나 교사가 나누어 주는 교수계획표에 나타나는 것이 아니라 학생들이 갖는 경험 속에 있다는 것이다.

하지만 학생들이 학교에서 생활하는 동안에 갖는 모든 경험이 교육적인 가치가 있다고 보기는 어렵기 때문에, 교육과정을 학교에서 제공하는 경험 중에서 계획된 경험으로 한정 짓는 것이 좋다는 견해들이 있다. Doll(1995)이 교육과정을 "학교의 지원 또는 감독 아래 학생들에게 제공하는 모든 경험"이라고 한 것은 이러한 의미다.

그러나 학교가 계획하는 경험이란 어떤 것인가? 경험이란 Kliebard(1975)의 지적처럼 교육과정 분야에서 사용하기에는 너무나 주관적이고 애매한 말이므로, 학교가 경험을 계획한다는 말은 학생의 능동적 경향을 파악하고 그들에게 작용하는 환경 조건을 계획 · 조작하여 가치 있는 경험을 알맞는 시간에 할 수 있도록 도와주는 역할을 한다는 것을 가리킨다.

## (3) 교육과정: 문서 속에 담긴 교육계획

교육과정을 문서 속에 담긴 교육계획으로 보는 이러한 정의는 오해의 소지가 있다. 교육과정 문서 속에 담긴 내용이 교과들의 목록이나 교과 속에 포함되는 주요 주제들이라면 교육과정의 의미는 교육내용으로 생각되고, 학교에서 학생들이 갖는 학습경험의 총체라면 교육과정은 학습경험으로 간주되기 때문이다. 따라서 교육과정을 문서에 나타난 교육계획이라고 보는 입장은 교육과정에 관하여 아무것도 알려 주는 것이 없는 빈말에 불과한 것으로 비칠 수 있다.

그러나 교사를 비롯한 교육 관계자들에게는 사정이 다르다. 그들은 교육과정이라는 이름을 가진 문서를 만들거나 실행에 옮기며 평가하는 기회를 갖는다. 물론 그들이 만들거나 취급하는 문서의 내용이 교육내용이나 학습경험 또는 학습성과만으로 구성된 것도 있어서 교육과정의 의미를 그와 같이 생각하는 경우도 있지만, 일반적으로 교육과정 문서는 이들 요소 중의 어느 하나가 아닌 전부를 포함하고 있다.

이런 의미에서의 교육과정은 '문서 속에 담긴 교육목적과 교육내용의 체계, 그리고 이를 효과적으로 전달하기 위한 교육방법, 교육평가, 교육운영 등에 대한 종합계획'을 가리킨다. 즉, '교육과정은 학교 교육을 통해서 도달해야 할 교육목표들의 체계와 배워야 할 교육내용들의 범위와 위계로 구성되며, 학생들이 이와 관련된 학습경험을 가질 수 있도록 기회를 제공하는 교육방법, 교육평가, 기관운영의 일반적 지침들'로 구성된다. 우리나라의 국가수준 교육과정, 시 · 도 교육청의 교육과정 편성 · 운영 지침, 학교수준 교육과정이 이에 해당한다고 볼 수 있다.

교육과정을 문서 속에 담긴 계획으로 보는 것은 교육과정을 학습내용, 학습경험, 학습성과보다는 학습을 위한 종합계획으로 본다는 점에서 포괄적이며, 예비 교사들이나 현직 교사들이 교육부, 교육청, 학교에서 만든 문서에 들어 있는 내용을 이해하는 데 도움을 준다는 점에서 실용적이다.

## 2) 이론적 입장

　1970년대를 전후하여 교육과정의 현상과 실제를 종전과 다른 관점에서 이해하고자 하는 노력이 있었다. 교육과정 분야에서 이러한 입장을 지닌 학자들을 재개념주의자(reconceptualists: 같은 현상을 '다시' 보자고 하는 것은 '새롭게' 보자는 것을 의미한다.)로 부른다. 그들은 Schwab(1969)이 발표한 논문을 계기로 삼아서 교육과정 개발은 1918년에 출생하여 1969년에 사망하였으며, 이제 교육과정 '개발'의 시대가 끝나고 '이해'의 시대가 열렸다고 선언한다(Pinar et al., 1995).

　재개념주의자들의 입장을 이해하기 위하여 미국에서 전개된 교육과정의 연구 동향을 살펴보면, 크게 세 가지 방향의 연구가 이루어진 것으로 볼 수 있다. 첫째, 19세기 말부터 시작하여 현재에 이르기까지 학교 교육에 적합한 교육과정을 개발하는 효과적인 방법을 찾는 데 초점을 둔 입장, 둘째, 1960년대 전후 논리적이고 경험적인 측면에서 교육과정학이라는 하나의 학문 분야를 형성하는 데 관심을 둔 입장, 셋째, 1970년대를 전후하여 비실증주의적 사회과학과 인문학의 전통을 바탕으로 교육과정 현상에 대한 이해를 목적으로 하는 입장이다. 이러한 연구 동향은 [그림 1-3]과 같이 제시할 수 있다.

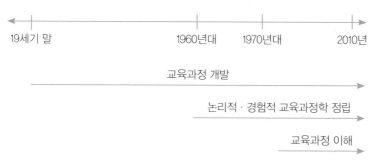

[그림 1-3] 교육과정의 연구 동향

[그림 1-3]에서 보듯이, 재개념주의자들의 입장은 비교적 최근에 형성된 것으로서, 인문학과 비실증주의적 사회과학의 이념, 논리, 방법론, 성과를 바탕으로 교육과정 현상을 이해하는 데 목적을 두고 있다. 그들은 교육과정을 현상학, 해석학, 정신분석학, 포스트모더니즘, 미학, 신학 등의 다양한 이론적 관점에서 해석하며, 자서전, 생애사, 쿠레레(currere), 감식안과 비평 등의 다양한 방법들을 적용하고, 인종주의, 성차별주의, 정치적 억압과 저항 등의 다양한 주제를 다룬다.

교육과정에 대한 그들의 입장은 Pinar 등(1995)이 편집한 『교육과정의 이해 (Understanding Curriculum)』에 잘 나타나 있으며, 김영천(2009)은 그중에서 여덟 가지를 뽑아 쉽게 소개하고 있다. 여기서는 재개념주의 입장 중 교육과정을 '체험과 그것에 대한 반성'으로 보는 것을 사례로 제시하고자 한다.

교육과정(curriculum)의 어원은 라틴어의 'currere'다. currere는 경주에서 사람들이 '달려가야 할 정해진 길'(course)과 '달리는 과정'(course)이라는 두 가지 의미가 있는데, Pinar는 달리는 과정이라는 동사(動詞)의 의미에 주목한다. 그는 교육과정 분야가 개발의 문제에 매몰되어 '인간 존재'의 문제를 잊었다는 점을 비판하고, 사람들이 살아가는 과정에서 알고, 생각하며, 고민하고, 느끼며, 다시 생각해 보면서 자신을 변화시키는 '과정'에 초점을 맞추어야 한다고 하였다. 그는 교육과정을 '이전과는 다른 새로운 관점(reconceptualize)인 currere의 동사적 의미를 되살린 것'이라고 하였다. 교육과정을 이러한 관점으로 보는 것은 '교육자나 학습자가 살아오면서 갖게 된 교육적 체험들을 자신의 존재 의미와 연관 지어서 해석하고 반성(self-reflective)하면서 자신의 삶과 사회를 개조하는 것을 목적'으로 한다.

이와 같이 교육과정을 쿠레레로 보는 것에는 자서전적인 방법을 필요로 한다. 자신이 겪었던 교육이나 학교에서의 교육에 관계된 체험은 본인이 아니고서는 정확히 알 수 없다는 점에서 자서전을 통한 연구방법이 활용된다.

또한 쿠레레의 방법은 문화적이고 정치적인 관점과 연계되어 있다. 개인의 전기적 상황(biographic situation)은 시대와 사회 그리고 역사적 전통 속에서 이루어지므로, 사람들이 교육이나 학교를 다니는 과정에서 느끼고 생각하고 고민하고 행동하고 다시 생각한 것을 스스로 검토하는 것(self-reflection)은 자신의 의식과 행위의 잘못된 점을 고칠 기회를 주고, 다른 한편으로는 문제로 인식된 교육제도와 교육실천을 바로잡고자 하는 의식을 길러 준다는 점에서 문화적이고 정치적인 실천의 과정이다.

이와 같이 교육과정은 보는 관점에 따라 매우 다양하게 정의된다. 마치 하나의 사물이 보는 각도에 따라 달리 보이는 것과 같이, 교육과정에 대한 정의는 각기 나름대로의 근거를 가지고 있다. 따라서 교육과정의 경우에 어떤 정의가 옳고 어떤 정의가 틀렸다고는 말할 수 없다.

　Posner(2003)는 교육과정에 대한 정의가 이와 같이 다양하게 존재하는 것을 윤리적·정치적 시각에서 해석하고 있다. 이 말은 교육과정을 보는 관점에 따라 관련 기관과 인사들의 역할과 책임이 달라지며 권력관계도 바뀐다는 것이다.

　예를 들어, 교육과정을 교육내용으로 볼 때와 학습경험으로 볼 때 학교와 교사의 역할과 책임은 달라질 수밖에 없다. 교육과정을 교육내용으로 본다면 학교와 교사는 가르칠 교과들의 목록을 점검하거나 만들고, 각 교과 속에 들어갈 내용을 위계적으로 조직하는 것으로 역할과 책임이 완수된다. 더욱이 교육부가 교과들의 목록과 교과내용의 결정권을 가지고 있다면 교육과정과 관련된 학교와 교사의 역할은 매우 제한되며 교육과정의 운영에 있어서 교육부의 통제를 강하게 받게 된다.

　그러나 교육과정을 학습경험으로 본다면 학생들의 흥미, 관심, 필요 등의 조사를 바탕으로 학생들의 삶을 살피고, 하나의 생태계로서 학교를 파악하려는 노력이 학교와 교사들에게 요구된다. 학생들의 학습권이 강조되는 것은 말할 것도 없고, 학교와 교사는 교육과정의 개발, 운영, 평가에 관한 막중한 과업을 수행해야 한다. 또한 학교와 교사들의 교육과정 관련 자율성은 높아지고 교육부의 통제력은 약해진다.

## 3. 교육과정의 유형

　유형(類型)은 '닮은 꼴'이라는 뜻을 지니는데, 유형을 구분할 때는 그 이유와 방식이 있게 마련이다. 특히 학문을 하는 과정에서 유형의 구분은 현재 관심을 가지고 있는 현상이나 사태를 파악하는 데 도움을 준다. 교육과정의 유형을 구분하는 것은 교육과정과 관련된 현상이나 사태를 닮은 것끼리 묶어 봄으로써, 현상이나 사태들의 공통점과 차이점을 파악할 수 있고, 나아가 다양한 형태가 존재한다는 것을 알게 됨으로써 현상이나 사태의 종합적인 파악에 유용하다.

　또한 유형을 구분할 때는 유형 구분의 목적에 알맞은 방식을 선택하게 되는데, 방식에 따라 구분되는 유형이 다르게 나타난다. 예를 들어, 앞에서 제시한 교육과정에 대한 네 가지 견해를 '사전에 계획을 얼마나 치밀하게 했는가'의 정도에 따라 구분한 다면, 문서 속에 담긴 교육계획, 교육내용, 학습경험, 체험과 그 반성의 순서가 되겠 지만, '교수자 중심 대 학생 중심'의 잣대를 생각하면 '문서 속에 담긴 교육계획' 및 '교 육내용' 그리고 '학습경험'과 '체험 및 그 반성'의 두 가지로 구분할 수 있다.

여기서는 교육과정과 관련된 현상이나 사태를 종합적이면서 심도 있게 파악하기 위해서 교육의 궁극적 목적, 교육과정 전개의 과정, 교육의 결과와 이데올로기라는 차원에서 교육과정 유형들을 구분하고자 한다.

## 1) 공식적 교육과정

공식적 교육과정(official curriculum)이란 공적인 문서 속에 담긴 교육계획을 말한 다. 우리나라에서는 국가수준의 교육과정, 시·도 교육청의 교육과정 편성·운영 지 침, 교육지원청의 장학자료, 학교 교육과정 등이 공식적 교육과정에 속한다고 할 수 있다.

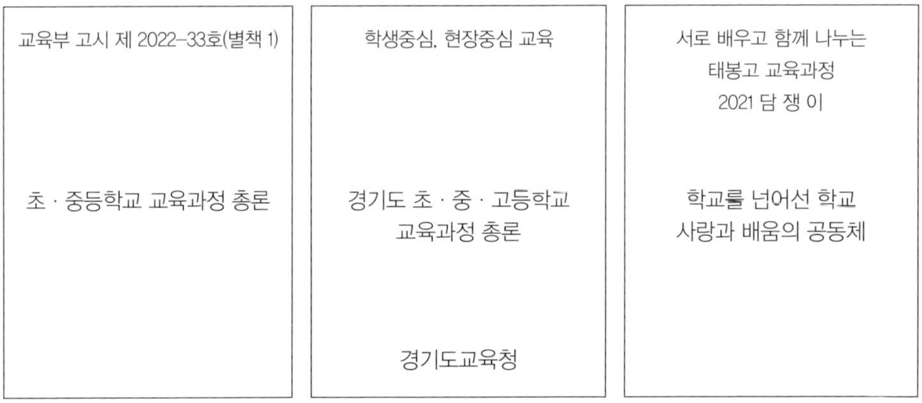

| | | |
|---|---|---|
| 교육부 고시 제 2022-33호(별책 1) | 학생중심, 현장중심 교육 | 서로 배우고 함께 나누는 태봉고 교육과정 2021 담쟁이 |
| 초·중등학교 교육과정 총론 | 경기도 초·중·고등학교 교육과정 총론 | 학교를 넘어선 학교 사랑과 배움의 공동체 |
| | 경기도교육청 | |

[그림 1-4] 공식적 교육과정

## 2) 영 교육과정

Eisner(1994)는 영 교육과정이라는 이름을 최초로 사용한 학자로서 공식적 교육과 정에 속하지 않는 교육내용을 영 교육과정(null curriculum)이라고 불렀다. 그는 다음 과 같이 말했다.

> 학교의 공개적인 정규 교육과정이나 잠재적 교육과정에 대해서 고려할 뿐만 아니 라 학교가 가르치지 않는 것에 대해서도 고려할 필요가 있다. 학교가 가르치지 않는 사실도 학교가 가르치는 사실과 다름없이 중요하다는 것이 나의 주장이다(이해명 역, 2009: 124).

Eisner는 영 교육과정을 두 가지 사례를 통하여 설명하고 있다. 첫째, 학교에서 강 조하는 지적 과정과 학교가 무시하는 지적 과정이다. 학교는 좁은 의미의 인지적 발 달을 강조해 왔다. 하지만 Eisner는 사람이 세상을 인식하거나 인식한 것을 표현하는 '사고의 양식(forms of representation)'에 관심이 많았다. 사람은 시각적, 청각적, 은유 적, 공감적, 문자 및 숫자 등의 다양한 양식으로 세상을 인식하거나 인식한 것을 표현 한다. 학교의 공식적 교육과정은 문자나 숫자 위주의 사고 양식을 강조해 왔다. 그는 공식적 교육과정에 포함되지 않는 문자나 숫자 이외의 사고양식들을 영 교육과정이 라고 부르고, 학교의 교육적인 영향력은 그만큼 위축되거나 왜곡될 것이라고 하였다.

둘째, 학교에서 가르치고 있는 과목 및 내용과 가르치지 않는 과목 및 내용이다. 경 제학은 미국 내 10% 내외의 중등학교에서 가르치고 있다. 경제학은 사회 시스템이 어떻게 움직이며, 수익을 높이기 위하여 자본을 어떻게 사용해야 하고, 주식 시장의 보고서 내용을 이해하는 법을 알려 준다. 하지만 이러한 경제학은 소수 학교의 학생 들만이 배울 기회를 가지므로 영 교육과정에 속한다(이해명 역, 2009: 135).

나는 Eisner가 제시한 영 교육과정의 의미를 개발의 측면과 운영의 측면으로 나누 어 살펴볼 수 있다고 생각한다. 먼저, 교육과정 개발의 측면에서 볼 때 영 교육과정은 다음과 같은 성격을 갖는다. 영어로 영(null)에는 여러 가지 뜻이 있지만, 영 교육과정 에서 영의 의미는 '법적인 구속력이 거의 없는'(zero에 가까운)이라는 뜻을 지닌다. 따 라서 영 교육과정이란 '법적인 구속력이 있는 공적인 문서에 들어 있지 않아서 학교에서 학생들이 배울 기회가 없는 교육내용'을 가리킨다.

Flinders, Noddings 그리고 Thornton(1986)은 영 교육과정이 다양한 차원을 갖는 다고 보았다. 그들은 교육내용이 교과, 과목, 영역, 주제, 사실 등의 다양한 위계를 찾는다고 보고, 영 교육과정에 이러한 위계를 적용하였다. 이것을 우리나라 교육과정에 적용한다면, 중학교 교육과정에서 사회 교과가 없는 경우 사회 교과가 영 교육과정이 된다. 사회 교과는 있는데 역사 과목이 없다면 역사 과목이 영 교육과정이 되고, 역사 과목은 있지만 조선시대라는 영역이 없으면 조선시대가 영 교육과정이 된다. 조선시대라는 영역은 있는데 조선시대의 경제정책이라는 주제가 없으면 이러한 경제정책이 영 교육과정이 되고, 조선시대의 경제정책 속에 토지제도에 대한 역사적 사실이 빠져 있다면 이러한 역사적 사실이 영 교육과정이 된다는 것이다.

그러나 학교에서 배울 기회가 없는 모든 내용을 영 교육과정으로 부르는 것은 잘못된 일인 것 같다. 우리나라 중학교 교육과정에서 '필리핀의 역사'가 빠져 있다고 해서 '필리핀의 역사'가 영 교육과정이 되는 것은 아니며, 유치원 교육과정에서 '수학의 방정식' 영역이 빠져 있다고 해서 방정식의 내용이 영 교육과정이라고 볼 수 없다. 마찬가지로 사범대학의 영어교육과 교육과정에 '분석화학'이라는 과목이 없다고 해서 이를 영 교육과정이라고 부르지는 않는다. 따라서 나는 영 교육과정을 ① 교육적으로 학습할 만한 가치가 있는 내용이면서, ② 학습자의 발달 수준에 적합하고, ③ 학교가 설정한 교육목적에 부합됨에도 불구하고 학생들이 배울 기회를 갖지 못하는 내용을 가리킨다고 본다.

하지만 어떤 내용이 학생들의 발달 수준에 적합한지, 기관의 목적에 부합하는지, 그리고 학습할 만한 가치가 있는지 어떻게 알 수 있는가? 심리학과 행정학 등의 사회과학적 지식의 도움으로 어떤 내용이 발달 수준에 적합하고 목표 달성에 필요한 것이라는 증거를 갖는다고 하더라도, 학습할 만한 가치가 있는지 없는지를 어떻게 판정할 것인가?

이 문제는 교육과정 개발이라는 장에서 다루기로 하고, 여기서는 교육과정을 개발하는 사람들이 영 교육과정의 존재를 염두에 두고 그들이 개발하는 교육과정 속에 학습할 만한 가치가 있는 주요한 내용이 빠지지 않았는지를 살피는 일을 해야 한다고 본다. 교육과정 속에 모든 내용을 담을 수는 없다. 어떤 것은 '선택'이 되고, 또 다른 내용은 '배제'될 수밖에 없는 것이 교육과정의 현실이다. 우리가 영 교육과정에 관심을 갖는 것은, 교육과정을 개발할 때 학생들이 배워야 할 내용 중에서 정작 필요하고 중요한 것이 빠지지 않았는지를 살펴보기 위해서다.

이런 점에서 교육과정 개발자와 교사는 인지적인 영역 이외에도(우리나라의 학교 수업은 대체로 인지적 영역을 가르치는 데 온 힘을 쏟고 있는 것처럼 보인다.) 정의적 영역, 운동기능적 영역, 도덕적 영역 등의 다양한 교육 영역과 각각의 영역들을 구성하는 하위 요소들 중에서 어떤 중요한 것이 빠져 있는지에 늘 관심을 가져야 한다.

이와 같이 영 교육과정은 대개 개발의 측면에서 논의된다. 그러나 영 교육과정의 의미를 확장하여 교육과정 운영의 측면에서 살펴보는 것도 가치 있는 일이다. 교육과정 운영의 측면에서 영 교육과정의 영은 '학습할 기회가 없는'(zero에 가까운)이라는 뜻이다. 어떤 내용이 공식적 교육과정에 포함되어 있다 하더라도 학습할 기회가 없었다면 영 교육과정에 속한다. 이러한 관점에 따르면, 영 교육과정은 공식적 교육과정에 포함되어 있는가와는 상관없이 학습할 만한 가치 있는 내용 중에서 학생들이 학습할 기회를 갖지 못하는 내용을 가리킨다.

교육과정 운영에서 영 교육과정은 공식적 교육과정의 내용을 교사가 의도적으로 배제하거나, 실수로 빠뜨리거나, 교재나 교구·시설 등의 수업 환경이 적합하지 않거나, 학교 행사 때문에 수업 시간이 부족하거나 하는 등의 다양한 원인에 의하여 일어날 수 있다. 예를 들면, '조선시대의 토지 제도'에 관한 내용이 교육과정과 교과서에 실려 있지만, 시험에 나오지 않는다든지, 다른 반과 진도를 맞추어야 한다는 이유로 가르치지 않는다면, 이 부분이 영 교육과정이 된다. 따라서 학교 관리자와 교사들은 영 교육과정이 발생하지 않도록 교육과정 운영 환경을 최적화할 필요가 있다.

## 3) 실제적 교육과정

공식적 교육과정은 교육과정의 의미를 매우 축소시킨다. 아무리 계획이 훌륭하다 할지라도 그 계획을 실행에 옮기지 않는다면 쓸모없는 휴지 조각에 불과하기 때문이다.

Glatthorn(1987)이 행한 교육과정의 유형 분류에 따르면, 공식적 교육과정은 문서화된 교육과정(written curriculum)으로서, 국가·지역·학교 수준의 교육과정 지침이나 교육계획을 담고 있다. 이에 반하여 실제적 교육과정은 '가르친 교육과정(taught curriculum)' '학습된 교육과정(learned curriculum)' '평가된 교육과정(tested curriculum)'

등으로 나눌 수 있다.

'가르친 교육과정'은 교사들이 교실에서 실제로 가르친 교육내용을 의미하며, 학습된 교육과정은 학생들이 실제로 학습한 교육내용을 말한다. '학습된 교육과정'은 교육과정의 모든 유형 중에서 가장 중요하지만 가장 통제하기 어려운 부분이다. 예를 들어, 수학 교사가 한 시간 내내 함수 개념(가르친 교육과정)을 가르쳤는데, 학생들이 개념에 대한 이해는 하지 못하고 선생님의 말씀을 바른 자세로 듣는 참을성(학습된 교육과정)을 배웠다면, 가르친 교육과정과 학습된 교육과정은 판이하게 다른 것이다.

'평가된 교육과정'은 중간고사나 기말고사, 지필평가나 관찰평가, 서술식 평가나 객관식 평가, 자격고사나 선발고사 등의 평가를 통하여 사정되는 교육내용을 가리킨다. 평가된 교육과정은 공식적 교육과정보다 가르친 교육과정과 학습된 교육과정에 큰 영향을 미칠 때가 많다. 예를 들어, 대학수학능력시험에 출제되는 문제는 공식적 교육과정에 관계없이 고등학교 교사들이 가르치게 되고, 학생들은 이에 대한 학습을 철저히 하게 된다.

이런 점에서 교육과정 개발자나 교육행정가는 공식적 교육과정, 가르친 교육과정, 학습된 교육과정, 평가된 교육과정을 더욱 긴밀하게 연결하기 위한 노력을 하지만, 교육과정 유형들 사이에 있는 거리를 완전히 없애기는 어렵다.

김호권 등(1982)이 제안한 교육과정의 개념 모형([그림 1-5] 참조)은 Glatthorn이 제시한 교육과정의 유형과 비슷한 점이 많다. 그는 세 가지 수준의 교육과정과 그들 간의 관계를 제시하고 있다. 이 개념 모형에 의하면 따르면, 교육과정은 ① 공약된 목표로서의 교육과정, ② 수업 속에 반영된 교육과정, ③ 학습성과로서의 교육과정이라는 세 가지 수준을 갖는다.

첫째, 공약된 목표로서의 교육과정이란 의도된 교육과정을 가리킨다. 국가수준이나 지역 및 학교 수준에서 개발된 교육과정이 이에 속한다. 이 수준의 교육과정은 학교 현장에서 전개되거나 실천되기 이전의 아직도 하나의 '교육적 의도'로서 머물러 있는 상태의 교육과정을 의미한다.

둘째, 수업 속에 반영된 교육과정이란 전개된 교육과정을 가리킨다. 공약으로서 또는 규범으로서의 교육과정은 어차피 교사에 의해서 재해석되고, 교사의 손에 의하여 그의 수업 행위 속에서 재현되지 않으면 안 된다. 말하자면 의도에 머물러 있던 교육과정이 수업이라고 하는 실천적 현상으로 번역되고 변형된다. '머릿속에 그리고 있

[그림 1-5] 교육과정의 개념 모형

는' 교육과정이 아니라 '실제로 가르치는' 수준의 교육과정을 말한다.

셋째, 학습성과로서의 교육과정이란 수업을 통하여 실현된 교육과정을 가리킨다. '학생들이 실제로 무엇을 배웠는가?'라고 하는 물음을 제기한다면, 우리는 첫째 수준도 둘째 수준도 아닌 셋째 수준의 교육과정을 문제 삼는 것이다. 학생들의 학습능력이나 경험 배경이나 교육적 필요에 의해 커다란 개인차가 있을 수 있다는 점을 고려할 때, 동일한 교육과정에 의하여 전개된 수업조건 속에서도 우리는 천차만별의 셋째 수준의 교육과정을 기대할 수 있다.

Marsh와 Willis(2006; 이경진, 2005: 60-61) 또한 교육과정을 단일한 것으로 이해하기보다는 교실에서 의도된 것(의도된 교육과정), 교실에서 일어난 것(전개된 교육과정), 교실에서 일어난 것이 학생에게 미친 영향(실현된 교육과정)의 합성물로 이해하는 것이 적합하다고 설명했다. 그리고 이러한 교육과정은 단지 잘 계획했다는 것만으로는 의미를 가질 수 없고 교실에서 실행되었을 때 의미를 갖는다고 주장했다.

이와 같이 교육과정에 대한 최근의 흐름은 교육과정을 단지 계획된 교육과정 또는 실행된 교육과정 또는 경험된 교육과정으로 단정지을 것이 아니라, 이들이 서로 연관된 합성물로 이해하는 것이다. 즉, 교육과정은 계획이나 개발 수준의 의미에 머무는 것이 아니라 교육과정이 실행되는 '장'에서, 교육과정이 실행되는 '과정'에서 그리고 얻어진 '성과'의 차원에서 종합적으로 이해되어야 한다는 것이다.

## 4) 잠재적 교육과정

잠재적 교육과정(latent curriculum)은 명시적(明示的: 눈에 보이는) 교육과정과 비교되는 개념이다. 명시적 교육과정은 앞에서 말한 바와 같이 학교 교육의 목표와 내용에 대한 계획이 바깥으로 드러난 것을 가리키며, 일반적으로 공적인 기관에 의해서 공포된 문서 속에 제시되므로, 대개 공적인 교육과정 또는 문서로 된 교육과정과 같은 의미를 지니게 된다.

이에 반하여 잠재적 교육과정은 공적인 문서에 명시되지 않은 교육과정을 가리킨다. 여기서 교육과정이라는 말은 편의상 붙인 것으로, 잠재적 교육과정이란 명시되어 있지는 않지만 학교에서의 교육실천과 교육환경 등이 학생들의 삶에 미치는 영향을 의미한다. 이것은 실제로 학생들의 인지·태도·행동 변화는 공식적 교육과정을 통해서뿐만 아니라 학교 안의 눈에 띄지 않는 여러 힘들과 환경에 의하여 일어난다.

이러한 여러 힘과 환경을 잠재적 교육과정이 발생하는 원천이라고 부른다. 학교에서의 교육실천, 학교의 제도 및 행정 조직, 학교의 물리적 조직, 학교의 사회·심리적 환경 등의 이러한 원천들은 각기 독립된 것이 아니라 상호 영향을 주고받는다.

첫째, 학교에서의 교육실천은 대개 교사, 학생, 학부모의 인간관계를 기반으로 이루어진다. 교사가 학문적인 능력, 뛰어난 교수법, 학생들에 대한 존중, 도덕성 등을 지니고 있고 학생과 학부모의 신뢰를 받게 되면, 학생들은 교사를 자신의 삶의 모델로 삼게 된다. 교사에게서 배우는 내용도 중요하지만, 교사의 삶을 통하여 자신의 삶을 뒤돌아보고 자세를 고쳐 잡는다. 학교에서는 이와 상반되는 일이 벌어지기도 한다.

둘째, 학교의 제도 및 행정 조직이다. 학교는 학년으로 구분되고 중학교와 고등학교는 교과로 구분하여 수업이 전개된다. 이러한 환경에서 학생들은 학년간 교류나 교과간 통합학습을 하기 어렵다. 학생들이 연령이 다른 집단의 학생들과 교류하고 협력하는 경험을 쌓을 기회가 거의 없으며, 학교를 졸업한 뒤에도 대개 동학년 학생들과의 교류(동기모임)만 계속하게 되는 것은 이러한 환경 때문이기도 하다.

셋째, 학교의 물리적 조건이다. 오래전에 지어진 학교는 교문을 들어가면 널찍한 운동장이 있고, 그 뒤에 콘크리트로 된 회색의 네모난 건물이 자리하고 있다. 건물 안에는 중앙 현관이 있고, 층마다 긴 복도를 따라 교실이 연결되어 있으며, 교실마다 바깥 창문과 복도를 면한 작은 창들이 보인다. 한결같이 네모지고 우중충한 회색빛을 띠고 있다. 이 속에서 살아가는 학생들은 구조물이 주는 심미적인 경험을 하기 어렵다. 요즘 학교 건물이 확연히 달라지는 것은 단지 외관을 예쁘게 보이는 것을 넘어서서 학생들이 안락한 가운데 편안하게 학습하고 심미적인 시각을 갖게 하는 데 도움을 주기 때문이다.

넷째, 학교의 사회 심리적 환경이다. 학생들은 학교의 의도와 상관없이 또래 학생들을 통해서 다양한 경험을 한다. 좋은 친구를 사귀어 자신의 인격 성장에 도움을 받기도 하지만, 나쁜 친구를 만나서 학교의 규칙에 어긋나는 행동을 배우기도 한다. 또한 현실적으로 '상급학교 진학'이라는 감당하기 어려운 압박감 속에서 친구를 협력의 대상이 아니라 이겨야 할 경쟁 상대로 본다. 남을 배려하고 더불어 사는 사람을 양성한다는 공식적 교육과정의 목표와는 정반대의 경험을 하게 된다.

이러한 잠재적 교육과정의 원천은 성별, 민족이나 인종, 계층 등과 결합하여 교육에서의 불평등을 야기하기도 한다.

첫째, 성별에 따른 불평등이다. 이전의 교과서 속에는 남성은 의사와 회사원 등으로 묘사되고, 여성은 간호사와 가정주부 등으로 등장하였다. 이러한 성차별적 교육용 자료를 가지고 학습하게 되면 성별에 대한 그릇된 인식과 태도를 갖게 된다. 사회의 변화로 이러한 교육용 자료는 사라졌지만, 다른 선진국에 비하여 성별에 따른 임금 격차가 큰 것은 우리 사회와 학교 교육에 이러한 잠재적 교육과정이 완전히 없어졌다고 보기 어렵다는 것을 나타낸다.

둘째, 민족이나 인종에 따른 불평등이다. 학생들이 배우는 세계의 지리나 역사를 보면, 많은 개선이 이루어지기는 했지만, 여전히 미국과 서유럽이 중심에 있다. 학생들 그리고 학교를 졸업한 일반인들이 서남아시아, 중앙아시아, 남·북아프리카, 남아

잠재적 교육과정의 이론화

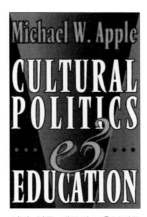

성별, 인종, 계급의 교육불평등

[그림 1-6] 잠재적 교육과정과 주요 저서

메리카, 동부 유럽에 대하여 충분한 학습 기회를 갖지 못했기 때문에 이들 국가와 국민에 대한 편견을 가질 수 있다.

셋째, 계층이나 계급에 따른 불평등이다. 오래전 우리나라 사회과 교과서에는 노동조합과 관련된 내용이 없었다. 자본주의 사회를 유지하는 중요한 축의 하나인 노동조합에 대하여 학습할 기회를 갖지 못한 것은 노동조합의 활동이 국가나 기업의 발전에 방해가 된다고 생각했기 때문이다. 당시 교육을 받았던 사람들이 노동조합에 대한 올바른 시각을 가지지 못한 것은 이와 무관하지 않다.

이와 같이 사회에서 성별, 민족이나 인종, 계층이나 계급 등에서 권력을 쥐고 있는 집단이 자신들의 이익을 위하여 학교 교육을 의도적으로 조직하고 통제하는 행위와 그 결과를 잠재적 교육과정이라고 부르기도 한다. 이때 잠재적이라는 말은 권력자의 편에서 보면 '의도적으로 숨긴' 것이고, 권력의 지배를 받는 입장에서 보면 겉으로 드러나지 않고 숨겨졌다는 의미에서, 숨겨진 교육과정(hidden curriculum)이라고 부를 수 있다.

결론적으로, 잠재적 교육과정은 학교에서의 다양한 교육 실천, 학교의 제도와 조직, 학교의 물리적 조건, 학교의 사회·심리적 환경이 학생들의 인식, 태도, 행동에 미치는 영향력에 주목할 것을 요구하고, 성별, 민족이나 인종, 계층이나 계급이 이러한 원천을 통하여 교육불평등을 일으키는지에 적극적인 관심을 갖도록 시선을 이끈다.

## 참 고 문 헌

김영천(2009). 교육과정 I. 아카데미프레스.

김호권, 이돈희, 이홍우(1982). 현대교육과정론. 교육출판사.

네이버 백과사전(2011). 학원.

이경진(2005). '실행'을 중심으로 본 교육과정의 의미와 교사의 역할. 교육과정연구, 23(3), 57-80.

이해명 역(2009). 교육적 상상력. 단국대학교출판부.

Apple, M. W. (1996). *Cultural Politics and Education*. Teachers College.

Doll, R. C. (1995). *Curriculum Improvement: Decision Making and Process* (9th ed.). Boston: Allyn and Bacon.

Eisner, E. W. (1994). *The Educational Imagination* (2nd ed.). Macmillan Flinders.

Flinders, D. J., Noddings, N., & Thornton, S. J. (1986). The Null Curriculum: Its Theoretical Basis and Practical Implications. *Curriculum Inquiry*, 6(1), 33-42.

Glatthorn, A. A. (1987). *Curriculum Renewal*. ASCD.

Jackson, P. W. (1968). *Life in Classroom*. Holt, Rinehart and Winston.

Kliebard, H. M. (1975). Persistent Curriculum Issues in Historical Perspective. In *Curriculum Theorizing: The Reconceptualists* by William Pinar (Ed.). McCutchan Publishing Corporation.

Marsh, C. J., & Willis, G. (2006). *Curriculum: Alternative Approaches, Ongoing Issues* (4th ed.). Prentice-Hall.

Pinar, W. F. (1975a). Currere: Toward Reconceptualization. In *Curriculum Theorizing: The Reconceptualists* by William Pinar (Ed.). McCutchan Publishing Corporation.

Pinar, W. F. (1975b). The Method of "Currere". Paper presented at Annual Meeting of American Research Association(Ed 104766)

Pinar, W. F., Reynolds, W. M., Slattery, P., & Taubman, P. M. (1995). *Understanding Curriculum*. Peter Lang.

Posner, G. J. (2003). *Analyzing the Curriculum* (3rd ed.). McGraw-Hill.

Schwab, J. J. (1969). The practical: A language for curriculum. *School Review*, 78, 1-23.

Zais, R. S. (1976). *Curriculum: Principles and Foundations*. Harper and Row.

# CHAPTER 02

# 교육과정의 주요 활동과 그 기반

교육과정은 개발되고 운영되며 평가된다. 교육에 종사하는 사람들이 이러한 활동을 한다. 그들은 대개 교육 관련 기관에 소속되어 있으며, 법적인 장치나 제도적인 관행을 통하여 부여된 권한과 책임을 지니고 있다. 그들은 자신이 지닌 교육적 신념과 사회적 요구에 바탕을 두고 교육과정 활동을 하게 된다.

이 장에서는 교육과정의 주요 활동과 학문적 기반, 사회적 배경, 관련 법령 그리고 역사적으로 형성되어 온 교육과정의 주요 관점을 알아보려고 한다.

구체적인 학습과제는 다음과 같다.

- 교육과정의 주요 활동을 이해한다.
- 교육과정 활동의 학문적 기반을 알아본다.
- 교육과정 활동에 영향을 미치는 사회적 배경을 이해한다.
- 교육과정 활동의 기반이 되는 법령을 파악한다.
- 교육과정 활동의 기반이 되는 주요 관점을 파악한다.

## 1. 교육과정의 주요 활동

교육과정 활동은 교육과정 개발, 운영, 평가의 세 가지 활동으로 구성된다. 이들 활동들이 유기적인 연관성을 가지고 계속적으로 순환할 때 학교 교육의 성과는 높아진다.

### 1) 교육과정 개발

엄격한 의미에서 본다면 교육과정 개발은 '교육목적과 교육내용의 체계 그리고 이를 효과적으로 전달하기 위한 교육방법, 교육평가, 교육운영 등에 대한 종합적인 계획이 담긴 문서를 만드는 활동'을 가리킨다. 하지만 교육과정을 어떤 방식으로 생각하는가에 따라서 특정한 교과들의 목록이 담긴 문서, 학습경험의 계획에 관한 문서,

의도된 학습성과 목록을 적은 문서를 만드는 활동들도 교육과정 개발 활동이라 부를 수 있다.

또한 교육과정 개발은 여러 수준에서 이루어지는데, 가장 광범위한 수준에 적용되는 교육과정 문서에서부터 특정 학교에만 적용되는 문서에 이르기까지 매우 다양하다. 예를 들어, 전체 초등학교에 적용되는 교육과정에서 어떤 하나의 초등학교에만 적용되는 문서까지 그 적용 범위가 다양한 문서들이 개발된다.

이러한 교육과정 개발은 여러 단계를 거쳐서 이루어진다. 먼저, 참여 기관과 인사가 선정되고, 그들에 의해 프로그램에 담기는 주요 항목들이 결정된다. 대개 교육목적의 설정, 교육내용의 선정과 조직, 학습경험의 선정과 조직, 교육평가의 내용과 방법 등에 관한 주요 항목들이 결정되며, 이는 문서 형태로 출판·보급된다.

## 2) 교육과정 운영

교육과정 분야에서 발생하는 가장 큰 낭비는 개발된 교육과정이 학교 현장에서 실행되지 않고 방치될 때 일어난다. 고도의 전문 인력과 많은 비용을 들여 만든 교육과정이 교육적으로 의미 있는 성과를 얻지 못하고 휴지 조각처럼 버려질 때가 있다. 교육과정 연구자들이 교육과정의 운영에 관심을 갖는 것은 이 때문이다. 교육과정 운영이란 '개발된 교육과정을 학교 현장에서 채택하고 실행에 옮기는 과정'을 뜻한다.

교육과정 개발은 여러 수준에서 행해지지만 운영은 대개 학교에서 이루어진다. 학교는 상급 기관에서 개발한 교육과정을 원형에 가깝게 운영하기도 하며, 학교의 사정에 맞게 변형하여 운영하기도 한다. 최근에는 상급 기관에서 개발된 교육과정의 주요 의도를 훼손하지 않는 범위에서 학교의 실정을 고려한 운영 방식이 강조되고 있다.

교육과정 운영에 영향을 미치는 요인들은 다양하다. 요인들은 인적 환경과 물적 환경으로 구분할 수도 있으며, 학교 내 요인과 학교 외 요인으로 나눌 수도 있다. 이들 요인들이 교육과정 운영을 성공으로 이끌기도 하지만 실패로 몰아넣기도 한다. 이들 요인 중에서 교사가 영향력이 가장 큰 요인이라는 점을 부인할 사람은 없다.

교육과정 운영에서 수업은 중심적인 위치를 차지한다. 교육과정 문서에 담긴 내용이 수업을 통해서 전개되지 않는다면 교육과정 운영의 성공은 기대할 수 없다. 따라서 교육과정 운영을 위한 계획은 효과적인 수업 활동이 일어나기 위한 여러 조건의 조성과 관련이 있다. 그러나 교육과정 운영 계획은 수업계획을 포함하여 교장의 지도성, 교사연수, 교육과정 자료의 구비, 교육시설, 장치, 기구의 정비 등을 포함하는 여러 내용으로 구성된다.

## 3) 교육과정 평가

교육과정 평가는 '교육과정의 값을 매기는 활동, 즉 교육과정의 가치를 판단하는 활동'이다. 교육과정 평가는 교육과정 계획의 수립에 해당하는 교육과정 개발 평가, 계획된 교육과정을 행동으로 옮기는 교육과정 운영 평가, 교육과정 운영의 결과적 산물에 대한 교육과정 성과 평가를 포함한다.

교육과정을 평가하는 목적은 교육과정 개발이나 운영 활동이 효과적으로 일어날 수 있도록 하고, 교육과정 운영의 결과를 사정하여 교육과정의 유지와 수정 및 폐기 여부를 판단하는 데 있다.

교육과정을 평가할 때는 판단, 관찰, 실험의 방법으로 자료를 수집하고, 양적 방법과 질적 방법으로 수집된 자료를 기술하고 분석한다.

## 4) 교육과정 활동과 수업계획

교육과정과 수업계획의 구별은 교육과정과 수업의 전문가들이 오랫동안 곤란을 겪어 왔던 문제다. 교육과정을 교육내용들의 목록으로 생각하면 교육과정과 수업은 간단히 구별된다. 교육과정은 가르칠 내용을 중심으로 하는 활동이며, 수업은 가르치는 방법에 관한 활동이 되기 때문이다.

그러나 교육과정을 실존적 체험과 그 반성으로 볼 때는 사태가 달라진다. 학습자에게 어떤 경험과 반성적 과정을 거치도록 할 것인가 하는 것은 교육내용뿐만 아니라 교사, 학습자, 학습자의 심리적·물리적 환경 등의 제반 요인을 고려해야 하므로 교육과정과 수업계획을 구별하기는 어렵다.

공식적 교육을 실시하는 기관에서 이루어지는 교육의 과정을 교육과정과 수업 활동을 중심으로 살펴보면 [그림 2-1]과 같이 나타낼 수 있다. 이때 교육과정은 교육에 대한 계획의 의미를 지닌다.

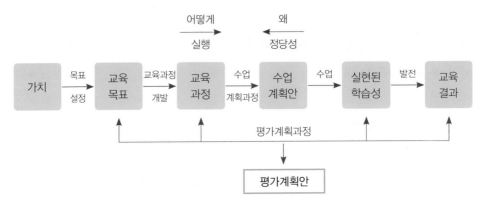

[그림 2-1] 교육과정 및 수업의 모형

출처: 최호성 외 공역(2007), p. 13.

[그림 2-1]에서 화살표는 과정을, 네모 칸은 산물을 가리킨다. 그림의 왼쪽에서 오른쪽으로 가면 실행의 문제가 해결된다. 예컨대 가치는 교육목표를 설정함으로써 구현되며, 교육목표는 교육과정을 개발함으로써 성취되고, 교육과정은 수업계획을 수립함으로써 가능하게 된다. 반면에 오른쪽에서 왼쪽으로 옮아 가게 되면 '정당성의 문제'가 해결된다. 수업계획안을 이와 같이 만든 이유는 교육과정의 성격이 그러하기 때문이며, 교육과정의 이러한 성격은 지향하는 교육목표의 성격이 그와 같기 때문이다.

그리고 [그림 2-1]에 제시된 교육의 과정은 순차적으로 진행되는 것이 아니다. 순차적으로 진행된다는 것은 반드시 한 과정이 완결된 이후에 그다음 단계가 시작되는 것을 말한다. 하지만 교육의 과정에서 그 어느 과정도 한 번에 종결되는 것은 없다. 대개 선행과정에서 대략적인 윤곽을 결정하고 다음 과정으로 넘어가면 이러한 후속과정에서의 직감과 통찰력을 통하여 이전 과정들이 계속적으로 수정되고 보완된다. 따라서 [그림 2-1]에 제시된 각 과정들은 순차적이라기보다는 상호 역동적인 방식으로 전개된다고 보아야 한다.

## 2. 교육과정 활동의 학문적 기반

일반적으로 교육과정 활동에 참여하는 사람들은 교육과정에 대한 나름대로의 생각을 가지고 자신이 속한 사회·문화적 환경의 제약을 받으면서 활동을 한다. 물론 교육과정 활동에 참여하는 사람들의 생각이 그대로 교육과정 활동으로 이어지는 것은 아니다. 그들이 교육과정에 대하여 어떤 확신을 갖더라도 이를 실행에 옮길 자세나 능력이 부족할 때, 또는 이러한 확신이 수용될 수 있는 사회적 여건이 성숙되어 있지 않을 때, 교육과정 활동에 아무런 영향을 미치지 못하고 말 그대로 생각에 머무르고 만다.

하지만 이 말은 교육과정 활동에 참여하는 사람들의 생각이 교육과정의 성격을 결정짓는 중요한 요소임을 부정하는 것은 아니다. 실제로 사람들이 어떤 활동을 하든 간에 그들이 가진 생각은 그들이 하는 활동의 성격을 어떤 형태로든 규정한다. 따라서 교육과정 활동의 성격을 이해하기 위해서는 그 활동에 참여하는 사람들의 생각에 관심을 가질 필요가 있다.

이런 점에서 인간, 사회, 지식의 본질과 성격을 밝히려는 모든 학문과 제 경험이 교육과정 활동의 원천이 된다. 철학, 심리학, 교육학, 사회학, 인류학, 자연과학 등의 제반 학문과, 학문이 지닌 논리성과 체계성을 갖추지는 못했지만 인간의 실천적 행위와 관련된 경험의 양식(modes of experience) 모두가 교육과정 활동의 원천이 된다.

여기서는 이러한 학문과 경험의 제 양식 중에서 교육과정 활동에 참여해 온 사람들에게 가장 큰 영향을 미친 것으로 생각되어 온 철학과 심리학의 관점을 제시한다.

## 1) 교육철학

개인이 가진 철학에 따라 무엇이 참이고 중요한가의 대답이 다르듯이, 철학이 다름에 따라 교육목적, 교육내용, 교육방법, 교육평가에 대한 견해도 같을 수 없다. 교육과정 활동에 참여하는 사람들이 각기 다른 철학적 관점을 가진다면, 교육과정 관련 활동의 성격도 달라지게 된다.

교육과정 활동에 참여하는 사람들이 지닌 철학의 문제는 크게 형이상학, 인식론, 가치론, 논리학 등에 뿌리를 두고 있다.

형이상학은 참으로 존재하는 것은 무엇이며, 어떤 방식으로 존재하는가에 관한 문제를 다룬다. 예를 들면, 영혼의 존재와 불멸성에 대한 주장은 형이상학의 문제다. 교육과정 활동에 참여하는 사람들이 영혼의 존재를 믿느냐 믿지 않느냐에 따라 교육목적에 관한 견해가 달라진다.

인식론은 참으로 안다는 것이 무엇이며, 어떻게 앎이 가능한가라는 문제를 다룬다. 불변의 진리라는 것이 있는가, 아니면 진리는 상황에 따라 다르게 규정되는가? 진리로 밝혀진 사실을 가르칠 것인가, 아니면 진리를 얻는 방법을 가르칠 것인가? 교육과정 활동에 참여하는 사람들이 이러한 문제들을 어떻게 생각하는가에 따라 교육과정 활동의 성격도 달라진다.

가치론은 어떤 것이 좋으며, 어떤 행위가 옳은가 하는 문제를 다룬다. 교육과정 관련 활동에서는 가치 문제를 핵심 사항으로 다루게 된다. 교육과정을 개발하고 운영하고 평가할 때는 많은 선택 항목 중에서 교육적으로 가치 있는 것들을 선별하게 된다.

논리학은 이치에 알맞도록 논의를 펴 나가는 방법을 연구하는 학문이다. 올바른 사고와 불합리한 사고를 구분하는 규칙과 바르게 사고하는 방법을 제시해 준다. 교육과정 활동에 참여하는 사람들은 교육목적, 교육내용, 교육방법, 교육평가 등의 활동들이 논리적인 일관성을 유지하도록 노력한다.

형이상학, 인식론, 가치론, 논리학과 관련된 질문은 관념론, 실재론, 실용주의, 실존주의 등 다양한 철학 사조를 만들어 냈다.

관념론은 궁극적 실재란 인간의 감각을 통하여 직접적으로 알 수 없다고 본다. 그것은 오직 정신을 통해서만 알 수 있다는 것이다.

실재론은 불변의 법칙과 진리가 존재한다고 믿는 점은 관념론과 동일하나, 진리가 감각을 통해 검증될 수 있다고 본다.

실용주의는 실재론과 관념론의 절대적 진리를 거부한다. 그들은 우주의 변화를 강조하고 때, 장소, 상황에 따라 진리와 가치가 상대적이라고 주장하며, 명확한 사고와 문제해결 능력에 관심이 있다.

실존주의의 기본 입장은 명확하게 정의되지 않으나, 일반적 주제는 삶과 죽음이라는 근본적 문제에 직면한 인간이다. 선택, 자유, 책임을 강조하며, 무(無), 사(死), 불안(不安) 등을 주제로 한 교육 경험을 강조한다.

이상과 같이 철학이 다루는 문제를 존재, 인식, 가치, 논리로 구분하고, 철학적 사조들을 관념론, 실재론, 실용주의, 실존주의 등으로 분류하면, 다음과 같은 〈표 2-1〉을 만들어 볼 수 있다.

이상과 같은 철학적 관점들은 교육과정 활동과 그 산물의 형성에 큰 영향을 미친다. 관념론적 관점을 가진 사람들이 교육과정 활동에 참여하는 방식과 그 활동의 산

| 문제 \ 사조 | 관념론 | 실재론 | 실용주의 | 실존주의 |
|---|---|---|---|---|
| 형이상학 | | | | |
| 인식론 | | | | |
| 가치론 | | | | |
| 논리학 | | | | |

표 2-1  철학의 주요 문제와 사조

물은 실용주의 관점을 가진 사람들과는 다를 것이다. 마찬가지로 실재론을 신봉하는 사람들과 실존주의 입장을 견지하는 사람들 간에도 교육과정 활동의 방향과 성격에 차이가 있을 것이다.

하지만 교육자들이 이들 철학적 관점에 정통하거나 특정한 철학적 관점을 신봉할 필요는 없다고 본다. 대개의 경우 사람들은 여러 철학적 관점을 동시에 가지며, 때로는 서로 상반된 철학적 관점을 아무런 어려움 없이 받아들이기도 한다. 또한 자신들이 어떤 철학적 관점들을 지니고 있는지를 항상 의식하고 있는 것도 아니다.

따라서 교육과정 활동에 참여하는 사람들이 어떤 하나의 철학적 관점만을 가지며, 그러한 관점에 따라서만 행동할 것이라고 보기 어렵다. 특히 교육과정이라는 다소 특별한 활동을 대상으로 할 때, 자신이 믿고 있는 특정한 철학적 관점들에 따라 행동할 것이라고 단언할 수도 없다. 예를 들어, 실용주의 철학적 관점을 견지하는 사람도 교육 문제에 있어서는 관념론자나 실재론자의 입장에 서는 경우가 흔히 있다.

그러므로 교육과정 활동의 성격을 설명하기 위하여 일반 철학의 분야와 주류가 되는 몇 가지 사조에 의존하기보다는, 교육이라는 문제를 대상으로 하는 철학적 관점에 의거하여 분석·검토하는 것이 타당할 수도 있다. 이들 관점을 '교육철학적 관점'이라고 부른다.

물론 이러한 관점들은 일반 철학의 분야와 관점들을 바탕으로 구성된다. 그러나 교육철학적 관점은 이러한 바탕 외에 교육 문제를 둘러싼 시대 및 사회적 특성을 반영한다. 이런 점에서 교육활동에 참여하는 사람들의 신념을 알기 위하여 그들이 어떤 교육철학적 관점을 가지고 있는가를 살펴볼 필요가 있다. 여기서는 20세기 전반기에 미국을 중심으로 형성된 네 가지 교육철학적 관점들을 소개한다. 이러한 관점들은 오늘날에도 교육이나 교육과정 활동에 관여하거나 참여하는 사람들에게 여전히 큰 영향을 주고 있다.

진보주의 교육철학은 교육이 아동의 현재 생활을 기반으로 하여 계획되어야 하며, 교과목의 학습은 아동의 경험과 관련되어야 하고, 교사는 아동이 이러한 방식으로 학습할 수 있도록 도움을 주는 조언자 또는 협력자의 역할을 하며, 협동적인 집단 학습과 민주적인 생활태도의 학습을 강조한다.

항존주의 교육철학은 '어디서나 늘 존재한다.'는 항존(恒存)이라는 말이 뜻하는 것처럼, 세상에는 시간과 공간을 초월하여 변하지 않는 개념과 원리가 있는데, 교육은 학생들로 하여금 이러한 개념과 원리를 파악하도록 하는 데 목적이 있다고 본다. 인류 역사를 통해서 위대한 성인(聖人)들이 작성한 각 분야의 고전들(Great Books of the Western World) 속에는 이러한 개념과 원리가 제시되어 있으므로 학생은 이들 고전의 학습을 통하여 지적인 능력을 개발해야 한다.

본질주의 교육철학은 사람이 살아가는 데 반드시 알아야 하는 것(本質)이 있다고 생각하며, 교육은 바로 이러한 것들을 젊은 세대들에게 가르치는 것을 목적으로 삼아야 한다고 본다. 본질주의 교육철학에서 학생은 현실 생활에 필요한 교과를 배우고, 교사는 학생에게 이러한 교과를 철저히 학습시키는 책임을 지닌다.

재건주의 교육철학은 현대 세계가 직면하고 있는 문화적 위기에서 인류를 구출하고 모든 인류가 다 같이 행복하고 평화롭게 그리고 자유롭게 살아갈 수 있는 민주 사회를 건설하는 데 목적을 둔다. 이를 위하여 재건주의 교육철학에서는 민주적인 의사소통 기술, 그리고 교사와 학생이 사회 변혁에 직접 참여하는 능력과 기회를 갖는 것을 강조한다.

이상과 같은 교육철학적 관점은 20세기 전반기 미국 사회의 학교 교육의 목적과 교육과정의 구성에 큰 영향을 미쳤다. 20세기 후반과 현재에도 이들은 다소 변형된 모습이기는 하지만 교육에 큰 영향력을 행사하고 있다.

## 2) 교육심리학

교육심리학은 교육의 전 과정 속에서 드러나거나 숨어 있는 심리적 현상을 체계적으로 연구하는 학문이다. 문은식, 박선환, 정미경(2018)은 교육심리학을 구성하는 요소를 [그림 2-2]와 같이 표현하였다.

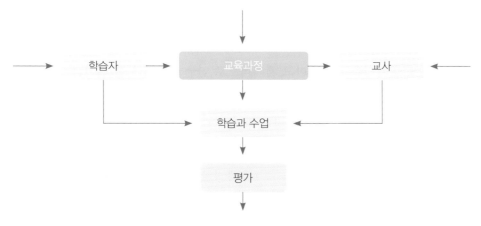

[그림 2-2] 교육심리학의 학문적 구조 모형

[그림 2-2]에서 보면, 교육은 교사와 학습자가 교육과정을 중심으로 상호작용하면서 교수와 학습을 하고 그 결과를 평가하는 과정으로 이루어진다. 문은식 등(2018)은 상기한 그림에서 교육심리학을 '교육과정을 제외한' 학습자, 교사, 학습과 수업 그리고 평가에 대한 영역을 체계적으로 연구하는 학문이라고 보았다. 그들이 교육심리학에서 교육과정을 제외한 것은 '왜(why)'에 해당하는 교육목표 설정과 '무엇(what)'에 해당하는 교육내용의 선정과 조직을 교육심리학의 영역으로 보기는 어렵다는 것 때문이었다.

하지만 교육목표를 올바르게 정하고 교육내용을 합리적으로 선정하며 효과적으로 조직하기 위해서는 학습자와 교사에 대한 이해는 물론 학습과 수업의 과정을 알아야 한다. 예를 들어, 초등학교 2학년 학생에게 '높은 수준의 비판적 사고'를 가르치려는 학습목표를 세울 수는 없으며, 덧셈을 배운 적이 없는 학생에게 곱셈을 교육내용으로 설정해서는 안 되기 때문이다.

여기서는 교육과정 활동에 큰 영향을 주는 발달이론과 학습이론을 간략히 제시하고자 한다. 물론 교육과정 활동에 참여하는 사람들이 발달이나 학습의 과정을 모두 같은 방식으로 생각하고 있는 것은 아니다. 이들이 발달이나 학습의 과정을 어떻게 생각하는가에 따라 교육과정의 목표 설정, 내용 선정, 방법 선택, 평가 방식 등이 달라진다. 먼저 발달이론이 교육과정 활동과 어떤 연관이 있는지를 살펴본다.

## (1) 발달이론

인간은 인지, 정서, 도덕, 신체 등의 다양한 부면(部面)에서 발달한다. 발달이론은 이러한 발달의 과정을 과학적이고 체계적으로 연구하여 얻게 된 결과다. 교육과정 활동에 참여하는 사람들이 이러한 발달이론을 제대로 이해하고 올바로 적용할 때 교육적으로 가치 있는 교육과정을 개발할 수 있다.

### ① 인지 발달

인지 발달에 대한 많은 이론 중에서 교육과정 분야에 가장 큰 영향을 준 것은 Piaget의 인지발달이론과 Vygotsky의 인지발달이론이다. 여기서는 두 이론을 상세히 소개할 필요는 없고, 이들 이론들이 교육과정 활동에 시사하는 점만 간단히 적어 본다.

Piaget의 인지발달이론은 현대 교육과정의 구성에 다음과 같은 시사점을 제공한다(문은식 외, 2018). 첫째, 학습자의 인지발달 수준에 기초한 적정 수준의 내용을 선정하여 적절한 시기에 교육하는 데 도움을 준다. 둘째, 교육은 학습자의 잠재가능성을 기초로 학습자의 자발성에 따라 탐구와 발견을 통해 이루어져야 하며 직접적인 경험과 활동을 통한 학습을 강조한다. 따라서 지식을 주입시키려 하지 말고 아동에게 흥미와 문제를 제기하는 재료들을 찾아 주어 아동 스스로 문제를 해결하도록 하며, 학습자의 인지발달을 유도하기 위해서는 적당한 인지 불균형을 유지시킬 필요가 있다.

Vygotsky의 인지발달이론은 사회 · 문화적 환경을 중시했는데 이러한 관점은 교육 환경에 있어서 특히 인적 환경이 중요한 요인임을 시사한다. 즉, 아동의 주위 사람들, 특히 부모나 교사, 뛰어난 동료들이 지식 형성의 촉진자로서 학습자에게 어떠한 영향력을 행사할 수 있는지, 어떠한 역할을 해야 하는지를 알려 준다. 그는 이러한 맥락에서 근접발달영역에 대한 강조와 함께 교사 및 뛰어난 동료들의 역할을 강조했다.

### ② 심리 · 사회 발달

학습자를 보다 정확히 이해하기 위해서는 학습자의 인지 발달뿐만 아니라 정의적 측면에서의 발달에 대한 이해도 필요하다. Erickson의 심리 · 사회적 발달이론은 인간의 성격이 단계적으로 발달해 가는 것이기 때문에, 각 발달단계에 알맞게 적절한 환경을 제공해야 한다고 본다. 발달단계마다 성취해야 할 과업과 극복해야 할 위기

사항이 있으며, 이때 영향을 미칠 수 있는 사회적 요인들을 잘 조절해야 한다. 예를 들어, 중·고등학교 시기는 자아정체성을 확립하는 시기이므로 토론과 상담의 장을 마련하여 스스로 문제를 해결할 수 있도록 격려하고 긍정적인 자아정체감을 형성하도록 지도한다.

### ③ 도덕성 발달

Kolhberg는 교육의 목적이 성숙한 도덕성을 갖고 정의로운 사회 구축에 공헌하는 인성을 형성하는 데 있다고 보고, 교육이 해야 할 일은 개인의 인지구조와 사회적 환경의 상호작용에 의해 촉진되는 도덕성 발달의 자연적 과정을 자극하는 것으로 보았다. 아동에게 인지발달 수준 이상의 도덕적 행동을 요구하는 것은 무리이며, 적절한 지도를 위해서는 먼저 아동의 도덕적 판단 수준을 이해하고 대략적인 도덕적 추론 단계를 파악할 필요가 있다. 예를 들면, 어린 유아의 경우 나쁜 행동을 했을 때 즉각적으로 유아의 행동이 잘못되었음을 알려 주어야 하는 반면에, 성숙한 청소년에게는 처벌이나 제재보다는 보편적 가치 기준이나 양심에 호소하는 것이 보다 적절한 방법이 될 수 있다.

Gilligan은 하버드 대학의 동료 교수였던 Kolhberg가 남성만을 대상으로 도덕성 발달단계를 설정하였기 때문에 여성의 도덕성 발달을 잘못 파악하였다고 강력히 비판하였다. 그녀는 남성의 도덕성은 정의지향적인 반면에 여성의 도덕성은 인간관계에서의 보살핌, 애착, 책임을 강조하는 대인지향적임을 주장하면서, 남성과 여성의 도덕적 지향과 선호가 다르다고 주장하고 배려의 윤리(ethic of care)를 제안하였다(문은식 외, 2018).

### (2) 학습이론

교육과정 활동에 참여하는 사람들이 관심을 가지는 다양한 학습이론 중에서 특히 행동주의학습이론과 구성주의 학습이론은 교육과정의 계획과 운영에 큰 영향을 미쳐 왔다.

### ① 행동주의 학습이론

행동주의적 관점은 인간 학습의 원리와 과정을 설명함에 있어서 객관적이고도 실험적인 관찰을 통해 주로 인간의 외현적인 행동에 관심을 갖는다. 따라서 행동주의의 기본 원리는 자극과 반응의 연합이다. 여기서 자극이란 환경으로부터 학습자에게 제시되는 모든 것을 의미하고, 반응이란 자극으로 인한 행동을 의미한다. 이와 같은 행동주의적 관점은 Pavlov, Watson, Thorndike, Skinner 등과 같은 연구자나 이론가들에 의하여 지지를 받았다(문은식 외, 2007: 177).

행동주의 학습이론은 감각을 통한 세계만이 참으로 존재한다고 가정한다. 이 입장의 학자들은 학습을 행동 변화로 규정하며, 전체는 부분들의 합이라고 생각하여 부분들의 단계적인 완성을 중요하게 생각한다. 그들은 교육과정을 조직할 때, 학습자의 행동 변화를 최종목표로 삼고 그와 같은 목표가 달성될 수 있도록 하위 행동들을 찾아내고 계열화하는 방식을 취한다. Wolfson(1985)은 이 입장을 다음과 같이 요약하였다.

- 보상을 포함하는 즉각적인 피드백은 학습을 일으키는 데 필수적이다.
- 학습은 단순한 행동에서 복잡한 행동으로 진전된다.
- 학습과제는 단계적인 계열로 제시되어야 한다.
- 도달하고자 하는 목표행동은 미리 구체화되어야 한다.
- 반복과 연습은 중요하다.

### ② 구성주의 학습이론

행동주의적 관점이 수동적인 인간관을 바탕으로 자극과 반응 간의 연합이나 강화를 강조한 반면, 구성주의적 관점에서는 인간이 환경을 능동적으로 선택하고 지식을 스스로 구성하는 능동적인 학습자라고 본다.

학습을 인지의 구성으로 보는 입장에서는 참으로 존재하는 것은 지각된 것이며, 정보는 감각을 통해 포착된 것이 사고를 통해 조작과 변형의 과정을 거쳐 만들어진 것으로 본다. 따라서 학습이란 저장된 정보나 통찰이 변화하는 것이다. 이 입장은 교육과정의 계획이나 운영에서 학습자의 통찰 변화에 초점을 맞춘다. Wolfson(1985)은 이 관점이 교육과정 활동에 다음과 같은 시사점을 제공한다고 보았다.

- 모든 학생의 독특한 관점이 학습에 중요한 의미를 갖는다.
- 지식은 개인적으로 구성되며, 사회적으로 공유된다.

- 모든 지식 체계는 세계를 해석하는 독특한 방식들이다.
- 개인은 자신의 지각을 바탕으로 결정을 내린다.
- 교육과정이 어떻게 설계되든 학습자는 자신의 의미를 만들어 낸다.
- 각 개인은 문화적 맥락 속에서 타인과 상호작용함으로써 자아개념을 발전시킨다.
- 학생과 교사는 사회적 맥락 안에서 자아실현을 추구한다.

이상과 같이 학습과 발달에 관한 교육과정 활동 참여자들의 생각은 교육과정의 개발, 운영, 평가에 큰 영향을 미친다. 그러나 학습이나 발달과정에 관한 그들의 생각이 고정되어 있다고 볼 수는 없다. 교육과정 활동에 참여하는 대다수의 사람은 학습의 과정에 대한 엄격한 이론을 고수하거나 발달의 과정을 고정불변의 진리로 생각하지 않는다. 그들은 학습이나 발달의 과정이 상기한 학습이론이나 발달이론보다 훨씬 다양하고 융통성이 있을 것으로 생각한다.

예를 들어, 인본주의 심리학 이론은 1960년대 이후 지속적으로 교육과정 활동에 영향을 미치고 있다. 인본주의 심리학자들은 자유, 무, 죽음, 선택 등의 다양한 주제를 통하여 종래의 교육에서 경시되었던 인지와 정서의 통합을 꾀하고 궁극적으로는 자아의 성장이나 실현에 이르도록 하는 교육과정 개발을 촉구해 왔다. 이와 같이 발달이론, 학습이론, 인본주의 심리학 등의 교육심리학 이론은 교육과정의 개발, 운영, 평가 활동에 도움을 주는 처방을 제시해 왔다.

## 3. 교육과정 활동의 사회적 배경

교육과정 활동에 참여하고 있는 사람들은 그들을 둘러싸고 있는 다양한 환경의 영향을 받으면서 활동을 하게 된다. 그들에게 영향을 미치는 힘은 학교 안에도 밖에도 존재한다.

먼저, 학교 바깥에서 교육과정 활동에 영향을 미치는 힘으로 정치, 경제, 사회·문화적 환경의 변화를 들 수 있다.

첫째, 정권의 교체는 교육과정의 형태와 내용에 변화를 주기도 한다. 새로운 정부가 들어서면 국정 이념을 새롭게 하고 이들 이념을 교육개혁을 통해 실현하기 위하여

**표 2-2  교육과정 제 개정 시기와 연도**

| 차수 | 제·개정연도 | 대통령 | 차수 | 제·개정연도 | 대통령 |
|---|---|---|---|---|---|
| 긴급조치기 | 1945 | 미군정청 | 6차 교육과정 | 1992 | 노태우 |
| 교수요목기 | 1946 | 미군정청 | 7차 교육과정 | 1997 | 김영삼 |
| 1차 교육과정 | 1954~1955 | 이승만 | 2007 교육과정 | 2007 | 노무현 |
| 2차 교육과정 | 1963 | 박정희 | 2009 교육과정 | 2009 | 이명박 |
| 3차 교육과정 | 1973 | 박정희 | 2015 교육과정 | 2015 | 박근혜 |
| 4차 교육고정 | 1981 | 전두환 | 2022 교육과정 | 2022 | 윤석열 |
| 5차 교육과정 | 1987 | 전두환 | | | |

교육과정을 개정하는 경우가 많다. 〈표 2-2〉는 국가수준 교육과정의 개편과 정권 교체 시기가 어떤 연관성을 지니고 있는지를 보여 준다. 물론 교육과정 개정에 착수하여 실질적인 개정 작업을 주도한 측과 개정 작업 이후 부분 수정을 통하여 고시한 측이 다를 경우도 있다. 예를 들면, 2022 교육과정은 문재인 정부에서 대부분의 내용을 개발하고, 윤석열 정부에서 일부 내용을 수정하여 고시한 것이다.

둘째, 경제 성장, 산업기술의 발달과 직업 세계의 변화 등도 교육과정에 영향을 미치는 요인이다. 1960년대 후반까지 우리나라의 경제 사정은 국가나 가계 모두 어려웠다. 1963년 초에 고시된 제2차 국가수준 교육과정에서는 교육내용의 구성 중점을 자주성, 생산성, 유용성 등에 두었다. 특히 '생산성'을 다음과 같이 설명하고 있다.

> 생산성: 교육은 그 본질에 있어서 사회생활을 유지·발전하는 데 필요한 물자를 만들어, 이것을 현명하게 이용함으로써 더욱 값진 생활을 계속적으로 발전시키는 기능을 지녀야 한다. 그러므로 새 교육과정에 있어서는 종전의 소비 생활에 편중되었던 학습 내용을 재검토하여, 학생으로 하여금 만들고, 먹고, 입고, 살고 하는 적당한 방법을 습득시켜, 우리의 생활을 실질적으로 개선할 수 있는 태도와 기능을 길러 나가도록 하는 데 주력하였다. 더욱이 오늘날 모든 국민이 당면하고 있는 중요 과제가 국민 경제의 조속한 재건에 있으므로, 앞으로의 교육과정에 있어서는 생산성이 강조되지 않을 수 없다. 모든 교과 학습과 교과 외 학습 활동에 있어서도 이 생산성이 강조되어야 하겠지마는, 특히 일진월보하는 현대과학 기술의 습득과, 실업 및 직업 교육을 획기적으로 개선하는 데 필요한 학습 경험을 충분히 계획하여야 한다.

또한 산업기술의 발달과 직업세계의 변화는 진로와 관련된 교육과정에 영향을 주며, 특히 특성화 고등학교의 성격과 전공, 과목 개설에 큰 영향을 미친다.

셋째, 사회 계층, 가족의 성격, 환경 보존 등도 교육과정 결정에 영향을 준다. 중산층의 증가는 공통 교육과정의 성격에 영향을 주며, 핵가족화, 여성의 사회 진출, 이혼율의 상승 등에 따른 가족 성격의 변화는 남자 중학생에게도 기술·가정 교과를 필수로 부과하는 데 영향을 미친다. 또한 환경 파괴와 에너지 고갈은 환경이라는 교과를 설정하게 하고 물자 절약이라는 내용을 여러 교과에 포함하도록 만든다.

국가 간 교역 확대로 다문화 사회로 진입하는 상황도 교육과정에 영향을 준다. 2022 교육과정에서는 "다문화 가정 학생을 위한 특별 학급을 설치·운영하는 경우, 다문화 가정 학생의 한국어 능력을 고려하여 이 교육과정을 조정하여 운영하거나, 한국어 교육과정 및 교수·학습 자료를 활용할 수 있다. 한국어 교육과정은 학교의 특성, 학생·교사·학부모의 요구와 필요에 따라 주당 10시간 내외에서 운영할 수 있다."로 규정하고 있다.

가치관의 변화, 매스컴, 정보통신의 발달 등도 교육과정 결정에 영향을 미친다. 가치관의 변화, 특히 물신주의(物神主義) 가치관을 변화시키고자 하는 노력은 교육과정에 반영되며, 정보통신의 발달은 '정보'를 교과목의 하나로 편성되도록 한다. 2022 교육과정에서는 "모든 교과를 통해 디지털 기초 소양을 함양하도록 수업을 설계한다."로 규정하고 있다. 또한 대중 매체가 미치는 해악을 줄이기 위하여 매체를 올바로 보고 활용하는 교육이 필요하다는 주장도 교육과정 결정에 영향을 준다.

다음으로 학교 내부에서 교육과정 활동에 영향을 미치는 요인으로 학교의 조직구조, 물리적 환경, 학교문화 등을 들 수 있다.

학교의 조직구조는 교육과정의 운영에 큰 영향을 준다. 현재와 같은 학년별, 교과별 조직은 계통적 학습을 중요시하는 교과 교육과정의 운영에 적합한 조직이다. 그러나 교육의 목적이 다원적이고 다양한 형태의 교육과정이 운영되기 위해서는 교과 간을 연계하는 팀별 조직이 효과적이다. 마찬가지로 현재와 같은 시간표 편성은 학생의 학습 리듬보다는 행정적 편의성이나 교사 수급의 불가피성에서 비롯된 것이다. 따라서 프로젝트 학습과 같은 학습자 주도적인 교육과정을 운영하기 위해서는 때에 따라 변화가 가능한 탄력성 있는 시간 운영이 요구된다.

학교의 물리적 환경도 여러 가지로 교육과정 활동에 영향을 미친다. 현재와 같은 학급별 교실은 전통적인 방식의 교과 교육과정을 운영하는 데 도움을 준다. 그러나 수준별 교육과정이나 통합교육과정과 같은 교육과정을 유연하게 운영하기 위해서는 크고 작은 크기의 특별실이 필요하다. 기구 및 장비도 교육과정 편성과 운영에 영향을 미친다. 프로젝션 TV와 인터넷의 보급은 교재의 성격에 대한 관념을 바꾸었으며, 디지털교과서의 편찬으로 이어지고 있다. 최근 AI 기반의 학습 체제 구축은 교육과정 운영에 큰 영향을 줄 것으로 판단된다.

학교의 문화는 그다지 눈에 잘 띄지 않지만 교육과정 운영에 결정적인 영향을 미칠 때가 많다. 교사들이 교육과정의 편성과 운영에 관심을 지니고 있을 때와 이에 대한 저항과 거부 의식이 팽배할 때 학교 교육과정 운영 성과에는 큰 차이가 나타난다. 교육혁신에 성공적인 학교는 대개 교사들이 서로 신뢰하고 협력하는 문화를 가지고 있다(박현숙, 김현정, 손가영, 이경숙, 박윤애, 이윤정, 2017). 또한 학생들의 문화가 학구적이고 도덕적일 때와 비학구적이고 반사회적일 때 학교 교육과정은 이에 대응하여 편성될 필요가 있다.

이와 같이 교육과정은 교육과정 활동에 참여하는 사람들이 지닌 철학적 관점과 심리학적 관점의 토대 위에서 전개되며, 그들이 속한 학교 안팎의 여러 가지 배경과 압력 속에서 이루어진다.

## 4. 교육과정 활동의 법령 기반

정부가 법령의 기반 위에서 펼치는 교육정책은 어떤 다른 요인보다도 교육과정 결정에 큰 영향을 미친다. 교육과정의 기본 형태와 내용은 헌법, 법률, 명령, 행정규칙, 자치법규 등으로 규정된다. 교육과정의 개발·운영·평가에 직접적으로 영향을 미치는 주요 관련 법령들을 제시하면 다음과 같다.

- 「헌법」: 대한민국 「헌법」 제31조에는 '모든 국민이 능력에 따라 균등하게 교육을 받을 권리와 교육의 자주성·전문성·정치적 중립성 등이 보장된다.'고 명시하고 있다.

- 「교육기본법」:「교육기본법」 제2조에는 우리나라의 교육이념을 제시하고 있다. 「교육기본법」 제2조에는 홍익인간(弘益人間)의 이념 아래 '모든 국민으로 하여금 인격을 도야하고 자주적 생활 능력과 민주 시민으로서 필요한 자질을 갖추게 함으로써 인간다운 삶을 영위하게 하고 민주국가의 발전과 인류공영의 이상을 실현하는 데에 이바지하게 함을 목적으로 한다.'고 명시하고 있다.

- 「초·중등교육법」:
  - 「초·중등교육법」 제23조에는 교육과정과 관련한 사항을 제시하고 있다. 제23조(교육과정 등)에는 ① 학교는 교육과정을 운영하여야 한다. ② 국가교육위원회는 제1항에 따른 교육과정의 기준과 내용에 관한 기본적인 사항을 정하며, 교육감은 국가교육위원회가 정한 교육과정의 범위에서 지역의 실정에 맞는 기준과 내용을 정할 수 있다. ③ 교육부장관은 제1항의 교육과정이 안정적으로 운영될 수 있도록 대통령령으로 정하는 바에 따라 후속지원 계획을 수립·시행한다. ④ 학교의 교과(教科)는 대통령령으로 정한다.
  - 「초·중등교육법 시행령」 제43조는 교과에 대한 사항을 명시하고 있다. 제43조(교과)에는 ① 법 제23조 제4항에 따른 학교의 교과는 다음 각호와 같다. 1. 초등학교 및 공민학교 : 국어, 도덕, 사회, 수학, 과학, 실과, 체육, 음악, 미술 및 외국어(영어)와 국가교육위원회가 필요하다고 인정하는 교과, 2. 중학교 및 고등공민학교 : 국어, 도덕, 사회, 수학, 과학, 기술·가정, 체육, 음악, 미술 및 외국어와 국가교육위원회가 필요하다고 인정하는 교과, 3. 고등학교 : 국어, 도덕, 사회, 수학, 과학, 기술·가정, 체육, 음악, 미술 및 외국어와 국가교육위원회가 필요하다고 인정하는 교과, 4. 특수학교 및 고등기술학교 : 국가교육위원회가 정하는 교과
  - 「초·중등교육법」 제29조는 교과용 도서에 관한 내용을 규정하고 있다. 제29조(교과용 도서의 사용) ① 학교에서는 국가가 저작권을 가지고 있거나 교육부장관이 검정하거나 인정한 교과용 도서를 사용하여야 한다. ② 교과용 도서의 범위·저작·검정·인정·발행·공급·선정 및 가격 사정(査定) 등에 필요한 사항은 대통령령으로 정한다.
  - 「초·중등교육법 시행령」 제48조는 수업운영에 관한 사항을 규정하고 있다. 제48조(수업운영방법 등) ② 학교의 장은 교육상 필요한 때에는 학년 또는 학과

등을 달리하는 학생을 병합하여 수업할 수 있다. ③ 학교의 장은 방송프로그램을 수업에 활용할 수 있다. ④ 학교의 장은 교육상 필요한 경우에는 원격수업 등 정보통신매체를 이용하여 수업을 운영할 수 있다. 이 경우 교육 대상, 수업 운영 방법 등에 관하여 필요한 사항은 교육감이 정한다. ⑤ 학교의 장은 교육상 필요한 경우 보호자의 동의를 얻어 교외체험학습을 허가할 수 있다. 이 경우 학교의 장은 교외체험학습을 학칙이 정하는 범위 안에서 수업으로 인정할 수 있다.

－「초·중등교육법」 제9조와 제25조는 학생의 평가 및 평가결과 기록에 대하여 규정하고 있다. 제9조(학생·기관·학교 평가) ① 교육부장관은 학교에 재학 중인 학생을 대상으로 학업성취도를 측정하기 위한 평가를 할 수 있다. 제25조는 학생들의 학교생활기록에 관한 사항을 규정하고 있다. 제25조(학교생활기록) ① 학교의 장은 학생의 학업성취도와 인성(人性) 등을 종합적으로 관찰·평가하여 학생지도 및 상급학교(「고등교육법」 제2조 각 호에 따른 학교를 포함한다. 이하 같다)의 학생 선발에 활용할 수 있는 다음 각 호의 자료를 교육부령으로 정하는 기준에 따라 작성·관리하여야 한다. 1. 인적사항, 2. 학적사항, 3. 출결상황, 4. 자격증 및 인증 취득상황, 5. 교과학습 발달상황, 6. 행동특성 및 종합의견, 7. 그 밖에 교육목적에 필요한 범위에서 교육부령으로 정하는 사항. ② 학교의 장은 제1항에 따른 자료를 제30조의4에 따른 교육정보시스템으로 작성·관리하여야 한다. ③ 학교의 장은 소속 학교의 학생이 전출하면 제1항에 따른 자료를 그 학생이 전입한 학교의 장에게 넘겨 주어야 한다.

이와 같은 교육과정 활동의 기반이 되는 주요 법령을 정리하면 〈표 2-3〉과 같다.

표 2-3 **교육과정 관계 법령**

| 법령 | 교육과정 활동 |
|---|---|
| 「헌법」 제31조<br>「초·중등교육법」 제23조 | 국가수준 교육과정 기준 설정 |
| 「교육기본법」 제3조, 4조, 5조<br>「초·중등교육법」 제23조 | 국가, 지역, 학교 교육과정 기준 |
| 「초·중등교육법」 제23조 | 학교 교육과정의 편성·운영의 법적 근거 |

| 「초 · 중등교육법」 제23조<br>「초 · 중등교육법 시행령」 제43조 | 교과 |
| --- | --- |
| 「초 · 중등교육법」 제24조<br>「초 · 중등교육법 시행령」 제44조, 45조 | 학사 일정 |
| 「초 · 중등교육법 시행령」 제46조 | 학급 편성 |
| 「초 · 중등교육법 시행령」 제44조, 48조 | 중학교 자유학기 운영 |
| 「초 · 중등교육법」 제26조<br>「초 · 중등교육법 시행령」 제50조 | 진급과 졸업 |
| 「초 · 중등교육법」 제28조<br>「초 · 중등교육법 시행령」 제54조 | 학습부진아 등에 관한 교육 |
| 「초 · 중등교육법」 제29조<br>「초 · 중등교육법 시행령」 제55조 | 교과용 도서 |
| 「초 · 중등교육법」 제31조, 32조 | 학교운영위원회 규정 |
| 「초 · 중등교육법」 제17조 | 학생 자치 활동 |
| 「초 · 중등교육법」 제8조<br>「초 · 중등교육법 시행령」 제9조 | 학교 규칙 제정 |
| 「초 · 중등교육법」 제9조, 25조<br>「초 · 중등교육법 시행령」 제12조 | 평가 및 평가 결과 기록 |

출처: 2015 교육과정 총론 해설에서 발췌.

## 5. 교육과정 참여집단의 관점

　　교육과정 활동은 이에 참여하는 사람들이 인간, 사회, 지식 등에 관하여 가진 생각을 기반으로 이루어진다. 즉, 교육과정 활동에 참여하는 사람들이 인간, 사회, 지식을 어떻게 보는가에 따라 교육과정 활동과 그 산물의 모습은 달라지게 된다. 즉, 교육자들이 인간과 사회를 보는 관점은 교육목적, 교육내용, 교육방법, 교육평가 등에 절대적인 영향을 미친다.

　　여기서는 교육과정 활동에 가장 큰 영향을 미친 것으로 생각되어 온 몇 가지 관점들만을 간략하게 살펴보고자 한다. 교육과정 참여집단의 관점은 교육과정에 관해 사고하고 서술하며 활동하는 방식에 영향을 주는데, 역사적으로 이들 관점은 여러 가지 형태의 교육과정을 만들어 왔다. 여기서는 교육과정에 대한 다음 세 가지 관점을 교육목적, 교육내용, 교육방법, 교육평가의 측면에서 살펴본다.

## 1) 학문적 합리주의자의 관점

학문적 합리주의는 학문에 바탕을 둔 교과를 통하여 학생들의 지적 능력을 신장하는 데 목적을 둔다. 학문은 인류가 쌓아 온 지식의 저장고로 연구 분야에 따라 조직된 지식체다. 학생들은 학문 속에 들어 있는 내용을 통하여 지식, 기능, 가치 등 지적 능력을 발달시킨다.

학문적 합리주의자의 관점을 따르는 교육과정은 전형적으로 다양한 학문 속에 들어 있는 지식, 기능, 가치 등이다. 목적과 내용은 분리되지 않으며 내용을 배우는 것이 바로 목적을 달성하는 것이 된다. 때때로 교육내용은 교과의 구조, 학문의 구조, 지식의 형식 등 다양한 이름으로 불리기도 한다.

학문적 합리주의자들은 교사중심의 수업방식을 선호한다. 이 입장은 지식과 기능 전달을 위해 강의법과 설명법을 강조한다. 하지만 학문적 전통에서 다루는 수업방법은 학문구조를 발견하기 위한 탐구방법이다.

학문적 합리주의에서는 지식과 지적 기능을 검사한다. 이 검사를 통하여 학생들의 지적 능력의 변화 정도를 알려고 한다. 그러나 때때로 평가 자체를 목적시하는 폐단을 낳기도 한다.

## 2) 인본주의자의 관점

인본주의 관점은 의미 있는 교육과정을 통하여 학생들의 자아 성장과 실현을 돕는 데 목적을 둔다. 의미 있는 교육과정이란 학생들 스스로가 자아를 발견하여 삶의 의미를 깨닫도록 도움을 주는 교육과정을 말한다.

인본주의 관점에 따르는 학교 교육과정은 자아의 성장과 실현에 도움을 주는 내용들로 구성된다. 학문도 내용이 될 수 있으나 그 자체로 가치를 지니는 것이 아니라 목적 달성을 위한 수단으로서 활용되며, 죽음, 불안, 무, 자유, 선택, 전쟁 등이 목적을 달성하는 데 도움을 주는 주제들로 추천된다. 인간을 전체적인 맥락에서 보기 때문에 지·정·의를 분리하지 않으며 교과의 연계나 통합을 강조한다.

인본주의 교육과정의 관점에서 필수적인 것은 학습자 스스로 학습할 수 있게끔 교사가 환경을 마련하고 지원하는 것이다. 자주 이용하는 수업방법은 경험(자기 감각을 통한 경험)에 의한 학습이다. 참만남 집단(encounter groups), 명상 및 소집단 토론과 같은 기법들은 개인의 성장을 촉진하기 위하여 사용된다.

인본주의 교육자는 임의로 설정한 기준에 근거하여 학생의 행동을 정확히 측정하는 것보다 학습자의 개인적 성장을 중시한다. 학습결과보다 과정을 강조하는 질적 평가가 학생 개개인의 발달을 점검하기 위하여 자주 활용된다. 따라서 관찰, 면담, 개인의 일기, 참여, 반성, 일화기록 등의 기법들이 사용된다.

## 3) 사회적응·재건주의자의 관점

사회적응·재건주의자들은 학생들의 사회적응, 지역사회 개조, 미래 사회 준비 등의 목적을 가지고 있다. 사회적응을 강조하는 인사들은 사회의 요구를 분석하여 학교 교육의 목적으로 삼는다. 또 다른 인사들은 학교가 지역사회를 개선하는 데 중요한 역할을 담당해야 한다고 본다. 미래학자들은 학교 교육의 목적을 미래를 대비하고 만들어 가는 데서 찾는다.

사회적응·재건주의 교육과정을 지지하는 사람들은 사회의 요구, 쟁점, 미래의 열망을 검토하여 내용을 추출한다. 그래서 직업교육, 환경문제, 세계 평화, 제한된 자원의 활용 등을 주요한 학습 주제로 삼는다. 학생들이 문제를 잘 파악하고 유용한 비판적 의견을 제시할 수 있는 과정과 기능을 중요시하여 분석, 추론, 정보처리, 탐구방법 등의 개발에 후한 점수를 부여한다.

사회적응·재건주의자들은 학생들의 문제해결 능력을 강조한다. 이 접근에서 가장 필요로 하는 방법은 집단활동이다. 사회문제에 대한 집단탐구, 사회적 합의를 얻기 위한 토론, 지역사회 참여활동 등이 주된 방법이다.

사회적응·재건주의자들은 시험과 검사와 같은 전통적 평가기법을 이용하지만, 검사의 제작과 실시에 학생들을 참여시키려고 한다. 또한 집단탐구, 토론, 참여활동 등을 통한 문제해결 과정과 능력에 대한 평가도 중요시한다.

교육과정 활동에 참여하는 인사들은 흔히 두 개 또는 그 이상의 관점을 연합하여 그들의 입장으로 삼는다. 예컨대 어떤 교사가 초등학교 교육과정을 개발하려고 할 때 학문적 관점과 인본주의 관점을 절충하는 관점을 내보일 수 있다. 또 중등학교 수학교사가 학문적 관점에 근거를 두면서도 인본주의 입장을 반영하려고 시도할 수도 있다. Gay(Amstrong, 1994 재인용)는 교육과정 개발자들이 교육과정을 개발할 당시의 사회 · 정치적 상황 속에서 그 당시 유행하는 특정한 계획에 맞추어 상이한 관점들을 조합하여 이용한다고 하였다.

이와 같이 둘 또는 그 이상의 관점을 관련짓는 것은 논리적으로나 실제적으로 가능하지만, 각각의 관점들을 서로 구별하는 것이 좋다. 만일 교육과정 개발자가 교육과정을 개발할 때 여러 가지 관점을 이해하면 그들의 아이디어를 보다 잘 조직할 수 있다. 분명히 교육과정 개발에 참여하는 인사들 중 책임자는 개발 참여자들이 굳게 믿고 있는 상이한 관점으로 말미암아 파생되는 여러 가지 난점을 잘 이해할 필요가 있다. 그리고 개발된 교육과정에 그 교육과정의 개발 배경에 대한 설명을 덧붙여 보급한다면 그 교육과정을 잘 이해하고 성공적으로 받아들일 가능성이 높아진다.

## 참고문헌

교육부(2022). 초·중등 교육과정 총론.

문은식, 박선환, 정미경(2018). 교육심리학. 공동체.

박현숙, 김현정, 손가영, 이경숙, 백윤애, 이윤정(2017). 수업고수들: 수업 교육과정 평가를 말한다. 살림터.

최호성, 강현석, 이원희, 박창언, 이순옥, 김무정, 유제순 공역(2007). 교육과정 설계의 이론과 실제. 시그마프레스.

Amstrong, D. G. (1994). *Developing and Documenting the Curriculum*. Allyn and Bacon.

Bloom, A. (1988). *The Closing of the American Mind*. Simon & Schuster.

Eisner, E. W. (1994). *Cognition and Curriculum Reconsidered* (2nd ed.). Teachers College Press.

Hirsch, E. D., Jr. (1988). *Cultural Literacy: What Every American Needs to Know*. Vintage.

Marsh, C. J., & Willis, G. (2006). *Curriculum: Alternative Approaches, Ongoing Issues* (4th ed.). Prentice Hall.

McNeil, J. D. (2006). *Contemporary Curriculum: In Thought and Action* (6th ed.). New York: John Wiley & Sons, Inc.

Shane, H. G. (1973). The Educational Significance of the Future. In *Curriculum Development: Issues and Insights* (pp. 128-145) by Orlosky, D. E., & Smith, B. O. (1978). Rand McNally College Publishing Company.

Wolfson, B. (1985). Psychological Theory & Curricular Thinking. In A. Milnar (Ed.), *Current Though on Curriculum* (pp. 53-72). ASCD.

# CHAPTER 03

# 교육과정 개발, 수준, 모형

교육과정 개발 활동은 교육에 대한 계획을 세우는 활동이다. 교육과정 학자나 실천가들은 자신의 교육관에 따라 다양한 모형을 제시해 왔다. Tyler의 개발 모형은 교육과정 개발의 구성요소와 따라야 할 절차를 제시했다는 점에서 널리 알려져 있으며, 그 외에도 다양한 개발 모형들이 있다.

이 장에서는 교육과정 개발의 개념, 개발 수준, 그리고 교육과정 개발 모형에 대해서 살펴본다.

구체적인 학습과제는 다음과 같다.

- 교육과정 개발의 개념을 이해한다.
- 교육과정 개발이 다양한 수준에서 이루어지고 있음을 파악한다.
- 교육과정 개발 모형의 특성과 장단점을 알아본다.

## 1. 교육과정 개발의 개념

교육과정 개발의 의미를 매우 단순화하여 말한다면, 교육목적과 교육내용의 체계, 그리고 이를 효과적으로 전달하기 위하여 교육방법, 교육평가, 교육운영 등에 대한 종합적인 계획을 세우는 활동을 가리킨다.

그러나 엄밀한 의미에서 볼 때, 교육과정 개발은 ① 사회의 요구와 학생의 요구에 부응하는 교육목적을 달성하기 위하여, ② 참여집단을 선별하고 조직하며 물적 자원을 갖추고, ③ 그런 다음 교육과정 구성요소의 성격을 규정하고 이들을 유기적으로 조직하여, 교육과정 산출물(교육과정, 교과서, 교사용 지도서 등)을 생산해 내는 일련의 과정을 가리킨다.

교육과정 개발활동은 Marsh와 Willis(2006)가 제시한 교육과정 연속체에서 [그림 3-1]과 같은 위치를 차지한다.

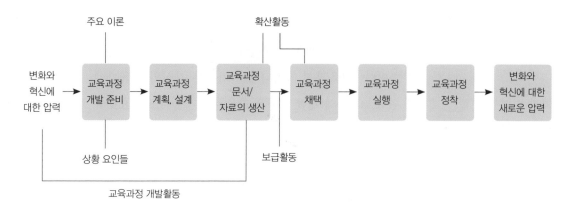

[그림 3-1] 교육과정 개발활동의 위상

[그림 3-1]에서 보는 바와 같이, 교육과정 개발은 교육에 대한 변화와 혁신에 대한 요구에 응하여 교육과정 개발 참여집단을 선정·조직하고 물적 조건을 완비한다. 그리고 참여집단은 자신이 지니고 있는 인간, 사회, 지식 등을 바탕으로 하는 교육관과 상황에 대한 지각을 토대로 교육과정을 준비하고 설계하며 종국적으로는 교육과정 산물들(교육과정, 교과서, 교수·학습자료 등)을 생산한다.

이러한 논리에 따르면, 교육과정 개발은 교육과정 설계를 포함하는 좀 더 광범위한 개념이 된다. 교육과정 설계는 교육과정 구성요소들의 성격을 규명하고 이들을 적합한 원칙과 원리에 의하여 조직하는 활동을 가리키는 반면, 교육과정 개발은 교육과정 설계를 포함하여 교육과정 산물을 생산하기 위하여 인적·물적 자원을 선발, 배치, 활용하고 절차를 마련하고 전개해 가는 활동을 의미한다.

이러한 교육과정 개발은 사회적·정치적 맥락 속에서 다양한 이해관계를 가진 집단들의 복합적이고 역동적인 의사결정과정을 거쳐 이루어지므로, 교육목적이나 교과의 선정과 조직 등에 영향을 미치는 여러 세력들 간의 갈등과 타협 등 정치적 협상과정을 거치게 된다.

그러므로 교육과정 개발 분야에서는 다음과 같은 질문에 답하는 데 관심을 갖는다.

• 교육과정 개발에 참여하거나 관련되어 있는 기관과 인사(집단)는 누구인가?
• 그들은 문제가 된 교육 상황을 어떻게 지각하고 있으며 어떤 교육적 신념을 지니고 행동하는가?

- 교육과정 개발은 어떤 절차나 과정을 통하여 이루어지며, 역사적으로 관심의 대상이 되어 온 개발 모형은 무엇인가?
- 교육과정 개발이 이루어지는 곳(수준)은 어디이며, 시대와 함께 개발이 이루어지는 수준의 강조점에 변화가 있는가?

## 2. 교육과정 개발 수준

교육과정 개발에서 우선 생각해야 할 점은 개발의 대상과 수준을 확정하는 일이다. 교육과정 개발의 대상은 교육과정을 무엇으로 보는가에 따라 다르다. 일반적으로 교육과정 개발은 교육과정 문서를 개발하는 것을 의미한다. 하지만 때에 따라서는 교과서 및 교사용 지도서 개발, 교수ㆍ학습자료 개발, 평가자료 개발 그리고 참고서 및 문제집 개발을 포함하기도 한다. 여기서는 교육과정 개발의 주 대상을 교육과정 설계가 담긴 문서 개발로 한정하여 살펴보고자 한다.

교육과정 개발은 여러 수준에서 이루어지는데, 각각의 수준에서 개발되는 교육과정의 기능은 그 나라의 교육체제가 어떠한가에 따라 달라진다. 즉, 국가에서 교육과정을 개발하고 평가하며, 지역이나 학교에서 교육과정 운영 역할을 담당하는 중앙집권적인 교육과정 체제와 교육과정의 개발, 운영, 평가의 모든 활동이 지역이나 학교에서 이루어지는 지방분권적인 교육과정 체제가 있다. 한 나라의 교육과정 체제가 어떤가에 따라 국가, 지역 및 학교 수준의 교육과정이 갖는 기능 및 역할에 차이가 생긴다.

먼저, 중앙집권적인 교육과정 체제와 지방분권적인 교육과정 체제의 차이점을 살펴보면, 중앙집권적인 교육과정 체제는 다음과 같은 장점을 가진다.

- 전국적으로 통일된 교육과정을 가진다.
- 학교급 그리고 학교 간 교육과정의 연계성을 충족시킨다.
- 풍부한 전문 인력을 활용하고 물적 자원을 투입하여 질 높은 수준의 교육과정을 개발할 수 있다.
- 국가와 사회의 대변혁 시기에 총체적으로 대응하는 데 도움을 준다.

이와 같은 장점에도 불구하고, 중앙집권적인 교육과정 체제는 교육과정의 운영이 획일화 · 경직화되기 쉬우며, 권위주의적 교육풍토를 조성할 가능성이 높고, 한번 제정된 교육과정은 법적인 권위 때문에 즉각적인 수정이 어렵다. 또한 교사가 교육과정 문제로부터 소외되어 교사의 전문성 향상을 저해할 가능성이 있으며, 지역, 학교, 학습자의 특수성에 부합되는 다양한 교육과정의 운영을 어렵게 한다.

이와 달리 지방분권적인 교육과정 체제는 다음과 같은 장점을 지닌다.

- 지역과 학교의 특수한 상황에 부응하는 교육과정을 개발하게 된다.
- 교사들이 교육과정에 대한 주인의식을 가지고 개발 · 운영하게 된다.
- 주변 상황의 급속한 변화에 대응하여 교육과정을 신속하고 유연하게 수정하고 운영할 수 있으며, 교육과정의 맥락적 특성으로 인하여 학습자들의 자발적 학습 기회가 촉진된다.

그러나 전문가, 예산, 시간, 인식의 부족으로 수준 높은 교육과정의 개발이 어려우며, 학교급 그리고 학교 간 교육과정의 연계가 힘들고, 지역중심, 학교중심, 교사중심에 치우쳐 교육개혁의 전파가 어렵다는 문제점이 있다.

이런 점에서 오늘날 많은 국가들은 중앙집권적인 교육과정 체제나 지방분권적인 교육과정 체제가 갖는 결함을 최소화하기 위하여 이들의 절충 형태를 취하고 있다. 국가는 교육과정의 일반적인 지침을 발표하고, 이러한 지침의 준수 여부를 가리기 위한 최소한의 평가활동을 수행하며, 지역과 학교는 국가수준의 교육과정 지침을 지역이나 학교의 특수성에 비추어 재개발, 운영 그리고 평가하는 역할을 맡는다.

우리나라의 경우도 1995년부터 적용된 제6차 교육과정과 2000년부터 적용되기 시작한 제7차 교육과정에서 이러한 교육과정 체제를 채택하였으며, 2009 개정 교육과정, 2015 개정 교육과정, 2022 교육과정에서 지역과 학교의 자율적 운영 권한을 더욱 강화하였다. 즉, 중앙집권적인 교육과정 체제의 기본 틀 위에서 교육의 분권화와 학교의 자율적 운영을 더욱 확대한 것이다.

중앙집권적인 교육과정 체제를 운영해 온 여러 나라에서 교육과정 분권화를 강화하는 것은, '교육과정의 적합성' 차원에서 지역의 독특한 사회 · 문화적 특성과 학교의 교육적 요구를 반영하고, '교육과정의 효율성' 차원에서 국가수준 교육과정을 보다 생산적으로 운영하려고 하기 때문이다.

우리나라에서도 지역이나 학교 나름의 특성을 살린 교육과정을 개발하고 운영하는 동시에 국가수준의 교육과정을 효과적으로 운영하려는 두 가지 목적을 가지고 교육과정의 분권화를 추진하고 있다. 그러나 국가수준 교육과정 지침의 상세화와 교과별 내용 중심 체계, 그리고 검인정 교과서 제도 등에서 나타나는 바와 같이, 아직까지는 적합성보다는 교육과정 운영의 효율성에 무게 중심이 놓인 것처럼 보인다.

다음은 교육과정개발이 이루어지는 지점에 바탕을 두고 국가수준, 지역수준, 학교수준 교육과정의 성격과 그들의 관계를 제시한다.

## 1) 국가수준 교육과정

국가수준 교육과정이란 교육에 대한 국가의 의도를 담은 문서 내용을 말한다. 국가수준 교육과정은 국가의 교육목적, 내용기준, 학생의 성취기준, 교육기관 및 교육행정기관의 교육과정 운영기준 등을 포함한다(Smith, Fuhrman, & O'Day, 1994). 우리나라에서는 국가교육위원회가 교육 관계 법령에 의거하여 결정·고시하며, 초·중등학교에서 편성·운영해야 할 교육과정의 목표(교육목적), 내용(내용 및 성취기준), 방법·평가·운영(교육과정 운영 기준) 등에 관한 기준 및 기본 지침을 담고 있다.

국가수준 교육과정의 필요성에 대해서는 찬반 양론이 있다. 국가수준 교육과정은 정치적·사회적·문화적 통합과 국가의 시대·사회적 요구를 충족시키며, 전문 인력, 막대한 비용, 장시간의 투자로 만들어진다. 그리고 교육과정의 표준화로 학교 교육의 질 관리가 용이하며, 학생들이 진학하거나 학교를 옮겼을 때도 교육과정의 일관성과 연속성을 보장할 수 있다는 이점이 있다. 하지만 국가수준 교육과정은 각 지역이나 학교의 특성을 반영하지 못하며, 너무 구체적이거나 상세하게 규정되면 지역이나 학교의 자율성과 교사의 전문성을 해치게 된다.

따라서 국가수준 교육과정은 기본적이고 필수적인 최소한의 기준만을 담아야 하며, 국가수준 교육과정 개발에서 지역이나 학교 현장의 목소리를 많이 담아낼 수 있도록 다양한 의견을 조사하고 반영해야 한다.

## 2) 지역수준 교육과정

지역수준 교육과정은 교육에 대한 지역의 의도를 담은 문서 내용을 가리킨다. 지역수준 교육과정은 두 가지 기능을 갖는다. 첫째, 국가수준의 기준과 학교의 교육과정을 연결하는 교량 역할을 한다. 지역수준 교육과정은 각 시·도와 지역의 특성, 필요, 요구, 여건 등의 제 요인을 조사·분석하여 전국 공통의 일반적 기준인 국가수준 교육과정이 학교 교육과정을 통해 잘 구현될 수 있도록 하는 데 목적이 있다.

둘째, 지역수준 교육과정은 지역의 특수성을 반영하여 그 지역의 요구와 필요를 반영하거나 국가수준 교육과정에서 빠지거나 강조점이 덜한 부분을 찾아서 보완하는 것 등에 목적을 둔다.

우리나라에서 지역수준 교육과정은 「지방교육 자치에 관한 법률」 제19조와 제20조로 규정하고 있으며, 대개 국가수준 교육과정으로부터 위임받은 사항의 수행과 관련된다. 시·도 교육청에서는 교육과정 편성·운영 지침을 작성하며, 시·군·구 교육지원청에서는 장학자료를 개발하여 학교 교육과정을 안내하고 통제한다.

**표 3-1** 「지방교육자치에 관한 법률」 제19조와 20조

제19조(국가행정사무의 위임) 국가행정사무 중 시·도에 위임하여 시행하는 사무로서 교육·학예에 관한 사무는 교육감에게 위임하여 행한다. 다만, 법령에 다른 규정이 있는 경우에는 그러하지 아니하다.

제20조(관장사무) 교육감은 교육·학예에 관한 다음 각 호의 사항에 관한 사무를 관장한다.

4. 교육규칙의 제정에 관한 사항, 5. 학교, 그 밖의 교육기관의 설치·이전 및 폐지에 관한 사항, 6. 교육과정의 운영에 관한 사항, 11. 교육·학예의 시설·설비 및 교구(교구)에 관한 사항

2022 교육과정에서는 시·도교육청의 교육과정 지원 역할을 '교육과정 질 관리' '학습자 맞춤 교육 강화' '학교의 교육환경 조성'으로 제시하고, 시·도 교육청의 교육과정 편성·운영 지침 개발, 위원회 구성, 질 관리 방안을 다음과 같이 구체적으로 규정하고 있다.

시·도교육청의 교육과정 지원 역할

- 지역의 특수성, 교육의 실태, 학생·교원·주민의 요구와 필요 등을 반영하여 교육청 단위의 교육 중점을 설정하고, 학교 교육과정 개발을 위한 시·도 교육청 수준 교육과정 편성·운영 지침을 마련하여 안내한다.
- 시·도의 특성과 교육적 요구를 구현하기 위하여 시·도 교육청 교육과정 위원회를 조직하여 운영한다.
- 학교 교육과정의 질 관리를 위해 각급 학교의 교육과정 편성·운영 실태를 정기적으로 파악하고, 교육과정 운영 지원 실태를 점검하여 효과적인 교육과정 운영과 개선에 필요한 지원을 한다.

이러한 지역수준 교육과정은 지역 교육청(시·도 교육청과 시·군·구 교육지원청)의 교육문제 해결 능력을 신장하고, 교육 관련 전문성을 키울 수 있다는 장점을 가진다. 반면에 시·도 및 시·군 간의 시간, 전문인력, 예산 등의 차이로 지역간 교육격차가 심화될 수 있다는 위험도 갖는다.

## 3) 학교수준 교육과정

학교수준 교육과정은 학교의 실태를 반영하며 학부모와 학생들의 특성과 요구를 고려하여 교육에 대한 학교의 의도를 담은 문서 내용을 말한다. 학교수준 교육과정은 '교육의 효율성' '교육의 적합성' '교사의 자율성과 전문성' '교육의 다양성' '학습자 중심 교육의 실현' 등을 위해서 필요하다(교육과학기술부, 2008). 이를 위하여 국가수준 교육과정 문서와 시·도 교육청이 작성한 교육과정 편성 지침에는 교육과정과 관련되어 학교가 해야 할 일을 설계의 원칙, 교수·학습, 평가, 모든 학생을 위한 교육 기회의 제공 영역으로 나누어 제시하며, 교육부와 시·도 교육청은 학교가 이러한 일을 제대로 추진할 수 있도록 그 방법과 절차를 제시하고 있다. 2022 교육과정에서는 학교수준 교육과정의 설계와 운영 방향을 다음과 같이 제시하고 있다.

**2022 교육과정 총론의 학교 교육과정 설계와 운영**

• 학습자의 발달 수준에 적합한 폭넓고 균형 있는 교육과정을 통해 다양한 영역의 세계를 탐색해 보는 기회를 제공하고, 학습자의 전인적인 성장·발달이 가능하도록 학교 교육과정을 설계하여 운영한다.

• 학생 실태와 요구, 교원 조직과 교육 시설·설비 등 학교 실태, 학부모 의견 및 지역사회 실정 등 학교의 교육 여건과 환경을 종합적으로 고려하여 학습자에게 적합한 학습 경험을 제공한다.

• 학교 교육과정은 모든 교원이 전문성을 발휘하여 참여하는 민주적인 절차와 과정을 거쳐 설계·운영하며, 지속적인 개선을 위해 노력한다.

하지만 우리나라의 경우 학교수준 교육과정은 학교가 교육과정의 형태와 내용을 결정하는 실질적인 권한은 적고, 중앙정부에서 개발한 교육과정을 채택, 변용, 재구조화하는 쪽에 무게 중심이 높다고 할 수 있다.

따라서 학교수준 교육과정이 원래 의도한 목적을 달성하기 위해서는 교육과정 관련 권한을 학교에 대폭 이양하고, 교장 및 교사가 교육과정 개발에 대한 관심과 지식과 능력을 지니며, 이를 발휘할 수 있는 여건을 마련할 필요가 있다. 중학교의 자유학기제, 고등학교의 고교학점제, 2022 교육과정의 학교자율시간 등의 정책은 학교의 교육과정 결정 권한이 점차적으로 커지고 있다는 사실을 보여 준다.

국가수준, 지역수준, 학교수준 교육과정은 [그림 3-2]와 같은 관계를 갖는다.

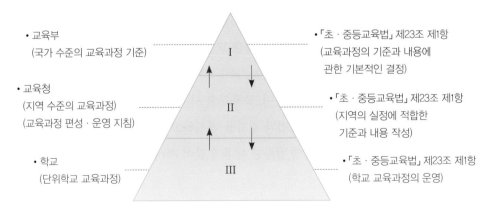

[그림 3-2] **교육과정의 수준**

출처: 이미숙 외(2013: 55).

[그림 3-2]와 달리, 교육과정 결정 권한의 분권화와 학교의 자율권의 확대 차원에서 국가수준 교육과정, 시·도 교육과정 편성·운영지침, 학교 교육과정의 관계를 [그림 3-3]과 같이 동심원으로 나타낼 수 있다. 국가에서는 국민의 기본권과 국가의 사회적 문화적 통합을 위하여 최소한의 교육기준을 제시하고(맨 안쪽 원), 시·도교육청은 지역의 특수성과 필요를 감안한 내용을 덧붙이며(중간 원), 최종적으로 학교가 국가와 지역의 요구를 구현하되, 자율권을 가지고 학생의 필요, 학교의 특성, 지역사회의 요구를 반영하는 교육과정을 개발하고 운영하는 것(바깥 원)이다.

[그림 3-3] 국가수준 교육과정, 시·도 교육과정 편성·운영지침, 학교 교육과정의 관계

## 3. 교육과정 개발 모형

교육과정 활동에 참여하는 사람들은 자신이 선택한 교육과정의 관점에 따라 교육과정을 개발하고 운영하며 평가하게 된다. 성공적인 교육활동은 이들 세 활동의 유기적인 결합을 통해서 이루어지지만, 교육과정 개발은 운영과 평가활동의 기초를 제공한다는 점에서 교육과정 연구자들의 가장 큰 주목을 받아 왔다.

교육과정 개발 모형은 교육과정 개발 과정에 개재하는 요인들이 많고 다양하며 요인들의 관계도 복잡하다는 점에서 제시되었다. Posner(1998)는 교육과정 개발 모형을 절차적 모형, 서술적 모형, 개념적 모형, 비판적 모형 네 가지로 나누었다. 절차적 모형은 교육과정 개발의 절차를 제시하며, 서술적 모형은 교육과정이 개발되는 실제의 현실을 기술한다. 개념적 모형은 교육과정 개발 요소들의 의미와 그들의 관련성을 제시하며, 비판적 모형은 교육과정이 누구의 이익에 기여하는가 하는 문제를 초점으로 다룬다. 그는 Tyler 모형, Walker 모형, Johnson 모형, Freiere 모형 등을 각각의 사례로 제시하고 있다.

또한 교육과정 개발 모형을 성격에 따라 처방적–기술적, 연역적–귀납적, 순차적–상호작용적 등으로 나눌 수 있다. 처방적 모형은 교육과정 개발자들이 고려해야 할 요인과 따라야 할 절차를 규정하며, 기술적 모형은 교육과정을 개발할 때 참여자들이 하는 활동을 있는 그대로 묘사한다. 연역적 모형은 교육과정을 전체 교육과정, 교과, 단원, 과(lesson) 등의 순으로 개발하며, 귀납적 모형은 학과, 단원, 교과, 전체 교육과정의 순으로 개발활동이 일어난다. 순차적 모형은 교육과정을 개발하는 절차가 고정되어 하나의 방향으로 진행되지만, 상호작용적 모형은 학교가 처한 상황에 따라 개발활동의 절차가 역동적으로 바뀌게 된다.

사실상 교육과정을 개발하고자 하는 사람들은 여러 교육과정 개발 모형 중에서 하나를 선택하거나 자신에 맞는 모형을 만들기 위하여 기존 모형들을 참고하기도 한다. 교육과정 학자들이 만들어 온 여러 교육과정 개발 모형들은 각기 다른 장점과 단점을 지니고 있으므로 한 가지 잣대로 좋은 모형과 나쁜 모형을 구별할 수 없다.

## 1) 기술 · 절차 모형

Tyler는 교육과정과 평가 분야에서 큰 업적을 남긴 미국의 교육자다. 그는 1902년 미국의 시카고에서 출생하였으며, 1994년 암으로 사망하였다. 그는 고등학교에서의 진보주의 교육의 효과를 전통적 교육과 비교한 8년 연구(1933~1941년)에서 평가 책임자로 활동하였다. 8년 연구 동안에 학교의 교육과정과 수업을 분석한 체험을 바탕으로 1949년 교육과정 개발 분야의 고전(古典)이라고 할 수 있는『교육과정과 수업의 기본 원리(Basic Principles of Curriculum and Instruction)』라는 저서를 출간하였다. 이 저서는 오늘날 전 세계 많은 국가에서 현지 언어로 번역되어 읽히고 있다.

Tyler는 이 저서에서 교사들이 교육과정과 수업을 계획할 때 수행해야 할 네 가지 과제를 제시하였다.

- 학교가 달성해야 할 교육목표는 무엇인가?
- 목표를 달성하기 위하여 어떤 학습경험을 제공해야 하는가?
- 학습경험을 효과적으로 조직하는 방법은 무엇인가?
- 목표가 달성되었는지를 어떻게 알 수 있는가?

　Tyler는 네 가지 과제 중에서 교육목표의 설정에 대하여 매우 상세하게 기술하였다. 실제로 교육목표의 설정이 차지하는 분량은 책의 전체 쪽수의 절반에 이른다. 그는 교육목표를 설정할 때는 현대사회의 분석, 학습자의 요구, 교과전문가의 견해를 수집하고, 이렇게 수집된 정보를 교육철학과 학습심리학의 기반 위에서 검토하여 정해야 한다고 기술하고 있다.

　이와 같이 교육목표가 설정되면, 이러한 목표 달성을 위해서 학생들이 어떤 경험을 해야 하는가를 결정하고. 이들 경험이 누적된 효과를 갖기 위해서는 계속성, 계열성, 통합성의 원리에 따라 조직되어야 한다. 마지막으로 이러한 일련의 과제 수행과 더

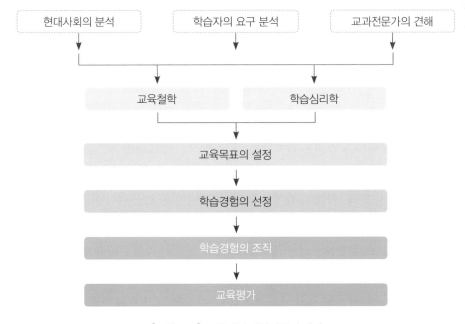

[그림 3-4] 교육과정 개발자들의 과제

불어 교육과정과 수업을 계획하는 사람은 설정된 목표들이 얼마나 달성되었는가를 평가해야 한다. 그가 교육과정과 수업을 계획할 때 개발자들이 해야 할 과제들을 제시한 것은 [그림 3-4]와 같다.

이와 같이 Tyler는 교육과정과 수업을 계획할 때, 교육목표를 설정하고, 이를 달성하기 위하여 학습경험을 선정하고 조직하며, 마지막으로 교육평가를 실시해야 한다고 하였다. 따라서 교육과정과 수업에 대한 Tyler의 견해(rationale)는 교육과정 개발자들이 따라야 할 절차를 제시한다는 점에서 처방적 모형이고, 교과에서 단원으로 진행한다는 점에서 연역적 모형이며, 목표에서 평가로 진행하는 일정 방향을 가진다는 점에서 순차적 모형으로 여겨지고 있다.

이러한 견해는 Tyler가 1949년에 집필한 『교육과정과 수업의 기본 원리』라는 소책자 속에 포함된 내용이 반영된 것으로 그 이후에 그가 제시한 견해를 무시하고 있다. 더욱이 엄밀하게 보자면 그 책자에서도 저자의 집필 의도가 드러나 있는 머리말과 교사들의 역할을 다룬 마지막 5장은 철저히 외면되었다고 볼 수 있다. Tyler는 그 책의 머리말과 마지막 5장에서 다음과 같이 말한 바 있다.

> 학교 교육과정의 개편에서 제기되는 또 하나의 문제는 교육과정 개편의 절차가 이 책에 제시된 순서를 따라가야 하는가 하는 것이다. 그 대답은 분명히 '그렇지 않다'는 것이다……. 이 책에서 제시되고 있는 원리는 학습계획의 구성과 관련된 요소(교육목표 설정, 학습경험 선정, 학습경험 조직, 평가의 과정)가 무엇이며 그것들이 서로 어떤 관계를 갖고 있는가를 보여 주는 것이다(Tyler, 1949).

이와 같은 Tyler의 항변에도 불구하고, 앞에서 지적했던 바와 같이, 그의 모형은 교육목표 설정, 학습경험 선정, 학습경험 조직, 학습경험 평가로 이어지는 순차적 개발 모형으로 알려져 왔다. 이에 대하여 Tyler는 1975년에 쓴 논문에서 상기한 네 가지 주요 과제 중에서 어떤 것이 먼저 취급되는가 하는 것은 문제가 되지 않는다고 하였다. 즉, 그의 말은 교육과정 개발에서 네 가지 과업은 반드시 수행되어야 하지만, 그 순서는 항간에 알려진 것과 달리 미리 정해져 있지 않으며 상황에 따라 달라질 수 있다는 것이다. 예를 들어, 문학 분야의 교육과정을 설계할 때 가장 먼저 하는 일은 학생들에게 새로운 경험을 다양하게 제공하기 위하여 문학작품을 선정하는 일이며(교육내용의 선정), 그런 다음에 학습자에게 중요하다고 판단되는 자료를 읽게 함으로써 무엇을 학습할 수 있는가를 결정한다(교육목표의 설정)고 하였다(Tyler, 1981).

또한 Tyler는 1975년에 쓴 논문에서 상기한 네 가지 과제를 수행하기에 앞서 교육적 문제나 요구 분석이 실시되어야 하며, 이러한 분석을 위하여 학습집단의 특성, 교육환경의 검토, 교사의 요구와 역할, 학교의 기능과 역할을 재고할 필요가 있다고 하였다. 이제 그가 제시한 교육과정 개발의 절차를 간추리면 [그림 3-5]와 같다.

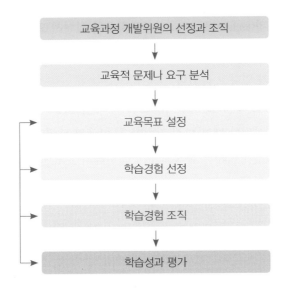

[그림 3-5] Tyler의 교육과정 개발 모형

Tyler의 교육과정 모형은 국가수준 교육과정에서부터 학교수준 교육과정 개발에 이르기까지 폭넓게 적용될 수 있다. 원래 Tyler는 교육과정 개발의 무대를 학교에 두고 교사들을 개발의 주체로 보고 있다. 이런 까닭으로 Tyler의 교육과정 개발 모형을 '탈맥락적'이라고 하는 것은 지나친 감이 없지 않다. 교사들이 학습자, 교사, 학교, 교육환경의 특성에 대한 연구를 하고 이를 바탕으로 목표를 설정해야 한다고 한 것과 교육내용이라는 말 대신에 학습경험이라는 용어를 의도적으로 사용한 것은 교육과정 개발이 학교와 교실의 특수한 맥락을 고려하면서 이루어져야 한다는 것을 강조한 것이기 때문이다.

물론 Tyler는 제한된 자원 속에서 가장 효과적인 실천성과를 거두기 위한 실용적 접근에 관심을 두고 이에 따른 단계적 절차를 강조하였다. 이런 과정에서 Tyler는 특정 가치를 주장하기보다는 올바른 가치판단을 위한 기준을 제시하는 데 노력하였다. 이러한 점에서 Tyler의 모형은 '탈정치적'이라는 비판을 면하기는 어렵다. 교육과정 개발은 시발자, 실행자, 관계자들의 합의보다는 갈등, 협상, 타협 등 권력이 작용하는 정치적 과정 속에서 이루어지는 경우가 많은데, 이 점을 교육과정 개발의 주요 의제로 다루지 않았기 때문이다.

1970년대부터 시작된 Tyler의 모형에 대한 본격적인 비판은 이와 같은 정치적 관점이 중심이 되었다. 비판자들은 Tyler의 개발 모형이 개발을 위한 절차적 원리를 강조하는 기술적 합리성(technical rationality)에 치우쳐 있어서 교육과정이 개발되는 정치적 현실을 제대로 반영하지 못할 뿐만 아니라, 계급, 인종, 성별 등 사회불평등 문제의 해소와는 거리가 있다고 하였다.

또한 Tyler의 모형은 그의 논리를 따르는 후배 학자들에 의해서도 비판을 받았다. Tyler는 교육목표를 설정할 때 반드시 거쳐야 할 이론적 토대로 교육철학을 강조하였지만, Tanner와 Tanner(2006)는 교육과정의 계획에서 교육철학의 기능이 더욱 확충되어야 한다고 보았다. 그들은 교육철학을 교육과정 구성의 네 가지 요소인 교육목

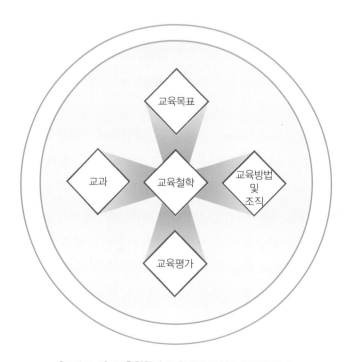

[그림 3-6] 교육철학과 교육과정 구성요소들의 관계

표 설정, 학습경험 선정, 학습경험 조직, 교육평가의 개별적 의미를 밝혀 줄 뿐만 아니라 그들의 상호관계적 속성이 어떠하며, 어떠해야 하는가를 보여 주는 기준으로 보았다. Tanner와 Tanner가 제시한 교육철학과 교육과정의 네 가지 구성요소 간의 상호관계는 [그림 3-6]과 같다.

[그림 3-6]에서 보는 것처럼, 교육철학은 교육목표를 결정할 때뿐만 아니라 교육내용(학습경험), 교육방법 및 조직(학습경험의 조직), 교육평가의 장면을 계획할 때에도 이론적 바탕으로서의 역할을 하게 된다. 개발자들이 교육과정 계획의 전 과정에서 교육철학적 활동을 하게 된다는 것은 교육과정의 계획이 목표 설정에서 학습경험의 선정과 조직 그리고 교육평가로 앞으로만 나아가는 것이 아니라, 각 단계에서 교육철학의 검증을 거쳐야 한다는 점에서 순차적 모형의 한계를 극복하는 이점이 있다.

Tyler는 이와 같은 안팎의 비판에 대하여 적극적으로 자신을 방어한 적이 없었다. 그는 교육과정과 수업 그리고 교육평가와 관련된 자신의 모든 활동이 미국의 학교 교육 개선에 도움이 되기를 바랐고 그렇게 되었을 것으로 믿었다. 그는 학문적인 논쟁보다는 미국 교육의 개선을 중요하게 생각하는 실용적인 입장을 철저히 견지하였다.

## 2) 숙의 모형

숙의는 영어의 'deliberation'을 번역한 말이다. 'deliberation'을 우리말로 풀이하면 '주의 깊게 생각함' '주의 깊게 생각하여 결정함' 등의 의미를 지니는데, 하나의 단어로 요약하면 숙고(熟考)나 숙의(熟議)라는 한자말에 해당한다.

숙고와 숙의에서 숙(熟)은 '익다' 또는 '삶아서 익히다'라는 뜻을 지니고 있으며, 고(考)는 '살펴보다' 또는 '곰곰이 생각하다'라는 의미가 있고, 의(議)는 '의논하다' 또는 '상의하다'라는 뜻을 가진다. 따라서 숙고는 '푹 익힐 정도로 곰곰이 생각하다'라는 의미를 지니며, 숙의는 '푹 익을 정도로 의논하다'라는 뜻을 지닌다. 국내 학자들 중에는 'deliberation'을 숙고로 풀이하기도 하지만, 교육과정 분야에서 이루어지는 deliberation이 대개 집단 차원에서 이루어진다는 점에서 여기서는 숙의라는 말을 선택하였다.

교육과정 분야에서 숙의는 실제적 문제를 해결하기 위한 과정으로서, 집단적으로 문제를 이해하고, 문제에 대한 알맞은 대안적 해결책을 창출하여 비교 검토하고, 그러한 대안의 결과를 고려하여 가장 최고의 행동 방향을 선택하거나 밝혀 가는 과정을 의미한다. 교육과정 분야에서 숙의의 중요성을 일깨운 사람은 Schwab이다.

Schwab은 과학 철학과 과학 교육 그리고 교육과정 분야에 큰 업적을 남긴 미국인 이다. 그는 1908년에 태어나서, 시카고 대학에서 공부를 마치고, 40년 가까이 모교에서 학생들을 가르친 후, 1988년 80세의 나이로 사망했다. 그는 1969년부터 1983년까지 '실제적인 것(the practical)'으로 이름을 붙인 네 편의 논문을 출간했는데, 교육과정의 개발과 연구 분야에 큰 영향을 주었다. 그는 교육과정 연구 분야가 이론적 탐구에 치우쳐서 교육 현장의 실제와 괴리가 있음을 지적하고, 교육과정을 실제의 문제로 인식할 것과 그 방법론으로 숙의를 제안하였다(김대현, 2006).

Schwab(1969)은 이론적 탐구와 실제적 탐구를 문제의 성격, 탐구의 대상, 문제해결 방법, 문제해결의 결과물에 의하여 구별하였다. Reid(1999)는 Schwab의 논문 속에 소개되어 있는 이론적 탐구와 실제적 탐구를 다음과 같이 깔끔하게 정리하였다.

첫째, 이론적 탐구는 이해라는 마음 상태(state of mind)와 관련되며 우리가 이해하지 못하지만 이해하기를 원하는 문제를 취급하는 반면에, 실제적 탐구는 개선이 필요하다고 믿는 실제 사태(state of affairs)의 해결과 관련된 문제를 다룬다.

둘째, 이론적 탐구는 이해와 관련된 문제가 되는 대상의 일반적이고 보편적인 특성을 탐구하는 반면에, 실제적 탐구는 개선이 필요한 문제가 일어나는 특정한 상황 속에서 대상의 개별적 특성을 탐구의 대상으로 삼는다.

셋째, 이론적 탐구는 문제를 해결하기 위하여 일반적인 자료를 찾고 학문적인 원리에 따라 자료를 연역적이거나 귀납적으로 분석하는 반면에, 실제적 탐구는 문제를 해결하기 위하여 따라야 할 일반적인 규칙이나 원리가 없으므로, 개인이나 혹은 집단이 논의를 통하여 판단을 내리는 숙의의 과정을 필요로 한다.

넷째, 이론적 탐구는 탐구의 결과로서 관심의 대상이 되는 문제에 대한 설명을 얻는 반면에, 실제적 탐구는 문제해결을 위한 실제적 행위를 최종 결과로서 얻게 된다.

위의 설명을 요약하면 〈표 3-2〉와 같다.

Schwab은 교육과정의 문제가 해결을 필요로 하는 실제적 문제이며 실제적인 탐구 원리와 방법을 적용하는 것이 마땅함에도 불구하고, 이론적 문제를 해결하는 탐구 원리와 방법을 적용하는 잘못을 범해 왔다는 것이다.

그는 교육과정 개발의 과정을 숙의의 과정으로 보았다. 그는 교육과정 개발의 과

**표 3-2  이론적 탐구와 실제적 탐구의 차이점**

|  | 이론적 탐구 | 실제적 탐구 |
|---|---|---|
| 문제의 성격 | 마음 상태 | 실제 사태 |
| 탐구의 대상 | 대상의 일반적/보편적 특성 | 대상의 상황적/개별적 특성 |
| 탐구의 방법 | 언역적/귀납적 방법 | 숙의 |
| 탐구의 산물 | 지식과 설명 | 문제해결 행위의 결과 |

정이 개발자들이 모여서 문제를 발견하고, 문제해결을 위하여 발견한 것을 모으고, 이를 활용하여 새로운 교육의 목표나 자료를 만들어 가는 과정이며, 이러한 과정은 단계적으로 일어나는 것이 아니라 동시에 일어나며 나선형 방식으로 전개된다고 하였다.

교육과정 개발에서 숙의 과정이 일어난다는 것을 실증적으로 제시한 사람은 Walker(1971)였다. 그는 현재 미국 스탠퍼드 대학교의 명예 교수로 재직하고 있으며, 우리에게는 『교육과정과 목적(Curriculum and Aims)』의 공동 저자로 알려져 있다. 그는 교육과정이 실제로 개발되는 과정을 관찰하여 교육과정 개발 모형을 제시하였다. 그의 모형을 자연주의적 교육과정 개발 모형(naturalistic model for curriculum development)이라고 부르는 것은 교육과정 개발이 일어나는 실제 과정을 있는 그대로(자연스럽게) 기술하였기 때문이다.

이 모형은 교육과정 개발은 개발에 참여하는 사람들의 숙의의 과정이라고 본다. [그림 3-7]에서 보는 것처럼 교육과정 개발은 출발점, 숙의, 교육과정 설계 과정으로 이루어진다. 출발점은 교육과정 개발에 참여하는 사람들이 지닌 교육에 대한 신념, 이론, 개념, 관점, 목적 및 목표를 가리킨다. 교육과정 개발에 참여하는 사람들은 각자 이러한 신념 및 가치 체계를 가지고 교육과정 개발을 위한 숙의의 과정에 들어간다.

숙의의 과정은 개발에 참여한 사람들이 교육과정에 대한 주요한 의사결정 과정에 참여하는 것을 가리킨다. 그들은 자신의 신념 및 가치 체계와 새로운 정보와 기존의 정책을 기반으로 논쟁하고, 수용하고,

[그림 3-7] Walker의 자연주의적 교육과정 개발 모형

거부하고, 수정하고, 중재안을 내면서 교육과정을 만드는 숙의 과정에 참여한다.

교육과정 설계는 교육목표와 교육내용 등의 교육과정의 주요 요소를 결정하는 단계를 가리킨다. 이러한 결정은 교육과정 개발에 참여한 사람들의 논의와 합의에 의하여 이루어진다. 이러한 결정을 통하여 교육과정의 틀과 요소들이 확정된다.

Walker의 교육과정 개발 모형은 교육과정이 개발되는 동안 실제로 일어나는 일을 정확하게 묘사해 주는 이점이 있다. 그리고 그 과정이 숙의 과정(대화와 갈등의 장)이라는 점을 보여 준다. 올바른 의미에서 숙의는 주어진 교육과정 문제를 가장 설득력 있고 타당한 방법으로 논의하며, 가장 유망한 교육과정 실천 대안을 검토하는 일이다. 그러나 숙의 과정은 종종 특정 집단의 견해를 반영하거나(파당적 숙의), 몇몇 요인만 과도하게 부각되거나(제한적 숙의), 숙의의 대상에 대한 근본적인 재검토 내지 재규정이 불가능하거나(한정적 숙의), 구체적인 실천계획은 사라지고 목적, 이상, 기본 원칙, 철학 등만 늘어놓는 결과를 낳거나(유사적 숙의), 숙의와 결정에 앞서 의사결정자를 위한 거친 수준의 정보와 의견을 다양하게 제공하는 수준(공청회)으로 전락하기도 한다(홍후조, 2002).

이러한 Walker의 교육과정 개발 모형은 교육과정 전문가들이 참여하며 개발을 위한 자금과 시간이 풍부한 비교적 대규모의 교육과정 개발 프로젝트를 참여관찰하고 평가한 결과를 통하여 형성되었다. 그러므로 국가와 지역 수준의 교육과정 개발에서 찾아볼 수 있는 현상이지만, 전문가, 자금, 인력이 부족한 학교에서는 적용되지 않는다는 지적을 받고 있다(Marsh & Willis, 2006).

그러나 학교수준 교육과정 개발의 과정이 교사들에 의해 이루어지고 시간과 자금이 부족하기는 하지만, 교사들은 교육과정에 대한 자신의 신념과 가치체계에 바탕을 두고 정보를 탐색하고, 기존의 교육과정 정책을 바탕으로 다른 교사들과 협의와 대립 그리고 조정 과정을 거치면서 교육과정을 개발한다고 볼 수 있으므로 Walker가 제시한 과정을 학교에서도 찾아볼 수 있다(김대현, 박경미, 정성아, 김아영, 2004).

이러한 자연주의적 개발 모형은 다음과 같은 두 가지의 문제점이 있다고 본다. 첫째, 이 모형에서 화살표가 한쪽 방향만을 가리키는 것은 오해의 여지를 제공한다. 예를 들어, 교육과정안을 검토하며 요구한 자료를 살피면서 숙의를 하는 과정에서 자신이 원래 가진 출발점을 고치는 일이 흔히 있다. 따라서 화살표는 상호 순환 내지 점진적 발달을 나타내는 나선형 방향으로 수정되어야 한다. 둘째, 이 모형에서는 숙의의 결과가 교육과정 설계로 묘사되어 있지만, 숙의자의 출발점이 변화하고 숙의 과정에서 교육과정 결정의 성격과 과정을 이해하게 되는 것도 산물이 된다. 즉, 교육과정의 설계가 이 모형의 유일한 산물인 것처럼 묘사되는 것은 잘못이다.

또한 Walker의 모형은 종종 앞서 제시한 Tyler의 모형과 비교되며, 대립 관계에 놓여 있는 것처럼 말해지기도 한다. Tyler는 교육과정 개발에서 교육과정의 설계활동에 관심을 두고 설계를 위한 네 가지 과제와 과제 수행의 원리를 처방한다. 반면에 Walker는 교육과정 개발에서 개발자들이 갖는 신념과 활동 그리고 역동적인 상호작용 행위의 묘사에 관심을 두었기 때문이다.

그러나 개발자들이 어떤 신념을 갖고 상호작용 활동을 하건 간에 그들은 교육과정과 관련된 과제를 수행할 수밖에 없으며, 이는 Tyler가 제시한 교육목표 설정, 학습경험 선정과 조직, 학습성과 평가를 통해 이루어진다. 이런 점에서 Tyler와 Walker의 모형이 각기 교육과정 개발 과정의 처방적 측면과 사실의 기술에 초점을 두었다는 점에서 차이가 있지만 상호 대립적인 관계로 볼 수 없다는 견해도 있다. Walker의 모형이 Tyler의 모형을 벗어나지 못했다고 Posner(1998)가 말한 것은 이와 같은 이유 때문이다.

## 참 고 문 헌

교육과학기술부(2008). 중학교 교육과정 해설(I).

교육부(2022). 초ㆍ중등학교 교육과정.

김경자, 김아영, 조석희(1997). '창의적 문제해결능력 신장을 위한 교육과정 개발의 기초–창
    의적 문제해결의 개념모형 탐색.' 교육과정연구, 15(2), 129-153.

김대현(2006). Schwab의 교육과정의 실제성 탐구 원리와 그에 대한 비판의 타당성 검토. 중
    등교육연구, 54(2), 307-330.

김대현, 박경미, 정성아, 김아영(2004). '교사주도 교육과정 개발에서 숙의의 성격.' 교육과정
    연구, 22(4), 83-112.

김아영, 김대현(2006). Schwab의 숙의 이론의 쟁점에 관한 연구. 교육사상연구, 20, 43-60.

이경섭 감역(1987). 최신교육과정. 교육과학사.

이미숙, 박순경, 백경선, 김진숙, 민용성, 이근호, 이승미, 김사훈, 박명옥, 민부자(2013). 2009
    개정 교육과정에 따른 초ㆍ중ㆍ고등학교 교육과정 해설 연구–증보편. 한국교육과정평
    가원 연구보고 CRC 2013-13.

홍후조(2002). 교육과정의 이해와 개발. 문음사.


Marsh, C. J., & Willis, G. (2006). *Curriculum: Alternative Approaches, Ongoing Issues* (2nd
    ed.). Merrill an imprint of Prentice Hall.

McCutcheon, G. (1995). *Developing the curriculum-solo and group deliberation*. Longman
    Publishers USA.

McNeil, J. (1995). *Curriculum: The Teacher's Initiative*. Prentice-Hall Inc.

Posner, G. F. (1998). Models of Curriculum Planning. In *The Curriculum: Problems, Politics,
    and Possibilities* by Beyer, L. E., & Apple, M. W. State University of New York.

Reid, W. A. (1988). The institutional context of curriculum deliberation. *Journal of
    Curriculum and Supervision, 4*(1), 3-16.

Reid, W. A. (1999). *Curriculum as institution and practice: essays in the deliberative
    tradition*. Lawrence Erlbaum Associates, Inc.

Schwab, J. J. (1969). The practical: A language for Curriculum. *School Review, 78*, 1-23.

Schwab, J. J. (1971). The practical: Arts of Eclectic. *School Review, 79*, 493-542.

Schwab, J. J. (1973). The Practical: Translation into curriculum. *School Review, 81*, 501-
    522.

Schwab, J. J. (1983). The practical 4: Something for curriculum professors to do.

*Curriculum Inquiry, 13*(3), 239-265.

Smith, M. S., Fuhrman, S. H., & O'Day, J. (1994). National curriculum standards: Are They Desirable & Feasible? in the Governance of curriculum. *Yearbook of the ASCD, 12-29.*

Tanner, D., & Tanner, L. (2006). *Curriculum Development: Theory into Practice* (4th ed.). Merrill an imprint of Prentice-Hall.

Tyler, R. W. (1949). *Basic Principles of Curriculum and Instruction.* University of Chicago Press.

Tyler, R. W. (1981). Specific Approaches to Curriculum Development. In *Curriculum & Instruction* by Giroux, H. A. (Eds.), McCutchan Publishing Corporation.

Walker, D. F. (1971). A naturalistic model for curriculum development. *School Review, 80,* 51-65.

Westbury, I., & Wilkof, N. J. (1978). *Science, curriculum and liberal education: Schwab's selected essays.* University of Chicago Press.

**Part II**

# 교육과정의 구성과
# 교과서 제도

···How to understand and shape curriculum···

CHAPTER

**04**

# 교육목적과 핵심역량

교육과정을 설계할 때 교육목적을 정하는 것보다 중요한 일은 없다. 교육목적은 교육과정 설계에서 이루어지는 여러 활동들(교육내용과 학습경험의 선택과 조직, 교육평가의 방법과 도구의 결정 등)의 방향을 잡아 주고 구체화하는 데 도움을 주기 때문이다. 그러므로 교육과정 분야에서 이루어진 많은 연구가 교육목적을 그 주제로 하는 것은 당연한 일이다. 이 장에서는 교육목적의 개념, 설정 원칙, 역량, 진술 방법 등을 차례로 살펴본다.

구체적인 학습과제는 다음과 같다.

- 교육의 목적, 일반적 목표, 구체적 목표의 개념과 그들 서로 간의 관계를 파악한다.
- 교육목적의 설정 원칙을 이해한다.
- 교육목적으로서의 핵심역량을 이해한다.
- 교육목적의 진술 방법과 장단점을 안다.

## 1. 교육목적의 개념

교육목적과 관련하여 매우 다양한 용어들이 사용되고 있다. 교육과정 문헌들을 살펴보면, 교육목적을 가리키는 말로 교육이념, 교육목적, 교육결과, 교육산물, 교육목표, 교육의 일반적 목표, 교육의 구체적 목표, 단원목표, 수업목표, 행동목표 등 헤아릴 수 없을 만큼 다양한 용어들이 사용되고 있으며, 저자에 따라 그것들의 뜻에 약간씩 차이를 두고 있다.

여기서는 교육과정 분야에 종사하는 모든 학자의 동의를 얻기는 어렵지만, 다수가 승인할 수 있으며 교사와 예비 교사들에게 실질적인 도움을 줄 수 있는 방향으로 교육목적의 개념을 규정해 본다. 교육목적은 교육의 목적, 교육의 일반적 목표, 교육의 구체적 목표의 세 가지로 나눌 수 있다. 이러한 구분은 교육목적을 나타내는 용어들을 적용 범위의 포괄성, 적용 기간의 길이, 수단의 구체화 등에 따라 분류한 것이다. 교육의 목적, 교육의 일반적 목표, 교육의 구체적 목표들의 관계를 그림으로 나타내

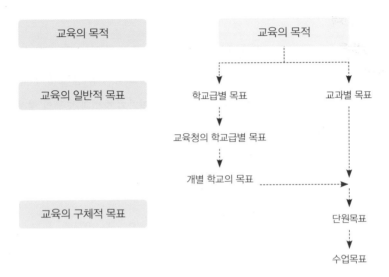

[그림 4-1] 교육의 목적, 일반적 목표, 구체적 목표의 관계

면 [그림 4-1]과 같다.

[그림 4-1]에서 교육의 목적, 교육의 일반적 목표, 교육의 구체적 목표를 점선으로 연결한 데에는 이유가 있다. 점선은 실선과 달리 관련되는 내용들이 논리적이고 경험적인 관계는 있지만, 인과적인 관계는 아니라는 것을 나타낸다.

교육의 목적은 교육의 일반적 목표를 설정하는 데 근거와 기준이 되며, 교육의 일반적 목표는 교육의 구체적 목표를 설정하는 데 근거와 기준의 역할을 한다. 이때 상위 목적이 하위 목표의 근거와 기준이 된다는 것은 상위 목적과 하위 목표 간에 논리적 일관성이 있어야 하고 경험적인 관련성이 높아야 한다는 것을 의미한다.

예를 들어, '비판적 사고력을 개발한다.'는 교육목적을 설정하였다면 '관례에 따라 생각하기'와 같이 논리적으로 모순되는 교육목표를 세울 수 없으며, '체력을 향상시킨다.'와 같이 경험적으로 무관한 목표를 내세울 수는 없다는 것을 말한다.

그러나 교육의 목적, 교육의 일반적 목표, 교육의 구체적 목표의 관계를 인과적인 관계로 생각하는 것은 잘못된 일이다. 가솔린 기관의 본체를 분해하면 실린더 블록, 실린더 헤드, 피스톤, 커넥팅 로드와 크랭크 축, 밸브 구조가 나오듯이, 교육의 목적을 분해하면 교육의 일반적 목표들이 나오고, 교육의 일반적 목표를 분해하면 교육의 구체적 목표들이 나온다고 생각하는 것은 곤란하다. 실린더 블록, 실린더 헤드, 피스톤, 커넥팅 로드와 크랭크 축, 밸브 구조가 모여서 가솔린 기관의 본체를 형성하는 것과는 달리, 교육의 일반적 목표를 모으면 교육의 목적이 되고, 교육의 구체적 목표를 모으면 교육의 일반적 목표가 된다고 생각할 수 없다.

예를 들어, '사물이나 사건의 인과 관계를 찾아보기' '권위자나 권력자의 견해를 뒤집어 생각해 보기' '독서를 할 때 저자의 생각에 모순점이 없는지를 살펴보기' 등은 '비판적 사고력의 개발'이라는 교육의 목적과 논리적으로 모순되지 않으며 경험적인 관련성이 있으므로 비판적 사고력의 개발 가능성을 높이지만, 이들만으로 비판적 사고력이 개발된다고 단정할 수 없다.

이와 같이 교육의 목적과 일반적 목표, 교육의 일반적 목표와 구체적 목표 간에는 논리적인 일관성이 있어야 하며 경험적인 관련성이 높아야 하지만, 그들의 관계가 인과관계가 아니라는 점에서 실선보다는 점선으로 나타내는 것이 적합하다. 즉, 교육의 목적은 교육의 일반적 목표와 구체적 목표의 설정 기준으로서의 역할을 하며, 교육의 일반적 목표는 구체적 목표 설정의 기준으로서 기능을 할 뿐이다.

## 1) 교육의 목적

교육의 목적은 일반적으로 교육에 대한 국가나 사회 일반의 요구를 담고 있으며, 장기간의 교육을 통해 개발되는 인간의 다양한 특성들로 진술된다. 우리나라 교육의 목적은 교육법으로 규정하고 있는데,「교육기본법」제2조는 우리나라 교육 전반에 걸쳐 추구해야 할 교육의 목적을 제시한 것으로, 유치원, 초등학교, 중학교, 고등학교의 교육과정을 구성하는 기반의 역할을 한다. 또한 각급 학교(유치원, 초등학교, 중학교, 고등학교)의 국가수준 교육과정 문서 서두에 제시된 교육적 인간상도 교육의 목적을 나타낸다.

표 4-1 「교육기본법」제2조

「교육기본법」제2조(교육이념): 교육은 홍익인간의 이념 아래 모든 국민으로 하여금 인격을 도야하고 자주적 생활 능력과 민주시민으로서의 자질을 갖게 하여 인간다운 삶을 영위하게 하고 민주국가의 발전과 인류 공영의 이상을 실현하는 데 이바지하게 함을 목적으로 한다.

표 4-2   2022 개정 국가수준 교육과정이 추구하는 인간상

| 추구하는 인간상 |
| --- |
| 가. 전인적 성장을 바탕으로 자아정체성을 확립하고 자신의 진로와 삶을 스스로 개척하는 자기주도적인 사람 |
| 나. 폭넓은 기초 능력을 바탕으로 진취적 발상과 도전을 통해 새로운 가치를 창출하는 창의적인 사람 |
| 다. 문화적 소양과 다원적 가치에 대한 이해를 바탕으로 인류 문화를 향유하고 발전시키는 교양 있는 사람 |
| 라. 공동체 의식을 바탕으로 다양성을 이해하고 서로 존중하며 세계와 소통하는 민주시민으로서 배려와 나눔, 협력을 실천하는 더불어 사는 사람 |

교육의 역사를 통해서 볼 때 교육의 목적은 지적 능력의 개발, 사회의 유지와 개선, 개인의 성장과 행복 등으로 규정되어 왔다. 이들 세 가지 교육목적은 각각 교육의 한 측면에 대한 진실을 포함하고 있으나, 좋은 교육의 목적은 어느 한 입장을 택하고 다른 것을 버리는 것이 아니라, 이 목적들 모두를 포함하는 것이다.

그러나 교육의 목적은 공개 선언문과 마찬가지로 구체적인 행동 방침까지 제시하지는 않는다. 앞서 제시한 목적들도 이를 달성하는 데 어떤 내용과 활동이 필요한지를 포괄적으로 나타낼 뿐이다. 예를 들어, '지력의 개발' '민주적 태도의 형성' '자아실현' 등의 목적은 교육과정 문서에 어떤 교육내용과 활동을 담아야 하는지를 구체적으로 지시하지는 않는다.

하지만 교육의 목적의 이러한 특성이 교육의 목적이 필요 없다는 쪽으로 비약되어서는 곤란하다. 마치 3·1 독립선언문이 활동의 구체적인 방향은 제시하지 않지만 우리 민족에게 독립의 필요성과 정당성을 일깨워 주고 독립을 위해 분발을 촉구하는 메시지를 전하듯이, 교육의 목적은 국가와 사회가 지닌 교육적 의도를 알려 주고 교육활동의 일반적인 방향을 제시하는 구실을 한다.

## 2) 교육의 일반적 목표

교육의 일반적 목표는 교육의 목적으로부터 도출되며, 교육의 목적에 비해 덜 포괄적이고, 적용 기간이 짧다. 대개 교육의 일반적 목표에 해당하는 것으로 학교급별, 기관별, 교과별 목표를 들 수 있다.

## (1) 학교급별 목표

학교급별 목표는 국가수준에서 결정하는 유치원, 초등학교, 중학교, 고등학교 등의 교육목표를 가리킨다. 학교급별 목표는 학생들의 발달 특성과 사회적 요구가 어우러진 학교의 단계별 특성을 염두에 두고 결정되며 각급 학교의 학생들에게만 적용된다는 점에서 교육의 목적에 비하여 덜 포괄적이고 적용 기간이 짧다. 또한 항상 그런 것은 아니지만 많은 경우 이러한 교육목표를 달성하기 위한 수단을 일반적인 수준에서나마 제시한다는 점에서 교육의 목적과 구별된다.

예컨대 중학교의 교육목표는 중학교를 졸업하는 학생들이 갖추어야 될 여러 가지 특성과 이들을 개발하는 데 필요한 수단(교과들에 해당하는 것 등)을 규정하고 있다. 국가수준 교육과정에는 〈표 4-3〉과 같이 중학교 교육의 일반적 목표를 제시하였다.

**표 4-3　중학교 교육의 목표**

중학교 교육은 초등학교 교육의 성과를 바탕으로, 학생의 일상생활과 학습에 필요한 기본 능력을 기르고, 바른 인성 및 민주시민의 자질을 함양하는 데 중점을 둔다.

1) 심신의 조화로운 발달을 바탕으로 자아존중감을 기르고, 다양한 지식과 경험을 통해 책임감을 가지고 적극적으로 삶의 방향과 진로를 탐색한다.
2) 학습과 생활에 필요한 기본 능력 및 문제해결력을 바탕으로, 도전정신과 창의적 사고력을 기른다.
3) 자신을 둘러싼 세계에서 경험한 내용을 토대로 우리나라와 세계의 다양한 문화를 이해하고 공감하는 태도를 기른다.
4) 공동체 의식을 바탕으로 타인을 존중하고 서로 소통하는 민주시민의 자질과 태도를 기른다.

## (2) 기관별 교육목표

기관별 교육목표는 현재 각 교육청이나 개별 학교에서 설정하는 교육목표를 가리킨다. 교육청과 개별 학교는 자체의 교육목표를 설정하고 있는데, 이들 기관은 교육의 목적이나 상기한 학교급별 교육목표를 토대로 하고 해당 지역이나 학교의 특수한 여건과 요구에 대한 분석 결과를 참고하여 교육목표를 결정한다.

예를 들어, ○○광역시 중학교 학생들의 영어 회화 능력이 타 시·도에 비하여 뒤떨어진다는 객관적인 조사 결과가 있다면, ○○광역시 교육청은 영어 회화 능력의 신장을 주요한 교육의 목표로 정할 수 있다. 마찬가지로 ○○지역 변두리에 있는 어느 초등학교가 한국교육과정평가원이 전국적으로 실시한 수학 학력고사에서 평균

이하의 점수를 얻었다면, 이 학교의 교육목표에는 수학 교과의 성취도를 향상시키고 자 하는 항목이 포함될 수 있다.

이와 같이 기관별 교육목표는 기관이 처한 특수한 사정에 따라 특정한 교육목적을 구체화하거나 학교급별 목표 중 일부를 선택함으로써 만들어지는데, 적용 범위와 적용 기간의 한정, 그리고 목표를 달성하기 위한 수단의 암시 등이 상기한 교육의 목적 이나 학교급별 교육목표와 구별된다.

기관별 교육목표는 기관 나름의 교육에 대한 비전과 중점 과업, 교육에 대한 철학적 진술, 교육의 목적 및 목표 등으로 다양하게 표현된다.

교육에 대한 비전은 흔히 기관의 정책 방향으로 표현된다. 예를 들어, 서울시 교육청에서는 '다양성이 꽃피는 공존의 혁신미래교육'이라는 큰 방향 속에서 생각이 자라는 교실, 함께 성장하는 학교, 미래를 여는 교육을 지표로 심고, 더 평등한 출발, 더 질 높은 학교 교육, 더 따뜻한 공존 교육, 더 건강한 안심 교육, 더 세계적인 미래 교육의 정책 방향을 제시하고 있다.

[그림 4-2] 서울시 교육청의 교육비전

교육에 대한 철학적 진술은 학교 설립의 이념 등에 종종 제시된다. 경기도에 있는 이우학교의 설립 이념은 다음과 같다.

**표 4-4** 이우학교의 설립 이념(21세기의 더불어 사는 삶을 실천하는 인간)

당면한 인류 문명의 위기는 인간과 인간 그리고 인간과 자연이 공존할 수 없다는 점에 있습니다. 따라서 상생(相生)의 정신과 그 생활양식을 '21세기의 현실' 속에 부단히 접목시키고 확산시켜야 합니다. 이를 위해서는 상생의 지혜와 창조적 지성, 전문 지식과 기술을 겸비한 인재들이 이 사회에 다수 배출되어야 합니다. 이우(以友)학교에서는 청소년들이 '21세기의 더불어 사는 삶'을 준비하는 대들보로 자랄 수 있도록 돕고자 합니다. 이우(以友)학교에서 길러 내고자 하는 이상적 인간상은 다음과 같습니다.

• **첫째, 더불어 사는 사람**

성 · 계급 · 인종 · 종교 · 장애 여부를 떠나 인간을 존중하고, 생명과 환경을 소중히 여기며, 21세기의 현실 속에서 나와 다른 '남'과 더불어 살아갈 수 있는 상생(相生)의 지혜를 터득한 사람

• **둘째, 자주적이고 자율적인 사람**

자신과 세계에 대해 반성적으로 사유할 수 있으며, 그에 기초하여 자신의 삶을 주체적으로 꾸려 나가는 사람

창조적 지성, 따뜻한 마음, 잘 발달된 오감과 섬세한 손, 굳센 의지, 튼튼한 몸을 조화롭게 갖춘 전인적(全人的) 인격체

출처: 이우학교 홈페이지.

우리나라 일선 학교의 교육계획서나 경영계획서, 학교 교육과정 문서를 살펴보면 본교 교육목적이나 본교 교육목표가 반드시 제시되어 있다. 개별 학교의 교육목적을 본교 교육의 목적이나 본교 교육의 목표 중 어느 것으로 표현해도 무방하며, 본교 교육의 목적을 제시한 다음 이를 교육의 목표로 구체화하여 제시하는 방식도 잘못된 것은 아니다.

다만, 이 책에서는 학교와 같은 기관의 교육목적을 적용 범위의 포괄성, 적용 기간의 길이, 수단의 구체화 등에서 국가 전체의 교육목적과 구별하기 위해 교육의 목표라는 말을 계속해서 사용하고자 한다.

그런데 학교에서 교육의 목표를 제시할 때, 기관의 비전이나 중점 과업, 학교의 교육철학, 학교의 교육목표를 직접적으로 제시하는 방식은 다음과 같이 각기 장점과 단점을 지닌다.

먼저 학교의 교육목표에 대해 비전과 중점 과업을 중심으로 제시하는 것은 학교를 둘러싸고 있는 사회 변화에 순발력 있게 대처할 수 있을 뿐만 아니라 장기적인 전망 속에서 학교 안팎의 인력과 물자와 예산을 체계적으로 조직하고 활용할 수 있는 장점

이 있다. 반면에 교육활동을 통하여 달성해야 할 교육목표보다는 사회의 요구나 압력에 적극적으로 대응하기 위하여 교육과 무관하거나 또는 상반되는 목표를 설정하고 이를 달성하는 데 관계되는 환경 조성에 무게 중심을 둘 가능성이 있다. 왜냐하면 비전과 중점 과업은 원래 영리를 목적으로 하는 기업체가 고객이나 시장의 요구를 충족시키기 위하여 과업과 서비스의 내용과 질을 설정하고 이를 달성할 수 있는 방법을 모색하는 과정에서 설정하기 때문이다(Peeke, 1994). 학교 교육은 기업체의 영업 활동과 다르기 때문에, 학교 교육의 일반적 목표를 비전과 중점 과업의 방식으로 설정할 때는 그 내용이 얼마나 교육적인가 하는 점에 유의할 필요가 있다.

학교의 교육목표를 학교의 교육철학으로 진술하는 것은 이론적 토대 위에서 학교 교육의 기본 방향을 제시한다는 장점이 있다. 교육철학은 교육적으로 가치 있는 교육목적을 제시하며, 교육목표와 학습활동을 명확히 해 주고, 교직원의 역할을 규명해 주며, 학습지도에 관한 전략과 전술을 정하는 데 안내 역할을 한다(Wiles & Bondi, 2010). 반면에 Glatthorn(1994)의 지적처럼 학교 교육의 기대성과를 분명히 할 수 없기 때문에 비전과 중점 과업의 제시 방식보다 효율성이 떨어질 가능성이 있다.

학교의 교육목표를 본교의 교육목적과 교육목표로 나타내는 것은 교육을 통하여 성취해야 할 것을 명백히 표현한다는 점에서 장점이 있지만, 이를 달성하기 위해서 계획을 치밀하게 세우고 효율적으로 실행하지 않는다면 성과를 기대하기 어려우며, 사회의 급속한 변화에 능동적으로 대처하기 어려운 한계점이 있다. 따라서 비전과 중점 과업을 중심으로 기관의 교육목표를 제시하되, 교육을 통하여 달성해야 할 교육적 가치가 있는 목표인가를 검토한 다음, 설정하는 것이 바람직하다.

### (3) 교과별 교육목표

교과별 교육목표는 교과의 성격에 바탕을 두고 설정된다. 각급 학교와 각개 교육청과 개별 학교의 교육목표는 대개의 경우 교과의 목표들을 달성함으로써 실현된다. 국가수준 교육과정 문서에는 교과별 교육목표가 일반적인 수준으로 제시되어 있으며, 각개 교육청과 개별 학교의 교육과정 문서에는 각 기관의 특수성을 감안한 교과별 교육목표가 제시된다.

교과별 교육목표는 특정 영역에 한정된 목표라는 점과 이를 달성하기 위한 수단을 비교적 구체적으로 제시한다는 점에서 상기한 교육의 목적이나 교육목표들과 구별된다. 교과별 교육목표는 학년별로 나누어 제시할 수도 있지만, 학생들의 능력차를 고려하여 학년목표를 설정하지 않을 수도 있다. 다음의 〈표 4-5〉는 교과별 교육목표의 사례로서 중학교 사회과 교육의 목표다.

**표 4-5  2022 중학교 사회 교과의 목표**

사회과는 학생들이 시민으로서의 자질을 함양할 수 있도록 사회현상에 관한 기초적 지식을 습득함은 물론, 지리, 역사, 제 사회과학의 기본 개념과 원리를 발견하고 탐구하는 능력을 익혀 우리 사회의 특징과 세계의 여러 모습을 종합적으로 이해하게 한다. 또한 사회과는 다양한 정보를 활용하여 현대 사회의 문제를 창의적, 합리적으로 해결하는 데 적극적으로 참여하는 능력과 태도를 기르는 것을 목표로 한다. 이를 통해 사회과는 개인의 성장은 물론, 지역사회·국가·세계의 발전에 기여할 수 있는 책임 있는 시민을 기른다.

## 3) 교육의 구체적 목표

교육의 구체적 목표는 비교적 단기간의 수업을 통하여 학생들이 성취해야 하는 것들을 상세하게 진술한 것으로서 이를 달성하기 위한 수단들(학습내용과 활동 등)을 구체적으로 제시하고 있다. 교육의 구체적 목표는 교과의 학년별 내용을 분석하여 찾아내며, 여러 날이나 여러 주에 걸치는 단원목표나 단시 또는 하루의 수업목표로 구분할 수 있다.

단원목표는 교과의 내용을 분석하여 설정되며, 수업목표를 설정하는 기반이 되고, 수업목표에 의하여 실현된다. 교육과정 문서와 교사용 지도서에는 단원별로 이와 같

**표 4-6  2022 교육과정 중학교 사회과의 단원목표**

(1) 인간과 사회생활

[9사(일사)01-01]  사회화의 의미를 일상생활의 사례를 들어 설명하고, 사회화 과정에서 형성되는 자아정체성에 대해 성찰한다.

[9사(일사)01-02]  사회적 지위와 역할의 의미를 설명하고, 일상생활에서 나타나는 역할 갈등 사례와 대응 방안을 탐색한다.

[9사(일사)01-03]  우리 사회에 나타나는 다양한 갈등과 차별의 사례를 조사하고, 이에 대처하는 시민의 자질에 대해 토의한다.

은 단원목표를 제시하고 있다. 수업목표는 단시 수업이나 하루의 교수활동을 위한
목표다. 앞의 성취기준은 그 자체로 단시 수업목표가 되기도 하며 수차시에 걸쳐 달
성해야 할 목표가 되기도 한다.

교사들 중에는 수업목표를 달성하면 단원목표가 달성되고, 단원목표가 달성되면
학년목표가 달성되며 학년목표가 달성되면 교과목표가 달성된다고 생각하는 분도
있다. 그러나 목적, 일반적 목표, 구체적 목표의 관계를 설명하는 자리에서 밝혔듯이
부분을 모은다고 해서 전체가 되는 것은 아니다. 목적이나 목표는 수업이나 학습의
방향을 제시하고 안내하며 규제하는 기준의 역할을 한다. 따라서 교사는 수업 시간
에 차시 목표와 함께 단원목표, 교과목표 및 교육목적을 의식하면서 수업을 진행하는
것이 바람직하다. 예를 들어, 도덕과 수업에서 교사는 차시별 목표와 함께 중학교 도
덕과 목표를 의식하면서 수업을 진행할 필요가 있다.

## 2. 교육목적의 설정 원칙

교육적으로 가치 있는 목적을 설정하기 위하여 자원의 확인이 필요하지만 그것만
으로 교육목적이 결정되는 것은 아니다. 자원에서 도출된 교육목적의 많은 후보 중
에서 어떤 것들이 교육적으로 타당하고 바람직한 목적인지를 결정하는 데는 객관적
이고 합리적인 자원의 조사와 올바른 정치적 결단이 필요하다. 교육목적의 설정 원
칙이란 교육목적의 설정에 참여하는 집단이 준수해야 하는 행동의 지침을 가리킨다.

### 1) 객관적이고 합리적인 방식의 조사가 필요하다

교육목적은 사회적으로 적절하고 개인적으로 의미가 있어야 한다. 만일 학교 기관
이 사회의 변화와 그에 따른 교육적 요구를 제대로 반영하지 못한다면 기관 자체의
존립이 위태로울 것이며, 학습자들의 학습과 발달 특성에 따른 요구를 제대로 파악하
지 못하면 효과적인 교육을 하기는 어려울 것이다.

따라서 교육에 대한 사회의 요구를 정확하게 진단하고 학습자의 요구를 정확하게
파악하는 것은 교육목적 설정에 있어서 필수적인 활동으로 간주된다. 문제는 이들

요구를 어떻게 확인하며, 어떤 요구들이 교육목적의 자격을 갖는가를 결정하는 방법이다. 요구 사정(needs assessment)은 이러한 문제를 해결하기 위하여 사용되는 실증적인 방법이다.

교육과정 분야에서 '요구'란 현재의 수준과 이상적인 기대 수준 간의 간격을 말하며, '요구 사정'이란 이러한 요구를 찾아내고 우선순위를 결정하는 과정이다. 요구 사정 기법은 모든 수준의 교육목적을 결정하는 데 활용될 수 있다. Oliva(2001)는 요구 사정이 교육과정의 목적과 목표 설정, 교육과정의 목적과 목표의 수정, 교수·학습의 목적과 목표 수정의 모든 단계에서 필요하다고 보았다. 교육목적의 위계를 생각하면 요구 사정은 〈표 4-7〉과 같이 교육목표 설정의 제 단계에서 활용될 수 있다.

**표 4-7  요구 사정 단계**

요구 사정 → 교육의 목적 설정 → 요구 사정 → 학교급별 교과의 목표/교과별 목표 설정 → 요구 사정 → 기관별 목표 설정 → 요구 사정 → 기관의 학년별/교과별 목표 설정

하지만 요구 사정 기법에 대한 비판도 만만하지 않다. 여러 가지 문제점이 지적되고 있지만, 요구 사정이 가장 크게 비난받는 이유는 사실의 세계와 가치의 세계를 구별하지 못한다는 점 때문이다. 컴퓨터게임은 학생들에 의해 많이 요구되는 것이지만 그 자체로 바람직한 교육목적은 아니다. Dearden(1974)은 요구를 통하여 교육목표를 밝히고자 하는 시도는 전문가에 의하여 과학적으로 결정되었다는 인상을 심어 주어 가치문제를 회피하는 수단이 되어 왔다고 하였다.

더욱이 요구 사정에 참여하는 집단들이 대표성을 가지며 또한 편견 없이 이러한 기법을 사용할 것이라는 보장도 없다. 만일 요구 사정의 각 단계가 이를 주도하는 집단의 이해관계에 의하여 조종된다면 요구 사정에 의하여 도출된 교육목표와 그 우선순위를 받아들일 수 있을 것인가? Walker와 Soltis(2004)는 교육의 목적 결정에 있어 여론 조사나 투표라고 하는 방법(여기서는 요구사정 기법)은 서로 대립적인 관점들을 합리적이고 과학적인 절차를 따라 조정하기보다는 다수의 힘이라고 하는 권력의 형태를 통하여 문제를 해결하고자 하는 접근이라고 보았다. 그렇다면 교육목적을 설정하는 데 또 다른 어떤 방법이 있는가?

## 2) 올바르고 균형 잡힌 정치적 방식의 결정이 필요하다

교육이 공교육화되고 대중화됨에 따라 오늘날 교육목적의 설정은 교육관계자나 교육전문가의 손을 떠나 사회 전체의 관심사가 되어 있다. 따라서 교육목적 설정에서 종전에는 참여가 제한되거나 참여한다고 하더라도 폭이나 깊이 면에서 역할이 미미했던 일반 시민, 학부모, 학생, 출판업자 등 여러 집단의 목소리가 점점 높아지고 있다. 물론 그들이 교육의 목적부터 구체적 교육목표에 이르는 모든 수준의 교육목적 설정에 관여하는 것은 아니다.

예를 들어, 국가와 사회 일반의 교육이념이라고 할 수 있는 교육의 목적을 결정할 때는 각계각층을 대표하는 집단이 고루 참여하며, 학교급별 교육목표는 교육전문가, 교육행정가, 학자 등이 주축이 되어 계획하며 일반 시민들이 협의와 자문 역할을 담당한다.

기관별 교육목표를 결정할 때는 교육행정가, 교육전문가, 교원, 학부모 등이 참여하며 학생들의 견해를 참고 사항으로 반영하고, 교과별 교육목표는 교과의 성격을 바탕으로 설정되므로 교과전문가나 교과와 관련된 분야에 종사하는 학자, 교과 담당 교원들이 교육목표를 결정하는 데 주도적 역할을 한다.

구체적 교육목표는 학생들의 요구와 학습 조건을 파악한 다음, 학교 내 교과별 교원 모임이나 개별 교원들이 교과전문가나 학자의 견해들을 직 · 간접적인 방식을 통하여 수집하여 결정하는 과정을 거치게 된다.

어떤 수준의 교육목적이 어떤 기관에서 확정되어야 하며 어떤 집단이 어떠한 방식으로 참여해야 가치 있는 교육목적을 설정할 수 있는지는 시대와 사회에 따른 차이가 있을 것이므로 이상적인 모습을 제시하기는 어렵다. 그러나 반드시 참여해야 할 집단과 그들의 올바른 참여 형태가 제한된다면 문제가 될 수 있고, 참여 과정에서 민주적이고 합리적인 의사소통이 이루어지지 않거나, 참여자들이 참여하는 데 필요한 지식, 기능, 태도, 여건 등을 갖추고 있지 않으면 가치 있는 교육목적을 설정하기 어렵다. 이런 점에서 교육목적 결정 과정에 참여하는 집단이 대표성을 가져야 하고, 참여가 최대한 보장되어야 하며, 합리적인 의사소통이 이루어지고, 참여할 수 있는 여건이 조성되어야 한다.

이와 같은 조건은 교육의 목적뿐만 아니라 교육의 일반적 목표나 구체적 목표를 결정하는 데도 필요하다. 다만 목표의 성격에 따라 주도하는 집단과 그들의 역할에 약간씩 차이가 있을 뿐이다.

### 3) 포괄성, 적절성, 균형성, 체계성, 달성 가능성을 갖춘 교육목적을 설정해야 한다

교육목적의 포괄성은 교육을 통해 달성하고자 하는 것은 모두 교육목적으로 포함시켜야 한다는 것이다. 대체로 교육의 목적과 학교급별·기관별 교육목표는 포괄성을 만족시켜야 한다. 1918년 미국교육연합회의 위임으로 '중등교육재건위원회'가 제시한 건강, 기초적인 의사소통 능력, 바람직한 가족관계, 직업훈련, 시민 의식, 여가선용, 도덕적 품성 등의 일곱 가지 원리는 중등학교의 교육목표를 포괄적으로 제시한 사례로 볼 수 있다.

이러한 의미의 포괄성은 직업교육, 탐색교육, 보충교육보다는 공통교육의 경우에 적용된다. 예를 들어, 우리나라의 유치원, 초등학교, 중학교, 일반계 고등학교는 공통교육을 주로 하며, 실업계 고등학교는 공통교육과 함께 직업훈련 교육을 하는 곳으로, 이 학교의 교육목표는 포괄성을 가진 목표뿐만 아니라 직업훈련을 위한 특수목표를 동시에 갖는다.

교과별 교육목표와 구체적 교육목표는 이러한 의미의 포괄성을 가질 필요가 없다. 교과별 교육목표는 교과의 성격에 바탕을 두고 결정되므로 반드시 포괄성의 원리를 만족시킬 필요는 없다. 이 점은 단원목표나 수업목표로 대별되는 구체적 목표에도 마찬가지로 적용된다. 한 단원이나 한 시간 수업의 목표가 여러 가지 영역의 개발을 모두 포함해야 하는 것은 아니다. 하지만 교사는 한 시간, 한 단원, 한 교과의 수업이 궁극적으로 교육의 다양한 목적들을 달성하기 위해서 하는 일이라는 사실을 의식하고 있어야 한다.

교육목적의 적절성은 교육목적이 사회적으로 적절하며 학습자의 심리에 부합되어야 한다는 것을 말한다. 교육목적은 사회적 요구를 비판적으로 수용하며 사회적 상황에 맞추어 설정되어야 한다. 다문화 사회에서는 다른 민족이나 인종과의 공존이 교육의 주요한 목적이 된다. 이러한 사회적 적절성은 교육의 목적이나 교육의 일반적 목표 중 학교급별이나 기관의 목표를 설정할 때 특히 고려되어야 한다. 또한 교육목적은 학습자의 요구를 비판적으로 수용하며 학습이 일어나는 상황을 고려하여 설정해야 한다. 이러한 심리적 적절성은 교육목적이나 교육의 일반적 목표 설정에서 염두에 두어야 하는 것이지만, 교육의 구체적 목표 설정에서는 필수적으로 고려해야 한다.

교육목적의 균형성은 교육을 통해 달성하고자 하는 모든 것들이 동등한 자격으로 존중되어야 한다는 것이다. 여기서 동등한 자격이란 산술적 의미의 평균이 아니라 교육목적 속에 포함되는 것들이 나름대로 타당한 근거 속에서 모두 존중되어야 하는 것을 말한다. 교육의 목적과 학교급별·기관별 교육목표는 균형성을 갖추어야 한다. 예를 들어, 미국의 '중등교육재건위원회'가 제시한 상기 일곱 가지 목표 중 일부 목표의 달성에 교육활동이 치중되어 다른 목표들이 무시되지 않도록 모두 강조되어야 한다는 것이다. 그러나 교과별 교육목표나 구체적 교육목표의 작성에도 균형성이 요구되는 것은 아니다. 특정 교과, 단원, 단시 수업에서 제 영역의 목표들이 모두 다루어지거나 동등하게 존중될 수는 없는 것이다.

교육목적이 체계적이라는 말은 목적들 간에, 그리고 상위 목적과 하위 목적들 간에 모순이 없어야 하며, 상위 목적 속에 진술된 내용들이 하위 목적의 진술 속에 반영되어야 한다는 것이다. 먼저 교육의 목적, 일반적 교육목표, 구체적 교육목표 간에 논리적 일관성이 있어야 한다. 또한 교육의 목적들 간, 일반적 교육목표들 간, 구체적 교육목표들 간에도 논리적 일관성이 있어야 한다.

다음으로 교육의 목적에 제시된 사항들은 교육목표들 속에 반영되며, 교육목표들의 내용은 구체적 교육목표들 속에 다시 반영되어야 한다. 예를 들어, '개인의 성장과 행복'이라는 주요한 교육의 목적이 교육목표들 속에 제대로 반영되지 않았다면 그와 같은 목적이 달성될 수 없을 것이다. 마찬가지로 '교과의 탐구 방식'이라는 주요한 교육목표가 단원이나 차시목표로 반영되지 않는다면 그와 같은 목표를 성취하기는 어렵다.

마지막으로 교육목적은 달성 가능해야 한다. 교육의 목적이나 교육목표의 달성 가능성을 직접적으로 사정하기는 어렵다. 교육의 목적, 일반적 교육목표, 구체적 교육목표가 체계적으로 설정되었다면 교육의 목적과 교육목표의 달성은 구체적 교육목표의 달성 정도로 평가할 수 있을 것이다.

구체적 목표의 달성에 영향을 주는 주요한 요인은 교사, 학생, 학습내용, 학습자료,

시간, 공간 등 여러 가지가 있다. 이들 제반 요인에 대한 주의 깊은 분석을 통하여 구체적 목표의 실현 가능성을 점칠 수 있다. 구체적 목표를 설정할 때는 이들 요인을 종합적으로 고려해야 하며, 설정된 구체적 목표 역시 이들 요인의 분석을 통하여 계속적인 가감·수정이 필요할 것이다.

## 3. 교육목적으로서의 핵심역량

사전적으로 역량이란 '어떤 일을 해낼 수 있는 힘'을 뜻한다. 이러한 역량의 개념은 1920년대 과학적 경영 운동을 주도한 Bobbitt의 인식, 즉 학교에서는 학생들이 성인이 되었을 때 해야 할 일을 제대로 할 수 있도록 능력을 길러 주어야 한다는 데서 출발한다. 보다 가까이는 직무 능력의 개발과 관련이 있다. McClelland(1973)는 특정 직무의 성공은 개인의 지능검사 결과나 학업 성적보다는 직무 능력의 유무와 관련이 있다고 보았다(한국교육과정평가원, 2010: 16). 이와 같이 역량은 직업훈련 분야에서 강조

**표 4-8  OECD DeSeCo 프로젝트에서 제시한 핵심역량**

| 범주 | 선정 이유 | 핵심역량 |
|---|---|---|
| 1. 자율적으로 행동하기 | • 복잡한 세계에서 자신의 정체성과 목표를 실현할 필요성<br>• 권리를 행사하고 책임을 다할 필요성<br>• 자신의 환경과 그 기능을 이해할 필요성 | 1-1. 넓은 시각(big picture)에서 행동하는 능력<br>1-2. 인생의 계획과 개인적인 과제를 설정하고 실행하는 능력<br>1-3. 자신의 권리, 관심, 한계, 욕구를 옹호하고 주장하는 능력 |
| 2. 도구를 상호작용으로 활용하는 능력 | • 새로운 기술을 가져야 할 필요성<br>• 도구를 자신의 목적에 맞게 선택할 필요성<br>• 세계와 적극적으로 대화할 필요성 | 2-1. 언어, 상징, 텍스트를 상호작용하도록 활용하는 능력<br>2-2. 지식과 정보를 상호작용하도록 활용하는 능력<br>2-3. 기술을 상호작용하도록 사용하는 능력 |
| 3. 사회적 이질집단에서 상호작용하기 | • 다원화 사회에서 다양성을 다룰 필요성<br>• 공감의 중요성<br>• 사회적 자본의 필요성 | 3-1. 다른 사람들과의 관계를 잘하는 능력<br>3-2. 협동하는 능력<br>3-3. 갈등을 관리하고 해결하는 능력 |

출처: 김경자(2016), pp. 4-5.

되었다.

하지만 최근에 학교 교육에서 역량은 큰 주목을 받고 있다. 경제개발협력기구 (OECD)가 1997년부터 2003년에 걸쳐 수행한 DeSeCo(Definition and Selection of Competencies) 프로젝트에서는 미래사회에서 학생이 학습해야 할 핵심역량을 제시하였다. OECD가 선정한 핵심역량은 인지적 지식 또는 특정 직업이나 직무에 초점을 둔 역량이라기보다는, 삶의 전반에 필요한 기술, 태도, 가치를 포함하는 일반적인 역량이다. DeSeCo 프로젝트에서 제시한 핵심역량은 〈표 4-8〉과 같다.

OECD에서는 DeSeCo 사업의 후속으로 'OECD 교육 2030: 미래 교육과 역량 (OECD Education 2030: The Future of Education and Skills) 프로젝트'를 수행하였다. 이 프로젝트는 당시 중학생이 사회로 진출하는 2030년에 어떤 역량을 갖추어야 하는가에 초점을 두고, OECD 교육 2030 학습 프레임워크(The OECD Learning Framework 2030: Work-in-progress)를 제시하였다.

이 프레임워크에 따르면, 교육의 목표를 개인과 사회의 웰빙(well-being)에 두고, 개인이 함양해야 할 기본적인 역량과 사회적 변혁 역량을 제시하였다. 기본 역량은 〈표 4-9〉와 같이 지식, 기능, 태도와 가치로 구성된다.

**표 4-9 OECD가 제시한 기본 역량**

| 기본적인 역량 | 구체적 내용 |
|---|---|
| 지식 | 개별 학문적 지식, 간학문적 지식, 인식론적 지식, 절차적 지식 |
| 기능 | 인지적 · 메타인지적 기능, 사회 · 정서적 기능, 신체적 · 실천적 기능 |
| 태도와 가치 | 개인적 태도와 가치, 지역적 태도와 가치, 사회적 태도와 가치, 국제 수준의 태도와 가치 |

출처: OECD, 2018, 강현석, 조인숙(2020), p. 87.

변혁적 역량은 〈표 4-10〉과 같이 새로운 가치 창조하기, 긴장과 딜레마에 대처하기, 책임감 갖기로 구성된다.

표 4-10  OECD가 제시한 변혁적 역량

| 변혁적 역량 | 구체적 내용 |
|---|---|
| 새로운 가치 창조하기 | 창의적으로 사고하고 새로운 것을 개발할 수 있는 능력으로 적응력, 창의성, 호기심, 열린 마음 등이 토대가 된다. |
| 긴장과 딜레마에 대처하기 | 모순(양립 불가능)적 사고, 논리, 입장 간의 상호관련성을 고려하여 좀 더 통합적인 방식으로 사유하고 균형점을 유지하여 행동하는 능력이다. |
| 책임감 갖기 | 자신의 행위를 경험, 개인적·사회적 목표, 가치 등을 토대로 성찰하고 평가하는 능력으로 자기 규제가 핵심이다. |

출처: 강현석, 조인숙(2020, p. 88); OECD(2018: 5-6).

우리나라 초·중등학교 교육에서 역량에 관한 논의가 시작된 것은 DeSeCo 프로젝트와 이를 바탕으로 영국, 호주, 캐나다, 독일 등지에서 이루어진 역량기반 교육과정 개발과 관련이 있다. 하지만 다른 한편으로 역량기반 교육이 '낡은 지식의 전수'라는 우리 교육의 고질적인 문제를 해결하는 중요한 열쇠가 될 수 있다는 기대가 있었기 때문이다. 특히 급속하게 변화하는 지식기반사회에서 이론적 지식과 이해의 습득에만 치우진 교육으로는 학생들이 그들의 삶에서 실질적으로 필요한 것을 이해하고 느끼고 실천할 수 있는 종합적인 능력을 기르는 데 한계가 있다고 보았다.

우리나라에서 교육과정 분야에서 역량을 논의하는 본격적인 움직임은 2000년 이후라고 할 수 있다(이광우, 2015). 2008년 한국교육과정평가원에서는 미래사회의 특성을 진단하고, 이에 따라 초·중등학교, 고등교육, 직업세계/평생학습사회에서 각각 요구되는 핵심역량을 제안하였다. 이러한 과정을 거쳐서 2015 개정 교육과정에는 총론 문서에 학교 교육의 전 과정을 통해서 중점적으로 길러야 할 핵심역량을 〈표 4-11〉과 같이 제시하였다(교육부, 2015).

표 4-11  2015 개정 교육과정의 핵심역량

가. 자아정체성과 자신감을 가지고 자신의 삶과 진로에 필요한 기초 능력과 자질을 갖추어 자기주도적으로 살아갈 수 있는 '자기관리 역량'

나. 문제를 합리적으로 해결하기 위하여 다양한 영역의 지식과 정보를 처리하고 활용할 수 있는 '지식정보처리 역량'

다. 폭넓은 기초 지식을 바탕으로 다양한 전문 분야의 지식, 기술, 경험을 융합적으로 활용하여 새로운 것을 창출하는 '창의적 사고 역량'

라. 인간에 대한 공감적 이해와 문화적 감수성을 바탕으로 삶의 의미와 가치를 발견하고 향유하는 '심미적 감성 역량'

마. 다양한 상황에서 자신의 생각과 감정을 효과적으로 표현하고 다른 사람의 의견을 경청하며 존중하는 '의사소통 역량'

바. 지역·국가·세계 공동체의 구성원에게 요구되는 가치와 태도를 가지고 공동체 발전에 적극적으로 참여하는 '공동체 역량'

2022 교육과정에서도 핵심역량을 〈표 4-12〉와 같이 제시하고 있다.

**표 4-12 2022 교육과정의 핵심역량**

가. 자아정체성과 자신감을 가지고 자신의 삶과 진로를 스스로 설계하며 이에 필요한 기초 능력과 자질을 갖추어 자기주도적으로 살아갈 수 있는 자기관리 역량

나. 문제를 합리적으로 해결하기 위하여 다양한 영역의 지식과 정보를 깊이 있게 이해하고 비판적으로 탐구하며 활용할 수 있는 지식정보처리 역량

다. 폭넓은 기초 지식을 바탕으로 다양한 전문 분야의 지식, 기술, 경험을 융합적으로 활용하여 새로운 것을 창출하는 창의적 사고 역량

라. 인간에 대한 공감적 이해와 문화적 감수성을 바탕으로 삶의 의미와 가치를 성찰하고 향유하는 심미적 감성 역량

마. 다른 사람의 관점을 존중하고 경청하는 가운데 자신의 생각과 감정을 효과적으로 표현하며 상호 협력적인 관계에서 공동의 목적을 구현하는 협력적 소통 역량

바. 지역·국가·세계 공동체의 구성원에게 요구되는 개방적·포용적 가치와 태도로 지속 가능한 인류 공동체 발전에 적극적이고 책임감 있게 참여하는 공동체 역량

2015년 고시한 문서와 비교할 때 내용에 있어서의 큰 차이는 보이지 않는다. 다만 2022 교육과정에서는 다양한 영역의 지식과 정보를 처리하고 활용할 지식정보처리 역량을 '다양한 영역의 지식과 정보를 깊이 있게 이해하고 비판적으로 탐구하며 활용할 수 있는 지식정보처리 역량'으로 수정하여 지식과 정보처리의 의미를 보다 명확하게 제시하였다.

또한 의사소통 역량을 개인 차원의 역량에서 공동체의 목적을 구현하기 위한 협력을 지향하는 소통이라는 점을 강조하고 있다. 지역·국가·세계 공동체의 구성원에게 요구되는 가치와 태도를 개방과 포용적 가치라는 점을 분명히 하고, 공동체 발전

에 적극적인 참여뿐만 아니라 책임감도 필요하다고 보았다.

이와 같이 2015 교육과정과 2022 교육과정에서 제시한 핵심역량이 크게 다르지 않지만, 2015 교육과정에서 다소 모호한 표현들을 구체적이고 명확하게 표현하고, 개방, 포용, 협력, 책임 등의 교육적 가치를 강조하고 있다. 2022 교육과정에서 이러한 가치를 강조한 것은 OECD 교육 2030 학습 프레임워크에 관련이 있는 것으로 알려지고 있다.

한편, 역량은 일반역량과 교과특수역량으로 구분할 수 있다. 2022 교육과정 총론에서 제시하고 있는 핵심역량은 '일반역량'이며, 각 교과 교육과정에서 기르고자 하는 역량은 '교과특수역량'으로 볼 수 있다. 소경희, 강지영, 한지희(2013)는 일반역량을 "여러 교과를 아우르는 범교과적인 역량 혹은 일반적인 역량"으로 보고 있으며, 교과특수역량을 "구체적인 각 내용 분야와 교과 혹은 영역에서 요구되는 역량"으로 규정하였다. 예를 들어, 2022 교육과정 총론에서 제시한 여섯 가지 핵심역량이 일반역량이라면, 2022 중학교 수학과 교육과정에서 제시한 수학과 관련된 문제해결력, 추론 능력, 의사소통능력, 정보처리 능력 등은 교과특수역량이라고 할 수 있다. 중학교 수학과 교과특수역량은 다음과 같다.

**표 4-13  중학교 수학 교과의 역량**

수학의 개념, 원리, 법칙을 이해하고 수학의 가치를 인식하며 바람직한 수학적 태도를 길러 수학적으로 추론하고 의사소통하며 다양한 현상과 연결하여 정보를 처리하고 문제를 창의적으로 해결하는 수학 교과 역량을 함양한다.

(1) 수학적 지식을 이해하고 활용하여 적극적이고 자신감 있게 여러 가지 문제를 해결한다.
(2) 수학적 사실에 대해 흥미와 관심을 갖고 추측과 정당화를 통해 추론한다.
(3) 수학적 사고와 전략에 대해 의사소통하고 수학적 표현의 편리함을 인식한다.
(4) 수학의 개념, 원리, 법칙 간의 관련성을 탐구하고 실생활이나 타 교과에 수학을 적용하여 수학의 유용성을 인식한다.
(5) 목적에 맞게 교구나 공학 도구를 활용하며 자료를 수집하고 처리하여 정보에 근거한 합리적 의사 결정을 한다.

이러한 교과특수역량은 일반역량인 핵심역량에 기반을 두지만, 각 교과의 특성을 반영한다고 할 수 있다. 또한 이러한 교과특수역량은 교과별 내용과 성취기준의 학습을 통하여 달성될 수 있다. 그렇다면 일반역량인 핵심역량은 어떤 기회를 통하여 학습할 수 있는가? 국가수준 교육과정 총론에 있는 다음과 같은 문구가 해답을 제시하고 있다.

> 이 교육과정이 추구하는 인간상을 구현하기 위해 교과 교육과 창의적 체험활동을 포함한 학교 교육 전 과정을 통해 중점적으로 기르고자 하는 핵심역량은……

즉, 핵심역량은 학교 교육 전 과정을 통하여 길러져야 한다는 것이다. 여기서 학교 교육의 전 과정이란 교과 수업, 창의적 체험활동, 생활지도, 학급경영 등을 포함한다. 개별 학교에서는 이러한 핵심역량이 학교 교육의 전 과정 속에서 길러질 수 있도록 계획을 세우고 여건을 갖추며 성과 있게 운영할 필요가 있다. 또한 학생들에게 핵심역량이 길러진 것인지를 객관적으로 평가하고 평가 결과를 바탕으로 지속적으로 개선 방안을 강구하고 실행해야 한다.

## 4. 교육목적의 진술

교육목적의 진술은 마치 가을 운동회에서 달리기가 끝난 후 시상식이 있는 것처럼 교육목적의 설정이 완료된 후에 이루어지는 활동으로 생각하기 쉽다. 교육목적의 설정과 진술방법의 관계를 이와 같이 생각하는 것은 잘못이다. 우리가 교육을 통해서 달성하고자 하는 목적을 결정하는 순간, 진술방법도 동시에 결정하고 있는 것이다. 예를 들어, 일정 기간의 수업을 통하여 자동차 정비와 같은 특수한 기능을 익히고자 할 때 수업목표는 '~을 할 수 있다.'와 같은 행동목표 진술의 방식을 따르게 된다.

그러나 적용의 범위가 넓고 오랜 시간이 흐른 뒤에 비로소 결과를 알 수 있는 교육목적은 진술의 방식이 일반적이고 추상적일 수밖에 없다. 즉, 교육의 목적은 구체적으로 진술되지 않는다.

이와 달리 교육목표는 교육내용의 범위를 한정짓고 그 속에 포함되는 주요 항목들을 지시하는 힘을 가진다는 점에서 다소의 구체성을 가져야 한다. 예를 들어, Goodlad(1984)가 제시한 중학교 교육목표는 학습기능, 기본 교과, 건강과 체육, 창조적 사고와 표현, 개인적 기술과 태도, 대인관계 기술과 태도 등 여섯 가지 영역으로 구성되며, 이들은 다시 하위 목표로 구체화되는데, 이들 하위 목표들은 교육내용과 학습활동의 범위와 윤곽을 드러내는 방식으로 진술된다. '이해를 하고 비판적인 판단을 하면서 읽기'는 이를 달성하기 위하여 어떤 교육내용과 학습활동이 필요한지를 구체적으로 지시하지는 않지만, 교육내용으로 어떤 글감이 좋으며 어떤 활동이 학생들에게 필요한지를 대략적인 수준이나마 예측하게 해 준다.

학교 교육을 통해서 달성하고자 하는 대부분의 교육목표가 교육내용과 활동의 선정과 조직 방식에 기본적인 방향을 제공한다는 점에서 교육목표의 설정과 진술이 실제적 의미에서 교육과정 계획의 출발점이 된다고 말할 수 있다.

이와 달리 교육의 구체적 목표는 보다 명확하게 진술할 필요가 있다. Tyler(1949)와 Mager(1975)는 교육의 구체적 목표의 진술에 관심이 있으므로, 여기서는 이들에 관해 간략하게 알아보고, 이러한 진술방법과는 다소 상반되는 입장을 아울러 소개하고자 한다.

## 1) 교육목표 이원 분류표

교육의 구체적 목표를 진술할 때는 Tyler가 제안한 이원 분류표를 참고하는 것이 도움이 될 수 있다. Tyler는 교육목표를 내용과 행동의 형식으로 진술하는 것이 좋다고 제안하고, 이와 같은 방식으로 진술된 교육목표를 간단 명료하게 정리하기 위해서 내용과 행동의 두 차원으로 이루어진 '교육목표 이원 분류표'의 작성을 제안하고 있다. 다음의 〈표 4-14〉는 그가 사례로 제시한 교육목표 이원 분류표다(이종승, 1987).

〈표 4-14〉에 제시된 모든 교육목표들은 내용과 행동이라는 이차원의 구조를 가지고 있다. 즉, '영양에 관한 중요한 사실 및 원리를 이해하기(A-1)'라는 교육목표는 '영양'이라는 내용과 '중요한 사실 및 원리의 이해'라는 행동으로 구성된다. 마찬가지로, '진화와 발달에 관한 연구를 하고 보고서 작성하기(C-5)'는 '진화와 발달'이라는 내용과 '연구하고 보고서 작성하기'라는 행동으로 꾸며진다.

이와 같이 교육목표들을 이원 분류표 위에 나타내면 학습경험을 선정하고 조직하거나 평가계획을 세우는 데 도움이 된다. 하지만 Tyler는 이 과정에서 내용과 행동을 지나치게 일반적으로 진술하거나 극도로 세분화하는 것이 교육적으로 도움이 되지

표 4-14 Tyler의 교육목표 이원 분류표 사례

| 내용 ＼ 행동 | 1 중요한 사실 및 원리의 이해 | 2 믿을 만한 정보원에 대한 지식 | 3 자료의 해석력 | 4 원리의 적용력 | 5 학습 연구와 결과 보고의 기능 | 6 넓고 성숙된 흥미 | 7 사회적 태도 |
|---|---|---|---|---|---|---|---|
| A. 인체의 기능 | | | | | | | |
| 1. 영양 | × | × | × | × | × | × | × |
| 2. 소화 | × | | × | × | × | × | |
| 3. 순환 | × | | × | × | × | × | |
| 4. 호흡 | × | | × | × | × | | |
| 5. 생식 | × | × | × | × | × | × | × |
| B. 동식물 자원의 이용 | | | | | | | |
| 1. 에너지의 관계 | × | | × | × | × | × | × |
| 2. 동식물의 성장에 미치는 환경 요인 | × | × | × | × | × | × | × |
| 3. 유전과 발생 | × | × | × | × | × | × | × |
| 4. 토지 이용 | × | × | × | × | × | × | × |
| C. 진화와 발달 | × | × | × | | × | × | × |

않는다고 하였다. 예를 들어, 수학과의 학습목표를 학습자의 사고 계발이라고 추상
적으로 말하는 것은 학습경험의 선정에 아무런 안내가 되지 못하며, Thorndike처럼
수학과 학습목표를 3,000여 개나 제시한 것은 단기적 측면의 직무 수행을 위한 훈련
과 장기적인 효과를 생각해야 하는 교육을 구별하지 못한 것이다. 여하튼 교육목표
이원 분류표는 교육의 구체적 목표를 찾고 진술하는 데 유용한 도구가 된다.

## 2) 행동적 목표 진술

교육의 구체적 목표 중에서 수업목표는 행동적 용어로 진술해야 한다는 주장이 한
때 큰 설득력을 얻었다. 교사가 수업을 시작하기 전에 칠판의 왼쪽 상단에 행동적 수
업목표를 제시할 것을 강요받기도 하였고 자발적으로 이에 동참하기도 하였다. 수업
목표의 명료성을 높인다는 것이 그 이유였다.

Mager는 이러한 행동적 목표 진술을 주장한 대표적인 인물로, 학생들이 목표를 달
성했다는 증거로 나타내 보일 수 있는 관찰 가능한 행동, 이러한 행동이 일어나는 환
경으로서의 조건, 이들 행동의 도달 수준 등을 수업목표 진술의 필수 요인으로 제시

했다. 예를 들면, '100m를 보조 기구 없이(조건) 14초 이내(도달 수준)에 달릴 수 있다 (관찰 가능한 행동).'는 목표는 이들 요인들을 모두 포함한 가치 있는 행동목표가 된다.

오늘날 행동적 목표 진술이 전처럼 교육 현장에서 위세를 떨치지 못하고 있다 해도 많은 교사들의 마음속에 여전히 자리 잡고 있다. 여기서는 행동적 목표 진술이 교육 과정보다는 수업과 더욱 관련이 높은 것이라는 점부터 지적하고자 한다.

이 책에서 심각하게 논의된 주제의 하나로 교육과정과 수업의 차이점을 다시 한번 상기하면 교육과정은 수업과 구별되며 수업의 방향을 제시하는 일종의 지침을 제시 한다는 것이다. 이 말은 교육과정이 수업에서 다루는 내용과 교수·학습활동을 직접 적으로 지시하지는 않으면서 이들을 선정하거나 조직하는 데 도움을 주거나 범위를 제한하는 기능을 한다는 것이다. 마치 '좋은 문학 작품을 읽고 바르게 감상하기'라는 것이 어떤 작품을 어떤 방법으로 읽어야 한다는 것을 구체적으로 지시하지 않지만, 어떤 작품을 읽어야 하며 어떤 방식이 감상하는 데 좋은 방법인가를 찾도록 하는 역 할을 하는 것과 마찬가지 경우다.

하지만 교육과정이 아닌 교육과정 자료는 행동적 목표 진술과 관련이 있다. 교육 과정 자료는 교육과정을 토대로 이를 운영하는 데 도움을 주는 각종 자료들을 말하 며, 교과서, 교사용 지도서, 각종 참고서 등을 사례로 들 수 있다. 이들 자료 중에 교 사용 지도서는 교육과정과 교과서를 분석하여 교사들이 활용할 수 있는 수업계획을 담고 있다. 이러한 계획 속에 행동적 목표 진술이 담기는 경우가 많다. 교육과정 개발 에 교육과정뿐만 아니라 교육과정 운영 자료를 개발하는 것까지 포함시키는 경우 행 동적 목표 진술은 교육과정 분야의 관심사가 된다.

일반적으로 교육과정 자료에서 행동목표 진술방법이 필요한 것은 교사가 가르칠 내용, 방법, 학습자료를 선택하는 데 도움을 주고, 수업의 질과 학생평가의 방향을 쉽 게 알 수 있으며, 부모와 학생들이 학교에서 하는 일을 쉽게 알 수 있고 그들의 의견 도 수렴할 수 있기 때문이다.

## 3) 비행동적 목표 진술

교육의 일반적 목표는 물론이고, 구체적 목표를 행동적 목표 방식으로 진술하는 것 도 여러 가지 문제점이 있다. 학습의 모든 결과를 행동의 변화로 나타낼 수는 없으며,

의도하지 않은 결과는 제외될 가능성이 높고, 수학, 과학 등 몇 개 과목에는 유용하지만 문학이나 예술 등의 과목에는 도움이 되지 않는다. 또한 행동적 목표는 Polanyi와 Prosch(1975)가 말하는 무언의 앎(tacit knowing)을 교육의 목표로 설정할 수 없다. 무언의 앎은 말이나 글로 표현하지 못하고 증거를 쉽게 제시할 수는 없지만 체험을 통하여 알게 되는 지식을 말한다.

행동적 목표 진술이 지닌 이와 같은 문제점은 과학화와 효율화를 지향하는 생산체제로서의 교육관에서 비롯된다. 이러한 교육관에 따르면 교육은 학습자의 내·외 조건을 통제함으로써 통제자가 원하는 행동을 이끌어 내는 활동이 된다. 이러한 교육관은 학습자가 특정한 기능이나 기술을 배우거나 숙달할 때 적합한 목표를 제공할 수 있지만, 학습자의 전인격적 변화를 목표로 지향할 때는 매우 한정된 역할을 수행할 수밖에 없다.

Eisner(1994)는 이러한 점에서 교육의 구체적 목표를 세 가지로 구분하여 제시하였다. 기능의 학습을 위해서는 행동적 목표가 필요하지만 그 외의 학습에는 문제해결 목표와 표현 행위에 따른 표현 결과가 중요하다는 것이다. 그는 [그림 4-3]과 같이 구체적 목표의 유형을 제시하였다.

[그림 4-3] 교육과정 목표와 교육과정 활동의 관계

[그림 4-3]에서 보는 것과 같이, 행동적 목표는 어떤 내용을 가지고 어떤 학습활동이 일어나는지를 구체적으로 지시한다. 예를 들어, '두 자릿수 더하기 두 자릿수의 문제 10개를 계산기 없이 풀어 7개 문제의 답을 맞힐 수 있다.'는 행동적 목표는 학생들이 어떤 내용을 가지고 어떤 행동을 해야 할 것인지를 명시적으로 지시하고 있다.

하지만 학생들에게 필요한 모든 것을 예측하여 준비시킬 수 없기 때문에 수업목표로서 학생들이 해결해야 할 문제를 제시하기도 한다. 이를 문제해결 목표라고 하는 데 학생들에게 문제만 제시할 뿐이며 문제해결에 이르기 위해 어떤 내용을 어떤 방식으로 다루어 나가야 하는지를 알려 주지 않는다. 학생들은 문제를 해결하는 과정에서 여러 가지 가치 있는 것을 배우게 된다.

앞의 두 가지 목표는 목표 설정 이후에 내용과 활동의 계획이 수반되는 반면에, 표현 결과는 표현 행위 뒤에 오는 산물이라는 점에서 구별된다. 우리가 영화를 볼 때 어떤 목표를 세우고 관람하는 것이 아니라 영화를 보는 중 또는 본 후에 어떤 유익한 결과를 얻게 되는 것처럼, 교육활동에 있어서도 동물원 방문이나 주말 캠핑과 같은 활동 이후에 그 결과를 통해 얻어지는 것을 표현 결과라고 한다. 교육자는 이와 같은 표현 결과를 예측하여 학생들에게 교육적으로 바람직하게 보이는 활동에 참여하도록 한다.

Eisner에 따르면, 교육의 구체적 목표는 교육과정관, 교과의 성격, 교사와 학생의 요구, 학교의 실정 등에 따라 행동적 목표, 문제해결 목표, 표현 결과 목표가 차지하는 비율이 달라야 하겠지만, 이들 목표들 중 어느 것도 무시되어서는 안 된다고 하였다.

참고문헌

강현석, 조인숙(2020). 역량중심 교육의 비판과 대안 탐구. 교육학논총, 41, 81-97.

교육과학기술부(2007). 중학교 교육과정 해설 Ⅰ, Ⅱ, Ⅲ, Ⅳ.

교육부(2015). 초 · 중등학교 교육과정 총론. 교육부 고시 제2015-8-호, 별책 1.

교육부(2022). 2022 교육과정.

서울특별시교육청(2023). 서울 교육의 방향.

소경희, 강지영, 한지희(2013). 교과교육과정 개발을 위한 역량 모델의 가능성 탐색—영국, 독일, 캐나다 교육과정 고찰을 중심으로—. 비교교육연구, 23(3), 153-175.

윤정일, 김민성, 윤순경, 박민정(2007). 인간 능력으로서의 역량에 대한 고찰: 역량의 특성과 차원. 교육학연구, 45(3), 233-260.

이광우(2015). 핵심역량 계발을 위한 국가수준 교육과정의 구상. 학습자중심교과교육학회 공동 학술대회 발표자료집, (2), 3-25.

이종승(1987). Tyler의 교육과정과 수업의 기본 원리. 교육과학사.

허숙, 박승배 공역(2004). 교육과정과 목적(3판). 교육과학사.

한국교육과정평가원(2009). 미래 한국인의 핵심 역량 증진을 위한 초 · 중등학교 교육과정 설계 방안 연구. 연구보고 RRC 2009-1-1.


Armstrong, D. G. (1989). *Developing and Documenting the Curriculum*. Allyn and Bacon.

Bloom, B. S. (Ed.) (1956). *Taxonomy of Educational Objectives: Book 1 Cognitive Domain*. Longman.

Dearden, R. F. (1974). Needs in Education. In Dearden, R. F., Hirst, P. H., & Peters, R. S. (Eds.), *A Critique of Educational Aims*. Routledge & Kegan Paul.

Eisner, E. W. (1994). *The Educational Imagination: On the Design and Evaluation of School Programs* (3rd ed.). Macmillan College Publishing Company.

Glatthorn, A. A. (1994). *Developing a Quality Curriculum*. ASCD.

Goodlad, J. I. (1984). *A Place Called School*. McGraw-Hill.

Krathwohl, D. R., Bloom, B. S., & Masia, B. B. (1964). *Taxanomy of Educational Objectives: Book 2 Affective Domain*. Longman.

Mager, R. F. (1975). *Preparing Instructional Objectives*. Fearon Publishers.

McClelland, D. C. (1973). Testing for competence rather than for "intelligence." *American Psychologist, 28*(1), 1-14.

OECD. (2018). *The Future of Education and Skills: Education 2030*. OECD.

Oliva, P. F. (2001). *Developing the Curriculum* (5th ed.). Longman.

Peeke, G. (1994). *Mission & Change: Institutional Mission & Its Application to the Management of further & Higher Education*. the SRHE & Open University Press.

Polanyi, M., & Prosch, H. (1975). *Meaning*. The University of Chicago Press.

Spencer, L., & Spencer, S. (1993). *Competence at Work for Superior Performance*. Wiley & Sons Inc.

Tyler, R. W. (1949). *Basic Principles of Curriculum and Instruction*. University of Chicago Press.

Walker, D., & Soltis, J. (2004). *Curriculum and Aims* (4th ed.). Teachers College Press.

Wiles, J., & Bondi, J. (2010). *Curriculum Development: A Guide to Practice* (8th ed.). Merrill Prentice Hall.

서울특별시 교육청 홈페이지 https://www.sen.go.kr/www/office/situation.jsp

이우학교 홈페이지 http://www.2woo.net

# CHAPTER

## 05

# 교육내용과 성취기준

1. 교육내용의 의미
2. 교과, 경험, 지식, 학문
3. 교육내용의 선정
4. 성취기준의 의미와 진술

교사가 수업을 준비할 때 가장 큰 관심을 갖는 것은 가르칠 내용이다. 교사는 수업에 들어가기 전에 교과서를 훑어보고 어떻게 가르칠 것인지를 고민한다. 교사들이 교과서 내용에 불만을 가질 수도 있지만 대개 교과서 내용을 '가르쳐야 할 것'으로 생각한다. 교사들이 초등학교에서 배워야 할 교과의 수와 종류나 중등학교 교과들의 필수와 선택 구분이 타당한가 하는 것을 고민하는 일은 별로 없다.

그러나 각급 학교에서 가르치는 교과들과 각 교과 속에 포함되는 내용들, 그리고 그것들의 조직 방식은 누군가에 의해 결정된 것이며, 교육과정 개발에 참여하는 사람들이 이와 같은 일을 하게 되는 것이다. 여기서는 교육내용의 문제와 관련하여 교육내용의 의미, 교육내용의 선정과 성취기준 등을 살펴보고자 한다.

구체적인 학습과제는 다음과 같다.

---

- 교육내용의 의미와 다양한 수준을 파악한다.
- 교과, 경험, 지식, 학문의 관계를 이해한다.
- 교육내용 선정의 원리를 제안한다.
- 성취기준의 의미와 진술에 대하여 알게 된다.

---

## 1. 교육내용의 의미

교육내용은 매우 다양한 의미를 지니지만, 첫째 가장 포괄적인 것은 지식, 기능, 가치 등으로 정의하는 것이다. Hyman(1973)이 제안한 것으로 생각되는 이러한 정의에 따르면, 교육내용은 지식 영역(사실, 설명, 원리, 정의 등), 기능 영역(읽기, 쓰기, 셈하기, 비판적으로 생각하기, 의사결정하기, 의사소통하기 등), 가치 영역(선악, 참거짓, 아름다움과 추함 등) 등으로 구성된다.

둘째, 교육내용을 가리키는 말로 우리에게 매우 익숙한 것은 교과, 단원, 과 등의 이름이다. 학생들에게 '학교에서 무엇(내용)을 배우니?' 하고 물었을 때 '수학' '나눗셈'

'두 자릿수 나눗셈' 등의 대답을 듣는 것은 전혀 낯설지 않다. 이와 같은 것들은 교과와 교과 속에 담긴 단원이나 과의 이름들이며, 앞서 말한 지식, 기능, 태도를 담고 있는 그릇들이다.

이와 같이 교육내용에 관한 두 가지 정의, 즉, 교육내용을 지식, 기능, 가치 등 그 속에 포함되는 요소로 규정하는 관점과 교과, 단원, 과의 이름과 같이 요소들을 담고 있는 그릇으로 보는 관점의 관계는 [그림 5-1]과 같이 표현할 수 있다.

국어 교과                    수학 교과

□ 가치
△ 기능
○ 지식

[그림 5-1] 교육내용의 두 가지 의미

그릇으로서의 교육내용은 교육과정의 기본 단위로 조직된다. 교육과정의 기본 단위(curriculum units)는 수업이나 학습을 목적으로 교육내용을 선정하고 조직한 것이다. 대표적인 교육과정의 기본 단위로 학교에서 가르치는 교과를 들 수 있다.

교과는 사회적·역사적 산물로 교육활동을 효율적으로 운영하고 관리하는 데 도움을 준다. 현대 교육에서 추구하고 있는 다양하고 복잡한 교육목표들은 전체 교육활동을 관리 가능한 작은 활동으로 분할할 때 효과적으로 달성될 수 있다. 전체 교육활동을 교과활동으로 분할하면 행정적인 면에서 수업의 관리가 쉬워지고, 교사의 책임이 명확히 드러나며, 학생들이 일관성 있는 학습활동을 하기 쉽다.

다음으로 교과는 대학의 전문주의를 반영한다. 대학은 지식의 급속한 성장과 사회적 요구를 수용하는 과정을 통하여 전공의 분화, 통합, 재분화, 재통합의 과정을 거듭하고 있다. 이러한 대학의 전공 학문의 분화와 통합 과정은 초·중등학교의 교과 형성과 구분에 영향을 미친다.

또한 교과는 인식론적 산물이기도 하다. 교과는 그것을 구성하는 학문의 논리적 성격에 바탕을 두고 있다. 국어, 수학, 사회, 과학 등의 여러 교과를 구분하는 것은 각 교과를 구성하고 있는 학문적 성격이 서로 다르기 때문이다.

　교육과정의 기본 단위는 이러한 교과활동과 함께 교과 외 활동으로 구성된다. 교과 외 교육과정은 창의적 체험활동 영역으로 자율·자치 활동, 동아리 활동, 진로 활동 등으로 구성된다. 교과활동과 창의적 체험활동은 교육과정상 독립된 영역이지만, 둘을 상호 연관 지어 운영할 때 교육의 효과성은 더욱 높아진다. 2022 교육과정에서 교육과정은 [그림 5-2]와 같이 구성된다.

[그림 5-2] 교육과정 활동의 구분

　셋째, 교육내용은 여러 가지 수준을 갖는다. 국가수준 교육과정 문서 속에 실린 교육내용을 들 수 있다. 교과서를 포함하여 교육 현장에서 사용되는 교재 속에 실린 내용도 있다. 수업자가 학습자에게 가르치는 내용도 포함된다. 마지막으로 학습자가 학습한 내용을 의미한다.

　교육과정의 운영 면에서 보면, 국가수준 교육과정 문서 속에 들어 있는 내용을 학습자가 학습하는 것이 이상적이라고 말할 수 있다. 하지만 이러한 주장은 국가수준 교육과정 문서 속에 들어 있는 내용이 학습자에게 배울 만한 가치가 있다는 사실이 입증될 때 타당성을 지닌다. 또한 국가수준 교육과정은 학습자들이 학습해야 할 최소한의 내용만 제시하므로 학습자가 학습해야 할 내용은 국가수준 교육과정의 범위를 넘어서기도 한다. 1장에서 제시한 영 교육과정의 개념은 이와 같이 국가나 지역, 학교에서 가치 있는 교육내용을 제대로 선정하여 교육과정을 구성하였는가의 문제를 제기한다.

　일반적으로 국가수준 교육과정에서 교육내용은 학습자가 학습해야 할 주요 영역이나 주요 주제를 가리키는 동시에, 해당 영역과 주제에서 성취해야 할 것이 무엇인지를 가리킨다. 2022 교육과정에서 교육내용은 교과별 내용 체계와 성취기준으로 표현된다. 교과별 내용 체계는 교과를 구성하는 주요 내용 영역으로 구분되고, 영역별로 학습해야 할 주요 내용을 핵심 아이디어로 제시하고 있다. 이러한 핵심 아이디어는 세부 내용 영역을 중심으로 지식 · 이해, 과정 · 기능, 가치 · 태도에서 학습해야 할 것을 구체적으로 제시하고 있다. 다음은 2022 교육과정 중학교 과학 교과의 '물질' 영역의 내용 체계다.

📌 표 5-1　**2022 교육과정 중학교 과학 교과의 '물질' 영역**

| | |
|---|---|
| 핵심<br>아이디어 | • 물질은 여러 가지 상태로 존재하며, 구성 입자의 운동에 따라 물질의 상태와 물리적 성질이 변한다.<br>• 물질의 상태 변화 및 화학 반응에는 에너지 출입이 수반되며 이는 일상생활에 유용하게 활용된다.<br>• 물질은 서로 구분할 수 있는 고유한 속성을 가지며, 물질의 특성은 일상생활의 다양한 혼합물 분리에 이용된다.<br>• 화학 반응을 통해 물질은 다른 물질로 변하며, 화학 반응의 규칙성은 새로운 물질의 생성 원리가 된다. |
| 지식 · 이해 | 입자 운동, 기체의 압력, 기체의 압력과 부피 관계, 기체의 온도와 부피 관계, 물질의 상태와 입자 모형, 상태 변화와 열에너지, 밀도, 용해도, 녹는점, 끓는점, 순물질과 혼합물, 화학 변화, 화학반응식, 질량보존법칙, 일정 성분비 법칙, 기체반응 법칙, 화확 반응에서의 열에너지 출입, 원소, 원자, 분자, 이온, 혼합물, 화학식, 주기율표 |
| 과정 · 기능 | • 자연과 일상생활에서 물질과 관련된 현상을 관찰하여 문제를 인식하고 가설을 설정한다.<br>• 관찰, 측정, 분류, 예상, 추리 등을 통해 자료를 수집하고 비교 · 분석하기<br>• 적절한 변인을 포함하여 탐구 설계하기<br>• 탐구결과를 해석하여 결론을 도출하기<br>• 수학적 사고와 디지털 탐구 도구를 활용하기<br>• 변인간의 관계를 이끌어 내기 위해 자료를 수집하고 이를 그래프로 변환하여 해석하기<br>• 도형을 이용하여 현상을 설명하거나 예측하기<br>• 과학적 증거에 기반하여 주장하기 |
| 가치 · 태도 | 과학의 심미적 가치, 과학 유용성, 자연과 과학에 대한 감수성, 과학 창의성, 과학 활동의 윤리성, 과학 문제해결에 대한 개방성, 안정 · 지속가능사회에 대한 기여, 과학 문화 향유 |

중학교 물질 영역의 성취기준은 〈표 5-2〉와 같다.

이와 같은 국가수준 교육과정 내용과 달리, 교과서를 비롯한 교재 내용이나 수업자의 수업내용은 상기한 교육과정의 내용을 전달하는 도구적 역할을 수행한다. 예를 들어, 〈표 5-2〉의 [9과 04-01]의 경우에 교재내용과 수업내용은 이러한 목표를 학습하는 데 가장 적절한 소재를 찾고 또한 이것을 활용하는 최선의 방식을 탐색하여 구성

---

**표 5-2** 2022 교육과정 중학교 과학 교과 중 '물질' 영역의 성취기준

[9과04-01] 확산 및 증발 현상을 관찰하여 물질을 구성하는 입자가 운동하고 있음을 추론할 수 있다.

[9과04-02] 물질의 세 가지 상태의 특징을 설명하고, 이를 입자 모형으로 표현할 수 있다.

[9과04-03] 여러 가지 물질의 상태 변화를 관찰하고, 이를 입자 모형으로 설명할 수 있다.

[9과04-04] 물질의 상태 변화와 열에너지 출입 관계를 이해하고, 이를 실생활에 적용하여 과학의 유용성을 인식할 수 있다.

〈탐구 활동〉
• 확산 현상 관찰하기
• 물질의 상태 변화 시 질량과 부피 변화 측정하기
• 상태 변화 실험에서 가열 곡선 또는 냉각 곡선 그리기

---

하게 된다. 따라서 국가수준의 교육내용을 선정하고 조직하는 방식과 교재 및 수업의 내용을 선정하고 조직하는 방식 간에는 서로 공통점도 있지만 차이점도 있다.

함수곤(1994)의 지적대로, 우리나라의 교육은 교육과정 속에 포함된 교육내용보다는 교과서의 내용을 통해 운영되어 왔다. 교과서 위주의 교육은 교과서 내용을 교육내용을 구현하는 수단이 아니라 그 자체를 목적시하여 강요하는 폐단을 낳고, 전국적으로 적용되는 일반성으로 인해 현장의 구체적인 여건에 맞지 않는 문제점이 있다.

교육부에서는 오래전부터 학교의 수업이 '교과서 위주의 교육'에서 벗어나 '교육과정 위주의 교육'으로 전환할 것을 촉구해 왔다. 교과서의 내용과 교사가 선택하고 조직하는 수업내용은 교과내용을 구현하기 위하여 전달하는 매체로 보아야 한다는 것이다.

이런 점에서 교육과정의 교육내용은 줄이고 교과서 내용과 수업내용은 풍부해야 한다는 생각을 해 볼 수 있다. 현재 교육과정 문서에는 수업을 통하여 가르치기에는 너무 많은 지식, 기능, 가치가 담겨 있다. 교과서도 이에 따라 한정된 지면에 많은 내용을 담게 되어 결국 교사가 교육과정의 교육내용을 학생들이 이해할 수 있는 수준으로 가르치기 어렵게 됨으로써 학습 결손이 유발되기 쉽다. 따라서 교육과정의 교육내용을 최소화하고 교과서 내용과 수업내용을 풍부하게 하여 교사는 가르치기 쉽고 학생들은 학습하기 쉽도록 하는 것이 좋다.

## 2. 교과, 경험, 지식, 학문

### 1) 교과와 경험

교육과정 과목을 수강한 사람은 Tyler가 집필한 『교육과정과 수업의 기본 원리 (Basic Principles of Curriculum and Instruction)』라는 소책자를 읽어 보았을 가능성이 크다. 널리 알려진 이 책의 3장은 교육과정의 조직 문제를 다루고 있는데 그 제목은 다음과 같다. "수업의 효과를 높이기 위하여 학습경험을 어떻게 조직해야 할까?" Tyler는 왜 교과의 조직 또는 교육내용의 조직이라고 말하지 않고 학습경험의 조직이라고 했을까? 그는 교과내용이라는 말 대신에 '학습경험'이라는 표현을 사용한 의도를 다음과 같이 밝히고 있다.

> 학습경험이란 용어는 어느 한 과목에서 취급하는 교과 내용이나 교사가 펼치게 되는 지도 활동과 같은 것이 아니다. 학습경험이란 학습자와 그를 둘러싸고 있는 환경 속의 여러 조건들 사이에 벌어지고 있는 상호작용을 의미하는 것이다(이종승 편역, 1987: 30).

Tyler는 교과내용과 학습경험을 구별하며, 교과내용은 학습경험을 일으키는 환경적 조건의 하나로 보았다. 교육은 어떤 교과내용을 가르치는가가 중요한 것이 아니라 학습자가 그 내용을 바탕으로 어떤 학습경험을 하는가에 따라 교육목표에 도달 여부가 결정된다는 것이다. Dewey는 Tyler에 앞서서 교과내용과 경험의 관계에 관심을 가졌다. 그는 경험에는 '해 보고(trying)' 그 결과를 '겪는(undergoing)' 과정이 포함된다고 하였다. 예를 들어, 어떤 아이가 불 가까이 '손을 갖다 대 보는(trying)' 행위와 그 행위의 결과로 '뜨거움을 느끼게 되는 것(undergoing)'이 경험이라고 하였다. 나아가 경험은 반드시 사고 과정(thinking)이 개입되어야 한다고 하였다. 만일 아이가 불가까이 손을 갖다 댄 행위와 뜨거움을 느끼게 되는 결과 사이의 관계를 사고를 통하여 지각하지 못했다면 경험이 일어났다고 보기는 어렵다는 것이다.

이와 같이 Dewey의 경험이론은 Thorndike와 같은 심리학자가 주장하는 '시행착오설'과는 다르다. 시행착오설은 사고가 개재됨이 없이 주어진 문제해결을 위해 이렇게 혹은 저렇게 산만한 행동을 하다가 우연히 문제해결을 하는 것을 말한다. 이와 달리 Dewey의 경험에는 사고의 과정이 반드시 개재되며 최초의 시행은 문제해결을 지향하는 산발적인 행동이 아니라 사전 경험을 통하여 이미 개발되어있는 지적 능력에 바탕을 두고 있다.

또한 Dewey는 『경험과 교육』에서 교육적 경험과 비교육적 경험을 구별하며 그것을 판별하는 기준으로 '계속성 원리'를 들었다. 그는 경험의 계속성 원리를 다음과 같이 설명했다.

> 모든 것은 인간이 갖게 되는 경험의 질에 달려 있다. 어떠한 경험이라도 그 경험의 질은 두 가지 측면이 있다. 거기에는 쾌 · 불쾌의 직시적인 측면이 있는 동시에 장래의 경험에 미치는 영향이 있다. 그러므로 경험에 기초를 둔 교육의 중심 문제는 후속하는 경험 가운데서 효과 있게 창조적으로 살아 나갈 그러한 종류의 현재 경험을 선택하는 일이다(김원희, 김대현 공역, 1987: 44).

경험의 계속성 원리에 따르면 질 높은 후속 경험을 보장하는 선행 경험이 교육적 경험이 된다. 그러면 인간의 어떤 활동이 질 높은 후속 경험을 보장하는 것일까? 인터넷 게임과 수학공부를 비교하면 어떨까? 도박과 시를 쓰는 활동은 어떠한가? 후자가 전자에 비하여 질 높은 후속 경험의 질을 보장할 것이라는 것은 너무도 명백한 사실이다. 그렇다면 인류가 쌓아 온 지식의 결집체 중에서 가려 뽑은 교과들은 학교 교육을 통하여 경험해야 할 유일한 대상이 아닐지라도 중요한 대상이라는 것은 분명하다.

그러므로 교과와 경험은 서로 대립하는 관계가 아니라 교과를 경험하는 것이 학교 교육의 중요한 과제라고 할 수 있다. 이렇게 본다면 앞서 Tyler가 행한 학습경험과 교과내용의 구별도 이들이 서로 무관하다는 것을 말하는 것이 아니라, 학습자에게 경험되지 못하는 교과는 가치가 없다는 사실을 강조하는 말이라 할 수 있다.

그러면 교과를 경험한다는 말은 구체적으로 어떤 의미인가? 교과를 경험한다는 것은 교과에 담겨 있는 주요한 개념과 원리(법칙) 등을 경험의 수준으로 풀어내어 그것을 해 보고 겪는 활동으로 바꾸어 주는 작업을 통해서 가능하다. 예컨대 물리학에서 만유인력의 법칙을 가르친다(경험시킨다)는 것은 그 법칙을 학생들의 이해 수준에 맞는 경험으로 바꾸어 풀어내는 작업과 그 법칙을 재발견할 수 있도록 학생들이 그 법칙에 해당하는 경험을 해 보고 겪도록 만들어 주는 것이다. 이와 같이 교과와 경험은 서로 대립하는 것이 아니라, 교과는 경험의 축적으로 이루어진 산물이기 때문에 경험의 대상은 교과가 되어야 하며, 교과는 반드시 경험을 통해서 학습될 필요가 있다는 것을 뜻한다.

## 2) 지식과 교과

지식은 전통적으로 교육내용을 구성하는 가장 핵심적인 요소로 간주되어 왔다. 지식은 '명제적 지식'과 '방법적 지식'으로 구분할 수 있다. 명제적 지식은 어떤 사실을 안다는 것(knowing that~)을 가리킨다. 예를 들면, '나는 서울이 한국의 수도라는 것을 안다.' 또는 '나는 운동하고 있는 물체는 외부에서 힘을 가하지 않는 한 등속 운동을 한다는 것을 안다.' 등이 명제적 지식에 속한다. 반면에 방법적 지식은 어떤 것을 할 줄 안다는 것(knowing how~)을 가리킨다. 예를 들면, '나는 자전거를 탈 줄 안다.' 또는 '나는 힙합을 추는 방법을 안다.' 등은 방법적 지식에 속한다.

철학계에서는 명제적 지식과 방법적 지식이 각자 독립적인 지위를 갖는가를 두고 오랫동안 논쟁을 거듭해 왔다. 방법적 지식을 구성하는 핵심적인 요소가 명제적 지식이라고 주장하면서 방법적 지식은 명제적 지식에 종속된다는 주장과 명제적 지식은 방법적 지식을 통하여 획득되기 때문에 방법적 지식에 의존한다는 주장이 대립을 이루었다. 교육의 측면에서는 명제적 지식과 방법적 지식의 구분보다는 이 두 가지 지식이 지닌 각기 다른 교육적 역할에 주목해 왔다.

교육과정 분야에서 명제적 지식의 교육적 가치를 강조한 학자로 Hirst를 들 수 있다. 그는 학교에서 주지주의 교과들을 가르치는 '타당한 이유'를 제시했다. 만일 우리가 "학교에서 '수학' '과학' '도덕' 등을 가르치는 이유는 무엇인가?"라는 질문을 받으면 어떻게 될까? "왜 수학을 배워야 하나요, 수학을 배우는 것은 이해하지만, 지수 법칙이나 로그 함수까지 배워야 하나요?" 이러한 질문에 수학자나 수학 교사도 학생들을 설득시킬 만한 근거 있는 답을 하기 어렵다. Hirst는 논리적인 근거를 들어 이 문제를 해결하였다.

Hirst(1974)는 인간이 역사적으로 성취해 온 경험을 이해하는 것이 중요하다고 생각하였다. 이러한 이해는 자신을 이해하는 길일뿐만 아니라 사회와 자연을 이해하는 통로이기 때문이다. 그는 경험을 구조화하고 이해하는 방식을 '지식의 형식(forms of knowledge)'이라고 불렀다. 지식의 형식은 각각의 지식이 담기는 그릇에 비유할 수 있다. 수학에 관련되는 수많은 지식은 '수학'이라는 그릇에 담기고, 자연과학에 속하는 수많은 지식들은 '자연과학'이라는 그릇에 담긴다. 그는 수많은 지식을 그것이 지니고 있는 성격에 따라 분류하면 이렇게 서로 구분되는 몇 개의 그릇에 담을 수 있는데, 이러한 그릇이 지식의 형식이라는 것이다.

그는 이와 같이 지식들을 지식의 형식(지식을 담는 그릇)들로 분류하는 세 가지 준거를 제시하였다(그는 처음에 네 가지 준거를 제시하였다가 세 가지로 축소하였다). 그는 지식들은 ① 주요한 개념, ② 논리적인 구조, ③ 진리 검증의 방법 면에서 다양한 지식의 형식들로 구분된다고 보았다. 물론 지식의 형식들이 이러한 세 가지 기준 면에서 모두 다른 것은 아니며, 이 중에서 한 가지 기준만 달라도 지식의 형식을 구분하는 것이 가능하다고 보았다. 그는 지식의 형식을 〈표 5-3〉과 같이 일곱 가지로 제시하였다. 그가 제시한 지식의 형식은 1965년, 1970년, 1973년에 발표한 논문에서 다소 차이가 있지만, 1973년에 제시한 지식의 형식은 〈표 5-3〉과 같다.

**표 5-3  Hirst(1973)가 제시한 지식의 형식**

- 형식 논리학과 수학
- 자연과학
- 우리 자신과 타인의 마음 상태에 대한 지식
- 도덕적 지식
- 문학과 예술
- 종교
- 철학

출처: Hirst (1974).

그렇다면 교육과정 분야에서 지식의 형식은 어떤 위상을 갖는가? Hirst는 교육의 목표를 합리적인 마음(합리성)의 개발에 있다고 보았다. 합리적인 마음은 자신, 사회, 자연현상에 관한 경험을 이해할 수 있게 되었다는 것을 가리키는 것으로, 지식의 형식을 습득했다는 것을 의미한다. 이런 까닭으로 지식의 형식은 합리성이라는 교육목표를 구현하는 교육내용이 된다. 그는 교육과정의 조직이 '반드시' 지식의 형식 분류

체계를 따를 필요가 없다고 말했다. 하지만 그가 제시한 지식형식이 현재 학교에서 가르치고 있는 교과들의 체계와 크게 다르지 않다는 점에서, 이들 교과를 가르쳐야 하는 '합당한 근거'를 제시하였다.

## 3) 학문과 교과

학문이란 무엇인가? 대학에서 학문은 수업의 단위나 연구의 분야로 간주된다. 물리학은 대학의 교양 과정에 속한 학생들이 듣는 과목의 이름으로 수업의 단위를 뜻하기도 하고, 이 방면의 연구자들이 참여하는 연구의 분야를 가리키기도 한다.

중학교와 고등학교에서 학문은 대개 교과를 구성하는 기반이 된다. 예를 들어, 중학교 수학 교과는 수학이라는 학문을 바탕으로 구성되며, 고등학교의 과학 교과는 물리학, 생물학, 화학, 지구과학 등의 학문으로 이루어진다. 즉, 초·중·고등학교에서 가르치는 대부분의 교과가 학문을 바탕으로 구성된다.

교육과정 분야에서 학문에 대한 관심은 1960년대를 전후하여 선진국을 중심으로 일어난 '학문중심 교육과정 개혁 운동'을 떠나서 생각할 수 없다. 이와 같은 운동이 일어난 데는 두 가지의 배경이 있다. 먼저 1950년대 수학이나 과학을 비롯하여 대학에서 근무하는 일군의 학자들이 교과 교육의 개혁을 주장하였다. 그들은 당시의 교육과정과 교재가 해당 학문의 잡다한 지식으로 채워져 있으며, 수업이 이러한 지식을 가르치는 데 급급하다는 것을 비판하고, 해당 학문의 구조를 그 학문의 성격을 충실히 반영하는 탐구 방법에 의하여 배우도록 해야 한다는 점을 강조하였다.

하지만 그들의 주장이 곧바로 교육과정의 개혁으로 이어진 것은 아니며 그것을 가능하게 한 것은 당시 정치인들의 의지와 사회의 분위기였다. 미국은 제2차 세계대전이 끝난 후 한동안 정치, 경제, 군사 면에서 다른 나라와는 견줄 수 없을 정도로 막강한 힘을 갖고 있었다. 그런데 1957년 소련에서 스푸트니크라는 이름을 붙인 인공위성을 쏘아 올리자, 정치인과 군인들, 언론인들은 이것을 곧 미국의 (국방)위기로 간주하고 학교 교육에도 그 책임이 있다고 보았다. 그들은 부실한 수학과 과학 교육을 개선하기 위하여 막대한 행정적·재정적 지원을 촉구하였다. 이러한 사회적 요구와 상기한 학자들의 제안이 연계되면서 학문을 중심으로 교육과정을 개혁하는 운동이 일어났다.

1959년에 미국의 우즈 홀(Woods Hole)에서 미국 교육의 방향을 재정립하기 위한 회의가 있었으며, Bruner는 그 회의의 종합 보고서로 『교육의 과정(The Process of Education)』(1960)이라는 소책자를 썼다. 이 책은 학문중심 교육과정 개혁 운동의 핵심적인 내용을 잘 드러내고 있다.

학문중심 교육과정 개정의 핵심은 지식의 구조와 탐구 학습에 있다. 지식의 구조란 무엇인가? 이 말을 제대로 이해하기 위해서는 '지식'이라는 개념과 '구조'라는 용어의 의미를 명확히 할 필요가 있다. 먼저, '~의 구조'라는 용어는 '~을 구성하는 요소와 그들의 관계 양상'을 나타낸다. 예를 들면, '선풍기의 구조'는 바람을 일으키는 프로펠러가 앞에 있고, 프로펠러를 돌리는 모터가 뒤편에 있으며, 프로펠러에 직접 손이 닿으면 위험하므로 위를 덮는 덮개(대개 철망)가 있고, 프로펠러를 받치면서 바람이 불어오는 높이 조절용 세로대가 있으며, 그 대를 바닥에 고정시키면서, 바람의 방향, 세기 등을 조절하는 각종 전기조절장치가 달린 밑판이 있다. 이와 같이 '~의 구조'를 설명하기 위해서는 '~을 구성하는 요소들과 그것들이 서로 어떤 관계'에 있는지를 보여 줄 필요가 있다.

그러면 Bruner가 생각하는 지식이란 무엇인가? 앞에서 말한 바와 같이 지식에는 여러 수준이 있고, 여러 유형이 있다는 점을 생각하면 그가 생각하는 지식이 무엇인가에 따라 구조도 달라질 것으로 생각할 수 있다.

하지만 지식이 무엇인지에 대하여 Bruner의 설명은 그다지 명확한 것 같지 않다. 이홍우(1988: 56-57)는 이 점을 Bruner가 지식의 구조를 직접 정의하지 않고 세 가지 간접적인 방법으로 설명하고 있다고 하였다. 세 가지 방법이란 첫째, 지식의 구조는 '기본 개념과 원리' '일반적 아이디어'라는 말과 동의어로 쓰이고 있다. 둘째, 지식의 구조를 파악하는 것은 사물이나 현상이 어떻게 관련되어 있는가를 파악하는 것이다. 셋째, 지식의 구조는 기억하기 쉽고, 이해하기 쉽고, 학습 사태에서 배운 내용을 학습 사태 이외의 사태에 적용하기 쉽고, 초등지식과 고등지식 사이의 간격을 좁힐 수 있다는 이점이 있다.

이와 같은 방식으로는 Bruner가 제시한 지식의 구조를 제대로 알기 어렵다. Bruner는 『교육의 과정』 속에서 '지식의 구조'라는 용어를 여러 번 사용하였지만, '학문의 구조'라는 용어도 사용했다는 점을 눈여겨볼 필요가 있다. 지식이란 내포와 외연이 막연하여 그 구조를 밝히기는 어렵지만, 학문의 경우에는 가능하다. 특히 초 ·

중·고등학교에서 가르치는 교과를 구성하는 학문을 생각하면 그 수가 많지 않으며, 당시에 개혁의 초점이 되었던 수학이나 과학과 같은 교과를 구성하는 학문의 경우에는 구조를 밝히려는 시도가 있었다.

이런 점에서 Bruner가 관심을 가진 것이 막연한 지식의 구조가 아니라 특정한 학문의 구조, 특히 초·중등학교의 교과를 구성하는 특정 학문의 구조라고 한다면 그 구조는 일반적으로 다음과 같이 설명할 수 있다. 즉, 학문은 크게 지식의 체계와 탐구의 방법으로 구성된다. 학문을 구성하는 지식체계를 분석하면 여러 수준의 지식이 있다. 가장 초보적인 수준의 지식은 사실 정보다. 이들을 묶어서 설명해 주는 것이 개념이며, 개념들의 논리적·경험적 관계를 통하여 원리나 법칙이 형성된다. 또한 이러한 원리나 법칙들이 결합되어 이론을 형성하며, 이론 속에서 원리나 법칙은 통합된다. 예를 들어, 사회학이라는 학문 속에 포함되는 지식들의 수준은 〈표 5-4〉와 같이 나타낼 수 있다(최병모 외 공역, 1987).

**표 5-4  이론, 법칙, 개념, 사실의 관계**

**이론**: Durkheim의 『자살론』
**법칙**: 모든 사회 집단에서 자살률은 개인주의의 정도에 따라 달라진다.
**개념**: 자살률, 개인주의
**사실**: 1965년에 스페인에서는 인구 10만 명당 7.6명이 자살했는데, 미국에서는 16.3명이 자살했다.

따라서 학문은 크게 지식체계(학문의 구조)와 탐구방법으로 구성되며, 탐구방법을 통해서 지식의 체계들이 형성되는 관계에 있다. 또한 지식체계들은 하위 수준의 지식이 상위 수준의 지식의 부분이 되며 하위 수준의 지식의 점진적·통합적 관계로 구성된다. 따라서 학문중심 교육과정 개혁에서 학문을 중심으로 교과를 구성해야 한다는 것은 학문의 구조를 그 학문의 성격에 맞는 탐구방법에 의하여 배울 수 있도록 교육과정을 구성해야 한다는 것을 가리킨다. 학문중심 교육과정이 활발할 때 많은 교과 교육과정을 이러한 방식으로 조직하였으며, 학교에서 운영하는 데 필요한 교재와 수업자료를 개발하여 학교에 보급하는 방식으로 진행되었다.

하지만 학문중심 교육과정 개혁이 어느 정도의 교육 성과를 거두었는지에 대해서는 회의적인 시각이 많다. 먼저 동일한 학문 분야에 종사하는 사람들도 해당 학문의 구조에 대한 생각이 달라서 보편적 구조가 있는지에 대해서 의문이 제기되었으며, 학문의 구조에 대한 이해를 지나치게 강조하여 학습자의 정의적 측면과 사회 문제해결력을 길러 주지 못했고, 지적 능력과 경험이 부족한 학습자는 내용이 너무 어려워 수업을 따라가지 못했으며(Tanner & Tanner, 2006), 교사를 배제하고 교재와 수업자료를 외부에서 제작하여 교사를 교육과정의 전달자(deliver)로 간주함으로써 그들의 참여를 제대로 이끌어 내지 못하여 운영에 실패했다는 지적을 받았다.

## 3. 교육내용의 선정

교육내용을 선정하는 가장 큰 이유는 학교에 다니는 기간은 한정되어 있는데 배워야 할 내용이 너무 많다는 데 있다. 따라서 교육과정 개발에 참여하는 인사들은 가장 가치 있는 지식, 기능, 가치 등을 선별하고 이들을 교과라는 그릇에 담아야 한다. 하지만 가치 있는 지식, 기능, 가치란 어떤 것인가? 우선 교육과정의 관점에 따라 가치 있는 지식, 기능, 가치에 대한 평가가 다를 것이다. 학문적 합리주의는 학문의 구조를 가치 있는 교육내용으로 여기며, 사회적응 · 재건주의 관점은 사회 문제를 해결하는 데 필요한 지식과 기능을 높이 평가하고, 인본주의 관점은 자아실현에 도움을 주는 지식, 기능, 가치의 통합적 기능을 주요한 교육내용으로 간주한다.

이와 같이 교육과정의 관점은 교육내용을 선택하는 데 영향을 미친다. 다음은 교육내용을 선정하는 데 도움을 줄 것으로 생각되는 원리들이다. 그중에는 교육과정의 관점과는 관계없이 준수해야 할 것도 있으며, 관점의 차이에 따라 선택하거나 억제해야 할 것도 있다. 예를 들어, 타당성의 원리와 학습 가능성의 원리는 관점에 관계없이 준수해야 할 원리이지만, 중요성의 원리는 학문적 합리주의에서는 존중되지만 인본주의에서는 그리 중요하게 여겨지지 않으며, 유용성의 원리는 사회적응 · 재건주의에서는 따라야 하지만 학문적 합리주의에서는 크게 고려하지 않는다.

### 1) 타당성의 원리

교육내용은 교육의 일반적 목표 달성에 도움을 주는 것이어야 한다. 교육의 일반적 목표는 어떤 교과를 가르쳐야 하는가를 시사해 주며 그 속에 어떤 지식, 기능, 가치들이 포함되어야 하는가를 대략적이나마 알려 준다. 교육내용이 교육의 일반적 목표와 무관하게 선택된다면 목적 없는 교육이 된다. 예를 들어, 초등학교 3학년 사회과의 목표 중에 "지도, 연표, 도표 등의 다양한 자료를 이용하여 정보를 수집, 활용하고, 문제를 합리적으로 해결하며……."라는 목표는 이에 관련되는 교육내용의 선정을 필요로 한다.

## 2) 확실성의 원리

지식으로 구성되는 교육내용은 가능한 한 참이어야 한다. 참인가의 여부는 논리적이거나 경험적인 경우에는 간단하지만, 윤리적이거나 미학적 지식인 경우에는 가리기가 쉽지 않다. 한때 영국의 일부 대학의 철학과에서 윤리학과 정치학을 가르치지 않았던 것은 이와 같은 이유 때문이다. 하지만 Hirst는 이들 지식들이 논리적이거나 경험적인 지식과는 다른 근거에서 참이 될 수 있다는 것을 증명하고자 했다. 여하튼 교육내용은 원칙적으로 참이어야 한다.

## 3) 중요성의 원리

흔히 학문을 토대로 교과(교육내용의 외적 표현)를 구성할 때는 학문을 구성하는 가장 본질적인 것들로 교육내용을 삼아야 한다. 학문을 구성하는 가장 본질적인 부분을 나타내는 것으로 사실, 개념, 원리, 이론들을 가리키는 학문의 구조와 탐구방법이 있으므로, 교육내용은 학문의 구조를 확인하고 그 학문에 특유한 탐구방법을 포함해야 한다.

## 4) 사회적 유용성의 원리

사회적응 · 재건주의 관점에서 볼 때 교육내용은 사회의 유지와 변혁에 도움을 주는 것이어야 한다. 사회기능 분석법, 항상적 생활사태법 등은 학생들이 장차 살아 나갈 사회에서 필요로 하는 지식, 기능, 가치가 무엇인지를 제시하고 있다. 또한 사회를

개조하거나 이상적인 미래사회를 만드는 데 필요한 지식, 기능, 가치가 어떤 것인지
를 찾아 제시해야 한다.

## 5) 인간다운 발달의 원리

인본주의 관점에서 교육내용은 학생의 성장과 자아실현에 도움을 주는 것이어야
한다. 교육내용은 그 자체로서 가치를 가지는 것이 아니며, 인간다운 발달에 기여할
때 빛을 발하는 것이다. 또한 교육내용은 지식, 기능, 가치 등의 요소들로 분리된 것
이 아니라 통합된 것으로 간주되어야 한다.

## 6) 흥미의 원리

학생들이 흥미를 갖지 않을 때 학습될 가능성은 그만큼 줄어든다. 학생들의 흥미
는 자주 바뀌고 그들이 아직 미성숙하다는 이유 때문에 교육내용을 선정할 때 고려의
대상이 되지 않는 경우가 많다. 하지만 학생들의 흥미가 다양하다는 점은 어떤 학생
들에게 어떤 내용들이 적합한지를 가려내는 데 도움을 준다. 오늘날 교육내용 선택
폭의 확대는 흥미가 교육내용 선정에 주요한 원리가 되고 있음을 보여 준다.

## 7) 학습 가능성의 원리

학생들이 학습할 수 있는 교육내용을 선정해야 한다. 학생들은 능력, 학습여건 등
에서 동질적이지 않기 때문에 우수한 학생에게 초점을 맞추거나 학습여건이 좋은 학
생을 겨냥하여 교육내용을 선정한다면 보통이거나 능력이 부족한 학생들이 피해를
입게 된다. 마찬가지로 보통이거나 능력이 다소 떨어지는 학생을 표준으로 교육내용
을 선정한다면 우수한 학생들은 낮은 수준의 내용에 학습의욕을 잃게 될 것이다. 따
라서 하나의 교육과정 속에 심화, 보통, 보충 교육내용을 제시함으로써 이 문제를 해
결하려는 시도가 생기게 된다.

## 4. 성취기준의 의미와 진술

우리나라 교과 교육과정 문서에 제시되어 있는 '성취기준'은 전국의 모든 학교에 적용하기 위한 일반적이고 공통적인 기준의 성격을 갖는다. 이 성취기준은 교수·학습 내용의 선정과 교과서 개발 및 검·인정을 위한 중요한 기준이 될 뿐 아니라 학교 현장에서 수업의 방향을 결정한다. 나아가 단위 학교에서 학생들의 학업성취 정도를 확인하기 위한 기준으로 활용된다. 성취기준과 교수·학습 및 평가의 관계는 [그림 5-3]과 같다.

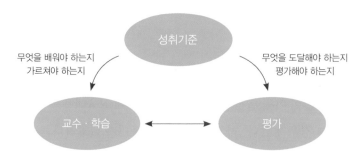

[그림 5-3] 성취기준, 교수·학습, 평가의 관계
출처: 한국교육과정평가원 홈페이지.

성취기준은 미국의 기준운동(standards movement)에서 시작되었다. 1980년대 미국에서 경제적 위기를 타개하기 위한 방책 중의 하나로 교육을 혁신하려는 다양한 노력이 있었으며, 『국가의 위기(A Nation at Risk)』를 포함한 각종 보고서가 간행되었다. 교육의 목표를 국가적 수월성에 두고 학교급별 교과별 기준을 설정하는 움직임이 일어났다.

여기서 기준이란 학생들이 학교 교육을 받고 난 이후에 무엇을 반드시 알고 있어야 하는가를 정하는 것을 말한다. 우리는 이것을 내용기준(content standards)이라고 부른다. 이러한 내용기준의 설정은 학생들에게는 교과를 학습한 이후에 습득해야 할 내용의 범위와 수준을 정하는 것이 되고, 교사들에게는 이러한 범위와 수준에 학생들이 도달하는 데 대한 책임을 갖게 하며, 지역이나 개별 학교의 특성에 관계없이 공통적으로 도달하게 해야 할 지점을 명확히 설정하는 것이 된다.

오늘날 성취기준은 내용과 함께 수행을 강조하고 있다. 학생이 무엇을 얼마나 어느 정도로 알고 있는가와 함께 배운 것을 적용하여 할 수 있는 능력도 중요하다는 것이다. 우리는 이러한 기준을 수행기준(performance standards)이라고 부른다. 일반적으로 성취기준은 내용기준과 수행기준을 모두 포함한다.

우리나라에서 성취기준이라는 말이 사용되기 시작한 것은 7차 교육과정 시기로 보고 있다. 이때는 성취기준을 '학습성취기준'이라고 부르고, "교과별로 설정된 교육과정상의 교육목표와 교육내용을 분석하여 학생이 달성해야 할 능력 또는 특성의 형태로 진술한 것"으로 보았다(이돈희, 1997: 40-41). 하지만 이 시기에 성취기준은 교과 교육과정의 구성을 위해서가 아니라 국가 교육과정의 질 관리 차원에서 평가를 위한 자료 개발을 위해서 창안된 것이다.

2009 개정 교육과정부터는 성취기준, 성취수준이라는 용어를 사용하고 있다. 여기서 성취기준이란 교수·학습의 실질적인 기준으로서, 각 교과목에서 가르치고 배워야 할 내용(지식, 기능, 태도)과 그러한 내용 학습을 통해 학생들이 성취해야 할 능력과 특성을 명료하게 제시한 것이다. 또한 성취수준이란 학생들이 교과별 성취기준에 도달한 정도를 몇 개의 수준으로 구분하고, 각 성취수준에 속한 학생들이 무엇을 알고 할 수 있는가를 기술한 것이다(교육과학기술부, 2009: 4).

2022 교육과정에서도 교과를 몇 개의 학습영역으로 나누고, 영역별 성취기준을 제시하는 방식을 따르고 있다. 〈표 5-5〉는 중학교 사회교과의 '정치과정과 시민참여' 영역의 성취기준이다.

**표 5-5  정치과정과 시민참여 영역의 성취기준**

[9사(일사)04-01] 선거의 기능과 기본 원칙을 검토하고, 선거 과정에서 유권자와 정당이 수행하는 활동을 조사한다.

[9사(일사)04-02] 정치활동에 참여하는 다양한 정치 주체의 역할을 탐색하고, 정치과정의 의미를 설명한다.

[9사(일사)04-03] 민주주의의 발전을 위한 지방 자치의 중요성을 설명하고, 지역사회의 문제를 해결하기 위한 시민 참여 활동을 계획한다.

이러한 성취기준은 이 교과의 영역을 배우는 학생들이 성취해야 할 내용과 수행을 제시한다. 교사는 이 영역의 수업을 계획하고 실행하며 평가할 때 이러한 기준을 기반으로 해야 한다는 것이다.

최근 학교 현장에서 '교육과정–수업–평가–기록(교수평기)의 일체화' 움직임은 성취기준을 중심으로 수업을 하고 평가를 하며 그 결과를 학생부에 기록한다는 것을 가리킨다. 이것은 그동안 학교 교육이 교육과정보다는 교과서나 입시에 나오는 내용을 중심으로 수업을 하고 평가가 이루어진 것을 바로 잡는다는 의미가 들어 있다. 이러한 교–수–평–기 일체화는 학교행정 또한 교육과정을 중심으로 전개되어야 한다는 뜻에서 '교육과정 중심 학교행정'의 강조로 나타나고 있다.

하지만 교과별로 제시된 성취기준은 완벽한 것이 아니다. 교과에서 제시한 성취기준보다 학생들이 성취해야 할 더욱 중요한 지식과 이해, 과정과 기능, 태도와 가치가 있을 수 있다. 또한 제시한 성취기준이 학년이나 학급 학생의 발달 수준이나 학교 환경에 맞지 않을 수 있다. 따라서 교사의 전문성을 바탕으로 성취기준을 보완하거나 달성 시기를 앞당기거나 늦출 수 있도록 학교에 자율성을 부여할 필요가 있다.

이와 같이 교과별 성취기준은 학생들이 습득해야 할 지식, 기능, 가치와 태도를 나타낸다. 하지만 행동주의 심리학에 바탕을 둔 행동 목표와는 다르다. 성취기준은 수업과 평가의 방향을 이끄는 나침반의 역할을 하는 것이며, 수업 방식이나 평가 방식의 선택은 어디까지나 교사의 전문성에 달려 있기 때문이다.

## 참고문헌

교육과학기술부(2008a). 초·중등학교 교육과정 총론.

교육과학기술부(2008b). 중학교 교육과정 해설 I, II, III, IV.

교육과학기술부(2009). 2009 개정 교육과정.

교육과학기술부(2012). 성취평가제 고교 보통교과 시범학교 '찾아가는 컨설팅' 자료집. 연구자료 ORM 2012-27. 한국교육과정평가원.

교육부(1997). 국민공통기본교육과정.

교육부(2015). 초·중등학교 교육과정 총론. 교육부 고시 제2015-8-호, 별책 1.

교육부(2022). 2022 교육과정.

김대현(1992). Hirst 교육과정 이론의 해석과 비판. 부산대학교 대학원 박사학위논문.

김대현(1994). 지식과 교육과정. 교육과학사.

김두정(2014). 국가교육과정포럼 전문가중심운영 종합보고서.

김진숙(1999). 미국의 기준 운동에 비추어 본 한국의 절대평가기준 개발. 교육과정연구, 17(2), 339-362.

성열관(2005). 교육과정 성취기준 논쟁의 동향 및 평가. 한국교육학연구, 11(1), 215-235.

소경희(2013). 미국의 교과교육에 있어서 국가공통 기준 도입 운동의 역사적 맥락과 주요 쟁점. 교육과정연구, 31(1), 55-77.

이돈희(1997). 제7차 교육과정 개정안에 따른 교과 교육과정 개발 체제에 관한 연구. 연구 보고 CR 97-36. 한국교육개발원.

이승미, 박순경(2014). 교과 교육과정의 성취기준 개발 실태와 개선 방안 탐색. 敎育學硏究, 52(2), 53-79.

이종승 편역(1987). Tyler의 교육과정과 수업의 기본 원리. 교육과학사.

이홍우(1977). 교육과정탐구. 박영사.

이홍우(1988). 지식의 구조. 배영사.

최병모 외 공역(1987). 사회과 교수법과 교재연구. 교육과학사.

함수곤(1994). 교육과정의 편성. 대한교과서주식회사.

홍미영(2012). 2009 개정 교육과정에 따른 성취기준 및 성취수준 개발 연구(1). 한국교육과정평가원 연구보고서 CRC 2012-1.


Bruner, J. (1960). *The Process of Education*. Vintage Books.

Dewey, J. (1902). *The Child and the Curriculum*. University of Chicago press.

Dewey, J. (1916). *Democracy and Education*. Macmillan.

Foshay, A. W. (1991). Spiral Curriculum. In *The International Encyclopedia of Curriculum* by Lewy, A. (Ed.). Pergamon Press.

Hirst, P. H. (1974). *Knowledge and the Curriculum.* Routledge & Kegan Paul.

Hyman, R. (1973). *Approaches in Curriculum.* Prentice-Hall.

Jacobs, H. H. (Ed.) (1989). *Interdisciplinary Curriculum: Design and Implementation.* ASCD.

King, A. R., & Brownell, J. A. (1966). *The Curriculum and the Disciplines of Knowledge: A Theory of Curriculum Practice.* John Wiley.

McNeil, J. D. (2006). *Curriculum: A Comprehensive Introduction* (6th ed.). Little, Brown.

Peters, R. (1966). *Ethics and Education.* George Allen & Unwin Ltd.

Ryle, G. (1949). *The Concept of Mind.* Macmillan.

Tanner, D., & Tanner, L. (2006). *Curriculum Development: Theory into Practice* (4th ed.). Merrill, an imprint of Prentice-Hall.

Tyler, R. W. (1949). *Basic Principles of Curriculum and Instruction.* University of Chicago Press.

한국교육과정평가원 홈페이지 https://www.kice.re.kr

CHAPTER

06

# 교육과정 설계와 통합

제대로 된 건물을 지으려면 반드시 설계도가 있어야 하듯이, 교육과정 분야에서 설계는 가장 기본적이고도 핵심적인 일이다. 일반 가정 주택과 아파트가 다르고, 교회 건물과 사찰이 다른 것은 건물의 설계도가 다르기 때문인데, 학교를 포함한 다양한 교육기관에서 운영되는 교육과정이 서로 다른 것도 설계에 있어서 차이가 있기 때문이다. 이 장에서는 교육과정의 설계와 통합에 대해서 알아보고자 한다.

구체적인 학습과제는 다음과 같다.

- 교육과정 설계의 기반이 되는 조직요소, 조직중심, 조직구조, 조직원리, 조직원칙을 이해한다.
- 교육과정 설계의 다양한 유형과 그것들이 각기 지닌 장단점을 파악한다.
- 국가수준에서 개발한 통합교과와 성격을 이해한다.
- 학교에서의 교육과정통합의 개념, 가치, 목표와 평가 등을 이해한다.

## 1. 교육과정 설계의 기반

교육과정 설계란 교육과정을 구성하는 요소들을 적합한 원칙과 원리에 따라 배치하는 것을 말한다. 교육의 목적을 설정하고 이를 달성하기 위하여 교육목표, 교육내용, 교육방법, 교육평가, 교육환경 등의 다양한 구성요소를 적절하게 배치하고 유기적으로 결합하는 것이 교육과정 설계에서 해야 할 일이다. 여기서는 교육과정 설계 중에서 교육내용의 조직(교과 및 창의적 체험활동의 구성, 과목의 구성, 단원 및 과의 구성 등)에 관하여 알아보고자 한다.

교육내용의 조직은 교육목표의 달성을 위하여 교육내용 구성요소들을 효과적으로 관련지우는 것을 말한다. 교육내용을 효과적으로 조직하기 위해서는 조직구조, 조직요소, 조직중심, 조직원칙, 조직원리 등을 알아 둘 필요가 있다. 교육내용의 조직은 달성하고자 하는 목표에서 출발하여 최고 수준의 조직구조와 조직요소를 결정하고, 조직원칙에 의하여 조직중심을 잡으며, 조직요소와 조직중심을 결합시켜 하위 조직구

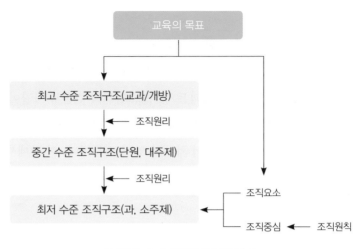

[그림 6-1] **교육내용의 조직 방식**

조를 만들고, 하위 조직구조들을 조직원리에 의하여 배열하여 최고 수준의 조직구조를 만들어 가는 순서로 진행되기 때문이다. 이를 [그림 6-1]로 나타낼 수 있다.

## 1) 조직구조

조직구조란 교육과정을 편성하고 조직하는 기본적인 틀을 의미한다. 조직구조는 여러 수준으로 나누어진다. 최고 수준의 조직구조는 학교 전체의 교육과정 구조와 개별 교과 또는 과목의 구조를 말한다. 학교 전체의 교육과정 구조는 국가수준 문서의 편제와 시간(단위) 배당 기준을 통하여 알 수 있다. 2022 교육과정의 기본 편제는 초등학교 1학년부터 중학교 3학년까지의 공통교육과정과 고등학교에서의 학점기반 선택 중심 교육과정으로 되어 있고, 공통교육과정과 선택 중심 교육과정은 모두 교과와 창의적 체험활동으로 편성되어 있다.

개별 교과나 과목의 구조는 국가수준 문서의 교과별 각론을 통해 알 수 있으며, 일반적으로 교과(subject)는 과목(course)보다 범위가 넓다. 예를 들어, 고등학교 사회과가 교과의 이름이라면 이에 속하는 공통사회 1, 공통사회 2, 한국사, 한국사 2는 과목이라고 할 수 있다.

중간 수준의 조직구조는 단원(unit)이나 대주제의 조직구조로서, 여러 개의 과(lesson)나 소주제들로 구성된다. 최저 수준의 조직구조는 과나 소주제의 조직구조이고, 조직요소와 조직중심의 결합으로 만들어진다. 국가수준 문서의 교과별 내용 체계표는 중간 수준과 최저 수준의 구조를 아는 데 도움을 준다. 예를 들어, 2022 중학교 교육과정의 수학교과의 내용 체계표에서 '수와 연산' '변화와 관계' '도형과 측정' '자료와 가능성'은 각기 대단원으로 구성되고, '변화와 관계' 속에 있는 '문자의 사용과 식' '일차방정식' '좌표평면과 그래프' 등은 소단원으로 만들어진다.

조직구조는 최고 수준, 중간 수준, 최저 수준에 관계없이 교육의 일반적 목표에 의해 달라진다. 교육의 일반적 목표가 학문적 합리주의 입장에 바탕을 두고 설정되었다면, 학교 전체의 교육과정 조직구조는 서로 간에 경계선이 뚜렷한 교과들의 구성 체계로 나타나기 쉬우며, 각 교과별 조직구조는 해당 교과를 구성하는 기저 학문들의 개념, 원리, 이론, 탐구방법 등을 중심으로 하여 편성된다. 반면에 교육의 일반적 목표가 인본주의 관점을 바탕으로 설정되었다면, 학교 전체의 교육과정 조직구조는 교과목들을 서로 관련짓거나 통합하고, 때로는 교과의 구별을 완전히 배제하는 학습자 중심의 교육과정 성격을 띠며, 각 교과별 조직구조도 지식, 기능, 가치 등을 통합하는 형태로 나타난다.

이런 관점에서 우리나라 교육과정의 조직구조를 살펴보면, 교육의 일반적 목표와 연관성이 다소 떨어져 있다. 교육의 일반적 목표는 인지 개발, 사회의 유지와 개선, 개인적 성장과 자아실현 등 다양하지만, 교육과정의 조직구조는 비교적 경계가 분명한 교과별로 편성되어 있기 때문에 사회의 유지와 개선, 개인적 성장과 자아실현 등의 일반 목표 달성에 어려움이 생길 수 있다. 따라서 이들 목표를 효과적으로 달성하기 위해서는 국가수준 교육과정이나 학교 교육과정에서 교과별 구조뿐만 아니라 문제 중심이나 학습자 중심 교육과정 구조를 편성하고 운영할 필요가 있다.

## 2) 조직요소

교육내용을 구성하는 요소가 지식, 기능, 가치들이라는 것은 이미 말한 바 있다. 이러한 교육내용의 구성요소들이 바로 교육내용을 조직하는 요소가 된다. McNeil(2002)은 교육내용의 조직요소를 지식, 기능, 가치로 보지 않고 개념, 일반화, 기능, 가치의 네 가지로 보았는데, 이것은 지식을 개념과 일반화(원리나 법칙)로 나누었기 때문이다.

조직요소는 교육의 일반적 목표와 구체적 목표에 비추어 선정된다. 교육의 일반적 목표가 직업 교육에 있다면 조직요소로서 기능이 강조되며, 예절 교육에 있다면 조직요소로서 가치가 선택된다. 또 교육의 구체적 목표가 일차방정식의 풀이에 있다면 조직요소로 지식이 선호될 것이고, 지도제작(mapping)에 있다면 기능이 강조될 것이다.

이와 같이 조직요소들은 교육과정의 구조를 형성하는 기본 요소로서 천을 짤 때의 씨줄과 날줄에 비유된다. 국가수준 교육과정의 문서에는 조직요소들이 교과별 내용 체계표 속에 잘 정리되어 있다. 〈표 6-1〉에 제시된 지식·이해, 과정·기능 가치·태도 속에 포함된 문자의 사용과 식, 식의 값과 함숫값 구하기, 문자의 유용성 등이 조직 요소라고 할 수 있다.

**표 6-1  중학교 수학의 '변화와 관계'를 구성하는 조직요소**

| 범주 | 학년 1~3학년 | |
|---|---|---|
| 지식 · 이해 | • 문자의 사용과 식<br>• 일차방정식<br>• 좌표평면과 그래프 | |
| | • 식의 계산<br>• 연립일차방정식<br>• 일차함수와 일차방정식의 관계 | • 일차부등식<br>• 일차함수와 그 그래프 |
| | • 다항식의 곱셈과 인수분해<br>• 이차방정식<br>• 이차함수와 그 그래프 | |
| 과정 · 기능 | • 식의 값과 함숫값 구하기<br>• 다항식의 연산 원리에 따라 계산하기<br>• 식을 간단히 하기<br>• 방정식과 부등식 풀기 | • 상황이나 관계를 표, 식, 그래프로 나타내기<br>• 주어진 그래프 해석하기<br>• 등식의 성질과 부등식의 성질 설명하기<br>• 방정식, 부등식, 함수와 관련된 문제해결하기 |
| | • 일차함수의 그래프와 이차함수의 그래프의 성질 설명하기<br>• 일차함수의 그래프와 미지수가 2개인 일차방정식의 해 사이의 관계 설명하기 | |
| 가치 · 태도 | • 문자의 유용성 인식<br>• 순서쌍과 좌표, 그래프 등 수학적 표현의 유용성과 편리함 인식<br>• 방정식, 부등식, 함수의 필요성 인식<br>• 실생활, 사회 및 자연현상과 관련된 문제를 수학적 모델링을 통해 해결하려는 도전적인 태도<br>• 체계적으로 사고하여 합리적으로 의사 결정하는 태도<br>• 타당한 근거에 따라 논리적으로 설명하는 태도 | |

## 3) 조직중심

조직중심은 조직요소를 전달하는 수단이다. 예를 들어, 중학교 역사 과목(course)에서 '가야 시대의 문화'라는 조직요소를 다룰 때, '가야 시대 문화에 대하여 잘 쓰인 책' '가야 시대 문화재들이 있는 박물관 견학' '초청 연사의 강연' 등 여러 가지 수단을 생각할 수 있다. 이들 중에서 '가야 시대의 문화'라는 지식을 가장 잘 전달할 수 있는 것으로 선택된 것이 조직중심이 된다.

조직중심은 최고 수준 조직구조의 영향을 많이 받는다. 만일 최고 수준 조직구조가 학문적 합리주의 입장에서 교과별로 되어 있으면 교과를 구성하는 주요 개념, 법칙, 탐구방법 등이 조직중심으로 선택될 가능성이 높으며, 최고 수준 조직구조가 사회 문제를 해결하기 위한 주제 중심의 구조를 가지면 주요한 사회 문제들이 조직중심으로 등장할 확률이 커진다. 마찬가지로 최고 수준 조직구조가 학생들의 자아실현을 돕기 위한 학습자 중심형으로 되어 있으면 삶, 죽음, 불안 등의 개인적인 관심사와 흥미에 중점을 둔 조직중심이 선택된다.

우리나라 교육과정에서 조직중심은 교육과정을 운영하기 위해 개발된 학생용 교과서를 통하여 알 수 있다. 조직중심은 단원이나 대주제, 그리고 과목이나 소주제의 이름으로 나타난다. 예를 들어, 중학교 미술 교과서(동아출판사, 2023)의 2. 단원 '미술과 함께 하는 삶'과 그 속에 들어가는 '(1) 시각 이미지로 소통하다' '(2) 시각 문화에 담긴 이야기를 읽다' '(3) 미술 융합의 중심이 되다' 등은 미술 교과를 통해서 학습해야 할 조직요소를 묶어 주는 조직중심의 역할을 한다. 이와 같은 점을 미루어 보아, 조직중심은 교육과정보다는 수업의 계획과 더욱 깊은 관련성을 가진다.

## 4) 조직원칙

교육내용을 조직할 때는 교과의 논리적 원칙과 학습자의 심리적 원칙을 고려해야 한다. 교과의 논리란 교과를 구성하는 요소들 간의 논리적 관계를 가리킨다. Bruner(1960)는 교과의 논리를 '학문의 구조'라는 이름으로 제시했는데, 교과를 구성하는 사실, 개념, 원리(법칙)들이 논리적으로 연관되어 있다는 것이다. 사실들은 개념들을 형성하는 바탕이 되고, 개념들은 원리(법칙)를 형성하는 기초가 된다는 것이다. 이러한 사실, 개념, 원리들은 교과의 탐구방법을 통하여 학습하게 된다.

　학습자의 심리란 교육내용을 조직할 때 고려해야 할 학습자의 흥미, 관심, 지적 능력 등을 가리킨다. 교육이 학습자의 경험을 통해 완성된다는 점에서 학습자가 흥미나 관심을 갖지 않는 내용을 전달하려는 시도는 실패하기 쉬우며, 학습자의 능력에 맞지 않는 내용을 가르치려고 하는 것은 무모하다.

　Dewey(1916)는 전통적인 교육은 교육내용을 조직할 때 교과의 논리만을 강조하는 잘못을 범했으며, 진보주의 교육은 학생들의 심리적 상태만을 고집한 어리석음을 저질렀다고 지적하면서, 교육내용의 조직은 학생의 심리에서 교과의 논리로 나아가야 한다고 하였다. 예를 들어, 물리학자는 'F=ma'라는 식을 쉽게 이해하지만, 학생들은 그 의미를 학생들의 일상적인 삶과 연결 짓기 전에는 알기 어려운데, 전통주의 교육은 이와 같이 학자들이 만든 주요한 개념, 법칙 등을 학생들의 경험과 관련지어 가르치지 못했으며, 진보주의 교육자는 학습자의 흥미에 부합하지 않는다는 이유로 교과의 주요한 논리를 가르치지 않았다는 것이다. Dewey는 교육내용의 조직이 학생들의 심리에서 출발하여 교과의 논리로 나아가고 다시 학생들의 심리로 되돌아오는 순환 과정을 강조함으로써 전통적인 교육과 진보주의 교육의 잘못을 극복해야 한다고 하였다.

　또한 Dewey는 교육과정 설계 방식으로서 교육과정의 아이디어를 나선형(螺旋型: 소라 고동의 껍질이 빙빙 돌면서 위가 커지는 모양)으로 제시했다. 교육과정은 생각하는 힘의 개발을 목표로 하며 학습경험의 폭과 깊이를 지속적으로 확충하는 방식으로 구성해야 한다. 경험을 통하여 얻은 아이디어가 더욱 폭넓고 깊이 있는 경험을 통하여 새로운 문제의 해결에 기반이 되도록 교육과정을 구성해야 하는데, 그 구성 방식을 나선형이라고 한다(Tanner & Tanner, 2006).

　Bruner(1960)도 교과의 논리에 기반을 두고 나선형 교육과정을 제시하였다. 나선형 교육과정은 교과의 기본 구조를 시간의 흐름에 따라 점점 폭넓고 깊이 있게 조직해 가야 한다는 것이다. 예를 들어, '협동'이라는 개념은 유치원에서 대학에 이르기까지 배워야 할 사회과의 주요 개념인데, 유치원에서의 '짝지어 공굴리기 게임'에서 대학에서의 '국제간의 무역'에 이르기까지 점점 깊은 수준으로 배우도록 조직하는 것이다.

　Tanner와 Tanner(2006)는 Bruner의 나선형 교육과정이 출발점을 교과의 구조에 두고 있으며, 학습자를 전문 분야의 학자로 간주함으로써 학습자의 심리를 무시하고 교과들의 상호관련성을 경시했다는 문제점이 있다고 하였다. 또한 나선형 교육과정 구성은 교육내용의 반복 제시로 학습량을 증가시킨다는 점에서 비판의 대상이 되기도 한다.

## 5) 조직원리

교육내용의 조직에는 수평적 조직과 수직적 조직이 있다. 수평적 조직은 교육내용을 비교적 같은 시간대에 학습하도록 조직하는 것을 의미하며, 수직적 조직은 시간의 연속성을 바탕으로 교육내용을 학습하도록 조직하는 것을 말한다. 통합성은 수평적 조직을 만들 때 고려하는 원리이며, 계열성과 수직적 연계성은 수직적 조직을 구성할 때 사용되는 원리다.

### (1) 스코프

스코프(scope)는 특정한 시점에서 학생들이 배우게 될 내용의 폭과 깊이를 가리킨다. 스코프는 어떤 시점에서 학생들이 배워야 할 내용이 무엇이고, 그것을 얼마나 깊이 있게 배워야 하는가를 결정한다. 여기서 배워야 할 내용과 깊이는 학교급, 학년, 교과, 과목에 따라 달라진다.

2022 중학교 교육과정의 스코프는 다음과 같다. 중학교에서 배워야 할 내용의 폭은 국어, 사회(역사 포함)/도덕, 수학, 과학/기술 · 가정/정보, 체육, 예술(음악 · 미술), 영어, 선택, 창의적 체험활동 등이며, 내용의 깊이는 교과에 포함된 내용의 수준을 가리킨다.

2022 중학교 사회과 교육과정의 스코프는 지리 인식, 자연환경과 인간 생활, 인문환경과 인간 생활, 지속가능한 세계, 정치, 법, 경제, 사회 · 문화, 역사 일반, 지역사, 한국사 등으로 구성된다.

일반적으로 스코프는 한 학기 이상의 기간에 배울 내용의 폭과 깊이를 가리키지만, 각 단원이나 대주제 속에 포함되는 내용의 폭과 깊이가 교육적인 중요성이 크다는 점에서 단원의 스코프를 말할 수 있다. 2022 중학교 사회과 교육과정의 '경제' 단원 속에 들어가는 내용의 폭과 깊이를 그 단원의 스코프라고 할 수 있다.

모든 사람이 경험을 통하여 배운다는 것을 생각하면, 학교에서 무엇을 배우며 얼마나 깊이 있게 배우는가 하는 스코프의 결정은 교육적으로 매우 중대한 일이다. 학생들이 학교에서 배우는 총 수업 시간 수는 정해져 있기 때문에, 스코프의 결정은 어떤 내용은 선택하고 어떤 내용은 배제할 수밖에 없다. 불행히도 교육내용의 스코프를 결정할 때 반드시 따라야 할 원칙이란 없다. 일반적으로 스코프의 결정에 영향을 미치는 주요 요인으로 사회의 변화, 역사적 전통, 과학기술과 산업의 발달, 가치관의 변화 등을 들고 있으나, 결국은 교육과정을 결정하는 사람들이 이들 요인을 선택적으로 이용한다는 점에서 스코프는 '정치적 결정'에 의하여 이루어진다. 예를 들면, 제6차 중학교 교육과정에서는 '가정'과 '기술 · 산업'이 각기 독립 과목이면서 합쳐서 306시간이 배정된 반면, 제7차 교육과정에서는 산업이 빠지고 '기술 · 가정'으로 두 과목이 합쳐지고 배정 시간도 34시간이 줄었다. 이러한 스코프의 변화는 사회의 변화를 반영한다.

## (2) 계열성

계열성(sequence)은 교육내용을 배우는 순서를 가리킨다. 즉, 계열성은 학습자가 어떤 내용을 먼저 배우고 어떤 내용을 나중에 배우는가를 결정하는 것이다. 일반적으로 계열성은 교과별로 논의되는 일이 많다. 만일 수학과 같이 하나의 교과가 초등학교에서 고등학교까지 연속적으로 가르쳐질 때, 계열성을 설정하는 일은 학생들의 학습에 큰 영향을 미친다. 교육내용을 계열화하기 위하여 자주 사용되는 일곱 가지 방법은 다음과 같다.

- 연대순 방법은 다루게 될 교과의 내용이 시간의 흐름과 직접 관련 있을 때 사용된다. 그 순서는 과거에서 현재 혹은 그 반대로 할 수도 있다. 연대순 방법은 역사 교과에서 많이 사용한다.
- 주제별 방법은 단원들이 상호 독립적이어서 학습자가 새로운 단원을 학습하기 전에 이전 단원에서 배운 정보를 활용할 필요가 없을 때 사용된다. 예를 들어, 중학교 1학년(7학년) 과학 교과에서 '생물의 구성' 단원과 '지구의 구조' 단원은 서로 관련이 없기 때문에 어떤 것을 먼저 배치해도 상관없다.
- 단순에서 복잡으로의 방법은 기초적인 내용을 보다 복잡한 내용의 앞에 배치하는 것이다. 이런 배열은 영어 교과를 구성할 때 종종 사용된다. 영어 교과는 복잡한

과거나 완료 시제를 배우기 전에 현재 시제를 먼저 배운다.

- 전체에서 부분으로의 방법은 전체에 대한 이해가 부분들을 이해하는 데 필수적일 때 사용된다. 전체에서 부분으로의 설계는 학습자에게 배울 내용의 개요를 먼저 소개하고, 학습자가 이 개요를 학습한 후에 부분들을 배우게 된다. 지리 교과에서는 학습자에게 대륙 전체를 가르친 다음 각 나라와 나라 안의 도시를 소개한다.

- 논리적 선행 요건 방법은 어떤 내용을 학습하기 위해서 반드시 먼저 배워야 할 내용이 있을 때 사용된다. 수학 교과에서는 이차방정식을 배우기 전에 앞서 일차방정식을 배운다. 이러한 방법은 수학 교과에 한정되는 것이 아니라, 논리적 구조가 선명한 물리학이나 화학 등의 자연과학 교과에서 널리 사용된다.

- 추상성의 증가에 의한 방법은 학습자가 친숙한 교육내용으로부터 시작하여 점차 낯선 교육내용으로 안내되도록 배치한다. 예를 들어, 초등학교의 도덕과는 개인 생활, 가정·이웃·학교생활, 사회생활, 국가·민족 생활의 순으로 교육내용을 배열한다.

이외에도 배우는 시기를 중심으로 내용을 배열하는 다양한 방법이 있다. 앞에서 소개한 나선형 교육과정도 교육내용의 계열성과 관련이 있다.

### (3) 수직적 연계성

수직적 연계성(vertical articulation)은 이전에 배운 내용과 앞으로 배울 내용의 관계에 초점을 둔 것으로, 특정한 학습의 종결점이 다음 학습의 출발점과 잘 맞물리도록 교육내용을 조직하는 것을 말한다. 수직적 연계성은 여러 수준에서 확보되어야 한다.

먼저 수직적 연계성은 학교급 간의 교육내용을 연결하는 데 중요한 역할을 한다. 예를 들어, 초등학교 교육과정은 중학교 교육과정과, 중학교 교육과정은 고등학교 교육과정과 자연스럽게 이어지도록 조직되어야 한다. 만일 중학교 다닐 때 수학 교과를 제대로 이수한 많은 학생이 별다른 이유 없이 고등학교 수학 수업을 따라가지 못한다면 수학 교과의 수직적 연계성에 문제가 있을 가능성을 생각할 수 있다.

또한 수직적 연계성은 학년이나 단원의 교육내용을 연결하는 데도 중요한 구실을 한다. 만일 초등학교 3학년까지 전 과목의 성취도가 90% 이상이던 많은 학생이 4학년에 들어와서 여러 과목에서 학습성취도가 급격하게 떨어진다면 그 과목들의 수직적 연계성을 점검할 필요가 있다. 또한 단원의 내용 간에도 수직적 연계성을 고려한다. 2022 중학교 과학 교과의 '생물의 구성과 다양성' 단원에서는 이 단원의 학습이 초등학교 3~4학년군 '다양한 생물과 우리 생활' '생물과 환경', 그리고 고등학교 '통합과학1'의 시스템과 상호작용, '통합과학2'의 변화와 다양성과 연계된다는 점을 밝히고 있다.

## 2. 교육과정 설계 유형

교육과정의 설계는 개별 학문을 바탕으로 하는 단일 교과 설계와 다학문, 간학문, 탈학문을 포함하는 통합 설계가 있다.

### 1) 단일 학문 설계

개별 학문 설계에서 학문의 구조는 학문을 구성하는 요소들과 요소들의 결합 양상을 말한다. 학문을 구성하는 요소들은 개념, 원리(법칙), 이론, 탐구방법이며, 결합 양상은 개념은 원리로, 원리는 다시 이론으로 통합되며, 탐구방법은 이들 개념, 원리, 이론들을 찾아내는 방식으로 나타난다. 학문은 제각기 독특한 구조를 가지며, 이 때문에 학문들은 서로 구분된다.

개별 학문 설계는 학문의 구조에 의하여 교과를 만들고 구분하는 것이다. 즉, 각 학문을 엄격하게 해석하여 수업 시간표에 의해 분리된 교과들로 생각한다. 이 모형에서는 통합을 위한 시도를 억제하며, 사실 통합을 위한 시도 자체를 회피한다.

개별 학문 설계는 가장 흔하게 사용되는 형식이며, 교사와 학생, 학부모도 이 설계 방식에 익숙해져 있다. 또 이 설계 방식은 국가수준 교육의 목적과 목표가 모든 학년의 각 학문 분야에 걸쳐 명확히 제시되고, 수업자료, 검사도구 등이 각 학문 분야마다 충분하기 때문에 효율적이다. 개별 학문에 초점을 맞춤으로써 학생들은 한 분야에서 개념과 기능을 배우게 된다.

이 설계 방식의 문제점은 교과의 분절화가 학생들의 교육에 부정적인 영향을 준다는 것이다. 학생들은 한 교과에서 다른 교과로 이동하며, 이로 인해 학생들의 요구보다는 배정된 교과 시간에 따라 수업이 진행된다. 또한 학생들은 한 학문의 관점이 다른 학문의 관점과 어떻게 관련되는지를 배우지 못한다.

## 2) 통합 설계

통합 설계에 대해서는 여러 학자가 각기 나름의 관점에서 유형을 구분하고 있다. 그중에서 Drake(1993)는 통합교육과정의 설계에서 개별 학문의 성격이 어느 정도 드러나는가에 따라 다학문, 간학문, 탈학문으로 구분하였다.

다학문 통합은 개별 학문의 구조를 습득하는 것에 목적을 두고, 하나의 주제를 개별 학문의 측면에서 다양하게 다룸으로써 한 주제에 대하여 통합적 접근을 시도한다.

간학문 통합은 학문들의 공통 구조를 습득하는 데 목적을 두고, 이러한 공통 구조 자체를 중심으로 삼아 여러 학문 내용을 조직하는 것이다. 따라서 개별 학문들 간의 경계를 구분 짓기 어렵다는 특징이 있다.

표 6-2 **Drake의 세 가지 통합교육과정 모형**

| | 다학문적 설계 | 간학문적 설계 | 탈학문적 설계 |
|---|---|---|---|
| 접근 방식 | 주제를 중심으로 역사, 음악, 문학, 가족연구, 과학, 연극, 지리, 예술, 경영, 수학, 설계공학 | 문학, 과학, 역사, 지리 / • 읽기 • 협동학습 • 이야기하기 • 사고기술 • 셈하기 • 연구기술 | 공통 주제, 전략 및 기술들 |
| 개념적 구조틀의 도식 | 자동차: 운동, 설계, 가족, 연료, 자연고갈, 열대우림, 오존층, 오염, 연소, 이산화탄소, 오존감소 / • 아이디어 브레인스토밍 → 관련된 비슷한 것들 묶기 → 새로운 관련성을 찾아 다시 묶기 | 초점: 체육, 문학, 수학, 역사, 건강, 지리, 가정경제, 음악, 과학, 공학·설계, 예술 | 초점: 정치, 매체, 법률, 경영, 환경, 경제력, 공학, 사회 문제, 시간, 세계관 |

| | | | |
|---|---|---|---|
| 개념적 구조틀 | • 브레인스토밍으로 의미망 구축하기<br>• 아이디어들을 비슷한 것끼리 결합하기 | • 교육과정 수레바퀴 | • 탈교과적 망: 실제 세계에 관련된 주제, 교과 간 경계가 완전히 허물어짐<br>• 실생활에서 추출한 주제 |
| 인식론적 가치 | 교과의 절차적 지식을 다른 교과와 관련시켜 제시 | 일반적 기술(예: 비판적 사고, 대인관계 기술)을 학습 | 미래의 생산적 시민을 위한 기술들 |
| 연계 방식 | 각 교과를 통해서 본 명확한 연계성 | 탐색적 렌즈를 통한 학문들 간의 연계성 | 실제 생활 속에서 추출되는 연계성 |
| 학습결과 | 교과 중심 ─────────────▶<br>인지적, 기능적, 정서적 | 교과 간 ─────────────▶<br>혼합진술(인지, 기능, 정의적 차원) | 탈교과<br>본질적 학습 |
| 평가 | 교과 절차의 습득 ──────▶<br>(구체적인 내용에 한정) | 일반적 기술 습득 ───────▶<br>(산물보다 과정 중시) | 실생활에서의 기술 획득<br>(질적, 일화적 기록 이용) |

탈학문 통합은 개인의 성장이나 사회 문제 해결 능력의 신장에 목적을 두고, 개인의 관심사나 주요한 사회 문제를 중심으로 학문과 비학문의 내용을 조직하는 것이다. 사회 문제나 기능 등 학문 외적인 주제를 다루기 때문에 결과적으로 학문의 경계가 완전히 사라지는 접근방법이다.

그는 다학문, 간학문, 탈학문을 접근방식, 개념의 구조틀과 도식, 인식론적 가치, 연계방식, 학습결과, 평가를 기준으로 차이점을 밝히고 있다.


## 3. 국가수준의 통합교과

우리나라에서는 국가차원에서 통합교과를 개발하여 학교 현장에서 통합 수업이 이루어지도록 하였다. 김순택(1983)은 국가차원에서 통합교과 개발이 갖는 이점을 다음과 같이 제시하였다.

교육과정이 분과화되어 있더라도 교육과정 정신을 구현하기 위한 수업계획은 통합적인 형태를 취하게 된다. 그러나 교육과정 자체가 이미 통합의 형태를 취하고 있다면 수업 계획에 소비하는 시간은 그만큼 감소되며 교사들의 수업시간은 밀도 있는 내용으로 꾸며질 수 있다(김순택, 1983: 106).

국가수준의 통합교과는 제4차 교육과정 시기(1981.12) 이후 초등학교 저학년에서 운영되고 있는 학교적응활동(우리들은 1학년), 바른 생활, 슬기로운 생활, 즐거운 생활과 6차 교육과정 시기에 고등학교에서 운영하였던 공통사회와 공통과학, 2015와 2022 교육과정에서 운영하고 있는 통합사회와 통합과학이 해당한다.

이 밖에도 국가에서 통합교과라고 이름을 붙이지는 않았지만, 엄격한 의미에서 보면 통합교과라고 부를 수 있는 교과들이 많이 있다. 국어는 읽기, 쓰기, 말하기, 듣기, 문법, 문학 등으로 구성되는데 이들 영역이 합쳐진 것으로 통합교과라고 할 수 있다. 중학교의 사회는 일반사회, 지리, 역사 등이 합쳐진 것이며, 과학은 물리, 화학, 생물, 지구과학을 합쳐 놓은 것으로 통합교과라고 부를 수 있다. 더 나아가 고등학교에서 가르치는 생물 과목은 식물학, 동물학, 해부학 등을 바탕으로 구성한 것이며, 지구과학 과목은 천문학, 지질학, 해양학, 기상학, 지구물리학 등을 합쳐 놓은 것으로 이 역시 넓은 의미에서 보면, 통합과목이라고 할 수 있다. 하지만 통상적으로 국가에서 통합교과라고 이름을 붙인 것에 한정하면, 초등학교 저학년의 바른생활, 슬기로운 생활, 즐거운 생활과 고등학교의 통합사회와 통합과학을 들 수 있다.

2022 교육과정에서는 초등학교 저학년의 통합교과 개발의 의의를 〈표 6-3〉과 같이 진술하고 있다.

**표 6-3  초등학교 통합교과 개발의 의의**

초등학교 통합교과는 '지금-여기-우리 삶'을 위한 배움을 추구한다. 이를 위해서 학생 개인의 관심사와 공동체의 문제를 아우를 수 있는 탈학문적 주제를 중심으로 교육과정을 통합하였다. 따라서 초등학교 통합교과는 '지금-여기-우리 삶'에 통합적으로 접근하는 경험 중심 교과이다. 학생은 통합교과의 경험을 통해 탈학문적 주제를 중심으로 관심사를 탐구하고 당면한 문제를 해결하는 과정에서 다양한 지식을 연계하고 통합한다. 그 과정에서 학생은 자기주도적이고 창의적이며 더불어 사는 사람으로 성장할 수 있다.

2022 교육과정에서는 통합교과로 통합사회 1과 2, 통합과학 1과 2를 제시하였다. 통합사회 과목 개발의 의의와 운영 방향을 〈표 6-4〉와 같이 제시하였다.

표 6-4   **고등학교 통합사회 개발의 의의와 운영 방향**

고등학교 공통과목인 통합사회는 인간, 사회, 국가, 지구 공동체 및 환경을 개별 학문의 경계를 넘어 시간적, 공간적, 사회적, 윤리적 관점을 통합하여 이해하고, 사회적 변화에 능동적으로 대응하며, 미래 사회에 필요한 기초 소양과 역량을 함양하기 위한 과목이다. 통합사회는 교과의 핵심 아이디어를 중심으로 지식·이해, 과정·기능, 가치·태도의 내용 요소를 학습하고, 학습한 내용을 구체적인 삶의 맥락에 적용하여 사회문제를 통합적 관점에서 파악하고 해결할 수 있는 실천 능력을 기르기 위한 과목이다.
통합사회는 중학교의 사회(지리·일반사회, 역사) 교과 및 도덕 교과, 그리고 고등학교 선택과목 간의 중요한 연결고리에 해당하는 과목이다. '통합사회1'의 '통합적 관점', '인간, 사회, 환경과 행복', '자연환경과 인간', '문화와 다양성', '생활공간과 사회' 영역에서는 행복, 자연환경, 문화, 생활공간을 둘러싼 다양한 문제를 통합적 관점에서 다룬다. '통합사회2'의 '인권보장과 헌법', '사회정의와 불평등', '시장경제와 지속가능발전', '세계화와 평화', '미래와 지속가능한 삶' 영역에서는 인권, 정의, 시장, 세계화, 지속가능한 미래를 둘러싼 문제를 통합적 관점에서 다룬다.

2022 교육과정에서는 통합과학 과목 개발의 의의와 운영 방향을 〈표 6-5〉와 같이 제시하였다.

표 6-5   **고등학교 통합과학 개발의 의의와 운영 방향**

'통합과학1'과 '통합과학2'는 '과학적 소양을 갖추고 더불어 살아가는 창의적인 사람'을 육성하는 것을 목적으로 한다. '통합과학1'과 '통합과학2' 과목에서는 모든 학생이 과학의 기본 개념을 익히고, 과학 탐구 능력과 태도를 길러, 자연과 일상생활에서 접하는 현상을 과학적으로 이해하고, 민주 시민으로서 개인과 사회 문제를 해결하고 참여·실천하는 역량 함양에 중점을 둔다.
미래 사회는 첨단 과학기술을 기반으로 혁신적인 융복합 영역이 창출되는 사회로, 과학적 문제해결력과 창의성을 발휘하는 전문가 집단과 과학적 소양을 갖춘 시민이 함께 이끄는 사회이다. 과학적 소양을 바탕으로 더불어 살아가는 창의적인 사람을 육성하기 위해 '통합과학1'과 '통합과학2'는 물리학, 화학, 생명과학, 지구과학 등의 분야를 관통하는 지식·이해, 과정·기능, 가치·태도의 세 차원을 아울러 구성한다.

## 4. 학교에서의 교육과정 통합

### 1) 개념

'학교에서의 통합교육과정 개발'이란 학습자를 구성원으로 하는 교육기관에서 '통합적인' 학습 프로그램을 계획, 설계, 실행, 평가하는 과정으로 규정할 수 있다. 즉, 학교에서의 통합교육과정 개발은 다음과 같은 의미를 지닌다. 첫째, 학교 차원에서 통합적인 학습 프로그램을 개발하는 것을 말한다. 하지만 지역사회와 국가사회가 이에 미치는 영향력을 간과할 수 없다는 점에서 이 문제를 둘러싼 학교, 지역사회, 국가사회와의 역학적 관계를 살펴야 한다.

둘째, 학교에서의 통합교육과정 개발이란 교사, 학습자, 학교 행정가, 학부모, 지역사회 시민 등으로 대표되는 학교 내외의 집단이 통합적인 학습 프로그램의 개발에 참여하여 내리는 의사결정 과정을 가리킨다. 즉, 교육과정 혁신 작업의 하나로서 국가 수준의 교육과정을 토대로 학교에서 통합프로그램을 개발하는 것이므로 학교 내외 집단의 성격과 역할이 이전과 달라지게 된다.

셋째, 학교에서의 통합교육과정 개발은 통합적인 학습 프로그램의 계획, 설계, 실행, 평가의 과정으로 이루어진다.

## 2) 학교에서 교육과정 통합을 하는 이유

'학교에서' 교육과정을 통합적으로 운영해야 하는 이유는 다음과 같다.

첫째, 국가 수준의 교육과정은 국가가 이름을 붙인 통합교과(초등학교 저학년의 주제 중심 교과와 고등학교의 통합사회와 통합과학)를 제외하고는 교과별로 목표와 내용 체계를 제시하고 있다. 이를 달성하는 방법은 교과별 내용 체계에 따라 (대개 교과서를 이용하여) 수업을 진행하는 것과 학교에서 자체로 교육과정을 통합하여 운영하는 방법, 두 가지로 생각할 수 있다. 학교에서 교육과정을 통합적으로 운영하는 것은 학습자, 학교, 지역사회의 특성을 더욱 잘 반영할 수 있다는 장점이 있다.

둘째, 학교에서의 통합교육과정 개발은 학교 현장에 있는 학습자들의 다양한 요구와 필요를 충족하는 데 유리하다. 동일한 교육과정의 목표를 달성하는 수업일지라도 토픽이나 프로젝트 형태의 통합교육과정 수업은 학생들의 다양한 요구를 충족할 뿐 아니라 새로운 요구를 불러일으키는 촉진제로서의 역할을 한다.

셋째, 학교에서의 통합교육과정 개발은 학교와 지역사회의 연대를 강화한다. 통합교육과정의 개발 과정에 지역사회의 실정과 요구가 반영되고, 학부모를 비롯한 지역사회의 협력과 지원이 이루어진다. 학교에서의 통합교육과정 개발은 학교와 지역사회 간에 동반자적 협력 관계를 형성하는 데 기여한다.

넷째, 교사들 간의 협력이 증가하고 교직의 전문성이 신장된다. 학교에서의 통합교육과정 개발은 교사들의 협력 작업이 없이는 불가능하다(Aschbacher, 1991: 17-18). 개발의 과정에서 동료 의식이 높아지며 교직의 전문성도 신장된다. 특히 중등학교에서는 자신의 전공에 집착하여 자신이 가르치는 과목만이 중요한 것으로 여기는 '과목 우선주의'를 넘어서는 데 기여한다.

다섯째, 학교에서의 통합교육과정 개발은 교사와 학생의 관계를 변화시킨다. 교사와 학생의 관계가 기존의 권위에 입각한 종속적 관계가 아니라 상호협력적 관계로 바뀐다. 즉, 교사와 학생은 지식의 전달자와 수용자의 관계나 권위를 가진 자와 가지지 못한 자의 관계가 아니라 함께 배우는 관계로 나타난다.

여섯째, 학교에서의 통합교육과정 개발은 학교 교육의 모든 관여 집단을 활동적으로 만든다. 학교에 관련된 모든 인사(교사, 학생, 학부모, 학교 행정가, 지역사회인사 등)가 통합교육과정의 개발에 참여함으로써 교육에 보다 적극적인 자세로 임하게 된다.

이와 같이 학교에서의 통합교육과정 개발은 통합교육과정이 지니는 교육적 가치와 함께 학교에서 이를 개발할 때 얻을 수 있는 여러 가지의 장점으로 인하여 그 필요성이 있다.

## 3) 통합의 목표, 절차, 평가

학교에서 교육과정통합 운영을 할 때 강조할 점은 교육과정통합 운영을 통하여 통합에 동원된 교과목의 성취기준을 달성해야 한다는 것이다. 통합단원을 운영하고 난 뒤에 교과별 성취기준에 미달했다면 통합교육과정 운영에 의문이 제기될 수 있다. 하지만 교과별 성취기준의 도달에만 목적을 둔다면 통합 운영은 매우 경직되어 통합이 가져다주는 '사태를 보는 종합적 안목' '문제 해결능력' '의사소통 능력' '타인과의 공감' '의지와 실천력' 등의 여러 이점을 살리지 못할 수 있다. 이런 점에서 학교에서의 교육과정통합은 교과별 성취기준의 달성과 함께 통합을 통한 이점이 살아날 수 있도록 기획하고 운영해야 한다.

학교에서의 통합단원의 개발 절차를 제시하면, 첫째, 통합목적을 설정한다. 통합이 필요한 이유를 바탕으로 통합의 목적을 설정한다. 둘째, 국가수준 교육과정을 분

석한다. 교과별로 내용 체계와 성취기준을 수평과 수직으로 스캔하여 연관성을 찾
고, 교과서의 내용도 분석한다. 셋째, 통합단원의 내용을 결정한다. 통합의 요소와 통
합의 중심(주제, 제재, 소재 등)과 관련된 아이디어를 브레인스토밍을 통하여 찾고 구
조화한다. 이를 바탕으로 통합단원의 스코프와 시퀀스를 결정한다. 넷째, 통합단원
을 계획한다. 통합단원명을 정하고, 단원 개관, 목표, 성취기준, 학습계획, 평가계획
을 작성한다. 다섯째, 학교 교육과정에서 학습 일정을 조정한다. 여섯째, 학습경험을
선정한다. 차시별 학습지도안과 학습용 자료와 평가자료를 개발한다. 학교에서의 통
합단원 개발에 관심이 많다면 김대현 등(2021)의 저서 『학교에서의 교육과정 통합단
원 개발』을 읽어 보기 바란다.

평가에 있어서도 교과별 성취기준의 달성도만 볼 것이 아니라, 통합을 통하여 가질
수 있는 여러 역량과 가치 · 태도 등이 길러졌는지를 평가의 대상으로 삼아야 한다.
또한 평가는 교사뿐만 아니라 동료 학생의 비평 그리고 학생 자신의 반성이 포함되어
야 하며, 성적을 매기기 위한 것이 아니라 학생의 성장과 관련된 방식으로 이루어져
야 한다. 이 점을 좀 더 풀어서 설명하면 다음과 같다.

통합단원 운영에 있어서의 평가는 크게 교과별 성취기준 달성과 교과 간 또는 탈교
과적 성취기준 달성을 유도하고 촉진하고 결과를 사정하는 데 초점을 두어야 한다.
다학문 유형의 경우에는 교과별 성취기준의 달성에 초점이 있고 주제나 제재에 대한
이해와 기능의 학습이 추가적으로 주목의 대상이 되지만, 간학문 그리고 탈학문 통합
의 경우에는 교과 간의 성취기준(핵심 개념과 주요탐구 기능)과 교과의 범위를 넘어서
는 주제나 문제를 중심으로 새로이 갖게 되는 지식, 기능, 태도와 가치 등의 종합적인
능력에 초점을 두게 된다.

또한 통합단원 운영에서 평가는 선수와 사전 학습 평가, 학습의 진행 과정에서 이
루어지는 형성평가 그리고 학습이 종료되는 시점에서의 총괄평가 등을 포함해야 한
다. 이 과정에서 교사의 피드백과 학생들 상호 간의 피드백이 중요하다. 피드백은 평
가 자료에 대한 객관적인 판단을 기반으로 즉시 이루어져야 하며, 상대방이 납득할
수 있는 방식으로 제공되어야 한다. 또한 피드백에 대한 당사자의 반응을 토대로 추
가 피드백을 제시하는 일이 중요하다.

통합단원 평가에서 주체는 교사, 학생, 학부모, 지역사회 등이 될 수 있다. 교사는
연계단원의 전 과정에 걸쳐서 학생들이 수행 행동을 관찰하고 성취기준에 도달할 수

있도록 환경을 구성하며 피드백을 제공한다. 학생들도 단원을 학습하는 과정에서 서로의 성장을 돕는다는 취지에 바탕을 두고 상호 간에 협력과 지지와 지원(동료 평가)을 한다. 학부모와 지역사회가 통합단원의 운영에 참여할 경우에 학생의 성장 과정을 돕는 방향으로 교사와 협력하여 평가 과정에 참여하게 된다. 또한 학생들이 통합단원의 운영 과정에서 자신의 활동을 관찰하고 스스로 성찰하는 기회를 가짐으로써, 장점을 확인하고 부족한 점을 인식하여 도움을 청하는 자기 평가가 이루어지도록 해야 한다.

마지막으로 통합단원 평가가 지역사회로 확장되는 경우에는 체험학습과 관련하여 학교 차원에서 학생의 성장을 돕는 것과 저해하는 환경을 세세하게 살펴서 철저히 기획하고 체계적으로 운영할 필요가 있다. 이때 지역사회가 학교의 학습 계획에 대해서 알 수 있도록 서로 협의해야 하며, 관련 인사들이 학생의 성장을 돕는 활동이 무엇인지를 인식하고 준비하도록 도움을 주어야 한다. 이것은 지역사회 인사들이 통합단원 운영에서 지식, 기능, 가치 및 태도의 형성에서 학생들의 멘토나 어드바이저의 역할을 할 수 있도록 교육을 받거나 책임감을 가져야 한다는 것을 의미한다.

고 문 헌

교육부(2022). 초 · 중등학교 교육과정.

김대현, 이은화, 허은실, 강진영(1997). 교과의 통합적 운영. 문음사.

김대현(1998). 교과의 통합적 운영 방안과 과제. 열린교육 연구, 6(1), 287-303.

김대현(2021). 교육과정 통합이론. 학지사.

김대현, 류영규, 김지현, 이진행, 박종혁(2021). 학교에서의 교육과정 통합단원 개발. 학지사.


Aschbacher, P. R. (1991). Humanitas: A Thematic Curriculum. *Educational Leadership, 49*(2), 16-19.

Bruner, J. (1960). *The Process of Education.* Vintage Books.

Dewey, J. (1902). *The Child and Curriculum.* University of Chicago Press.

Dewey, J. (1916). *Democracy and Education.* Macmillan.

Drake, S. M. (1993). *Planning Integrated Curriculum: The Call to Adventure.* ASCD.

Foshay, A. W. (1991). Spiral Curriculum. In *The International Encyclopedia of Curriculum* by Lewey, A. (Ed.). Pergamon Press.

Hirst (1974). *Knowledge and Curriculum.* Routledge & Kegan.

Ingram, J. B. (1979). *Curriculum Integration and Lifelong Education.* Pergamon Press.

Jacobs, H. H. (ed.) (1989). *Interdisciplinary Curriculum: Design and Implementation.* ASCD.

Kilpatrick, W. H. (1919). *The Project Method.* Teachers College, Columbia University.

Martin-Kniep, G. O., Feige, D. M., & Soodak, L. C. (1995). Curriculum Integration: An Expanded View of an Abused Idea. *Journal of Curriculum and Supervision, 10*(3), 227-249.

Mason, T. C. (1996). Integrated Curricula: Potential and Problems. *Journal of Teacher Education, 28*(30), 322-337.

McNeil, J. (2002). *Curriculum: The Teacher's Initiative* (3rd ed.). Prentice-Hall.

Posner, G. J., & Rudnitsky, A. N. (2006). *Course Design: A Guide to Curriculum Development for Teachers* (7th ed.). Longman.

Tanner, D., & Tanner, L. (2006). *Curriculum Development: Theory into Practice* (4th ed.). Merrill an imprint of Prentice-Hall.

Tchudi, S., & Lafer, S. (1996). *The Interdisciplinary Teacher's Handbook.* Boynton/Cook Publishers, Inc.

Trepanier, S. M. (1993). What's So New about the Project Approach? *Childhood Education, 70*(1), 25-28.

Wolfinger, D. M., & Stockard, J. W., Jr. (1997). *Elementary Methods: An Integrated Curriculum*. Longman.

# 교과서의 성격, 체제, 제도, 디지털교과서

교과서 없는 수업을 상상할 수 있을까? 교과서는 오랫동안 학교 교육에서 없어서는 안 될 요소로 간주되어 왔다. 하지만 모든 과목의 수업에 교과서가 필요할까? 교과서가 수업이나 학습의 흐름을 방해할 때도 있다. 또한 교과서는 단순한 교수 · 학습용 교재가 아니라 '교과서 제도'라는 틀 위에서 개발, 편찬, 발행, 채택된다. 그동안 이러한 교과서 제도의 타당성과 효율성을 둘러싸고 많은 논쟁이 있었으며, 정보화 시대 속에서 디지털교과서를 비롯한 다양한 형태의 교과서가 나타나고 있다.

이 장에서는 교과서와 관련된 주요 주제들을 다룬다. 교과서의 성격과 교과서의 체제를 살펴본 다음, 교과서 제도와 디지털교과서에 대해서 알아본다.

구체적인 학습과제는 다음과 같다.

- 교과서의 개념과 기능을 파악한다.
- 교과서의 내용 체제와 외형 체제를 이해한다.
- 교과서의 편찬, 공급, 채택 제도를 알아본다.
- 디지털교과서의 성격과 정책을 파악한다.

## 1. 교과서의 성격

교사로서 처음 교단에 서면 다양한 교직활동 중에서 가장 많은 시간과 노력을 기울이는 것이 교과서 분석이다. 당장 내일 가르칠 수업에서 어떤 내용을 다루게 될 것인지, 어떻게 하면 재미있게 활동을 조직할 것인지 고민한다. 그러나 막상 수업은 '진도'에 연연하여 교과서에 있는 내용 위주로 진행되며, 수업 목표를 달성하기 위한 교과서 외의 다른 자료를 활용하려고 하다가도 '교과서에 없는 내용인데……' 싶어서 망설이게 된다.

교육과정을 연구하고 개발하는 사람들은 교과서를 각 과목의 교육과정 목적을 달성하기 위한 하나의 자료일 뿐이니 다양한 자료를 활용해서 수업을 하라고 권하고 있다. 이른바 교과서의 성전(聖典) 개념을 부정하는 것이다. 하지만 말이 그렇지, 현실 속의 교과서는 학생들에게 제공되는 주된 교수·학습자료이며, 한 학기 동안 반드시 다루어져야 할 교수 혹은 학습 내용으로 인식된다.

## 1) 교육과정과 교과서

교육과정은 정의하는 방식에 따라 다양한 의미를 포함하는 용어다. 그러나 일반적으로 문서 속에 담긴 교육목적과 교육내용, 그리고 이를 효과적으로 전달하기 위한 교육방법, 교육평가, 교육운영 등에 대한 종합적인 교육계획으로 보는 데에는 큰 이의가 없어 보인다.

학교 교육은 정교하게 편성된 교육과정에 의거하여 실천된다. 2022 교육과정, 그리고 앞으로 계속적으로 교육과정 개정이 이루어져도 교육과정 편제의 큰 축이 교과 활동, 즉 교과 교육이 될 것임은 자명하다. 교과 교육은 교과서라는 주된 교재를 중심으로 전개된다. 학교 교육의 본체가 교과 교육이라고 볼 때 학생들은 그 많은 교과 학습 시간에 주로 교과서라는 도구와 수단을 통해서 학습하게 되는 것이다.

교과서는 교육과정의 내용을 구체화하고 해석한 내용으로 채워지며, 교수와 학습에 적합한 방식으로 구조화한 것이다. 교육과정과 교과서의 관계는 국가의 정치, 문화, 교육목적, 교육과정과 관련된 정책, 교과서의 출판 과정 등에 따라 달라진다.

함수곤 등(2000)은 학교 교육에서 다루어지는 교육내용을 그것이 구체화되는 정도에 따라 '간략한 추상적 수준의 국가수준 교육과정의 교육내용'과 '구체적 수준의 단일 교과서의 내용'으로 요약하였다.

이 둘 중 앞의 것은 가장 상위의 교육내용을 가리키며 교육부가 법률에 의거해서 고시한 교육과정 문서에 포함되어 있는 내용이다. 이는 매우 추상적이고 일반적이며 거시적 수준의 요강이고, 전국 공통적인 대강의 기준이다. 그러나 이러한 대강의 기준에 해당하는 교육내용은 추상적이어서 교사는 교실 수준에서 어떤 내용을 어떤 방법으로 교육할 것인지를 계획하고 실천하는 방법을 찾아야 한다.

뒤의 것은 교육부 고시 교육과정에 의거해서 편찬, 보급된 교과서의 내용으로 이는 교육과정 문서에 규정된 교육내용보다는 좀 더 구체적이고 미시적인 수준의 상세한 교육내용이다. 이는 교실에서 어떤 내용을 어떤 방법으로 교육할 것인지를 계획하고 실천하는 데 도움을 준다. 그러나 이 경우에도 각 지역이나 학교, 학생 모두에게 적합한 형태로 구체화시키는 것이 불가능하기 때문에 교과서 편찬자를 선정하여 가장 일반적인 전형으로 여겨지는 내용을 담을 수밖에 없다.

　[그림 7–1]에 제시된 교과서의 출판 흐름도는 교육과정과 교과서의 관계를 이해하는 데 도움을 준다. [그림 7–1]에서 알 수 있듯이, 교과서의 내용은 교육과정에서 제시한 학년별 교육과정의 교과내용에 바탕을 두고 있으며, 교과서의 디자인이나 내용체계 및 편집 체계는 교수·학습의 효용성과 사용자의 편의성에 근거하여 만들어진다. 따라서 교과서는 교육과정의 교육내용을 구현하는 동시에 수업에서 활용되는 교수·학습을 위한 하나의 자료로 볼 수 있다.

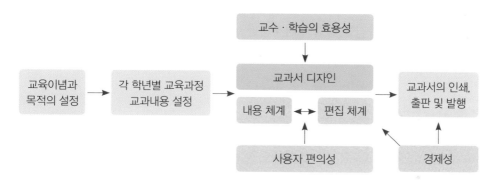

[그림 7–1] 교과서의 출판 흐름도

출처: 정찬섭, 권명광, 노명완, 전영표(1992), p. 8.

## 2) 교과서의 개념과 기능

### (1) 교과서의 개념

　무엇을 '교과서'라고 하는가? 교사와 학생이 수업 시간에 다루는 내용이 담긴 활자형의 서책만을 교과서라고 하는가? 교사가 활용하는 교사용 지도서 및 보완 자료로 제공되는 CD 등은 교과서의 범주에 포함이 되는가?

　우리가 '교과서'를 떠올릴 때에는 우선 교실이라는 공간에서 학생과 교사가 책상에 올려놓고 보고, 필기하고, 읽기를 하는 전형적인 네모난 서책이다. 과연 교과서란 무엇이며, 교수·학습을 위해 사용되는 여러 자료 중 어디까지를 교과서라고 하는가?

우리나라 「초·중등교육법」 제29조는 '교과용 도서의 사용'과 관련된 내용을 담고 있다.

📌 표 7-1 「**초·중등교육법**」 **제29조**

> 「초·중등교육법」 제29조
> ① 학교에서는 국가가 저작권을 가지고 있거나 교육부장관이 검정하거나 인정한 교과용 도서를 사용하여야 한다.
> ② 교과용 도서의 범위·저작·검정·인정·발행·공급·선정 및 가격 사정(査定) 등에 필요한 사항은 대통령령으로 정한다.

이에 근거를 두고 「교과용도서에 관한 규정」(대통령령)에는 교과서를 다음과 같이 규정하고 있다. 교과서는 형식이 서책뿐만 아니라 디지털, 음반과 영상 등의 전자저작물을 포함한다.

📌 표 7-2 「**교과용도서에 관한 규정**」

> 「교과용도서에 관한 규정」 제2조 2항
> "교과서"라 함은 학교에서 학생들의 교육을 위하여 사용되는 학생용의 서책, 지능정보화기술을 활용한 학습지원 소프트웨어(이하 "디지털교과서"라 한다) 및 그 밖에 음반·영상 등의 전자저작물 등을 말한다.

### (2) 교과서의 기능

학교 현장에서는 '교과서'를 반드시 한 학기 동안 끝까지 다루어야 한다는 생각이 지배하고 있다. 교과서를 첫 페이지부터 끝까지 다 끝내는 것으로 교육과정이 지향하는 복잡하고 다양한 교육목표를 달성했다고 생각하는 경우가 대부분이다. 즉, 교사의 입장에서도 각종 학교 행사로 인하여 시간이 부족해도 대충이라도 전체 내용을 다루며, 학생은 학생대로 교과서에 나와 있으면 꼭 배우고 넘어가야 한다고 생각하고, 학부모 중에서는 국가가 만들어 준 교과서라서 분명히 중요한 내용일 것인데(아마도 교사, 학생, 학부모들 중 교과서에 실린 내용의 진실성이나 가치에 대하여 한 번도 의심을 가져 보지 않은 사람이 대다수일 것이다.) 왜 가르치지 않고 그냥 넘어가냐고 질문하는 경우도 종종 있다.

교과서는 여전히 교육과정의 복잡 다양한 교육목표를 달성하는 데 있어서 기본적이고 중심적이며 경제적이고 간편한 자료임에 틀림없다. 학교 교육과정이 요구하고 있는 수많은 목표 중 대부분의 목표(특히 지식에 관한 목표)는 역시 교과서라는 도구를 사용하여 달성하고 있는 것이 일반적인 경향이고 현실이다. 함수곤(2000)은 교과서의 주요 역할을 다음과 같이 정리하였다.

첫째, 교과서는 학습자의 학습동기와 학습의욕을 유발하는 역할을 한다. 교실 수업을 기존의 단편적인 지식을 전달하는 과정으로 보지 않고, 학습자가 교과서를 단서로 하여 스스로의 힘으로 지식을 형성하고 문화의 가치를 생산하는 하나의 창조적 활동을 돕는 과정으로 보는 것이다. 이러한 관점에서는 학습자가 새로운 학습과제를 학습하게 될 때 교과서는 학습하고자 하는 동기와 의욕을 가지게 하는 친근하고 손쉬운 자료가 된다.

둘째, 교과서는 학습과제의 기본 골격을 제시하고 학습에 필요한 자료와 정보를 제공하는 역할을 한다. 학습자의 주체적이고 창조적인 학습활동을 조직하고 전개하기 위해서는 학습과제를 확실하게 인식시키고 자각시키는 것이 무엇보다도 중요하다. 따라서 교과서에는 학습과제의 기본 골격이 기본 개념이나 중심 활동, 주요 가치 등의 형태로 제시되어 있고 이를 효과적으로 학습하는 데 필요한 각종 자료와 정보를 여러 형태로 제공하고 있다.

셋째, 교과서는 학습해야 할 내용에 적합한 학습방법을 안내하고, 학습의 순서와 절차를 제시하여 학습자가 목표를 달성하는 데 있어 가장 효과적인 방법을 찾아갈 수 있도록 해 주는 역할을 한다.

넷째, 교과서는 학습자가 연습과 학습결과를 정리할 수 있게 해 주는 역할을 한다. 학습자가 기본 학습을 끝낸 후 반복 연습이 필요한 경우에 연습을 가능하게 하고, 학습결과를 정리하여 내면화시킬 수 있는 기회를 제공한다. 예를 들어, 초등학교 저학년 수학 교과서의 경우 기본 개념을 학습한 다음 문제해결하기를 통해 배운 내용을 반복 연습하고, 탐구활동을 통해 학습한 내용을 자신의 의미로 받아들이고, 스스로 문제해결하는 방법을 내면화시키는 활동을 한다.

다섯째, 교과서는 학습자에게만이 아니라 교사에게도 학습 진행의 나침반 역할을 한다. 교사는 추상적인 학습목표나 과제에 대하여 구체화, 가시화, 실상화되어 있는 교과서를 근거지로 삼아 수업을 설계하고 전개할 수 있게 된다.

하지만 교과서만을 유일무이한 학습도구로 삼아 교과서 안에 간추려진 지식 요소는 반드시 가르쳐야 한다는 교과서관에서 벗어날 필요가 있다. 교사들이 교육 현장에서 달성해야 하는 것은 교과서의 내용 숙지가 아니라 교육과정에서 지향하는 교육의 전체 목표, 그리고 각 교과별로 성취해야 할 목표다. 교과서는 이러한 목표를 달성하기 위한 하나의 '교수·학습자료'라는 생각을 가질 필요가 있다. 이것은 교과서를 유일무이한 성전이 아니라 학습을 위한 하나의 자료로 보는 것이다.

요컨대 교과서는 교사와 학생 양자 모두에게 교수 및 학습이 진행되어 나갈 때 필요한 다양한 교육자료 중의 하나이고, 정선된 학습내용의 요약이며, 학생의 입장에서는 학습내용을 잘 이해하고 해결해 나아가기 위한 학습방법의 길잡이이고, 교사의 입장에서는 효과적인 수업 절차의 지침으로서 역할을 한다. 하지만 오늘날의 교과서가 겪는 가장 큰 변화 중의 하나는 '성전'으로부터 '학습재'로의 전환이 이루어지고 있다는 점이다.

## 2. 교과서의 체제

교과서의 체제는 대체로 내용상의 체제와 외형상의 체제로 나뉜다. 내용상의 체제란 내용이 전개되는 방식을 말하고, 외형상의 체제는 판형, 활자, 지질, 색도, 쪽수 등을 말한다. 공급자 입장을 위주로 하여 활자 매체의 단순한 배치를 통한 지식 체계의 전수를 주 기능으로 삼았던 과거의 교과서에서는 체제가 크게 중요하지 않았으나, 다양한 시각 매체를 접하고 있는 오늘날의 학생들이 배우는 교과서에는 책자의 내용 구성 체제와 판형, 색도와 지질, 활자의 크기와 모양 등 외형 체제의 중요성이 날로 높아지고 있다.

### 1) 교과서의 내용 구성 체제

앞서 말한 것처럼 교과서의 내용상의 체계란 교과서에 담긴 내용을 전개하는 방식을 뜻한다. 우리는 교과서에 담기 위해 어떤 내용을 선정할 때 어떠한 구성 방향에 따라 선정·조직할 것인가, 교과서가 공인된 교재로서의 기능을 바르고도 효과적으로 수행하기 위해서 지녀야 할 요건은 무엇인가 등을 고려한다.

## (1) 교과서 구성 방향

좋은 교과서는 교육과정에 명시된 교육목표를 충실히 달성하기 위하여 필요한 교수·학습활동을 구체적으로 나타내는 자료이어야 한다. 따라서 교과서의 구성 방향은 다음과 같다(경상대학교 중등교육센터, 2001).

### ① 교육과정의 정신을 충실히 반영하는 교과서

대다수의 교사에게 있어서 제1차적인 교육자료는 교과서이고, 그런 만큼 우리 교육의 현실에서 교과서가 갖는 의미는 크다. 따라서 우리 교육의 실제에 변화를 가져오기 위해서는 교육과정의 개정이 곧 교과서의 변화로 이어져야 하며, 특히 모든 교과서는 각 교육과정에서 추구하는 인간상, 교육목표, 내용, 교수·학습방법, 평가, 중점 사항 등을 반드시 반영하여야 한다.

### ② 자기주도적인 '학습재'로서의 교과서

교과서는 학습자가 교육내용에 대해 흥미를 가질 수 있도록 구성되어야 하며, 과제를 명확히 밝혀 학습자로 하여금 목표 의식을 가지고 학습에 임하도록 해야 한다. 뿐만 아니라 교과와 내용 영역에 따라 학습의 과정이나 절차가 달라질 때 해당 교과서에 그에 알맞은 학습의 과정이 스며들어 있어야 한다. 특히 자기주도적인 학습재로서의 교과서가 되기 위해서는 공통적인 학습내용뿐만 아니라 개인별 혹은 집단별로 차별화된 학습이 가능한 부분도 포함되어 있어야 한다.

### ③ 학습자료로서의 교과서

교과 교육을 위한 자료를 언급할 때, '교과서'가 아니라 '교수·학습자료'라는 개념을 사용하고 있다. 이는 더 이상 교수·학습자료로 활자 위주의 서책 중심이 아닌 멀티미디어화된 다양한 자료들이 활용되고 있으며, 더욱이 한 번에 개발이 완결되는 교과서만으로는 시사성, 지역성, 학생들의 다양한 능력과 흥미에 부합할 수가 없다는 것이다. 즉, 교과서와 더불어 그것을 보완해 줄 수 있는 다양한 자료들, 예컨대 시사자료, 생활 주변 자료, 학습지, 평가 문항, 관련 교과의 부가적인 CD 자료 등과 같은 좀 더 융통성 있는 교수·학습자료의 개발과 활용 방안을 구안할 필요가 있다.

### ④ 교과서와 기존 자료와의 연계 모색

학생들이 교과 학습을 위해 접하는 자료는 교과서에 한정될 필요가 없다. 보다 풍부한 학습을 위해서는 교과서와 기존의 자료들을 연계하여 학생들이 풍부하고 다양한 학습자료들을 마음껏 활용할 수 있게 해야 할 것이다. 따라서 교과서와 원전(原典)을 연계시키도록 해야 하며, 이미 개발되어 나와 있는 다양한 자료들을 교과서와 병행하여 다양하게 활용할 수 있는 방안을 모색할 필요가 있다.

### ⑤ 교과서 활용 관행의 변화

지금까지 우리 학교 현장은 여전히 모든 학생들에게 교과서의 전체 내용을 전부 가르쳐야 한다는 압박에 시달리고 있다. 그로 인해 학습량이 증가했다는 지적을 많이 받고 있는 것이 현실이다. 이를 위해 교수·학습자료의 풍부와 다양화를 추구하되, 학생들의 학습 부담이 증가되지 않는 방안을 모색할 필요가 있다. 즉, 교과서는 다양화하되 교사와 학생의 선택이 가능하게 하는 방식으로 교과서를 개발·활용할 필요가 있는 것이다. 예컨대 교과서에 풍부하고 다양한 내용을 수록하되, 모든 학생이 그 내용을 전부 학습하는 것이 아니라 일부를 선택해서 배우도록 하는 방안이 있을 수 있다.

## (2) 현행 교과서의 구성 체제

교과서의 구성 체제는 학교급별, 과목별, 보조 책자(예를 들어, 수학익힘책, 실험관찰책)의 유무, 검정 교과서인 경우 출판사별로 차이가 있다. 하지만 대부분의 교과서는 머리말, 책의 구성과 특징, 차례, 단원과 소단원으로 구성된 본문, 부록으로 구성된다. 특히 각 단원은 단원 들어가기-단원 펼치기-단원 마무리하기로 순서로 전개된다.

'단원 들어가기'는 대개 단원의 주요 내용과 관련된 대표 그림이나 사진, 단원에서 배울 주요 개념 확인하기, 단원의 주요 내용과 관련된 핵심질문으로 구성된다.

'단원 펼치기'에는 단원의 학습목표, 학습해야 할 주요 개념, 학습 과정에서 단원의 내용과 관련된 생각 열기, 탐구활동의 주제와 방법, 단원 내용과 실생활과의 관련성 찾기 등으로 구성된다.

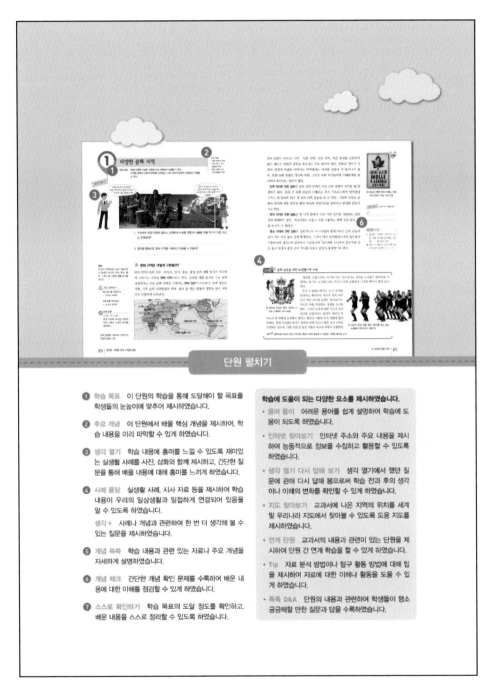

[그림 7-2] 중학교 1학년 사회과 교과서 '단원 펼치기' 예시

출처: 김영순 외 공저(2020). 중학교 1 사회. 동아출판사.

'단원 마무리하기'는 단원에서 배운 내용을 한 눈에 정리하기, 단원에서 학습한 지식과 이해, 과정과 기능, 태도와 가치 등을 확인하기, 수행평가의 주제, 활동, 평가 등으로 구성된다.

[그림 7-2]는 2015 교육과정에 기반을 둔 중학교 1학년 사회과 교과서의 '단원 펼치기' 예시다. 교과서마다 구성 체계에 차이가 있다.

## 2) 교과서의 외형 체제

교과서에 마련된 여러 장치 중에서 독자의 시각을 가장 분명하게 자극하는 것이 바로 외형 체제다. 외형 체제는 교과서를 구성하는 물리적 요인으로서 판형, 글자 크기, 글자 및 낱말 사이의 간격, 글줄 길이와 글줄 사이의 띄기, 지질, 두께, 삽화 및 색도, 여백 처리 등을 말한다. 교과서의 구성 체제가 일종의 소프트웨어라면, 여기서 말하는 교과서의 외형 체제는 교과서의 하드웨어라고 말할 수 있다. 일반 대중을 상대로 하는 서적과는 달리, 학생들이 사용하는 교과서는 학생들의 연령과 신체의 발달 수준에 따라 판형, 글자의 크기, 글줄의 길이, 삽화의 활용 등 편집 디자인에 다양한 변화를 요구한다. 교과서의 외형 체제 요인은 크게 판형, 글자의 크기와 모양, 종이의 질과 색상, 삽화, 편집 디자인으로 나눌 수 있다(한국교과서연구재단, 2004).

### (1) 판형

판형은 교과서의 가로와 세로의 크기를 말한다. 판형은 교과서의 외형 체제를 결정하는 주요 요인이다. 판형은 학생들이 책을 읽을 수 있는 가독성과 밀접한 관계를 가지고 있으며, 학생의 신체적·정서적 측면과 활용이라는 측면을 고려하여 활자의 크기와 사진·삽화 적정 규격의 적합성 등과 교과서 제작의 경제성과의 조화를 이루도록 선택되어야 한다. 교과서의 판형은 일반적으로 국판(148×201mm), 크라운판(167×236mm), 4×6배판(187×257mm)의 3대 판형으로 되어 있다.

### (2) 글자의 크기와 모양

글자의 크기와 모양은 글자의 가독성(可讀性, legibility)과 변별성을 결정하는 중요한 요인이다. 글자의 가독성은 글자 그 자체를 빠르고 정확하게 읽는 정도를 말하고,

변별성은 한 글자와 다른 글자의 형태를 식별해 내는 정도를 말한다.

### (3) 종이의 질과 색상

종이의 질은 글자의 선명도에, 그리고 색상은 글자 지각에서 오는 피로감에 영향을 미친다. 지질(紙質)은 종이의 품질을 뜻한다. 교과서 본문 지질로는 중질지, 모조지, 아트지(스노우화이트지 포함) 등이 있다. 지질 선택 시에는 적정 중량, 사용자의 편이성 및 경제성, 색깔, 광택도 등을 고려해야 한다. 특히 지질은 적절한 무게, 사용자의 편이성 및 경제성뿐만 아니라 다양한 물리적 특성 등의 적절성을 고려하여 정하는데, 이것은 인쇄 효과와 사용상의 견고성, 시력 보호 등과 관련이 있다.

한편, 색상의 경우 학생들이 책에 쉽게 접근하게 하고, 많은 내용의 양을 짧은 시간 안에 읽게 하며, 지루함을 덜어 주어 오랜 시간 동안 책을 읽게 하기 위하여 고려된다. 그러므로 색도는 단색에서 벗어나 다색 또는 원색으로 되어야 한다.

### (4) 삽화

글과 함께 실린 교과서 삽화는 언어로 표현하기 어려운 내용을 나타내거나 글의 내용에 대한 흥미를 유발하고, 글의 내용을 좀 더 잘 이해하여 학습의 지루함을 덜어 주기 위하여 사용되는 보조 장치로서 매우 중요한 역할을 한다. 만약 삽화가 재미있으면 자연스럽게 글을 읽기도 하는데, 특히 국어 교과서의 경우 삽화는 극의 내용을 이해하기 위한 선행 지식으로도 활용된다.

교과서 삽화는 내용 이해와 관련하여 세 가지 기능으로 구분해 볼 수 있다. 첫 번째는 필수적인 기능으로서, 삽화 자체가 학습의 내용을 나타내는 것이다. 두 번째는 보조 기능으로서 글 내용 이해에 도움을 주는 것이다. 그리고 세 번째는 장식용 삽화다. 글 내용과 아무 관련 없이 단지 여백을 처리하기 위한 장식용 삽화가 이에 해당한다.

### (5) 편집 디자인

편집 디자인은 그래픽 디자인의 한 분야로서 레이아웃(layout), 타이포그래피(typography), 일러스트레이션(illustration), 용지, 인쇄형식의 내용 요소들이 있으며, 서적인 경우에는 제책까지를 포함한다.

편집 레이아웃은 글자, 사진 및 일러스트레이션과 컷 따위를 어떻게 잘 배치하고 구성하는가 그리고 어떻게 읽기 쉽게 하며 조형적으로 아름답게 꾸미느냐에 관한 것이다. 편집 디자인 중에서 레이아웃 기술이나 감각은 커다란 비중을 차지한다.

## 3. 교과서 제도

교과서 제도란 교과서를 편찬·발행하고 제작된 교과서를 제때에 공급하기 위한 과정 및 결과와 이에 대한 행정 조치를 의미한다. 한 나라의 교과서 제도는 크게 보아 두 가지 차원으로 나누어 살펴볼 수 있는데, 하나는 교과서가 담고 있는 내용을 연구·개발·심의하는 편찬 제도이고, 다른 하나는 그것을 서책과 같은 적절한 매체에 담아 발행·공급하는 제도다.

### 1) 교과서 편찬 제도(검정기준 포함)

편찬(編纂)이란 여러 자료를 수집하고 정리하여 책을 만들어 냄을 말한다. 국가 교육과정을 가진 우리나라 교과서 편찬 제도는 교과서 편찬 과정에 대한 국가의 관여 정도나 방식에 따라 분류하는 것이 가장 적절하다. 교과서 편찬에 대한 국가의 관여 방식 또는 관여의 정도라는 측면에서 교과서 편찬 제도를 다음과 같이 나누어 볼 수 있다.

첫째, 국정제는 교과서 저작에 국가가 직접 관여하는 방식으로, 교과서를 국가 기관이 직접 편찬하거나 특정 기관에 위탁하여 편찬하는 제도다. 즉, 편찬계획, 연구·개발, 심의, 발행과 공급에 이르기까지 국가에서 철저히 관장하는 교과서 제도다. 현재 우리나라는 국정의 전 도서를 특정 기관에 위탁하여 연구·개발형으로 편찬하고 있으며, 일부 도서는 위탁 기관을 공모하고 있다.

둘째, 검정제는 교과서 제작에 국가가 간접적으로 관여하는 방식으로, 민간이 저작한 교과서를 국가 기관이 적합한지의 여부를 검정하는 것을 말한다. 검정제는 검정에서 합격한 도서라 하더라도 부적합한 부분에 대해서는 저작자로 하여금 수정하게 한다. 검정제는 교과서의 저작에 국가가 관여한다는 점에서는 국정제와 같으나, 교과서의 저작 주체는 민간이며, 검정 결과 교과용 도서로서 부적합한 부분에 대하여만, 그것도 저작자로 하여금 수정하게 한다는 점에서 간접적 관여 방식이라고 할 수 있다. 초등학교의 실과, 예술(음악/미술), 체육, 영어와 중학교와 고등학교의 국어, 사회, 영어 등의 교과서가 이에 해당한다. 〈표 7-3〉은 교과서 검정의 공통기준이고 〈표 7-4〉는 교과목별 검정기준 예시다.

**표 7-3　교과서 공통 검정기준(2022 교육과정 기반)**

| 심사 영역 | 심사 관점 |
|---|---|
| 1. 헌법 이념과 가치의 존중 | 1. 대한민국의 정통성과 국가 체제를 부정하거나 왜곡 · 비방하는 내용이 있는가? <br> 2. 대한민국의 자유민주주의적 기본 질서와 이에 입각한 평화 통일 정책을 부정하거나 왜곡 · 비방하는 내용이 있는가? <br> 3. 대한민국의 영토가 한반도와 그 부속 도서임을 부정하거나 왜곡 · 비방하는 내용이 있으며, 특별한 이유 없이 '독도' 표시와 '동해' 용어 표기가 되어 있지 않은 내용이 있는가? <br> 4. 대한민국의 국가 상징인 태극기, 애국가 등을 부정하거나 왜곡 · 비방하는 내용이 있으며, 바르지 않게 제시한 내용이 있는가? <br> 5. 성별 · 종교 또는 사회적 신분에 의하여 정치적 · 경제적 · 사회적 · 문화적 생활의 모든 영역에 있어서 차별을 조장하는 내용이 있는가? |
| 2. 교육의 중립성 유지 | 6. 정치적 · 파당적 · 개인적 편견을 전파하기 위한 방편으로 이용된 내용이 있는가? <br> 7. 특정 국가, 인종, 민족, 정당, 종교, 인물, 상품 등에 대해 부당하게 선전 우대하거나 왜곡 · 비방하는 내용이 있으며, 남녀의 역할, 장애, 직업 등에 대한 편견을 조장하는 내용이 있는가? |
| 3. 지식 재산권의 존중 | 8. 타인의 공표되지 아니한 저작물을 표절 또는 모작하거나, 타인의 공표된 저작물을 현저하게 표절 또는 모작한 내용이 있는가? |

**표 7-4　교과목별 검정기준(예시)(2022 교육과정 기반)**

| 심사 영역 | 심사 항목 |
|---|---|
| Ⅰ. 교육과정의 준수 | 1. 교육과정에 제시된 '성격'과 '목표'를 충실히 반영하였는가? <br> 2. 교육과정에 제시된 '내용 체계'와 '성취기준'을 충실히 반영하였는가? <br> 3. 교육과정에 제시된 '교수 · 학습'을 충실히 반영하였는가? <br> 4. 교육과정에 제시된 '평가'를 충실히 반영하였는가? |

| 심사 영역 | 심사 항목 |
|---|---|
| Ⅱ. 내용의 선정 및 조직 | 5. 내용의 수준과 범위 및 학습량이 적절한가?<br>6. 내용 요소 간 위계가 있고, 연계성을 가지고 있는가?<br>7. 일상생활과 연계되어 흥미와 관심을 유발할 수 있도록 다양한 주제, 제재, 소재 등을 선정하였는가?<br>8. 학생들이 배운 내용을 다양한 방식으로 일상생활에 적용함으로써 역량 및 기초 소양 함양이 가능하도록 학습 내용을 조직하였는가?<br>9. 학생의 자기주도적 학습을 촉진할 수 있도록 학습 내용을 선정 및 조직하였는가?<br>10. 단원의 전개 및 구성 체제가 학습에 효과적인가? |
| Ⅲ. 내용의 정확성 및 공정성 | 11. 사실, 개념, 용어, 이론 등은 객관적이고 정확한가?<br>12. 평가 문항의 질문과 답에 오류는 없는가?<br>13. 사진, 삽화, 통계, 도표 및 각종 자료 등은 공신력 있는 최근의 것으로서 출처를 분명히 제시하고 있으며, 해당 내용에 대한 설명으로 적합한가?<br>14. 한글, 한자, 로마자, 인명, 지명, 각종 용어, 통계, 도표, 지도, 계량 단위 등의 표기가 정확하며, 편찬상의 유의점에 제시된 기준을 충실히 따랐는가?<br>15. 문법 오류, 부적절한 어휘 등 표현상의 오류가 없고 정확한가?<br>16. 특정 지역, 국가, 인종, 민족, 문화, 계층, 성, 종교, 직업, 집단, 인물, 기관, 상품 등을 비방·왜곡 또는 옹호하지 않았으며, 집필자 개인의 편견 없이 공정하게 기술하였는가? |
| Ⅳ. 학습 활동 및 평가 지원 | 17. 학습 활동 및 평가 과제는 교과 내용과 유기적으로 연계되어 있는가?<br>18. 학습 활동 및 평가 과제가 학생의 수준에 적절하며, 수행이 가능한가?<br>19. 학생의 역량 및 기초 소양 함양이 가능하도록 다양한 학습 활동 및 평가 과제를 제시하였는가?<br>20. 학습의 과정을 중시하고 학생의 참여와 성장을 지원하는 학습 활동 및 평가를 과제를 제시하였는가? |

셋째, 인정제는 교과서의 사용에 국가가 관여하는 방식이기는 하나, 민간 저작 도서에 대하여 국가 기관이 사용 여부를 심사, 결정하는 제도다. 교과용 도서에 관한 규정에 따르면, "'인정도서'라 함은 국정도서·검정도서가 없는 경우 또는 이를 사용하기 곤란하거나 보충할 필요가 있는 경우에 사용하기 위하여 교육부장관의 인정을 받은 교과용도서를 말하며, 교육부장관은 인정신청을 받은 경우에는 교과용도서심의회의 심의를 거쳐 당해 도서의 인정기준을 정한다"로 하고 있다. 교육부는 대부분의 도서에 대해서는 인정권을 시·도 교육감에게 위탁하고 있으며, 한 시·도에서 인정받는 도서는 다른 시·도의 학교에서도 자유롭게 사용할 수 있도록 하고 있다.

넷째, 자유발행제는 국가가 교과서의 저작이나 사용에 대하여 관여하지 않는 방식으로 자유발행제의 대표적인 사례로 알려진 국가는 프랑스다. 실제로 '제작의 자유' '선택의 자유'뿐만 아니라 '사용의 자유'까지 적용되고 있다. 교과서는 정치적 영향에서 벗어난 민간에서 '제작'되고, 각 학교 교사 그룹이 '선택'하며, 교사는 수업 시간에 다양한 자료를 활용할 수 있고, 교과서의 '사용' 여부도 결정할 수 있다(최진원, 2021). 교과용 도서에 관한 규정에서 인정도서 신청 시 집필진이 교과서 내용 오류, 표기ㆍ표현 오류 등을 스스로 검증한 결과를 제출한 도서에 대해서는 기초조사를 제외한 것은 자유발행제의 도입과 관련된 것으로 보인다.

우리나라 교과용 도서 정책은 '다양하고 질 좋은 교과용 도서의 개발과 공급'에 있다. 종래의 획일화된 교과용 도서에 의해서는 21세기의 지식 기반 사회에서 요구되는 창의적이고 다양한 수월성을 지닌 인재를 길러 낼 수가 없고, 교육의 질적 향상을 위해서는 반드시 교과용 도서의 질적 개선이 필요하다. 뿐만 아니라 교과서의 위상이 '성전'과 같던 유일한 학습자료에서 '다양한 학습자료 중의 하나'로 변화한 만큼 이에 따른 교과서 정책이 변화될 필요가 있다.

그러나 우리나라의 현실에서 현재의 교과용 도서의 편찬 제도는 불가피한 점도 있고, 한편으로는 교과서 발행에 많은 기여를 한 것도 인정되지만, 교과서 발행에 국가가 너무 많이 관여하고 획일화하여 학생들의 창의성 및 다양성 계발을 어렵게 한 측면이 있다(정민택, 2005).

이런 점에서 우리나라의 교과서 편찬 상황도 국정도서의 수는 점차 줄이고, 검ㆍ인정도서, 특히 인정도서를 계속 확대해 나가는 추세에 있다. 우리나라는 이미 인정도서의 비율이 80%를 넘어섰고(최진원, 2021), 최근에는 자유발행제 도입을 위한 논의도 활발해지고 있다.

## 2) 교과서 공급 제도

우리나라 교과용 도서의 공급은 해방 직후부터 1977년 2월까지 발행사별 지정 공급인정제로 민간이 담당하여 왔다(이현일, 2000). 그러나 1977년 3월 신문지상에 교과서의 발행사별 주문과 공급 과정에서의 채택 비리, 금품 수수 및 부교재 끼워 팔기 등의 부작용에 관한 사실이 알려지면서 같은 해 8월 당시 시행되어 오던 「교과용 도서 저작ㆍ검인정령」이 폐지되고, 「교과용 도서에 관한 규정」이 제정되면서 국정교과서

(주)를 공급 대행 기관으로 지정하였다.

그러나 1998년 IMF 이후 정부의 공기업 민영화 계획의 일환으로 국정교과서(주)가 민영화됨에 따라 교육부는 잠정적인 조치로 2년간(2000학년도 1학기 교과서 공급까지) 인수 기업인 대한교과서주식회사가 교과서 공급 업무를 대행하도록 하였다. 2001학년도 1학기부터는 새로운 공급 체제가 적용되었는데 그 주요 골자는 교과서 공급을 시장 기능에 의한 자율 공급 체제로 전환하고, 공급 경비를 절감하기 위해서 교과서 발행사가 공동으로 출자하여 설립한 재단법인 '한국교과서연구재단'을 일부 개편하여 중앙공급 총괄기관으로서 교과용 도서 공급 업무를 담당하도록 하였다.

일반적으로 교과서를 공급하는 방식은 크게 급여제와 대여제로 나뉜다. 급여제는 교과서를 학생 1인당 한 권씩 아예 주는 것이며, 대여제는 교과서를 학생에게 빌려주는 제도다. 또한 교과서를 학생에게 교과서값을 받지 않고 주는 무상제와 교과서값을 내는 유상제로 구분된다. 무상제는 대개 교과서 값을 학생이 지불하는 것이 아니라 국가, 시·도 교육청, 학교 등에서 지불한다.

### (1) 교과서 급여제

교과서 급여제(敎科書 給與制)는 학생에게 교과서를 직접 제공하여 개인이 교과서를 소유, 관리, 활용하게 하는 것을 말한다. 함수곤 등(2000)은 교과서 급여제를 다음과 같이 나누고 있다. 교과서 급여제는 무상 급여제와 유상 급여제로 나눌 수 있는데, 의무교육 단계의 학생에게는 무상 급여제, 의무교육 이외의 단계 학생에게는 유상 급여제, 또는 대부분의 일반 학생에게는 유상 급여제, 일부 저소득층 빈곤 학생에게는 무상 급여제를 적용하는 절충식 급여제로 구분할 수 있다. 또한 일부의 교과서를 무상 급여나 무상 대여제로 하는 혼합 방식도 있다. 교과서 급여제의 장점은 다음과 같다.

- 사용 시기의 적이성: 교과서의 개인 소유를 보장하기 때문에 학습자가 학습 장소와 학습 시기에 구애받지 않고 필요한 경우 언제나 교과서를 유효적절하게 활용할 수 있다.
- 사용 방법의 적절성: 교과서가 개인 사유물이기 때문에 책에 메모, 밑줄, 색칠 등이 가능하여 자유롭게 활용할 수 있다.
- 교과서에 대한 개인적 애착심: 국가나 지역, 학교 등에 대한 소속감, 자부심 등과

같은 일체감과 연대 의식을 느낄 수 있고, 신선감과 기대감을 줄 수 있다.

- 위생적 활용: 교과서를 개인이 사용하고, 보관하기 때문에 위생적이고 깨끗하게 사용할 수 있다.

이러한 장점이 있는 반면, 매년 전 학생에게 방대한 수량의 교과서를 개인 소유로 지급해야 하기 때문에 일회성 소모품적인 교과서를 대량으로 제작해야 한다는 점과 교과서 내용 구조의 개선이나 판형, 지질, 인쇄 등 외형 체제의 품질 향상에 막대한 재정 부담으로 교과서의 질적 향상을 꾀하기 어렵다는 단점이 있다. 이러한 단점 때문에 급여제 아래에서는 고급 교과서를 만들기는 매우 어렵다. 교과서 대여제를 실시하고 있는 선진국의 교과서와 개인 급여제를 실시하고 있는 국가의 교과서를 비교해 보면 그 내용과 외형의 품질 면에서 차이를 발견할 수 있다.

우리나라의 경우, 초 · 중 · 고등학생 모두에게 교과서를 무상으로 지급하는 무상 급여제를 실시하고 있다.

## (2) 교과서 대여제

교과서 대여제(敎科書 代與制)란 교과서를 학생 개인 소유로 지급하지 않고 국가나 지방자치단체 또는 학교 등의 소유로 일정한 장소에 비치하여, 선 · 후배 학생들이 일정한 기간 동안 대를 이어서 계속적으로 공동 관리, 활용하게 하는 제도를 말한다. 요컨대 교과서의 사유화를 인정하지 않고 교과서를 공유물로 이용하게 하는 제도다.

교과서 대여제는 일단 제작된 교과서를 개인이 한번 사용하고 폐기하는 급여제와는 달리 수년 동안 선후배가 계속하여 공동 사용하는 제도이기 때문에 투자 효과 면에서 상당한 이점이 있다. 교과서 대여제의 장점은 다음과 같다.

- 질 높은 교과서 제작 용이: 무엇보다 교과서를 교수 · 학습에서 요구되는 제 조건을 구비한 질이 높은 교과서로 만들기에 용이한 점이 큰 장점이라 할 수 있다.
- 교과서의 고급화: 장기간 물려 쓸 수 있도록 표지, 지질, 제본 등의 내구성과 견고성을 각별히 고려해야 하고, 활자, 삽화, 사진, 색도, 디자인 등의 선명도, 미려도 등에 주의를 기울여야 하기 때문에, 교과서의 내적 · 외적 질이 향상될 수밖에 없다.

그러나 학교 교육에서 교수·학습의 필요와 학습자의 요구를 충족시킬 수 있는 질 높은 교과서를 확보할 수 있다는 장점에도 불구하고, 교과서 대여제는 교과서 공급제가 가지고 있는 장점을 단점으로 안고 있다. 즉, 국가나 시·도 교육청 등에서는 고급 교과서를 제작하여 이를 공급하고, 학교에서는 이를 보관하고, 활용에 필요한 시설과 인력 자원을 확보해야 한다는 재정적 부담을 안게 되고, 교과서를 생산하기 위한 우수한 연구진, 출판과 관련된 인력, 시설 등을 교체 보완해야 한다는 점이 문제가 될 수 있다. 뿐만 아니라 새 학년, 새 학기가 되어 사용하게 되는 교과서가 아무리 내적·외형적 수준이 우수하고 고급이라 하여도 이미 누군가가 사용하던 것이라는 점에서 학습자의 기대감과 신선감이 반감될 수 있다. 또한 당해 연도에 사용하고 또 다른 후배에게 물려주어야 하기 때문에 개인의 학습하는 방법에 따라 자유로이 활용하지 못하고 제약을 받게 되는 단점도 있다.

현재 미국, 영국, 프랑스, 캐나다, 오스트레일리아, 네덜란드, 벨기에 등과 같은 국가는 교과서 대여제를 시행하고 있고, 독일, 스웨덴, 스위스 등과 같은 일부 국가는 급여제와 대여제의 혼합 방식을 채택하고 있다.

## 3) 교과서 채택 방법

앞서 살펴본 것처럼, 정부의 검·인정 교과서 확대 정책으로 인하여 일선 학교의 교과서 선정과 채택 활동이 더욱 활발해졌고, 교과서 선정을 위한 교사의 역할이 매우 중요해졌다. 즉, 교과서를 채택할 때 공정하고 투명하게 하고, 건전한 경쟁을 유도하는 것이 필수 조건이 되면서 교과서를 선정하고 채택하는 데 교사의 권한이 더욱 강화되었다.

분명한 것은 교과서 선정과 채택은 교과서 이외의 요인이 아니라 교과서의 질을 기준으로 이루어져야 한다는 것이다. 발행사 간의 교과서 질 향상을 위한 경쟁을 유도하고 이를 토대로 하여 우수한 교과서가 공급되고 채택됨으로써 국가 교육의 수준도 향상될 수 있다.

우리나라의 경우, 「교과용도서에 관한 규정」(대통령령)에 따르면, "학교의 장은 국정도서가 있을 때는 이를 사용하여야 하고, 국정도서가 없을 때는 검정도서를 선정·사용하여야 하며, 국정도서와 검정도서가 없는 경우 또는 이를 선정·사용하기 곤란하거나 보충할 필요가 있는 경우에 인정도서를 선정·사용할 수 있다".

학교의 장은 해당 학교에서 사용할 검정도서 또는 인정도서를 선정할 때는 해당 학교 소속 교원의 의견을 수렴한 후, 해당 학교의 학교운영위원회의 심의(사립학교의 경우에는 자문)를 거쳐야 하고, 사용하고 있는 검정도서 또는 인정도서를 변경할 경우에도 해당 학교의 학교운영위원회의 심의를 거쳐야 한다.

그러나 현실적으로 일선 교사들은 교과서를 선정·채택하는 데 상당한 곤란을 겪고 있다. 예컨대, 중학교의 경우 선정해야 할 과목과 교과서의 종수에 비하여 선정 채택을 담당할 교사들이 각 학교마다 1~2명씩밖에 없는 경우도 적지 않고, 교과서를 충분히 검토할 시간이 부족하며, 교육청에는 소속 학교 교과서 채택에 도움을 줄 수 있는 평가자료가 부족한 실정이다. 따라서 일선 학교에서 질 높은 교과서를 제대로 선정하고 채택하기 위해서는 필요한 교과서 평가자료가 제공되어야 한다.

교과서 평가자료란 교과서 채택 과정에서 활용할 수 있는 여러 자료를 통칭하여 부르는 용어다. 교과서 선정과 채택을 목적으로 생산된 자료뿐만 아니라, 다른 목적으로 생산된 자료라도 교과서 채택 과정에서 활용할 수 있다면 교과서 평가자료의 범주에 포함시킬 수 있다.

일반적으로 교과서 평가자료는 교과서 검정 심사 자료, 교과서 발행사의 홍보 자료, 학회 및 교과 교사 모임 등의 교과서 평가자료 등 여러 가지를 들 수 있다.

### (1) 검정 심사 자료

교과서 검정 심사 자료란 교과서의 자격 여부를 평가한 자료로, 검정에 합격한 교과서에 한해서 검정 과정에서 파악한 교과서 내용 검토 의견을 제공하여 교과서의 수정, 보완을 요구하고 있다. 따라서 심사본 교과서와 선정 채택용 교과서는 상당한 정도로 달라질 수 있기 때문에, 심사본의 검정 심사 자료를 평가자료로 사용하는 데 한계가 있다는 약점이 있다.

### (2) 발행사 홍보 자료

발행사는 자기 회사가 만든 교과서가 채택될 수 있도록 홍보 자료를 제출하는데, 교과서 집필 계획서와 교과서 홍보용 설명 자료가 여기에 속한다. 이러한 자료는 대개 교과서의 특징 및 장점이 과장되어 서술되고 단점이나 미흡한 점에 대한 내용을 제시하지 않는 경향이 있다.

### (3) 교사 모임 및 학회 자료

학회나 교과 교사 모임에서 교과서 채택에 도움이 되는 자료를 제공하기도 한다. 이러한 자료는 학회와 교과 교사 모임의 성격이나 평가자의 성향이 반영되므로 다양한 입장의 자료를 상호 비교 검토할 필요가 있다.

## 4. 디지털교과서

21세기는 정보화 사회로서 정보 수집과 처리 능력, 문제를 해결하는 능력, 창조적인 아이디어의 계발, 새로운 상황에 유연하게 대처하는 능력, 다른 사람과 상호작용하는 능력 등이 요구된다. 이런 사회에 대응하기 위하여 교육과정이 개정되고, 개정된 교육과정에 대응하여 교과서도 변해야만 한다.

디지털교과서는 기존의 서책형 교과서가 지닌 교과 내용에 학습 지원 및 관리 기능과 풍부한 학습 자료를 추가로 제공할 수 있도록 한 미래형 교과서다(김아영, 2020). 디지털교과서의 개발 초기에는 다양한 명칭 및 개념 즉 전자책, 전자교과서, 디지털교과서 등이 혼용되면서 혼란이 생기기도 하였으나, 최근에는 서로 명확하게 구분되어 정의되고 있다(정영식, 2008; 최미애, 2011).

표 7-5 디지털교과서와 유사 개념 비교

| 구분 | 전자책 | 디지털콘텐츠 | 전자교과서 | 디지털교과서 |
|---|---|---|---|---|
| 자료 형태 | 텍스트, 이미지 | 멀티미디어 | 텍스트, 이미지 | 멀티미디어 |
| 교육과정 | 미반영(무관) | 반영(리소스) | 반영(디지털화) | 반영(재구성) |
| 교수설계 | 무관 | 특징 모형 | 탈모형 | 다양한 모형 |
| 상호작용 | 없음 | 개인적 | 없음 | 사회적 |
| 법적 근거 | 없음 | 없음 | 없음 | 국정, 검정, 인정 |

출처: 정영식(2008).

〈표 7-5〉에서 볼 수 있듯이 유사한 네 종류의 자료인 전자책, 디지털콘텐츠, 전자 교과서, 디지털교과서는 자료 형태, 교육과정 반영 정도, 교수설계 가능성, 상호작용, 법적 근거의 측면에서 차이가 있다.

최근에는 디지털교과서의 기능이 더욱 확장되었다. 기존 교과 내용(서책형 교과서) 에 용어 사전, 멀티미디어 자료, 실감형 콘텐츠, 평가 문항, 보충 및 심화 학습 내용 등 풍부한 학습 자료와 학습 지원 및 관리 기능이 추가되고, 에듀넷 T-클리어 등 외부 자료와 연계가 가능하게 되었다.

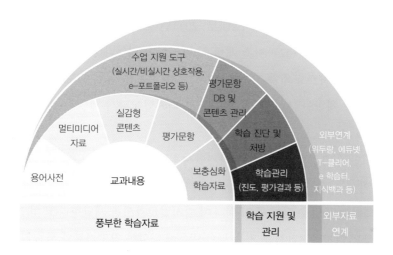

[그림 7-3] 디지털교과서 개념도

출처: 김아영(2020).

이러한 디지털교과서의 개념을 구성요소와 대상에 따라 개발유형 측면, 교과내용 측면, 매체 측면, 교수학습 측면, 학습자 측면에서 규정하기도 한다(임정훈, 2010: 장시 준 외, 2020 재인용).

개발유형 측면에서는 서책형 교과서의 텍스트에 이미지의 구성과 새로운 배치를 통하여 학습에서 친숙함을 유도하는 교과서다.

교과내용 측면에서는 학교 교육과정의 체계를 따라 기존 교과서의 내용을 포함하고 다양한 학습관련 데이터베이스와의 연동으로 교과내용을 보충, 심화하는 교과서다.

매체 측면에서는 텍스트, 그림, 동영상, 음성, 그래픽, 애니메이션 등이 있는 멀티 미디어 학습자료를 제공하는 교과서다.

교수학습 측면에서는 컴퓨터와 학생, 교사와 학생, 학생과 학생, 학생과 관련된 단체 간의 다양한 쌍방향 상호활동을 강조하는 교과서다.

마지막으로 학습자 측면에서는 학습자 스스로 자료를 탐색, 활용, 변형이 가능하도록 지원, 학습자 능력에 따른 수준별, 단계별 학습지향, 하이퍼텍스트, 하이퍼미디어 기능 제공으로 자율적, 자기주도적 학습을 유도하는 교과서다.

우리나라 디지털교과서는 2007년 2월 2007 개정 교육과정이 고시되면서 '학습자 중심의 다양하고 질 높은 교과용 도서' 편찬을 강조한 데서 시작하여 'e−교과서 개발・보급 기본 계획'(2010.4.2.)을 토대로, 2011년 국어, 수학, 영어 교과를 대상으로 서책형 교과서와 함께 e−교과서를 개발 및 보급하게 되었다(김혜숙, 차조일, 2013).

이후 '2011년 스마트교육 추진 전략 실행 계획안'(2011.10.12.), '2012년 디지털교과서 개발 및 적용 계획안'(2012.1.)을 발표하고 디지털교과서 개발을 본격적으로 추진하였다(장덕호, 2017).

이들 계획안에 따르면, 21세기 지식기반사회의 자기주도적・창의적 인재 양성에 기여하고, 학생들의 무거운 책가방을 해소하며, 학부모들에게는 학습지와 참고서를 별도로 구입하는 부담을 덜어 주기 위하여 디지털교과서를 개발한다고 하였다.

이때 구상된 디지털교과서는 기존 교과 내용에 다양한 참고자료와 학습지원 기능이 부가된 미래형 교과서로, 사진, 동영상, 애니메이션 등의 멀티미디어 자료와 평가 문항, 사전 등 다양한 학습 참고자료를 지원하는 것이다. 일반 PC는 물론, 스마트 패드・스마트 TV 등 다양한 단말기에서 사용가능한 형태로 개발하여 시간과 장소에 관계없이, 언제 어디서나 개인의 단말기를 활용한 맞춤형 학습이 가능하도록 하는 것이다.

이를 위해 2012년까지 디지털교과서가 교과서로서의 법적 지위를 부여받을 수 있도록 관련 법제를 정비하는 한편, 민간 개발사들이 질 높은 디지털교과서를 개발할 수 있도록 개발 표준 및 기술・내용 표준을 제시하고, 2013년까지 교사와 학생들이 디지털교과서를 효과적으로 활용할 수 있도록 디지털교과서 교수・학습 모델을 개발하여, 2015년까지 서책형 교과서와 병행하여 사용한다고 하였다(교육과학기술부, 2011).

이후 박근혜 정부에서는 '참고서가 필요 없는「교과서 완결 학습체제」마련'을 위해 디지털교과서의 병행 사용을 추진하겠다는 계획을 밝힌 바 있으나, 2014년 전면 적용을 앞두고 2013년 8월 도입에 대한 타당성 검증 미흡에 대한 문제 제기로(이경아,

2016) 향후의 병행 사용을 위한 적용 교과와 학년만을 밝힌 채 뚜렷한 추진 실적을 내지 못하였다.

2017년에는 4차 산업혁명 대비 창의인재양성을 위한 교육 혁신으로서 디지털교과서의 확대 및 활용을 강조하면서, 실감형 디지털교과서 개발 및 지능형 학습분석 플랫폼 구축 방안으로 제시하였다. 특히 가상현실(VR) 및 증강현실(AR)을 도입한 실감형 디지털교과서를 개발하고, 초등학교를 시작으로 무선망·태블릿 PC 등 인프라를 확충, 2017년 초등 3~4학년 및 중등 1학년의 사회·과학·영어 디지털교과서를 개발, 2018년 적용을 추진하였다. 2021년 현재까지 개발·보급된 학교급별 디지털교과서 현황은 〈표 7-6〉과 같다.

표 7-6  현재 개발·보급된 디지털교과서 현황(2021년 5월 기준)

| 학교급 | 현황 | 비고 |
|---|---|---|
| 초등학교 | • 3~6학년<br>• 사회, 과학, 영어(총 5종) | −사회, 과학: 국정<br>−영어: 검정 |
| 중학교 | • 사회(①, ②−각 8종)<br>• 과학(1, 2−각 5종, 3−4종)<br>• 영어(1, 2, 3−각 13종) | −사회, 과학, 영어: 검정 |
| 고등학교 | • 영어(11종), 영어회화(4종), 영어 I(9종)<br>• 영어 독해와 작문(5종) | −영어: 검정 |

출처: 에듀넷 T-CLEAR 디지털 교과서(https://dtbook.edunet.net/), 표로 재구성하였음.

교육부는 2023년 6월 학생 한 명 한 명이 중요한 초저출산 시대에 에듀테크를 활용하여 교육격차를 완화하고 모두를 인재로 키우는 맞춤교육을 실현한다는 목적으로 'AI 디지털교과서 추진 방안'을 제시하였다.

이 방안에 따르면, AI 디지털교과서란 AI 기반 학생 진단·분석을 바탕으로 교사·학부모에게 학생의 객관적인 학습 정보를 제공하고, 개별 학생에게는 학업성취도 및 특성을 고려한 최적의 학습경로와 학생 맞춤 처방 및 지원을 제공하는 교과서다.

추진 방안의 핵심 내용은 다음과 같다. 첫째, 2025년 수학, 영어, 정보, 국어(특수교육) 교과에 우선 도입하고, 이후 국어, 사회, 과학 등 전과목 도입을 목표로 2028년까지 단계적으로 확대 추진한다. 단, 발달단계, 과목특성 등을 고려하여 초등 1~2학년, 고등학교 선택과목, 예체능(음·미·체), 도덕 교과는 제외한다.

둘째, 학습분석 결과에 따라 느린 학습자를 위한 보충학습과 빠른 학습자를 위한 심화학습 제공 등 맞춤학습 지원이 가능하도록 개발한다. 기본개념, 학습결손 해소용 보충학습, 토론, 논술 등 심화학습 과제를 제공한다.

셋째, 웹에 쉽게 접근할 수 있도록 웹 표준(HTML 등)을 개발하고, 별도 프로그램이 필요 없는 클라우드(SaaS) 기반의 디지털교과서 플랫폼을 구축한다.

넷째, 정부와 공공기관은 통합학습기록저장소(통합로그인, 대시보드 등 포함)를 구축하고, 과목별 디지털교과서는 민간이 개발한다. 국가 · 지역단위 학습분석 결과 제공 등을 통해 교육청의 정책추진을 지원하고, 학습데이터 공유 등 향후 시 · 도교육청 'AI 교수 · 학습 플랫폼' 구축사업과 연계 지원한다. AI 디지털교과서 적용 일정(안) 〈표 7-7〉과 같다.

**표 7-7  AI 디지털교과서 적용 일정**

| 구분 | | 2025년 | 2026년 | 2027년 | 2028년 | 비고 |
|---|---|---|---|---|---|---|
| 초등학교 | 국정 국어 | 국어 ③, ④ | 국어 ⑤, ⑥ | – | | 특수교육 기본 교육과정 |
| | 국정 수학 | | 수학 ③, ④ | 수학 ⑤, ⑥ | | |
| | 검정 국어 | | 국어 3-1, 3-2, 4-1, 4-2 | 국어 5-1, 5-2, 6-1, 6-2 | | 공통 교육과정 |
| | 검정 수학 | 수학 3-1, 3-2, 4-1, 4-2 | 수학 5-1, 5-2, 6-1, 6-2 | – | | |
| | 검정 영어 | 영어 3, 4 | 영어 5, 6 | – | | |
| | 검정 사회 | | 사회 3-1, 3-2, 4-1, 4-2 | 사회 5-1, 5-2, 6-1, 6-2 | | |
| | 검정 과학 | | 과학 3-1, 3-2, 4-1, 4-2 | 과학 5-1, 5-2, 6-1, 6-2 | | |
| | 인정 학교자율시간 (정보) | | | | | |
| 중학교 | 국정 선택 | | | 생활영어 1, 2, 3 | 정보통신 1, 2, 3 | 기본 교육과정 |
| | 검정 수학 | 수학 1 | 수학 2 | 수학 3 | | 공통 교육과정 |
| | 검정 영어 | 영어 1 | 영어 2 | 영어 3 | | |
| | 검정 정보 | 정보 | – | – | | |
| | 검정 국어 | | 국어 1-1, 1-2 | 국어 2-1, 2-2 | 국어 3-1, 3-2 | |

| 구분 | | | 2025년 | 2026년 | 2027년 | 2028년 | 비고 |
|---|---|---|---|---|---|---|---|
| 고등학교 | 국정 | 사회 | | | 사회 ①, ② | | |
| | | 역사 | | | 역사 ①, ② | | |
| | | 과학 | | 과학 1 | 과학 2 | 과학 3 | |
| | | 기술·가정 | | 기술·가정 ①, ② | | | |
| | | 선택 | | | 생활영어 1, 2, 3 | 정보통신 1, 2, 3 | 기본 교육과정 |
| | 검정 | 수학 | 공통수학1, 공통수학2 | – | | | |
| | | 영어 | 공통영어1, 공통영어2 | – | | | |
| | | 정보 | 정보 | | | | |
| | | 국어 | | | | 공통국어1, 공통국어2 | |
| | | 사회 | | | | 통합사회1, 통합사회2 | |
| | | 역사 | | | | 한국사1, 한국사2 | |
| | | 과학 | | | | 통합과학1, 통합과학2 | |
| | | 기술·가정 | | 기술·가정 | | | |
| 합계(책) | | | 18책 | 32책 | 29책 | 17책 | |
| | | | 총 96책 | | | | |

※검토 기준
• 발행사의 개발 부담 완화를 위해 개발 연도별(2024~2027) 신규 과목(국어, 역사, 기술·가정)과 기존 과목(사회, 과학, 영어)의 비중을 고려
• 디지털교과서 사용도가 높은 초등(2027년 완성) → 중·고(2028년 완성) 순으로 적용
• 학생 발달 단계를 고려하여 초등 1~2학년군과 심미적 감성, 사회·정서능력과 인성을 함양하는 과목(도덕, 음악, 미술, 체육)은 적용 대상에서 제외

　하지만 디지털교과서의 사용에 따라 해결해야 할 과제도 적지 않다.
　첫째, 협업과 공유의 공간으로서 '교사 참여형 디지털교과서 체제'가 필요하다. 대부분의 교사들은 주어진 교과서대로 가르치기보다 학습자의 학습 능력, 학습 방법의 선호도, 환경, 학교 행사 등 다양한 맥락적 요인을 고려하여 교육내용을 재구성한 교

수·학습 자료를 활용하여 수업하고 있다. 더 이상 교사들은 주어진 교과서대로 가르치는 수동적 입장이 아니라 교육과정을 해석하고 가장 적합한 내용과 방법으로 교육과정을 운영하는 능동적 교육과정 실행자다. 이러한 관점에서 볼 때, 현재의 디지털교과서처럼 개발자가 다시 수정하지 않는 이상 수정이 어려운 형태보다는 교사가 자유롭게 페이지 내용을 수정·보완할 수 있는 형태로 발전시킬 필요가 있다.

둘째, 학생들의 디지털 기술 역량이 필요하다. 싱가포르 Nan Chiau Primary School의 사례(안성훈 외, 2020)는 시사하는 바가 크다. 이 학교에서는 모바일 테크놀로지를 활용하여 학년에 따른 학습 경험을 3단계로 구분하여 체계적으로 운영하고 있다. 첫 번째 노출(Exposure) 단계에서는 산술, 리터러시, ICT 활용 능력 등에 대한 기초를 다지며, 두 번째 경험(Experiential) 단계에서는 ICT를 활용한  협력 학습 환경을 구성하여 비판적이고 창의적인 사고 능력을 기른다. 이때 교사는 학습 플랫폼을 이용하여 학생들의 학습에 필요한 교육 정보를 지속적으로 제공하며, 학생은 모바일 또는 태블릿 기기를 활용해 학습활동을 수행한다. 세 번째 향상(Enhancement) 단계에서는 학생들이 이전 단계들에서 학습한 내용을 확산시키며, 새로운 과제에 도전하고, 학생 스스로 학습에 대한 아이디어를 분명히 하며, 다른 학생들과 함께 지식을 구성하고, 실제 상황에 적용해 보는 프로젝트 작업을 수행한다.

셋째, 디지털교과서를 둘러싼 가장 첨예한 논란은 저작권 문제라고 할 수 있다. 현재 교과서에 사용된 저작물은 일정 부분 저작권이 유예되거나 혹은 낮은 가격에 일괄 저작권료를 지불하도록 하고 있다. 교육목적이라는 '공익적 특수성'을 고려해 저작권 행사를 일정 부분 제한한 것이다. 그러나 디지털교과서는 매체 특성상 동영상과 사진, 예술작품 등 다양한 저작물을 더 많이 필요로 하므로, 관련된 주체가 많은 만큼 더 정교한 저작권 지불 모델이 필요하며 적절한 수준의 저작권료를 정하는 것도 과제라고 볼 수 있다.

넷째, 학교 현장에 디지털교과서를 전면적으로 도입하기 위해서는 단말기 구입, 하드웨어 구축, 유지보수 체계 구축 등 물리적인 환경이 조성되어야 하는데 그에 소요되는 예산은 천문학적인 수준이다. 디지털교과서는 쓰기가 가능한 휴대용 컴퓨터에 교과서 내용을 별도 프로그램 형태로 설치해 이용하는 방식으로 높은 사양이 필요하므로, 전국 초·중·고등학생 모두에게 보급할 경우 소요되는 예산을 확보하는 것이 쉽지 않다(이경아, 2016).

# 참 고 문 헌

경상대학교 중등교육센터(2001). 제7차 교육과정과 교과서. 교육과학사.

교육과학기술부(2011). 스마트교육 추진 전략.

교육부(2018). 미래와 만나는 ICT연계교육 및 SW교육 추진계획(안).

교육부(2020). 그린스마트 미래학교 추진계획.

교육부(2023). AI 디지털교과서 추진 방안.

김대현, 김은주, 류영규(2021). 디지털교과서에 대한 초·중학교 교사의 활용 실태와 영향 요인 탐색. 한국교과연구재단 정책연구보고서.

김아영(2020). 초등영어 디지털교과서 활용에 관한 교사, 학부모, 학생의 인식 조사. 서울교육대학교 교육전문대학원 석사학위논문.

김혜숙, 차조일(2013). e-교과서와 디지털교과서 정책에 대한 교사의 인식 연구. 열린교육연구, 21(4), 275-298.

박창언, 강전훈, 이윤하(2021). 좋은 교과서의 조건과 교과서 자유발행제 추진 방향 분석. 교과와 교과서 연구, 1(1), 14-34.

송인발(2010). 우리나라 국검정 도서의 인정화와 전망. 교과서연구, 60, 4-10.

안성훈 외(2020). 디지털교과서 현황 분석 및 향후 추진 방안 연구. 한국교육학술정보원 연구자료 KR 2020-2.

안성훈 외(2023). 2022 교육과정에 따른 디지털교과서 개선 방안 연구. 한국교육학술정보원 연구자료 2023-01.

이경아(2016). 디지털교과서의 전면 도입의 문제점과 개선 방안. 이슈 브리핑, 29호, 1-6.

이문학, 장성준(2015). 국내 디지털교과서 연구 경향에대한 메타분석. 한국출판학연구, 41(1), 23-43.

이현일(2000). 교과서 공급 제도 개선의 의의. 교과서연구, 35, 53-55.

임광빈(2007). 미래 교육과 디지털교과서. 교과서연구, 51, 7-12.

장덕호(2017). 디지털교과서 정책의 쟁점 분석 및 개선을 위한 시사점 탐색 연구. Journal of Digital Convergence, 15(8), 15-23.

정민택(2005). 교과용 도서 편찬 제도. 교과서연구, 44, 33-38.

정준섭(1989). 국어과 교과서의 편찬: 현행 교과서 제도를 중심으로. 배달말교육, 7(1), 1-29.

정찬섭, 권명광, 노명완, 전영표(1992). 교과용 도서 체제 개선을 위한 인간공학적 연구. '91 교육부 정책 과제.

최진원(2021). 교과서 발행제도 변화와 저작권법 제25조의 재고: 교과서 자유발행제 추진과 관련하여. 산업재산권, 제66, 367-415.

한국교과서연구재단(2004). 교과용도서 내적 체제 개선에 관한 연구.

함수곤(2000). **교육과정과 교과서**. 대한교과서(주).

교육정책네트워크정보센터해외동향(2021.05.11. 인출). https://edpolicy.kedi.re.kr/frt/boardView.do?strCurMenuId=55&nTbBoardArticleSeq=819087

에듀넷 T−CLEAR 디지털 교과서(2021.05.10. 인출). https://dtbook.edunet.net/

Part III

# 교육과정 정책과
# 평가

···How to understand and shape curriculum···

CHAPTER

08

# 국가수준 교육과정의 개정과 2022 교육과정

해방 이후 우리나라 국가수준 교육과정은 교수요목 시대에서 출발하여 2022년 12월 2022 교육과정이 고시되는 동안 십여 차례 이상 개정되었다. 개정에는 상당한 이유가 있지만, 전반적으로 보면 사회의 변화에 따른 요구에 부응하고, 교과와 특별활동의 내용과 형식이 체계화되었으며, 지역과 학교의 자율성이 확대되는 방향으로 전개되었다.

이 장에서는 국가수준 교육과정 개정과 2022 교육과정의 성격과 주요 내용을 다룬다. 구체적인 학습과제는 다음과 같다.

- 교육과정 변화의 단계를 이해한다.
- 교육과정의 개정 주기와 규모를 이해한다.
- 2022 교육과정의 개정 배경, 과정, 이념 및 기본 방향, 주요 성격과 구조적 특징, 편제를 알아본다.

## 1. 교육과정의 변화 단계

대부분의 교육과정 학자들은 교육과정 변화를 다음 4단계로 설명한다. 각 단계는 분석을 목적으로 구분되며, 실제로는 서로 깊이 연관되어 있어서 그 경계를 긋기 어렵다.

첫째, 문제 제기 단계다. 이는 교육과정 개편의 필요성을 느끼고 표현하며 이에 대한 해결책을 찾으려는 단계다. 예를 들어, 정보화 사회의 도래와 관련하여 현행 교육과정의 문제점은 없는가, 이를 해결하기 위하여 어떤 대비책이 마련되어야 하는가 등의 문제를 제기하는 단계다.

둘째, 착수와 채택 단계다. 착수는 교육과정에 대한 새로운 요구를 수용하기 위하여 적절한 대비책 마련에 들어가는 단계다. 채택은 가장 적합한 수단을 찾아내어 대비책으로 삼는 단계를 말한다. 예를 들어, 정보화 사회에 맞는 교육과정을 만들기 위하여 '컴퓨터 교육'과 같은 교과를 신설하는 것에서부터 모든 교과에서 정보화 문제를 다루도록 하는 데까지 다양한 아이디어를 창출하고 채택한다.

셋째, 운영 단계다. 운영은 채택된 아이디어에 바탕을 둔 교육과정을 현장에서 실행에 옮기는 과정을 말한다. 새로운 교육과정이 효과적으로 운영되기 위해서는 프로그램, 인사, 조직 등의 정비가 있어야 한다. 예를 들어, 새로 만든 교육과정에 문제가 있다든지, 교육과정을 운영하는 데 관여하는 인사들이 열의나 능력이 없다든지, 학내의 인적 · 물적 조직이 새 교육과정의 운영과는 무관하게 조직되어 있다면 교육과정의 성공적 운영은 기대하기 어렵다. 앞의 사례를 생각하면, 새로 만든 컴퓨터 교과 교육과정이 잘못되었거나, 이 과목을 담당하게 될 교사가 컴퓨터의 사용법을 모르거나, 컴퓨터 교육을 위한 시설이 전혀 갖추어지지 않았다면 새 교육과정은 제대로 운영될수 없다.

넷째, 정착 단계다. 정착은 새 교육과정이 제대로 운영되어 지속되는 단계다. 새 교육과정의 정착에는 많은 시간이 걸린다. 학교의 교육과정 운영자는 서서히 새 교육과정을 수용하며 자신의 환경에 맞게 고쳐서 사용한다. 교육부와 교육청은 정착을 촉진하기 위하여 권고, 압력, 지원 등의 조치를 취할 수 있지만, 궁극적으로는 양질의 교육과정, 운영자들의 적극적인 수용 태세, 적합한 학교 환경 등에 의하여 교육과정은 정착된다. 예를 들어, 질 높은 컴퓨터 교과 교육과정과 자료의 개발, 담당교사의 열의와 전문성, 학교행정가와 동료들의 지지, 컴퓨터실의 확충 등으로 정보화 사회에 대비하는 새 교육과정이 정착된다.

## 2. 교육과정 개정 주기와 규모

교육과정 변화는 개정의 주기와 규모에 따라 다양한 모습을 보인다. 개정 주기는 주기적 개정과 수시 개정으로 구분할 수 있다. 주기적 개정은 교육과정을 개정할 때 일정한 기간을 정해 놓고 개정 작업을 추진하는 것을 말하며, 수시 개정은 기간을 설정하지 않고 필요할 때 수시로 개정하는 것을 의미한다.

개정의 규모는 전면 개정과 부분 개정으로 나뉜다. 전면 개정은 교육과정을 개정할 때 총론과 교과별 각론 전부를 개정하는 것을 말하며, 부분 개정은 그중의 일부를 개정하는 것을 뜻한다. 예를 들면, 부분 개정은 학교급(초등학교, 중학교, 고등학교 등),

학교 종류(일반계, 전문계, 특목계 학교 등), 교과(국어, 수학, 사회, 과학 등) 중에서 일부를 개정하는 것을 가리킨다.

또한 개정은 시기와 규모 면에서 교육과정 전체를 한 번에 개정하는 일시 개정과 전체를 부분으로 나누어 순차적으로 개정하는 순차 개정으로 구분할 수 있다.

김재춘(2003: 309)은 교육과정 개정 방식의 유형을 전면 · 일시 개정, 부분 · 수시 개정 A형, 부분 · 수시 개정 B형의 세 가지 형태로 구분하였는데 〈표 8-1〉과 같다.

**표 8-1 교육과정 개정 방식의 유형**

| | 전면 · 일시 개정 | 부분 · 수시 개정 | |
| --- | --- | --- | --- |
| | | A형 | B형 |
| 개정 범위 | 총론과 각론의 전체 개정 | • 총론/각론별 개정<br>• 교과별 개정<br>• 학교급별 개정<br>• 학교 종류별 개정 | 총론/각론/교과/<br>학교급/학교 종류 중에서<br>필요한 부분만 개정 |
| 개정 시기 | 총론과 각론의 일시 개정 | • 총론과 각론을 순차적으로 개정<br>• 교과별로 순차적으로 개정<br>• 학교급별로 순차적으로 개정<br>• 학교 종류별로 순차적으로 개정 | 수시로 개정 |

교육과정 개정 방식은 각기 나름의 장점과 단점을 지니고 있다. 우리나라에서 교육과정 개정의 방식에 대한 논의는 7차 교육과정의 운영 시기인 2000년 전후에 활발히 일어났다. 우리나라 교육과정의 개정 방식은 전면 · 일시 개정의 성격이 강했다. 전면 · 일시 개정은 개정과정에서 인력이나 시간과 예산의 부족 사태가 야기되고, 개정 기간에는 모든 것을 다 개정하고 개정 기간이 지나면 개정할 사안이 있어도 개정하지 않는다는 문제점이 있다(허경철, 2003; 홍후조, 1999).

이러한 비판에 대하여 우리나라의 교육과정 개정 방식이 전면 · 일시 개정이라고 주장하는 것은 사실과 일치하지 않으며, 부분 · 수시 개정도 다음과 같은 문제점이 있다(김재춘, 2003: 312-314).

먼저, 교과별로 순차적으로 개정하는 부분 · 수시 개정(A형)의 경우에, 총론의 변화가 필요한 경우에도 그 기본 구조를 바꾸는 것이 불가능하며, 교과별 개정 순서를 결정짓는 타당한 근거를 제시하기 어렵고, 교과와 학년마다 신 교과서와 구 교과서가 병존하면서 교사와 학생이 혼란에 빠지게 될 위험이 있다.

부분·수시(B형)의 경우에도 다음과 같은 문제를 초래할 가능성이 있다. 우리 교육 체제는 총론, 교과 교육과정, 교과서, 입시제도 등의 요소들이 직선적으로 치밀하게 연계되어 있기 때문에, 총론이나 교과 교육과정의 부분·수시 개정은 연계 체제의 근본 틀을 뒤흔든다. 즉, 총론의 부분·수시 개정은 교과 교육과정의 부분·수시 개정을 요구하고, 이는 교과서의 부분·수시 개편을 초래하며, 다시 입시제도의 부분·수시 변화를 야기하게 된다. 이처럼 총론부터 교과 교육과정, 교과서, 입시제도까지 수시로 개정 내지 개편되어야 하기 때문에 우리 교육계는 혼란의 도가니 속으로 빠져들 가능성이 있다.

이와 같이 일시·전면 개정 방식과 부분·수시 개정 방식의 장단점에 대한 논란에도 불구하고, 교육부에서는 2003년 10월부터 교육과정 수시 개정 체제를 도입하였다. 교육인적자원부가 2005년 2월 25일에 발표한 '교육과정 수시 개정 체제 활성화 방안'에는 수시 개정 체제의 필요성을 다음과 같이 제시하고 있다.

> 급격한 사회 환경 변화에 따라 교육내용을 지속적으로 개선하고, 국민 각계각층의 교육과정 개정 요구를 탄력적이며 체계적으로 반영, 현장 적합성 높은 교육정책을 구현 하며 교육 수요자의 만족감을 제고하고, 질 높은 교육과정을 산출하기 위하여 수시 개 정 체제를 채택한다(교육부, 2008: 91).

교육부가 교육과정 수시 개정 체제를 채택함에 따라, 종전의 경우에 제○차 교육과정으로 교육과정에 차수를 붙이던 관행을 버리고, 교육과정을 개정한 연도에 따라 20○○ 개정 교육과정으로 불렀는데, 2007 개정 교육과정은 이러한 수시 개정 방식을 적용한 첫 번째 사례라고 할 수 있다.

2007 개정 이후 2009 개정, 2015 개정을 거쳐 2022년 12월 2022 교육과정이 고시되었다. 현재 우리나라 국가수준 교육과정은 일시에 전면 개정을 하는 방식을 취하고 있으며, 사회, 학교 현장, 학문의 요구에 따라 교육과정의 일부를 수시로 개정하는 형식을 취하고 있다.

해방 이후 우리나라 국가수준 교육과정은 다음과 같이 개정되었다. 〈표 8-2〉는 교육과정이 공포된 시기를 말하며, 통상적으로 적용은 1~3년 이후에 시작되었다.

**표 8-2** 국가수준 교육과정의 제정과 개정 시기

| 교육에 대한 긴급조치기(1945~) | 미군정 시기 |
|---|---|
| 교수요목기(1946~) | 미군정 시기 |
| 제1차 교육과정 시기(1954~1955) | 이승만 대통령 |
| 제2차 교육과정 시기(1963~) | 박정희 대통령 |
| 제3차 교육과정 시기(1973~) | 박정희 대통령 |
| 제4차 교육과정 시기(1981~) | 전두환 대통령 |
| 제5차 교육과정 시기(1987~) | 전두환 대통령 |
| 제6차 교육과정 시기(1992~) | 노태우 대통령 |
| 제7차 교육과정 시기(1997~) | 김영삼 대통령 |
| 2007 개정 교육과정(2007~) | 노무현 대통령 |
| 2009 개정 교육과정(2009~) | 이명박 대통령 |
| 2015 개정 교육과정(2015~) | 박근혜 대통령 |
| 2022 교육과정(2022~) | 윤석열 대통령 |

# 3. 2022 국가수준 교육과정의 성격과 주요 내용

## 1) 개정 배경

2022 교육과정의 개정 배경은 총론의 교육과정 구성 중점에서 제시하고 있다. 다음과 같은 사회의 변화와 시대적 요구를 반영하기 위하여 교육과정을 개정하였다.

첫째, 인공지능 기술 발전에 따른 디지털 전환, 감염병 대유행 및 기후·생태환경 변화, 인구 구조 변화 등에 의해 사회의 불확실성이 증가하고 있다.

둘째, 사회의 복잡성과 다양성이 확대되고 사회적 문제를 해결하기 위한 협력의 필요성이 증가함에 따라 상호 존중과 공동체 의식을 함양하는 것이 더욱 중요해지고 있다.

셋째, 학생 개개인의 특성과 진로에 맞는 학습을 지원해 주는 맞춤형 교육에 대한 요구가 증가하고 있다.

넷째, 교육과정 의사 결정 과정에 다양한 교육 주체들의 참여를 확대하고 교육과정 자율화 및 분권화를 활성화해야 한다는 요구가 높아지고 있다.

## 2) 개정 과정과 절차

교육부는 2021년 4월 '모두를 아우르는 포용 교육 구현과 미래역량을 갖춘 자기주도적 혁신 인재 양성'을 비전으로 2022 교육과정 추진 계획을 발표하였다. 교육부는 새로운 교육과정은 교육부의 주도가 아니라 사회적 합의 과정을 거쳐서 개발할 것이라는 점을 분명히 했다.

2022 교육과정은 '국민이 함께하는 교육과정'이라는 슬로건으로 교육부, 국가교육회의, 전국시·도교육감협의회가 협력적 거버넌스를 구축하여 추진하였다. 교육부는 개정추진위원회, 정책자문위원회, 각론조정위원회를 구성하고, 현장 의견을 수렴하기 위하여 포럼, 랜선 토론회, 정책 설명회, 공청회, 심의회 등을 운영하였다. 국가교육회의는 미래 교육 비전과 주요 쟁점에 대해서 대국민 온라인 설문조사, 국민참여단, 청년·청소년자문단을 구성하여 개선안에 대한 의견을 수렴하였다. 전국시·도교육감협의회는 교육과정 현장 네트워크를 통해서 현장 교원과 교육전문직 등의 현장 의견을 수렴하였다.

**표 8-3** **2022 국가수준 교육과정 개정 과정**

▶ **교육과정 개발 협의체**
 −교육, 현장교원, 교원정책, 공간·인공지능 등 사회 전 분야의 저명인사 전문가로 구성된 '국가수준 교육과정 개정추진위원회'와 '정책자문위원회', '각론조정위원회'를 구성·운영하여 교육과정 개발 및 쟁점 논의('21.4.~)
 ※ 개정추진위원회(총17회), 정책자문위원회(5회), 각론조정위원회(총6회)

▶ **국가수준 교육과정 포럼 운영**
 −전문가·교원·학생·학부모들의 의견 수렴으로 현장 적합성 높은 교육과정 개발
 −2021년 현장소통 포럼(4회), 2022년 학생·학부모 중심 포럼(4회)

▶ **시·도교육청 교육과정 전문직 워크숍 운영('21, '22년 각 4회, 총 8회)**
 −2022 교육과정의 학교급별 교육과정 개정 중점 관련 의견 수렴

▶ **시·도교육청 권역별 핵심교원 연수 운영**
 −현장중심의 교육개정 개정을 위한 교과별 개정 중점 관련 의견 수렴
 −권역별 200명~250명 총4권역 1,376명 연수 및 의견 수렴

▶ 정책연구진 합동워크숍
　－교육과정 개발 방향 공유 및 정책 연구팀 간의 소통을 통해 질 높은 교육과정 개발안 집중검토
　　및 현장적합성 검토(10회)

▶ 국민참여소통채널을 활용한 온라인 의견수렴
　－개정 교육과정에 대한 대국민 의견수렴을 위한 온라인 플랫폼 구축 · 개통('22.8.30.), 대국민 의
　　견수렴 실시(2회)

▶ 공청회(총론 시안, 교과 시안, 전문교과 시안, 창의적 체험활동 시안, 특수교육과정 시안 공청회)
▶ 국가교육위원회의 의결(교육부에서 제출한 시안을 두고 3회 회의)
▶ 교육부 장관의 2022 교육과정 확정 발표

2022 교육과정을 마련하기 위하여 '교육과정 개정추진위원회'와 '교육과정 정책자문위원회' 등을 중심으로 교육과정 개정 기본 방향(예: 인간상, 교육과정 개정 주안점 등)을 논의하는 한편, 총론 주요 사항 설정, 학교급별 교육과정 개선, 교과 및 창의적 체험활동 교육과정 개선, 교과 교육과정 개발 기준 마련, 학교 교육과정 자율성 강화를 위한 실행 방안 등 다양한 정책연구를 진행하였다. 이 과정에서 교육부, 국가교육회의, 전국시 · 도교육감협의회는 학생, 교원, 학부모, 일반 시민을 대상으로 하여 온라인 설문조사, 포럼, 설명회, 토론회 등을 통하여 광범위한 의견 수렴이 있었다.

이러한 과정을 거쳐서 2021년 11월 '2022 개정 교육과정 총론의 주요 사항'을 발표하고, 1년 동안의 총론과 각론 시안을 개발하고 그 결과를 바탕으로 공청회와 각론조정위원회의 논의를 거쳤다. 마지막으로 국가교육위원회에서 심의본의 의결 과정을 거쳐서 교육부 장관이 2022년 12월에 고시하였다.

2022년 12월에 확정 발표된 국가수준 교육과정의 적용 시점은 〈표 8-4〉와 같다. 교과서 개발, 검정, 선정 등의 과정을 거쳐 연차적으로 적용된다.

**표 8-4  2022 교육과정의 적용 시점**

| 학교 적용연도 | 2024 | 2025 | 2026 | 2027 |
|---|---|---|---|---|
| 초등학교 | 1, 2학년 | 3, 4학년 | 5, 6학년 | |
| 중학교 | | 1학년 | 2학년 | 3학년 |
| 고등학교 | | 1학년 | 2학년 | 3학년 |

## 3) 개정의 주요 내용

### (1) 추구하는 인간상

2022 교육과정은 홍익인간의 교육 이념을 바탕으로 〈표 8-5〉와 같이 추구하는 인간상을 제시하였다.

표 8-5 **2022 교육과정에서 추구하는 인간상**

가. 전인적 성장을 바탕으로 자아정체성을 확립하고 자신의 진로와 삶을 스스로 개척하는 자기주도적인 사람
나. 폭넓은 기초 능력을 바탕으로 진취적 발상과 도전을 통해 새로운 가치를 창출하는 창의적인 사람
다. 문화적 소양과 다원적 가치에 대한 이해를 바탕으로 인류 문화를 향유하고 발전시키는 교양 있는 사람
라. 공동체 의식을 바탕으로 다양성을 이해하고 서로 존중하며 세계와 소통하는 민주시민으로서 배려와 나눔, 협력을 실천하는 더불어 사는 사람

### (2) 총론의 주요 내용

교육부(2022)는 2022 교육과정을 '배움의 즐거움을 일깨우는 미래교육으로의 전환'이라는 주제 아래 총론의 주요 내용을 다음과 같이 제시하였다.

첫째, 미래 변화를 능동적으로 준비할 수 있도록 역량 및 기초소양 함양 교육을 강화하였다. 모든 교과 학습과 평생학습의 기반이 되는 언어 · 수리 · 디지털 기초소양을 강화하고, 지속 가능한 미래를 위한 공동체 역량 강화 및 환경 · 생태교육 확대, 디지털 기초소양 강화 및 정보교육을 확대하였다.

둘째, 학생의 자기주도성, 창의력과 인성을 키워 주는 개별 맞춤형 교육을 강화하였다. 학교급 전환 시기에 필요한 학습과 학교생활 적응을 위하여 진로 연계 교육을 도입하고, 학생 맞춤형 과목 선택권 확대, 학습에 대한 성찰과 책임을 강화하였다.

셋째, 학교 현장의 자율적인 혁신 지원 및 유연한 교육과정으로 개선하였다. 학교 자율시간으로 지역 연계 교육 및 학교와 학생의 필요에 따른 다양한 선택과목 개설을 활성화하고, 학점 기반의 유연한 교육과정, 진로 선택 및 융합 선택과목 재구조화를 통한 학생의 과목 선택권을 확대하였다.

넷째, 학생의 삶과 연계한 깊이 있는 학습을 위한 교과 교육과정을 개발하였다. 단

순 암기 위주의 교육방식에서 탐구와 개념 기반의 깊이 있는 학습으로 전환하고, 디지털ㆍ인공지능을 기반으로 학생 참여형ㆍ주도형 수업 및 학습의 과정을 중시하는 평가로 개선하였다.

## (3) 학교급별 교육과정

학교급별 교육과정에서 주목할 만한 공통 내용은 학교에 교육과정 운영의 자율성을 크게 부여한 점이다. 수업 시수의 증감 운영을 교과(군) 20%에서 교과(군) 및 창의적 체험에서도 20% 증감 운영이 가능하도록 했다. 다음은 관련 내용이다.

**표 8-6 2022 교육과정의 수업시수 증감 내용**

학교는 학교의 특성, 학생ㆍ교사ㆍ학부모의 요구 및 필요에 따라 자율적으로 교과(군)별 및 창의적 체험활동의 20% 범위 내에서 시수를 증감하여 편성ㆍ운영할 수 있다.

학교자율시간에 관한 내용이다. 학생의 필요와 학교의 여건을 반영하여 지역과 연계한 학교자율시간을 편성하여 운영하도록 하고 있다. 초등학교와 중학교의 차이는 초등학교는 새로운 과목이나 활동을 개설할 수 있도록 하고, 중학교는 새로운 과목(선택과목)을 개설할 수 있도록 하고 있다. 다음은 초등학교 학교자율시간에 관한 내용이다.

**표 8-7 2022 교육과정 초등학교 자율시간에 관한 내용**

- 학교자율시간을 활용하여 이 교육과정에 제시되어 있는 교과 외에 새로운 과목이나 활동을 개설할 수 있으며, 이 경우 시ㆍ도 교육감이 정하는 지침에 따라 사전에 필요한 절차를 거쳐야 한다.
- 학교자율시간에 운영하는 과목과 활동의 내용은 지역과 학교의 여건 및 학생의 필요에 따라 학교가 결정하되, 다양한 과목과 활동으로 개설하여 운영한다.
- 학교자율시간은 학교 여건에 따라 연간 34주를 기준으로 한 교과별 및 창의적 체험활동 수업 시간의 학기별 1주의 수업 시간을 확보하여 운영한다.

상급학교 진학에 따른 학생들의 적응을 돕고 학교급 간 교육의 연계 및 진로 교육을 강화하기 위하여 진로 연계 교육을 운영하도록 하고 있다. 초등학교와 중학교 간에 학교급별 특성에 대한 일부 내용을 제외하고는 차이가 없다. 다음은 중학교 진로 연계교육에 관한 내용이다.

**표 8-8 2022 교육과정 중학교 진로 연계 교육에 관한 내용**

- 학교는 상급 학교(학년)로 진학하기 전 학기나 학년의 일부 시간을 활용하여 학교급 간 연계 및 진로 교육을 강화하는 진로 연계 교육을 편성·운영한다.
- 학교는 고등학교 생활 및 학습 준비, 진로 탐색, 진학 준비 등을 위해 교과와 창의적 체험활동 시간을 활용하여 진로 연계 교육을 자율적으로 운영한다.
- 학교는 진로 연계 교육의 중점을 학생의 역량 함양 및 자기주도적 학습 능력 향상에 중점을 두고 교과별 내용 및 학습 방법 등의 학교급 간 연계를 통해 학생의 학습과 성장을 지원한다.
- 학교는 진로 연계 교육을 창의적 체험활동의 진로 활동 및 자유학기의 활동과 연계하여 운영한다.

## ① 초등학교 교육과정

1~2학년(군)에 입학 초기 적응활동을 개선하고, 한글 해득 교육과 실외 놀이 및 신체활동 내용을 강화하였다.

초등학교 1학년 입학 초기 적응활동을 통합교과(바른 생활, 슬기로운 생활, 즐거운 생활)와 창의적 체험활동 시간으로 내용을 체계화하고, 기초 문해력 강화 및 한글 해득 교육을 위한 국어 34시간을 증배하였다.

초등학교 1~2학년의 안전교육은 64시간을 유지하되, 통합교과와 연계하여 재구조화하고, 교과와 창의적 체험활동을 통해 학생 발달 수준에 맞는 체험·실습형 안전교육이 이루어지도록 개선하였다.

편제와 시간 배당 기준은 다음과 같다.

• 편제
가) 초등학교 교육과정은 교과(군)와 창의적 체험활동으로 편성한다.
나) 교과(군)는 국어, 사회/도덕, 수학, 과학/실과, 체육, 예술(음악/미술), 영어로 한다. 다만, 1, 2학년의 교과는 국어, 수학, 바른 생활, 슬기로운 생활, 즐거운 생활로 한다.
다) 창의적 체험활동은 자율·자치 활동, 동아리 활동, 진로 활동으로 한다.

**초등학교 시간 배당 기준**

| | 구분 | 1~2학년 | 3~4학년 | 5~6학년 |
|---|---|---|---|---|
| 교과(군) | 국어 | 국어 482 | 408 | 408 |
| | 사회/도덕 | | 272 | 272 |
| | 수학 | 수학 256 | 272 | 272 |
| | 과학/실과 | 바른 생활 144 | 204 | 340 |
| | 체육 | 슬기로운 생활 224 | 204 | 204 |
| | 예술(음악/미술) | | 272 | 272 |
| | 영어 | 즐거운 생활 400 | 136 | 204 |
| | 소계 | 1,506 | 1,768 | 1,972 |
| 창의적 체험활동 | | 238 | 204 | 204 |
| 학년군별 총 수업 시간 수 | | 1,744 | 1,972 | 2,176 |

① 1시간의 수업은 40분을 원칙으로 하되, 기후 및 계절, 학생의 발달 정도, 학습 내용의 성격, 학교 실정 등을 고려하여 탄력적으로 편성·운영할 수 있다.
② 학년군의 교과(군)별 및 창의적 체험활동 시간 배당은 연간 34주를 기준으로 2년간의 기준 수업 시수를 나타낸 것이다.
③ 학년군별 총 수업 시간 수는 최소 수업 시수를 나타낸 것이다.
④ 실과의 수업 시간은 5~6학년 과학/실과의 수업 시수에만 포함된다.
⑤ 정보교육은 실과의 정보영역 시수와 학교자율시간 등을 활용하여 34시간 이상 편성·운영한다.

## ② 중학교 교육과정

중학교는 자유학기(1학년) 편성 영역 및 운영 시간을 기존의 4개 영역(주제 선택, 진로 탐색, 예술·체육, 동아리 활동) 170시간을 2개 영역(주제 선택, 진로 탐색)으로 통합하고 102시간으로 시수를 줄였다.

학교스포츠클럽 활동의 의무 편성 시간을 기존의 3년간 총 136시간, 연간 34~68시간을 3년간 총 102시간, 연간 34시간으로 축소하였다.

고등학교로 진학하기 전 중학교 3학년 2학기를 중심으로, 고등학교에서 교과별로 배울 학습 내용과 진로 및 이수 경로 등을 학습할 수 있도록 진로 연계 교육을 도입하고 자유학기와 연계하여 운영하도록 하였다.

편제와 시간 배당 기준은 다음과 같다.

◦ 편제
　가) 중학교 교육과정은 교과(군)와 창의적 체험활동으로 편성한다.

나) 교과(군)는 국어, 사회(역사 포함)/도덕, 수학, 과학/기술 · 가정/정보, 체육,
예술(음악/미술), 영어, 선택으로 한다.

다) 선택 교과는 한문, 환경, 생활 외국어(생활 독일어, 생활 프랑스어, 생활 스페인
어, 생활 중국어, 생활 일본어, 생활 러시아어, 생활 아랍어, 생활 베트남어), 보건,
진로와 직업 등의 과목으로 한다.

라) 창의적 체험활동은 자율 · 자치 활동, 동아리 활동, 진로 활동으로 한다.

**표 8-10 중학교 시간 배당 기준**

| 구분 | | 1~3학년 |
|---|---|---|
| 교과(군) | 국어 | 442 |
| | 사회(역사 포함)/도덕 | 510 |
| | 수학 | 374 |
| | 과학/기술 · 가정/정보 | 680 |
| | 체육 | 272 |
| | 예술(음악/미술) | 272 |
| | 영어 | 340 |
| | 선택 | 170 |
| | 소계 | 3,060 |
| 창의적 체험활동 | | 306 |
| 총 수업 시간 수 | | 3,366 |

① 1시간 수업은 45분을 원칙으로 하되, 기후 및 계절, 학생의 발달 정도, 학습 내용의 성격, 학교 실정 등을 고려하여 탄력적으로 편성 · 운영할 수 있다.
② 교과(군)별 및 창의적 체험활동 시간 배당은 연간 34주를 기준으로 3년간의 기준 수업 시수를 나타낸 것이다.
③ 총 수업 시간 수는 3년간의 최소 수업 시수를 나타낸 것이다.
④ 정보는 정보 수업 시수와 학교자율시간 등을 활용하여 68시간 이상 편성 · 운영한다.

### ③ 고등학교 교육과정

고등학교는 학점 기반 선택 교육과정으로 명시하고, 한 학기에 과목 이수와 학점 취득을 완결할 수 있도록 재구조화하였다.

학기 단위 과목 운영에 따라 과목의 기본 학점을 4학점(체육, 예술, 교양은 3학점)으로 조정하고, 증감 범위도 ±1로 개선하여 학생이 진로에 적합한 과목을 이수할 수 있도록 개선하였다.

학습자의 진로와 적성을 중심으로 비판적 질문, 실생활 문제해결, 주요 문제 탐구 등을 위한 글쓰기, 주제 융합 수업 등 실제적 역량을 기를 수 있도록 다양한 진로선택과 융합선택과목을 신설하고 재구조화하였다.

고등학교 교과의 성격은 다음과 같다.

**표 8-11 고등학교 교과의 유형**

| 과목 | 공통과목 | 일반 선택 | 진로 선택 | 융합 선택 |
|---|---|---|---|---|
| 성격 | 기초 소양 및 기본 학력 함양. 학문의 기본 이해 내용 과목 | 교과별 학문 영역 내의 주요 학습 내용 이해 및 탐구를 위한 과목 | 교과별 심화 학습 및 진로 관련 과목 | 교과내 · 교과간 주제 융합 과목. 실생활 체험 및 응용을 위한 과목 |

편제와 시간 배당 기준은 다음과 같다.

- 편제

가) 고등학교 교육과정은 교과(군)와 창의적 체험활동으로 편성한다.

나) 교과는 보통 교과와 전문 교과로 한다.

(1) 보통 교과

(가) 보통 교과의 교과(군)는 국어, 수학, 영어, 사회(역사/도덕 포함), 과학, 체육, 예술, 기술 · 가정/정보/제2외국어/한문/교양으로 한다.

(나) 보통 교과는 공통과목과 선택과목으로 구분한다. 선택과목은 일반 선택과목, 진로 선택과목, 융합 선택과목으로 구분한다.

(2) 전문 교과

(가) 전문 교과의 교과(군)는 국가직무능력표준 등을 고려하여 경영 · 금융, 보건 · 복지, 문화 · 예술 · 디자인 · 방송, 미용, 관광 · 레저, 식품 · 조리, 건축 · 토목, 기계, 재료, 화학 공업, 섬유 · 의류, 전기 · 전자, 정보 · 통신, 환경 · 안전 · 소방, 농림 · 축산, 수산 · 해운, 융복합 · 지식 재산 과목으로 한다.

(나) 전문 교과의 과목은 전문 공통과목, 전공 일반과목, 전공 실무과목으로 구분한다.

다) 창의적 체험활동은 자율·자치 활동, 동아리 활동, 진로 활동으로 한다.

• 학점 배당 기준

가) 일반 고등학교와 특수 목적 고등학교(산업수요 맞춤형 고등학교 제외)

**표 8-12  일반계 및 특수목적계 고등학교 시간 배당 기준**

| 교과(군) | 공통과목 | 필수 이수 학점 | 자율 이수 학점 |
|---|---|---|---|
| 국어 | 공통국어1, 공통국어2 | 8 | |
| 수학 | 공통수학1, 공통수학2 | 8 | |
| 영어 | 공통영어1, 공통영어2 | 8 | |
| 사회<br>(역사/도덕 포함) | 한국사1, 한국사2 | 6 | |
| | 통합사회1, 통합사회2 | 8 | 학생의 적성과<br>진로를 고려하여<br>편성 |
| 과학 | 통합과학1, 통합과학2<br>과학탐구실험1, 과학탐구실험2 | 10 | |
| 체육 | | 10 | |
| 예술 | | 10 | |
| 기술·가정/정보/<br>제2외국어/한문/교양 | | 16 | |
| 소계 | | 84 | 90 |
| 창의적 체험활동 | | 18(288시간) | |
| 총 이수 학점 | | 192 | |

① 1학점은 50분을 기준으로 하여 16회를 이수하는 수업량이다.

② 1시간의 수업은 50분을 원칙으로 하되, 기후 및 계절, 학생의 발달 정도, 학습 내용의 성격, 학교 실정 등을 고려하여 탄력적으로 편성·운영할 수 있다.

③ 공통과목의 기본 학점은 4학점이며, 1학점 범위 내에서 감하여 편성·운영할 수 있다. 단, 한국사1, 2의 기본 학점은 3학점이며 감하여 편성·운영할 수 없다.

④ 과학탐구실험1, 2의 기본 학점은 1학점이며 증감 없이 편성·운영하는 것을 원칙으로 한다. 단, 과학, 체육, 예술 계열 고등학교의 경우 학교 실정에 따라 탄력적으로 운영할 수 있다.

⑤ 필수 이수 학점 수는 해당 교과(군)의 최소 이수 학점이다. 특수 목적 고등학교의 경우 예술 교과(군)는 5학점 이상, 기술·가정/정보/제2외국어/한문/교양 교과(군)는 12학점 이상 이수하도록 한다.

⑥ 국어, 수학, 영어 교과의 이수 학점 총합은 81학점을 초과하지 않도록 하며, 교과 이수 학점이 174학점을 초과하는 경우에는 초과 이수 학점의 50%를 넘지 않도록 한다.

⑦ 창의적 체험활동의 학점 수는 최소 이수 학점이며 (  ) 안의 숫자는 이수 학점을 시간 수로 환산한 것이다.

⑧ 총 이수 학점 수는 고등학교 졸업을 위해 3년간 이수해야 할 최소 이수 학점을 의미한다.

### 나) 특성화 고등학교와 산업수요 맞춤형 고등학교

**표 8-13  특성화 및 산업수요 맞춤형 고등학교 시간 배당 기준**

| | 교과(군) | 공통과목 | 필수 이수 학점 | 자율 이수 학점 |
|---|---|---|---|---|
| 보통 교과 | 국어 | 공통국어1, 공통국어2 | 24 | 학생의 적성과 진로를 고려하여 편성 |
| | 수학 | 공통수학1, 공통수학2 | | |
| | 영어 | 공통영어1, 공통영어2 | | |
| | 사회 (역사/도덕 포함) | 한국사1, 한국사2 | 6 | |
| | | 통합사회1, 통합사회2 | 12 | |
| | 과학 | 통합과학1, 통합과학2 | | |
| | 체육 | | 8 | |
| | 예술 | | 6 | |
| | 기술 · 가정/정보/ 제2외국어/한문/교양 | | 8 | |
| | 소계 | | 64 | 30 |
| 전문교과 | 17개 교과(군) | | 80 | |
| | 창의적 체험활동 | | 18(288시간) | |
| | 총 이수 학점 | | 192 | |

① 1학점은 50분을 기준으로 하여 16회를 이수하는 수업량이다.

② 1시간의 수업은 50분을 원칙으로 하되, 기후 및 계절, 학생의 발달 정도, 학습 내용의 성격 등과 학교 실정 등을 고려하여 탄력적으로 편성 · 운영할 수 있다.

③ 공통과목의 기본 학점은 4학점이며, 1학점 범위 내에서 감하여 편성 · 운영할 수 있다. 단, 한국사1, 2의 기본 학점은 3학점이며 감하여 편성 · 운영할 수 없다.

④ 필수 이수 학점 수는 해당 교과(군)의 최소 이수 학점이다.

⑤ 자연현장 실습 등 체험 위주의 교육을 전문적으로 실시하는 특성화 고등학교의 전문 교과 필수 이수 학점 은 시 · 도 교육감이 정한다.

⑥ 창의적 체험활동의 학점 수는 최소 이수 학점이며 (  ) 안의 숫자는 이수 학점을 시간 수로 환산한 것이다.

⑦ 총 이수 학점 수는 고등학교 졸업을 위해 3년간 이수해야 할 최소 이수 학점을 의미한다.

## (4) 창의적 체험활동

### ① 창의적 체험활동의 목표

창의적 체험활동은 개인의 소질과 잠재력을 계발하고 신장하며, 공동체 의식을 함양하는 데 목표를 둔다. 이러한 목표는 학생들이 다양한 활동을 창의적이고 주도적으로 참여함으로써 가능하다. 국가수준의 교육과정에서는 창의적 체험활동의 목표를 다음과 같이 서술하고 있다.

표 8-14  **2022 교육과정 창의적 체험활동 교육목표**

창의적 체험활동은 학생들이 창의적인 다양한 활동에 주도적으로 참여함으로써 개인의 소질과 잠재력을 계발·신장하여 창의적인 삶의 태도를 기르고 공동체 의식을 함양하도록 하는 데 목표가 있다.

- 초등학교에서는 자신의 개성과 소질을 탐색하고 발견하여 공동체 생활에 필요한 기본 생활 습관과 시민의식을 기른다.
- 중학교에서는 자아 정체성을 확립하고 다른 사람과 더불어 살아가는 태도를 증진하여 자신의 진로를 적극적으로 탐색하는 능력을 기른다.
- 고등학교에서는 공동체 의식의 확립을 기반으로 나눔과 배려를 실천하고, 자신의 진로를 창의적으로 준비하고 설계하는 역량을 기른다.

### ② 창의적 체험활동의 영역

창의적 체험활동은 종전의 특별활동과 창의적 재량활동을 통합하여 배려와 나눔을 실천하는 창의 인재 양성을 목표로 2009 교육과정에서 신설하였다. 창의적 재량활동은 그동안 자율, 동아리, 봉사, 진로 활동의 네 영역으로 구성되어 운영되었다. 2022 교육과정에서는 창의적 재량활동을 자율·자치활동, 동아리 활동, 진로 활동의 세 영역으로 구성하였다. 2022 교육과정에서는 창의적 체험활동의 영역 구성과 예시 활동을 다음과 같이 제시하였다.

- 자율·자치활동 영역은 자율활동과 자치활동으로 구성한다.
- 동아리 활동 영역은 학술·문화 및 여가 활동과 봉사활동으로 구성한다.
- 진로 활동 영역은 진로 탐색 활동과 진로 설계 및 실천 활동으로 구성한다.

**표 8-15** 창의적 체험활동의 영역, 활동 및 예시 활동

| 영역 | 활동 | 예시 활동 |
|------|------|-----------|
| 자율·자치 활동 | 자율활동 | • 주제 탐구 활동: 개인 연구, 소집단 공동 연구, 프로젝트 등<br>• 적응 및 개척 활동: 입학 초기 적응, 학교 이해, 정서 지원, 관계 형성 등<br>• 프로젝트형 봉사활동: 개인 프로젝트형 봉사활동, 공동 프로젝트형 봉사활동 등 |
| | 자치활동 | • 기본생활습관 형성 활동: 자기 관리 활동, 환경·생태의식 함양 활동, 생명존중 의식 함양 활동, 민주시민 의식 함양 활동 등<br>• 관계 형성 및 소통 활동: 사제동행, 토의·토론, 협력적 놀이 등<br>• 공동체 자치활동: 학급·학년·학교 등 공동체 중심의 자치활동, 지역사회 연계 자치활동 등 |
| 동아리 활동 | 학술·문화 및 여가 활동 | • 학술 동아리: 교과목 연계 및 학술 탐구 활동 등<br>• 예술 동아리: 음악 관련 활동, 미술 관련 활동, 공연 및 전시 활동 등<br>• 스포츠 동아리: 구기 운동, 도구 운동, 계절 운동, 무술, 무용 등<br>• 놀이 동아리: 개인 놀이, 단체 놀이 등 |
| | 봉사활동 | • 교내 봉사활동: 또래 상담, 지속가능한 환경 보호 등<br>• 지역사회 봉사활동: 지역사회참여, 캠페인, 재능 기부 등<br>• 청소년 단체 활동: 각종 청소년 단체 활동 등 |
| 진로 활동 | 진로 탐색 활동 | • 자아탐색 활동: 자기이해, 생애 탐색, 가치관 확립 등<br>• 진로 이해 활동: 직업 흥미 및 적성 탐색, 진로 검사, 진로 성숙도 탐색 등<br>• 직업 이해 활동: 직업관 확립, 일과 직업의 역할 이해, 직업 세계의 변화 탐구 등<br>• 정보 탐색 활동: 학업 및 진학 정보 탐색, 직업 정보 및 자격(면허) 제도 탐색, 진로진학 및 취업 유관기관 탐방 등 |
| | 진로 설계 및 실천 활동 | • 진로 준비 활동: 진로 목표 설정, 진로 실천 계획 수립 등<br>• 진로계획 활동: 진로 상담, 진로 의사 결정, 진로 설계 등<br>• 진로체험 활동: 지역사회·대학·산업체 연계 체험활동 등 |

학교는 영역별 활동과 내용을 토대로, 학교급과 학년(군) 및 학생 개개인의 특성에 따른 교육적 요구를 고려하여 활동을 영역별로 제시하거나 영역 통합적인 활동, 교과와 연계한 활동 등을 창의적으로 편성·운영할 수 있다.

2022 교육과정 창의적 체험활동의 운영의 특성은 다음과 같다.

첫째, 2015 교육과정과 달리 초등학교와 중학교에서는 창의적 체험활동에도 20% 증감 운영을 할 수 있도록 하고 있다. 교육과정 운영에서 학교의 자율성을 높이기 위한 조치라고 할 수 있다.

둘째, 초등학교 1학년은 입학 초기 적응 활동으로 입학 후 3월 중 창의적 체험활동

시수 중 34시간을 배정한다.

셋째, 초등학교 1학년 4월 이후에는 주당 평균 2시간, 초등학교 2~6학년 및 중학교, 고등학교에서는 주당 평균 3시간과 같이 매주 평균적인 시간을 배당하거나 특정일을 선택하여 블록 타임 운영 및 온종일 활동을 포함한 집중 운영 등 다양하고 탄력적인 방식으로 시간을 운영할 수 있다.

넷째, '범교과 학습 주제'의 경우 관련 있는 교과 교육과정에서 우선하여 교육하고 필요시 창의적 체험활동에서 다루도록 한다. 그동안 창의적 체험활동 시수의 상당 부분이 범교과 학습주제의 학습에 사용됨으로써 창의적 체험활동의 영역과 활동이 위축되었던 문제를 해결하고자 하였다.

다섯째, 창의적 체험활동에서 초등학교, 중학교, 고등학교의 입학 초기 및 상급 학교(학년)로 진학하기 전 학기의 일부 시간을 활용하여 학교급 간 전환 시기의 연계와 생활 적응을 지원하기 위해 '진로 연계 교육'을 운영할 수 있도록 하였다.

여섯째, 학습 부진 학생, 특정 분야에서 탁월한 재능을 보이는 학생, 특수교육 대상 학생, 귀국 학생, 다문화 가정 학생 등 개별적 특성을 충분히 고려하여 모든 학생이 창의적 체험활동에 참여할 수 있도록 하였다.

일곱째, 교내외 체험활동에 따른 안전교육을 강화하였다. 학교는 창의적 체험활동의 운영 과정에서 안전에 유의하여야 한다. 교내외 체험활동에 앞서 반드시 체계적이고 실효성 있는 안전교육을 실시하고, 관련 법령 및 상급기관의 안전 관련 지침을 따르도록 하였다.

여덟째, 창의적 체험활동에서 학생들이 학습 주체라는 사실을 분명히 하였다. 창의적 체험활동에서 교사와 학생이 공동으로 또는 학생이 자기주도적으로 계획을 수립하고 역할을 분담하여 실천한다고 하였다.

아홉째, 창의적 체험활동에서도 원격수업이 가능하도록 하였다. 학교의 상황과 교육적 필요 등을 종합적으로 고려하여 원격수업 방식으로 운영이 가능하다.

열째, 행사 활동의 시수 배정을 교과에도 할 수 있도록 하여 창의적 체험활동의 운영의 폭을 확대하였다. 의식행사, 발표회, 체육행사, 현장체험학습 등 각종 행사를 각 영역 또는 활동에 적합한 방식으로 설계하며, 행사 활동의 시수 배정은 각 행사의 특성에 따라 관련 교과 및 창의적 체험활동의 영역별 활동으로 편성하도록 하였다.

교과활동이 하나의 날개라면 창의적 체험활동은 또 다른 날개라고 할 수 있다. 새

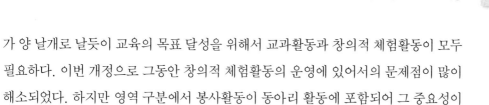

가 양 날개로 날듯이 교육의 목표 달성을 위해서 교과활동과 창의적 체험활동이 모두 필요하다. 이번 개정으로 그동안 창의적 체험활동의 운영에 있어서의 문제점이 많이 해소되었다. 하지만 영역 구분에서 봉사활동이 동아리 활동에 포함되어 그 중요성이 약화될 가능성이 있다는 점, 자율·자치 영역에서 자율과 자치의 구분이 모호하다는 점은 논란이 될 수 있다.

하지만 무엇보다 창의적 체험활동 운영과 관련하여 중등학교의 경우 교사양성과정에서 창의적 체험활동에 관한 교육이 거의 이루어지지 않고, 현장에서도 교사의 교과시수에 따라 역할을 분담하는 등의 문제를 개선할 필요가 있다.

참고 문 헌

교육부(2015). 초·중등학교 교육과정.

교육부(2022). 초·중등학교 교육과정.

김대현, 권다남(2022). 2022 교육과정 개정에서의 학생과 학부모의 참여방식과 한계 탐색. 수산해양교육연구, 34(6), 1056-1076.

김재춘(2003). 국가수준 교육과정의 부분·수시 개정 담론에 대한 비판적 분석. 교육과정연구, 21(3), 303-320.

허경철(2003). 국가수준 교육과정 개정방식의 개선방안탐색. 교육과정연구, 21(3).

홍후조(1999). 국가수준 교육과정 개발 패러다임의 전환. 교육과정연구, 17(2), 209-234.

# CHAPTER 09

# 학교수준 교육과정과
# 자유학기제 및 고교학점제

오랫동안 우리나라는 국가에서 교육과정을 고시하고 교과서를 개발하여 보급하면, 학교는 이를 실행하는 곳으로 간주되었다. 국가기관에 소속을 두고 있거나 부름을 받은 전문가들이 교육과정과 교과서를 개발하면, 교사는 이를 학교에서 가르치거나 전달하는 사람으로 여겨졌다. 이와 같이 교육과정 개발과 실행의 장이 분리됨으로써 교육의 효율성이 저하되고 교원들의 전문성 신장은 억제되었다.

학교수준 교육과정은, 국가수준 교육과정 기준과 시·도의 교육과정 편성·운영 지침을 근거로, 지역의 특수성과 학교의 실정 및 실태에 알맞게 학교별로 마련한 의도적인 교육실천 계획이다(교육과학기술부, 2008: 15). 이러한 학교수준 교육과정은 국가가 정한 교육과정을 효과적으로 운영하는 데 도움을 줄 뿐만 아니라, 지역 및 학교의 실정을 반영하고 학생의 요구에 부응함으로써 교육의 적합성을 높이며, 교원들을 교육과정의 편성과 운영 과정에 참여시킴으로써 전문성 신장과 학내의 민주화에 기여하는 이점이 있다.

아래에서는 이러한 학교수준 교육과정의 개념과 필요성, 역사와 주요 특성, 편성과 운영의 실제, 발전 과제 등을 차례로 살펴보고자 한다. 또한 학교수준 교육과정 편성에서 중요한 위치를 점하고 있는 자유학기제와 고교학점제에 따른 편성·운영에 대하여 알아보고자 한다.

구체적인 학습과제는 다음과 같다.

- 학교수준 교육과정의 개념과 필요성을 알아본다.
- 학교수준 교육과정의 역사와 주요 특성을 이해한다.
- 학교수준 교육과정의 편성과 운영의 기본 원리를 파악한다.
- 학교수준 교육과정 편성과 운영의 실제를 알아본다.
- 학교수준 교육과정의 발전 과제를 이해한다.
- 자유학기제 교육과정을 이해한다.
- 고교학점제 교육과정을 파악한다.

## 1. 학교수준 교육과정의 개념과 필요성

교육과정이 결정되는 사회체제를 교육과정 체제(curriculum system)라고 하면, 교육과정 체제는 여러 수준으로 존재한다. 이상주(1974)는 교육과정 체제를 국가수준(national level), 지역수준(local level), 학교수준(school level), 학급수준(classroom level)으로 구분하고, 각 수준에 따라 교육과정 체제의 권한과 책임, 구조와 과정, 기능과 역할이 다르기 때문에 각 수준을 분리해서 분석할 필요가 있다고 하였다.

그는 학습자와의 거리가 먼 상위 체제의 교육과정 결정은 일반성과 추상성이 높으며, 학생과 가장 가까운 하위 체제는 특수성과 구체성이 크다고 하였다. 예를 들어, 국가수준 교육과정 체제는 학생과 가장 먼 체제로서 전체 사회의 요구와 이념에 따라 일반적인 교육정책이나 목적을 설정하거나 내용 영역을 규정하며, 학급수준의 교육과정 체제는 학생과 가장 가까운 체제로서 학습집단의 요구를 감안하여 수업목표를 설정하거나 구체적인 학습활동을 선정한다는 것이다. 이상주(1974)는 체제 수준별 교육과정 결정 권한의 크기를 [그림 9-1]과 같이 도식화하였다.

[그림 9-1]의 (B)는 중앙집권적 교육 체제로서 교육과정의 결정권이 국가수준의 체제에 집중되어 있는 반면, 하위 체제는 교육과정 결정 권한이 작다. 반대로 [그림

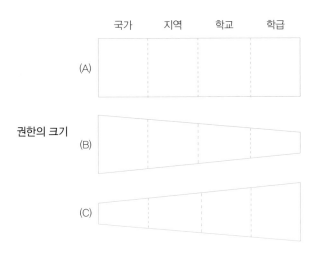

[그림 9-1] 체제 수준별 교육과정 결정권의 크기

출처: 이상주(1974).

9-1]의 (C)가 보여 주는 바와 같이 지방분권적 교육 체제에서는 교육과정 결정권이 상위 체제에서는 작고 하위 체제에서는 크다. (A)는 (B)와 (C)의 중간 형태를 나타내는 것으로서 교육과정 결정권이 상·하위 체제 간에 균등하게 분배되어 있음을 보여 준다.

우리나라의 교육과정 체제는 (B)에서 (A)의 형태로 이동하고 있다고 말할 수 있다. 그런데 이러한 이동을 가능하게 한 것은 사회의 민주화, 교육의 적합성, 교육과정 운영의 효율성을 지향하는 학교중심 교육과정(school based curriculum)이나 학교중심 교육과정 개발(school based curriculum development) 연구와 실천이 배경이 되었다고 할 수 있다.

Skilbeck(1984: 2)은 학교중심 교육과정 개발을 "학생들의 학습 프로그램을 학생들이 다니는 교육기관에서 기획하고 설계하며 실행하고 평가하는 과정"이라고 하였으며, Sabar(1991)는 학교중심 교육과정 개발을 "학교 바깥에 의하여 강제되기보다는 학교와 학교가 속해 있는 지역사회 속에서 교육과정에 관한 계획, 설계, 운영, 평가와 관련하여 의사결정이 이루어지는 과정"으로 보았다.

우리나라에서 학교 교육과정과 관련하여 사용하는 용어로는 학교수준 교육과정, 단위 학교 교육과정, 개별 학교 교육과정, 학교중심 교육과정 등이 있다. 이들은 교육과정에 관한 주요한 의사결정이 학교에서 이루어진다는 것으로 의미상 큰 차이는 없다고 본다. 굳이 이들을 구분하자면, 학교수준 교육과정이란 교육과정의 의사결정이 다양한 수준에서 이루어지는데, 학교라는 기관에서도 교육과정의 의사결정이 이루어진다는 것을 나타내는 비교적 정치적으로 중립적인 의미를 지닌다. 단위 학교 교육과정과 개별 학교 교육과정도 이 점에서 크게 다르지 않지만, 단위 학교와 개별 학교 교육과정이란 특정한 어떤 학교를 상정하고 있는 것 같은 인상을 줌으로써, 학교에서 이루어지는 의사결정의 일반적인 특징을 탐색하고 제시하고자 하는 노력에는 방해가 된다. 마지막으로 학교중심 교육과정 개발은 사회 전반에 걸친 정치적 민주화 과정의 산물이면서 동시에 중앙집권적 교육과정 운영 체제의 비효율성을 줄이고자 하는 사회적 맥락에서 발전되어 왔다는 점에서 정치적인 의미를 갖는다고 볼 수 있다. 이러한 조그만 차이점들이 있기는 하지만, 학교에서 교육과정에 관한 주요한 의사결정이 이루어진다는 핵심적인 의미에서는 다르지 않기 때문에, 이들 용어를 엄격히 구분할 필요는 없다고 본다. 여기서는 학교수준 교육과정이라는 용어를 주로 사용하며, 반드시 구별해야 할 경우에 한정하여 학교중심 교육과정 개발이라는 용어를 사용한다.

한편, 교육부(2008: 15-16)에서는 학교수준 교육과정을 다음과 같이 규정하고 있다. 학교수준 교육과정은 국가수준 교육과정 기준과 시·도의 교육과정 편성·운영 지침을 근거로 지역의 특수성과 학교의 실정 및 실태에 알맞게 학교별로 마련한 의도적인 교육실천 계획이다. 즉, 각 학교의 교육과정은 학교가 수용하고 있는 학생에게 책임지고 실현해야 할 교육목표, 내용, 방법, 평가 등에 관한 실천 가능한 구체적인 실행 교육과정이고, 특색 있는 당해 학교의 교육 설계도이며, 상세한 교육 운영 세부 실천 계획이라는 것이다.

또한 교육부(2008: 16-17)에서는 교육의 효율성, 교육의 적합성, 교원의 자율성과 전문성, 교육의 다양성, 학습자중심의 교육이라는 다섯 가지 측면에서 학교수준 교육과정의 필요성을 제시하고 있다.

첫째, 교육의 효율성(effectiveness)을 높이기 위해 학교 교육과정이 필요하다. 학교 교육과정의 편성을 통하여 국가수준 교육과정을 당해 학교의 실정에 알맞게 지속적으로 보완, 조정함으로써 학생의 실태에 적합한 학습자중심의 교육과정을 다양하게 운영할 수 있다. 전국 공통의 일반적인 국가수준의 기준을 그대로 획일적으로 적용하게 되면 학생 개개인의 능력과 적성에 맞는 교육의 개별화, 다양화, 자율화를 꾀하기가 어려울 뿐만 아니라 융통성 있는 운영과 적극적인 교수·학습의 상호작용이 효율적으로 이루어질 수 없다.

둘째, 교육의 적합성(suitability)을 높이기 위해서 학교 교육과정이 필요하다. 지역이나 학교의 특수성, 교육의 실태, 학생·교원·학부모의 요구와 필요를 반영하여 해당 학교의 교육 중점을 설정, 운영함으로써 학교 교육의 적합성을 높일 수 있다. 학교 교육과정의 편성·운영은 국가수준의 공통성과 지역, 학교, 개인 수준의 다양성을 동시에 추구하는 교육과정이라는 성격이 있으므로 교원, 학생, 학부모가 함께 실현해 나가려는 교육적인 노력이 필요하다.

셋째, 교원의 자율성(autonomy)과 전문성(professional expertise)의 신장을 위해서 학교 교육과정이 필요하다. 학생들의 능력과 욕구를 가장 잘 이해하고 학교의 지역적인 특수성을 잘 아는 그 학교의 교사들이 학교 교육과정 편성·운영 과정에 능동적·적극적으로 참여하도록 유도함으로써 자율성과 전문성을 신장할 기회를 가지도록 할 수 있다. 학교 교육과정의 편성·운영은 교원의 전문적인 업무다. 교원이 교육과정을 편성·운영할 수 있기 때문에 교직을 전문적이라고 할 수 있으며, 이 업무를 수행하는 일은 교원만의 고유한 전문 영역이다. 또한 지역이나 학교의 실정에 따라 그 학교의 교육과정을 특색 있게 운영하도록 자율·재량권이 부여되어 있기 때문에 교육청이나 교장, 교감은 교사들의 자율성이 발휘되도록 이를 보장하고 지원해 주어야 한다.

넷째, 교육의 다양성을 추구하기 위해서 학교 교육과정이 필요하다. 우리나라의 초·중등교육은 획일성이 커다란 문제로 지적되어 왔다. 우리 교육이 이처럼 획일화된 교육 내용과 방법, 교육환경을 탈피하여 학생, 교원, 학교의 실정에 알맞은 다양한 교육으로 변화되도록 하려면 단위 학교 중심 교육과정의 편성·운영이 필요하다. 즉, 획일적인 지식 주입식 교육을 탈피하여 학생 개개인의 적성에 따라 모든 학생이 성공할 수 있도록 개별 교육을 실천하려면 '교과서 중심의 학교 교육 체제'를 탈피하여 '교육과정 중심의 학교 교육 체제'로 전환되어야 학교 교육의 다양성을 실현할 수 있다.

다섯째, 학습자중심의 교육을 구현하기 위해서 학교 교육과정이 필요하다. 학생들은 개개인의 적성, 능력, 흥미나 관심, 장래 진로에 따라 개인차가 있으므로 학생들의 다양한 요구와 흥미, 적성을 수용하고, 교육내용에 대한 학생의 선택권을 확대하려면 학생의 발달단계에 알맞은 당해 학교의 교육과정이 필요하다. 학교 교육과정의 편성·운영을 통하여 학생 개인의 특기, 관심, 흥미를 담은 새로운 영역과 내용을 설정함으로써 학습자중심의 교육과정이 융통성 있고 탄력적으로 운영될 수 있다.

## 2. 학교수준 교육과정의 역사와 주요 특성

우리나라에서 학교수준 교육과정에 대한 실천과 논의가 '본격적으로' 이루어진 것은 1992년에 공포된 제6차 교육과정 시기부터라고 할 수 있다. 제6차 교육과정은 교육과정 개정의 중점을 교육과정 결정의 분권화, 교육과정 구조의 다양화, 교육과정 내용의 적정화, 교육과정 운영의 효율화 등 네 가지로 설정하였다. 이 중에서 교육과정 결정의 분권화를 통하여 교육과정 편성·운영에서 중앙정부, 시·도 교육청, 단위

학교의 역할 분담 체제를 확립하였다.

즉, 제5차 교육과정 시기까지는 국가수준 교육과정 성격이 불명확했지만, 제6차 교육과정에서는 교육부 장관이 정하여 고시하는 것이 '국가수준 교육과정 기준'이라는 점을 명확히 하였다. 교육부 고시의 '교육과정'은 국가수준의 일반적·공통적 기준이고, 그 기준에 의해서 시·도 교육청이 교육과정 편성·운영을 제시하고 각 학교가 학교 교육과정을 편성하고 운영해야 한다는 것을 명시하였다.

1997년 12월에 고시된 제7차 교육과정에서는 지역 및 학교의 실정과 요구에 부응하기 위하여 교육청과 개별 학교의 교육과정 편성·운영의 자율성을 확대한다는 구성 방침을 통하여 학교수준 교육과정의 범위를 더욱 확대하였다. 고등학교 2학년과 3학년을 대상으로 하는 선택중심 교육과정 체제의 구축, 재량활동의 시수 증대와 중등학교로의 확대 적용, 수준별 교육과정의 적용, 지역 교육청의 역할 명시와 단위 학교의 교육과정 편성·운영 지침의 상세화 등은 학교수준 교육과정 체제가 강화되었다는 것을 나타낸다.

2007년 2월에 고시된 2007 개정 교육과정, 2009, 2015 개정 교육과정에서도 제7차 교육과정에서 제시된 교육과정의 이념 및 철학, 방향 등 기본 관점을 계승하면서 시·도와 학교의 교육과정 자율권을 강화하였다. 2022 교육과정에서도 학교의 실정을 고려한 교과 및 창의적 활동 시수 20% 증감 운영, 교과 집중 이수제, 자유학기제, 고교학점제, 학교자율시간, 진로연계학기 등을 통하여 개별 학교의 교육과정 편성·운영의 자율권을 확대하고 있다.

한편, 외국에서 학교수준 교육과정에 대한 논의는 1970년대 전후에 시작되었다. 1960년대 이후 세계 각국에서 풀뿌리 민주화 운동의 전개로 사회의 제반 영역에서 '직접 참여'에 대한 요구가 커지고 중앙집권에 의한 행정의 효율성이 의심을 받으면서, 교육과정 영역에서도 학교와 교사의 역할이 교육과정 전달자(deliverer)에서 개발자(developer)로 바뀌게 되었다. 특히 OECD의 내부 기관인 CERI(Center for Educational Research and Innovation)가 학교수준 교육과정의 발전에 큰 역할을 담당했다. 정영근(2000)은 당시 CERI의 역할을 다음과 같이 진술하였다.

> 교육과정 개발에 관련한 CERI의 활동에서 주목할 점은 '교육과정의 개발 과정에 교사 참가의 필요성'을 강조하고 있는 것이다. 교육과정 개발에 있어서 교사 참가의 문제

는 CERI가 설립되기 이전의 OECD 활동에서는 다루지 않았다. CERI에 의한 교육과정 개발의 논의는 교사 참가를 전제로 이루어졌으며, 그것이 학교수준 교육과정의 제창에서 교사 역할을 '개발자'로 명확히 설정하게 되었다. 교육과정 개발의 접근에서 교사의 역할을 간과해 온 종래 논의의 문제점을 지적하고 교육과정 개발과 개발자로서의 교사 역할을 관련지으려고 했던 CERI의 시도는 학교수준 교육과정의 성립을 촉진시켰고 1970년대에 새로운 교육과정 개발의 형태로 주목받게 되었다(정영근, 2000: 307).

1970년대 이후 국내외에서 전개되어 온 논의와 실천을 바탕으로 학교수준 교육과정의 주요 특성을 정리하면 다음과 같다.

첫째, 학교에서 교육과정 편성과 운영이 이루어진다. 학교는 국가에서 개발한 교육과정을 단순히 실행에 옮기는 기관이 아니라 학생들의 교육적 경험을 이끌어 내기 위하여 교육과정을 편성하고 운영하는 곳이다. 물론 학교에서 이루어지는 교육과정의 의사결정은 학교 안팎의 다양한 힘(법규, 제도, 권력 등)의 영향을 받는다. 우리나라의 경우에 국가수준 교육과정과 시·도 교육청의 편성·운영 지침으로 학교수준 교육과정의 한계를 정하고 있다.

둘째, 학교수준 교육과정은 학교 구성원들에 의하여 편성되고 운영된다. 교원(교사와 학교행정가)은 학교수준 교육과정 편성과 운영의 가장 중요한 주체다. 그러나 학생, 학부모, 교육전문가, 학교 바깥의 교육 행정 요원도 학교수준 교육과정의 편성과 운영에 요구와 자문 등의 활동을 통하여 협력한다. Sabar(1991)는 학교수준 교육과정 개발에서 교사의 역할이 중요하기는 하지만, 교사들만의 교육과정 개발로 축소되어서는 안 된다고 하였다.

셋째, 학교 구성원들은 창안, 수정·보완, 선택 등 다양한 수준의 활동을 통하여 학교수준 교육과정을 편성하고 운영한다. 구성원들은 학교에서 새로운 교육과정을 창안하거나, 주어진 것을 수정 또는 보완하거나, 주어진 것 중에서 선택할 수 있는데, 창안, 수정·보완, 선택 등의 범위와 한계는 학교 안팎의 힘들에 의하여 규정된다.

허경철(1998)은 학교수준 교육과정의 개발을 ① 개발의 대상과 ② 개발을 위한 활동의 성격을 두 축으로 하여 학교수준 교육과정 개발의 성격을 규명하였다. 그는 개발의 대상을 크게 교과 편제(개설 교과목의 종류 및 과목별 시간 배당), 교과 교육과정(과목별 주요 학습내용 및 그 수준), 교수·학습자료(교과 교육과정에서 제시된 주요 학습내용을 가르치기 위해 사용되는 교과용 요소를 포함한 제반 수업자료) 등으로 나누고, 개발을 위한 활동의 성격 또한 크게 자체 개발, 수정·보완, 선택으로 구별하였다. 개발의 대상과 개발활동의 성격을 이렇게 구분한다고 할 때, 적어도 개념적인 수준에서는 학교 교육과정을 개발한다는 것의 의미를 다음에 제시되는 〈표 9-1〉과 같이 아홉 가지 활동으로 나누어 볼 수 있다는 것이다.

표 9-1 **학교수준 교육과정 개발활동**

| 활동의 성격<br>개발의 대상 | 자체 개발 | 수정·보완 | 선택 |
|---|---|---|---|
| 교과 편제 | | | |
| 교과 교육과정 | | | |
| 교수·학습자료 | | | |

넷째, 학교수준에서 이루어지는 교육과정 개발은 Brady(1995)가 제시한 상호작용 모형을 따른다. Brady는 교육과정을 구성하는 기본 요소(curriculum commonplace)를 목표, 내용, 방법, 평가로 보고, 목표 모형과 상호작용 모형은 구성요소 간의 관계를 달리한다고 보았다. 목표 모형과 상호작용 모형에서 보이는 구성요소들의 관계는 [그림 9-2]와 같다.

[그림 9-2]에서 볼 수 있듯이 목표 모형의 교육과정 요소들은 목표 설정(목표) → 학습경험 선정(내용) → 학습경험 조직(방법) → 학습성과 평가(평가)로 연결된다. 목표 모형에 따르면 교육과정은 목표를 설정하고 학습경험을 선정하고 조직한 다음, 학

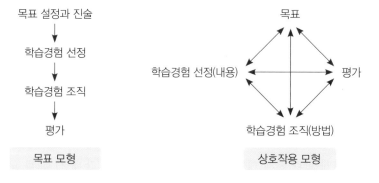

[그림 9-2] 목표 모형과 상호작용 모형에서 보이는 구성요소들의 관계

습성과를 평가하는 고정된 순서를 따라 개발된다.

반면에 상호작용 모형은 교육과정 요소들이 특정한 계열의 관계로 연결되어 있지 않다. 교육과정 개발은 어느 요소에서든지 시작할 수 있으며, 개발 과정에서 그 순서가 바뀔 수 있는 융통성과 역동성을 지닌다. 예를 들면, 상호작용 모형은 방법 → 목표 → 방법 → 내용 → 평가나 내용 → 방법 → 목표 → 내용 → 방법 등의 다양한 형태로 교육과정을 개발할 수 있다. 상호작용 모형은 학교수준 교육과정의 개발에 적용되는 효과적인 모형이다. 상호작용 모형은 역동적인 성격으로 인하여 학교의 여건과 지역사회의 변화를 잘 수용하고 교사, 학생, 학부모의 다양한 요구를 적절한 때에 반영할 수 있다는 이점과, 융통적인 성격을 토대로 개발자들이 고정된 계열을 따라 교육과정을 개발하지 않아도 되기 때문에 심리적 압박감을 덜 느낀다는 장점으로 인하여 학교수준 교육과정 개발에 더욱 적합한 모형이라고 할 수 있다.

다섯째, 학교수준 교육과정은 지역과 학교의 실정을 반영하고 학생들의 요구를 수용한다. 국가수준 교육과정이 전국의 학교를 대상으로 하여 개발되기 때문에 일반적이고 보편적인 성격을 갖는 데 반하여, 학교수준 교육과정은 개별 학교가 처한 맥락속에서 구성원들의 요구를 반영한다는 점에서 구체적이고 개별적인 특징을 지닌다. 이런 점에서 학교수준 교육과정의 편성과 운영에서 상황분석이 매우 중요하다. 상황분석은 교육과정이 적용되는 맥락을 세밀히 분석하여 그 결과를 교육과정 개발에 적용하는 과정(Print, 1993)을 가리킨다. Print(1993)는 상황분석을 ① 맥락 속에서 문제를 확인하고, ② 문제와 관련된 요인들을 선정하며, ③ 자료를 수집하고 분석하고, ④ 분석의 결과를 바탕으로 권고안을 작성하는 등 4단계로 이루어진다고 하였다.

서울시교육청(2021)에서는 학교수준 교육과정 개발과 관련하여 조사, 분석, 검토해야 할 내용을 다음과 같이 제시하였다.

- 교육부 고시 초 · 중 · 고등학교 교육과정
- 시 · 도 교육청의 교육과정 편성 · 운영 지침
- 학교 교육의 목표와 노력 중점 분석
- 전년도 교육과정 자체 평가 결과 반영
- 교원, 학생, 학부모의 요구
- 학교의 여건, 교원 현황

- 교사의 전문성, 교원 연수 계획, 학습 자료의 구비 실태
- 이용가능한 지역사회의 인적 · 물적 자원
- 학교 교육과 유관한 교육활동의 결과 분석

여섯째, 학교수준 교육과정이 제대로 편성되고 운영되려면 이러한 활동을 지원하는 체제의 구축이 필요하다. 학내에서는 구성원들이 양질의 학교수준 교육과정을 편성하고 운영하려는 목표 의식을 공유하고 전문적인 식견을 갖추며, 학교 행정을 교육과정 중심의 조직 체계로 개편하고, 민주적인 의사소통이 가능하도록 반권위주의적인 문화 풍토를 조성해야 한다. 학교 바깥에서는 학교수준 교육과정의 편성과 운영이 제대로 이루어질 수 있도록 학교 당국과 교직원에 실질적인 권한을 부여하고, 교직원들의 교육과정 전문성 제고를 위하여 연수 기회를 제공하며, 효과가 입증된 개발 모형이나 우수 사례를 발굴하여 널리 보급하는 체제를 갖추어야 한다.

## 3. 학교수준 교육과정 편성 · 운영의 기본 원리

학교에서 교육과정을 편성하고 운영할 계획을 세울 때, 교육과정 운영의 기본 원리는 마땅히 존중되어야 할 행위의 규범이며 동시에 편성이나 운영 과정 또는 편성이나 운영을 통한 산출을 평가하는 준거의 역할을 하게 된다. 이러한 원리들을 제시하면 다음과 같다.

### 1) 타당성의 원리

학교 교육과정의 편성과 운영 작업은 궁극적으로 학교의 교육목표를 달성하기 위해서 하는 일이다. 따라서 학교에서 교육과정을 편성하고 운영하는 경우에 가장 먼저 할 일은 학교가 설정한 교육목표가 타당한가, 만약 타당하다면 학교에서 편성하고 운영하는 교육과정이 이를 달성하는 효과적인 수단인가 하는 점을 주의 깊게 살필 필요가 있다.

## 2) 적법성의 원리

학교 교육과정의 편성과 운영은 국가가 정한 법령의 테두리 속에서 진행된다. 학교는 교육과정과 관련하여 지닌 법적인 책무와 권한을 분명히 하고, 이러한 범위 내에서 의사결정 권한을 행사할 수 있다. 그러나 교육 관련법들이 지나치게 학교 교육과정의 편성과 운영권을 제한한다면 관련법의 개정과 함께 현행법의 일관성 있는 해석과 적용이 요구되기도 한다.

## 3) 전체성의 원리

학교 교육과정의 편성과 운영은 일부 교과의 각론을 개발하거나 교과들과 교과서의 내용을 재구성하는 것이 아니라, 말 그대로 학교의 전체 교육과정을 대상으로 한다. 따라서 학교에서 교육과정을 편성하고 운영할 때는 교육과정의 핵심 요소들(교육목표, 교육내용, 교과 체제, 교육방법, 교육평가, 특별활동 등)을 확인하고, 이들 요소들 간의 연관성을 높이는 방향으로 진행해야 하며, 이러한 작업이 성공적으로 이루어질 수 있도록 교사, 학생, 학부모, 학교 조직, 학교의 물리적 환경 등 제반 요소들을 종합적으로 고려한다.

## 4) 민주성의 원리

학교 교육과정의 편성은 학교 교육에 관여하는 제 집단들의 광범위한 참여를 보장하고, 그들이 제시하는 의사가 공정하게 처리되도록 하며, 운영에 있어서는 권한의 이양을 통하여 독선과 전횡을 막는 장치를 필요로 한다. 학교에서는 이를 위하여 교장과 교사가 상호 존중하며, 각기 다른 역할을 분담해야 한다. 특히 교장은 교직원들의 광범위한 참여를 유도하고 민주적인 의사소통 체제를 구축하며, 교직원들의 책무와 권한을 명시하는 역할을 행사할 필요가 있다.

## 5) 전문성의 원리

학교에서 교육과정을 합리적으로 편성하고 효과적으로 운영하기 위해서는 이를 전담하는 연구 조직과 실행 조직을 구성해야 하며, 이와 같은 작업에 참여하는 모든 교직원이 이에 관련된 전문적인 지식과 기술을 가져야 한다. 학교는 이를 위하여 학교의 조직을 교육과정 운영 중심의 조직으로 재편성하고, 학교 직원들을 훈련하는 프로그램을 개발하여 지속적으로 운영해야 한다. 특히 직원 개발을 위한 프로그램의 내용은 매우 구체적이며 실습의 과정을 많이 내포하고 있어야 한다.

## 6) 현실성의 원리

학교 교육과정의 편성과 운영은 주어진 현실의 바탕 위에서 출발한다. 따라서 학교 교육과정을 편성하고 운영할 때는 학생에 대한 이해와 현시점에서의 지역사회 요구를 잘 알고 있어야 하며, 이를 위하여 각종 조사를 실시함과 동시에, 조사 결과를 바르게 해석할 수 있어야 한다. 또한 교육과정의 편성과 운영이 이루어지는 학교라는 무대의 성격을 잘 이해하고 있어야 한다. 교사 조직의 특성, 학교의 물리적 환경, 외부 기관의 지원과 통제 등의 수준을 잘 알고 있어야 한다는 것이다.

## 4. 학교수준 교육과정 편성과 운영의 실제

국가수준 교육과정에서는 학교 교육과정의 편성, 운영, 평가와 관련하여 기준을 설정하고 있다. 국가 교육과정에서는 학교 교육과정 편성과 운영의 기본 방향을 다음과 같이 제시하고 있다.

학교는 이 교육과정을 바탕으로 학교 교육과정을 자율적으로 설계 · 운영하며, 학생의 특성과 학교 여건에 적합한 학습 경험을 제공한다.

- 학습자의 발달 수준에 적합한 폭넓고 균형 있는 교육과정을 통해 다양한 영역의 세계를 탐색해 보는 기회를 제공하고, 학습자의 전인적인 성장·발달이 가능하도록 학교 교육과정을 설계하여 운영한다.
- 학생 실태와 요구, 교원 조직과 교육 시설·설비 등 학교 실태, 학부모 의견 및 지역사회 실정 등 학교의 교육 여건과 환경을 종합적으로 고려하여 학습자에게 적합한 학습 경험을 제공한다.
- 학교는 학생의 필요와 요구에 따라 학교의 특성을 고려하여 다양한 교육 활동을 설계하여 운영할 수 있다.
- 학교 교육 기간을 포함한 평생 학습에 필요한 기초소양과 자기주도 학습 능력을 갖출 수 있도록 지원하며 학습 격차를 줄이도록 노력한다.
- 학생들의 자발적인 참여를 원칙으로 하여 학교와 시·도 교육청은 학생과 학부모의 요구에 따라 방과 후 활동 또는 방학 중 활동을 운영·지원할 수 있다.
- 학교는 학교 교육과정의 효율적인 설계와 운영을 위하여 지역사회의 인적, 물적 자원을 계획적으로 활용한다.
- 학교는 가정 및 지역과 연계하여 학생이 건전한 생활 태도와 행동 양식을 가지고 학습할 수 있도록 지도한다.

또한 학교 교육과정 편성 운영의 주체와 역할을 다음과 같이 제시하고 있다.

학교 교육과정은 모든 교원이 전문성을 발휘하여 참여하는 민주적인 절차와 과정을 거쳐 설계·운영하며, 지속적인 개선을 위해 노력한다.

- 교육과정의 합리적 설계와 효율적 운영을 위해 교원, 교육 전문가, 학부모 등이 참여하는 학교 교육과정 위원회를 구성·운영하며, 이 위원회는 학교장의 교육과정 운영 및 의사 결정에 관한 자문 역할을 담당한다. 단, 특성화 고등학교와 산업수요 맞춤형 고등학교의 경우에는 산업계 전문가가 참여할 수 있고, 통합교육이 이루어지는 학교의 경우에는 특수교사가 참여할 것을 권장한다.

• 학교는 학습 공동체 문화를 조성하고 동학년 모임, 교과별 모임, 현장 연구, 자체 연수 등을 통해서 교사들의 교육 활동 개선이 이루어지도록 한다.

학교 교육과정의 평가에 대하여 다음과 같은 기준을 제시하고 있다.

학교는 학교 교육과정 설계·운영의 적절성과 효과성 등을 자체 평가하여 문제점과 개선점을 추출하고, 다음 학년도의 교육과정 설계·운영에 그 결과를 반영한다.

학교수준 교육과정은 학교의 특성, 지역의 실태, 학생과 학부모의 요구 등이 학교마다 다르므로 단일한 개발 모형을 제시할 수 없다. 학교마다 교육과정 개발의 범위가 다르며 적합한 개발 방식이 따로 있다고 말할 수 있다. 하지만 여기서는 이러한 학교들 사이의 차이점은 일단 접어 두고, 학교수준 교육과정의 편성과 운영에 대한 일반적인 절차를 대략적으로 제시하고자 한다.

학교 교육과정을 편성·운영하고 이를 개선하기 위한 절차는 ① 준비 단계, ② 편성 단계, ③ 운영 단계, ④ 평가 단계의 4단계로 나누어 볼 수 있으며, 각 단계에서 수행해야 할 과업의 일반적인 절차를 예시하면 〈표 9-2〉와 같다(경남교육청, 2017).

표 9-2 **경남교육청 학교 교육과정 편성·운영의 절차**

| 단계 | 내용 |
|---|---|
| 준비 단계 | • 시기: 11월~12월<br>• 학교 교육과정 위원회 조직·운영<br>• 기초조사<br>• 지침 및 관련 근거 분석<br>• 시사점 도출 및 반영 |
| 편성 단계 | • 시기: 12월~이듬해 2월<br>• 학교 교육과정 시안 작성<br>• 학교 교육과정 심의 및 확정 |

| 운영 단계 | • 시기: 3월~이듬해 2월<br>• 학교 교육과정 운영<br>  −교과(군) 운영<br>  −창의적 체험활동 운영<br>  −범교과 학습 운영 |
|---|---|
| 평가 단계 | • 시기: 3월~이듬해 2월<br>• 학교 교육과정 평가<br>• 학년(군), 학급 교육과정 평가 |

출처: 경상남도교육청(2017). 학교 교육과정 편성·운영 도움 자료(초등학교).

## 5. 학교수준 교육과정의 발전 과제

Marsh(2009)는 나라마다 학교수준 교육과정 개발체제의 수용 정도와 형태는 다르지만, 그것을 수용하는 데는 다양한 이유가 있다고 하였다. 그중 몇 가지를 제시하면 ① 중앙집권적인 교육과정 개발 방식은 성공을 거두기 어렵고, ② 학교는 사회 환경의 변화에 능동적으로 대응하여 교육과정을 계획하고 설계하는 데 유리하며, ③ 교사들이 교육과정의 개발에 참여함으로써 근무 의욕이 높아지고 성취감이 커진다는 것이다. 반면에 학교수준 교육과정 개발체제가 성공하지 못하는 이유로는 ① 교육과정을 계획, 반성, 개발하는 데 필요한 시간의 부족, ② 교육과정 개발과 운영에 관련된 지식, 이해, 기술 등의 전문성 부족, ③ 자료 개발과 교사들의 휴식을 위한 재정의 부족, ④ 고용주와 학부모 등의 외부의 강요, ⑤ 수많은 저항자, 효율적인 지도력의 부족 등 위협적인 학교분위기를 지적하였다.

앞에서 말한 바와 같이, 우리나라에서 학교수준 교육과정 개발은 제6차 교육과정 때부터 시작되었다. 하지만 학교중심 교육과정 개발체제가 단위 학교나 교사 집단의 자발적인 주도에 의해서라기보다는 국가 교육당국에 의해서 "위로부터 아래로 주어진 조치"이기 때문에(김인식, 최호성, 최병옥, 1998: 22-23) 어느 정도의 성과를 거두었는지는 제대로 된 평가가 필요한 실정이다.

2009와 2015 교육과정은 개정의 초점을 '교육과정 자율화'라고 부를 정도로 학교수준 교육과정의 편성과 운영의 자율성을 강조하고 있다. 학년군제, 교과군제, 집중이수제, 교과(군)별 수업 시수 20% 이내의 증감 운영, 고등학교에서 전면적인 선택 교육과정 운영 등은 학교에서 자율적으로 교육과정을 편성하고 운영해야 할 영역들이다. 2022 교육과정에서는 자유학기제, 고교학점제, 학교자율시간, 진로연계학기 등학교의 자율적인 교육과정 편성과 운영이 영역이 더욱 확대되었다.

학교에서 이와 같은 교육과정 자율화가 성공하기 위해서는 다음과 같은 조건이 충족되어야 한다.

첫째, 학교 안팎에서 권력과 권위가 분산되어야 한다. 즉, 권한의 분권화가 필요하다. 국가와 지방자치단체에서는 학교 당국 및 구성원에게 교육과정 편성과 운영에 관련된 실질적인 권한을 부여해야 하며, 학내의 여러 조직 및 조직의 구성원에게 권한을 부여해야 한다.

둘째, 의사소통 체제가 변화되어야 한다. 관료적이고 수직적인 의사소통 체제가아니라 민주적인 의사소통 체제가 작동하는 민주적인 조직 구조가 필요하다. 교육청과 학교 그리고 학교 내 조직 간의 협동 및 협력이 강조되어야 한다.

셋째, 학교장의 교육과정 지도성이 발휘되어야 한다. 교장은 교사의 전문성을 인정하면서 학교 구성원들 간의 다양한 이해와 의견을 통합하고 조정해야 하며, 적극적으로 행정적·재정적 지원을 하면서 교육과정과 수업 분야에서 전문성을 발휘해야한다.

넷째, 공동체적인 학교문화가 조성되어야 한다. 학교의 구성원들이 비전을 공유하고 설정된 목표 달성을 위해 열성을 가지고 함께 논의하고 실천하며, 그 결과에 대하여 책임감을 공유하도록 한다.

다섯째, 학교 구성원들에게 교육과정 편성·운영에 필요한 전문적인 지식과 경험을 습득할 수 있는 기회를 제공하고, 교육과정과 관련된 활동을 하는 데 필요한 시간을 충분히 확보해 준다. 시설, 설비, 교구, 교재 등 필요한 재원을 확보, 운용하도록해야 한다.

여섯째, 교육평가 체제와 학력주의 풍토 등이 바뀌어야 한다. 현재와 같은 기관 평가, 교원 평가, 학업성취도 평가가 맞물리게 되면 실적 위주의 교육이 판을 치게 되어학생의 성장과 교직원의 성취감보다는 평가를 잘 받기 위한 방편으로 학교수준 교육과정의 편성과 운영이 왜곡되고, 학력주의 풍토 속에서는 명문 대학 진학을 위한 방향으로 학교 교육이 전개되어 학교수준 교육과정의 정상적인 편성과 운영이 어렵게되므로 실적주의와 학력주의 문화라는 그릇된 풍조가 일소되어야 한다.

## 6. 자유학기제 교육과정

자유학기제는 중학교에서 한 학기 동안 교과와 창의적 체험활동을 활용하여 학생참여 중심의 주제 선택 활동과 진로 탐색 활동을 하는 제도를 말한다. 자유학기 동안에는 학생참여형 수업을 강화하고 과정중심 평가를 적극 활용하며 지필평가는 하지 않는다.

### 1) 자유학기제의 도입 목적과 기본 방향

우리나라에서 자유학기제는 2013년 추진되어 2016년 전국의 중학교에서 전면적으로 실시하였다. 교육부(2013)에서 제시한 자유학기제의 '추진 목적'은 다음과 같다. 첫째, 꿈·끼 탐색이다. 즉, 자신의 적성과 미래에 대해 탐색하고 설계하는 경험을 통해 스스로 꿈과 끼를 찾고, 지속적인 자기 성찰 및 발전 계기를 제공하고자 하였다. 둘째, 역량 함양이다. 종래의 지식과 경쟁 중심 교육을 창의성, 인성, 자기주도 학습 능력 등 미래 핵심역량의 함양이 가능한 교육으로 전환하고자 하는 것이다.

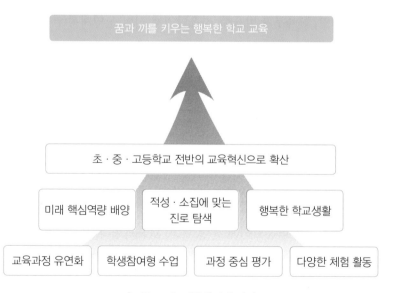

[그림 9-3] 자유학기제 비전

출처: 교육부(2015a).

마지막으로 행복 교육이다. 자유학기를 통해 학교 구성원 간 협력 및 신뢰를 형성하고, 적극적인 참여와 성취 경험을 통해 학생·학부모·교원 모두가 만족하는 행복교육을 실현하고자 했다. 즉, 자유학기제를 통해 실현하고자 하는 공교육 정상화는 행복한 학교생활, 학생의 꿈과 끼 찾기, 미래사회가 요구하는 역량 배양이 가능하도록 하는 것이다.

교육부(2013)에서 제시한 자유학기제의 '기본 방향'은 다음과 같다. 첫째, 자유학기에 집중적인 진로 수업 및 체험을 실시하여 초등학교(진로 인식)-중학교(진로 탐색)-고등학교(진로설계)로 이어지는 진로 교육 활성화를 추구한다. 둘째, 꿈과 끼를 키우는 교육프로그램 운영이 원활히 이루어질 수 있도록 학교의 교육과정 자율성을 대폭 확대한다. 셋째, 자유학기제 대상 학기는 학생들의 발달단계를 고려하여 결정하되, 연구학교의 운영 등을 통해 신중히 결정한다. 넷째, 자유학기에 특정 기간에 집중되어 실시되는 중간·기말시험은 실시하지 않고, 학생의 기초적인 성취 수준 확인 방법 및 기준 등은 학교별로 마련한다. 마지막으로, 자유학기를 교육과정 운영, 수업방식 등 학교 교육방법 전반의 변화를 견인하는 계기로 활용한다.

## 2) 자유학기제의 법적 기반

2013년 5월 28일, 교육부가 발표한 '자유학기제 시범 운영계획(안)'을 통해 시작된 자유학기제는 2015년 9월 23일에 고시된 '2015 개정 교육과정'의 총론에 '중학교 자유학기제 운영지침'이 포함됨으로써 중학교 자유학기제 운영의 법적 기반을 마련하였다.

'2015 개정 교육과정' 총론에 포함된 중학교 교육과정 편성·운영 기준에서는 "학교는 학생들이 자신의 적성과 미래에 대해 탐색하고, 학습의 즐거움을 경험하여 스스로 공부하는 자기주도적 학습 능력과 태도를 기를 수 있도록 자유학기를 운영한다."라는 기본 방향을 제시하고, 그에 대한 일곱 가지 중학교 자유학기제 운영지침을 제시하고 있다. 이 지침은 자유학기제 운영 시기, 교육과정 편성·운영, 수업 방법, 평가, 지원, 타 학년·학기와의 연계와 관련된 내용이 주요 골자를 이루고 있다.

2015 개정 교육과정의 총론에 포함된 '중학교 자유학기제 운영지침'은 〈표 9-3〉과 같다(교육부, 2015b).

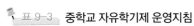

**표 9-3 ┃ 중학교 자유학기제 운영지침**

- 중학교 과정 중 한 학기는 자유학기로 운영한다.
- 자유학기에는 해당 학기의 교과 및 창의적 체험활동을 자유학기의 취지에 부합하도록 편성 · 운영 한다.
- 자유학기에는 지역사회와 연계하여 진로 탐색 활동, 주제 선택 활동, 동아리 활동, 예술 · 체육활동 등 다양한 체험 중심의 자유학기 활동을 운영한다.
- 자유학기에는 협동 학습, 토의 · 토론 학습, 프로젝트 학습 등 학생 참여형 수업을 강화한다.
- 자유학기에는 중간 · 기말고사 등 일제식 지필평가는 실시하지 않으며, 학생의 학습과 성장을 지원 하는 과정 중심의 평가를 실시한다.
- 자유학기에는 학교 내외의 다양한 자원을 활용하여 진로 탐색 및 설계를 지원한다.
- 학교는 자유학기의 운영 취지가 타 학기 · 학년에도 연계될 수 있도록 노력한다.

출처: 교육부(2015b).

이와 같이 고시된 2015 개정 교육과정은 2017학년도부터 연차적으로 적용되었다. 그러나 이 계획은 2016년부터 자유학기제의 전면 도입이라는 자유학기제 도입 일정 과 충돌하게 되는데, 이를 해결하기 위하여 교육부는 자유학기제 관련 지침이 2016년 3월부터 적용될 수 있도록 "중학교 자유학기 편성 · 운영에 관한 규정은 2016년 3월 1일부터 적용합니다."라는 부칙을 통해 제시하고 있다.

또한 자유학기는 「초 · 중등교육법 시행령」 제44조(학기) 3항과 제48조의2(자유학기 의 수업운영방법 등)의 법적 근거에 따라 학교 교육과정 편성 · 운영의 자율성을 보장 받게 되었다. 이와 관련된 법령은 다음 〈표 9-4〉와 같다.

**표 9-4 ┃ 자유학기제의 법적 근거가 되는 법령**

**제44조(학기)** ① 법 제24조 제3의 규정에 의한 학교의 학기는 매 학년도를 두 학기로 나누되, 제1학 기는 3월 1일부터 학교의 수업일수 · 휴업일 및 교육과정 운영을 고려하여 학교의 장이 정한 날 까지, 제2학기는 제1학기 종료일 다음 날부터 다음 해 2월 말일까지로 한다. 〈개정 2004. 2. 17., 2010. 6. 29.〉

　② 중학교의 장은 제1항에 따른 학기 중 한 학기를 자유학기로 지정하여야 한다. 이 경우 지정대상 학기의 범위 등 자유학기의 지정에 관한 세부 사항은 교육부장관이 정한다. 〈신설 2015. 9. 15.〉

**제48조의2(자유학기의 수업운영방법 등)** ① 중학교의 장은 자유학기에 학생 참여형 수업을 실시하 고 학생의 진로 탐색 등 다양한 체험을 위한 체험활동을 운영하여야 한다.

　② 제1항에 따른 학생 참여형 수업 및 체험활동에 관한 세부 사항은 교육부장관이 정한다.

[본조신설 2015. 9. 15.]

## 3) 자유학기제의 교육과정 편성 · 운영

자유학기제 교육과정은 국어, 영어, 수학, 사회, 과학 등과 같은 기본 교과로 구성된 '교과 수업'과 학생의 흥미와 관심사를 기반으로 구성된 '자유학기 활동'의 두 영역으로 구분하여 편성 · 운영된다. 기본 교과 수업은 주로 오전에 배치하여 편성하고 자유학기 활동은 오후에 편성 · 운영하는 것을 권장하고 있다. 또한 자유학기 활동은 연간 170시간 이상 운영하며, 진로 탐색 활동, 주제 선택 활동, 예술 · 체육 활동, 동아리 활동 등의 네 가지 영역으로 구성되며, 학교의 목표와 여건을 고려하여 네 가지 영역을 균형 있게 편성하도록 하였다.

자유학기 교과 운영의 특징은 [그림 9-4]와 같이 교육과정 편성 · 운영 유연화, 교수 · 학습방법의 다양화, 과정 중심의 내실 있는 평가로 요약된다(서울특별시교육청, 2015).

첫째, 자율성 · 창의성의 신장과 학생 중심 교육과정 운영을 위해 교육과정 편성 · 운영의 유연화를 추구한다. 이를 위해 단위 학교에서는 학교 여건과 지역 특색을 고려하여 자유학기제 교육과정을 편성 · 운영하여야 하며, 교과 시수를 적절히 조정하고 교과 교육과정을 재구성하여 운영하여야 한다. 이때 교육내용은 학생이 수업을 통해 달성해야 하는 핵심 성취기준 중심으로 재구성하여 교과 수업에 활용할 수 있다.

둘째, 토론 · 실습과 융합, 프로젝트 수업, 자기주도 학습의 활성화와 같은 교수 · 학습방법의 다양화를 지향한다. 즉, 수업에 참여하는 태도와 자기 표현력 향상을 위

| 교육과정 편성 · 운영 유연화 | 교수 · 학습방법의 다양화 | 과정 중심의 내실 있는 평가 |
| --- | --- | --- |
| 자율성 · 창의성 신장, 학생 중심 교육과정 | 토론 · 실습, 융합수업, 자기주도 학습 | 형성평가, 수행평가, 성장 · 발달에 중점 |
| • 학교 교육과정 편성 · 운영 자율성 제공<br>• 교육과정 재구성 | • 교과 교육과정 재구성을 통한 교과 학생참여 · 활동형 수업, 융합수업<br>• 토론, 문제해결, 의사소통, 실험 · 실습, 프로젝트 학습 등 | • 형성평가, 협력기반 수행평가, 포트폴리오 평가 등<br>• 성장 · 발달에 중점을 둔 평가 실시 |

[그림 9-4] 자유학기 교과 운영의 특징

출처: 서울특별시교육청(2015).

한 협동 학습, 토론 수업 및 실험 · 실습 등 체험 중심 수업을 활성화하고, 교과 교육 과정의 재구성을 통한 융합 수업을 실시하여 융합적 사고력과 문제해결 능력을 배양한다. 또한 학습에 대한 내재적 동기와 자기주도 학습의 역량 제고를 위해 개인별 및 조별 프로젝트 학습을 확대하고, 실생활 연계 수업의 강화를 권장한다.

셋째, 형성평가, 수행평가를 통한 학생의 성장 · 발달에 중점을 둠으로써 과정 중심의 내실 있는 평가가 이루어진다. 자유학기 기간 동안에는 중간 · 기말고사 등 일제식 지필평가를 실시하지 않으며, 학생의 학습과 성장을 지원하는 과정 중심의 평가를 실시한다. 이러한 평가는 학생의 성취 수준, 참여도 및 태도, 자유학기 활동 내역 등을 중심으로 학교생활기록부에 서술식으로 기재하도록 한다.

자유학기 활동은 학생들이 학습하는 내용의 폭과 범위를 확대한다는 데 그 의미가 있으며, 따라서 기본적으로 학생들의 흥미와 관심사에 기반한 학생 중심의 프로그램이 마련되어야 한다. 현재 자유학기 활동은 진로 탐색 활동, 주제 선택 활동, 예술 · 체육 활동, 동아리 활동 등 네 가지 영역으로 구분하여 편성할 수 있으며 학생 중심의 다양한 체험 및 활동으로 운영된다. 자유학기 활동의 영역에 따른 내용과 특징은 〈표 9-5〉와 같다(서울특별시교육청, 2015).

**표 9-5 자유학기 활동의 영역과 내용**

| 구성 | 내용 | 목적 · 성격 | 학습 내용 | 운영방법 |
|---|---|---|---|---|
| 진로 탐색 활동 | 학생들이 적성과 소질을 탐색하여 스스로 미래를 설계해 나갈 수 있도록 체계적인 진로학습 기회 제공 | 진로 탐색 | 진로 · 직업 관련 내용 | 학생 희망 선택 |
| 주제 선택 활동 | 학생의 흥미, 관심사에 맞는 체계적이고 심층적인 학생 중심의 교과 연계 또는 주제 중심 활동 운영 | 전문 프로그램 학습 | 학생들의 관심사에 따라 다양 | |
| 예술 · 체육 활동 | 학생의 희망을 반영한 다양한 문화 · 예술 · 체육 활동 | 다양한 예술 · 체육 활동 | 문화, 음악, 미술, 체육 관련 내용 | |
| 동아리 활동 | 학생들의 공통된 관심사를 바탕으로 구성된 자발적 · 자율적인 학생 중심 활동 | 자치적 · 자율적 활동 | 학생들의 관심사에 따라 다양 | |

출처: 서울특별시교육청(2015).

## 4) 2022 교육과정과 자유학기제

자유학기제는 「초・중등교육법시행령」의 개정으로 2018년부터 희망하는 학교에서는 자유학년제를 운영할 수 있게 되었다. 자유학년제는 중학교 과정 중에서 1년을 자유학년으로 지정하여 교과운영과 자유학기 활동을 할 수 있도록 한 제도다. 자유학기제의 기본 방향과 교육과정의 편성・운영 방침은 다르지 않으며, 다만 이 기간 동안 자유학기제 운영 학교는 170시간 이상, 자유학년제를 운영하는 학교에서는 221시간 이상을 자유학기 활동으로 편성・운영하는 데 차이가 있다. 그만큼 자유학기 활동을 강화한 것이다.

하지만 2022 교육과정의 개정으로 2025년부터 자유학년제는 자유학기제로 다시 축소되었다. 자유학기 활동 시간도 170시간 이상에서 102시간으로 줄어들고, 자유학기로 운영하고 편성 영역도 주제선택・진로탐색・예술체육・동아리 활동 등 4개를 주제선택・진로탐색 영역 2개로 축소하였다. 영역을 축소한 것은 창의적 체험활동 시간에도 할 수 있는 예술체육과 동아리 영역 활동을 폐지한 것이다. 〈표 9-6〉은 2022 교육과정의 자유학기제 운영과 관련된 내용이다.

**표 9-6　2022 교육과정의 자유학기제 관련 지침**

가) 중학교 과정 중 한 학기는 자유학기로 운영하되, 해당 학기의 교과 및 창의적 체험활동을 자유학기 취지에 부합하도록 편성・운영한다.
　(1) 자유학기에는 지역 및 학교 여건을 고려하여 자율적으로 학생 참여 중심의 주제선택 활동과 진로 탐색 활동을 운영한다.
　(2) 자유학기에는 토의・토론 학습, 프로젝트 학습 등 학생 참여형 수업을 강화하고, 학습의 과정을 중시하는 다양한 평가 방법을 활용하되, 일제식 지필평가는 지양한다.

## 7. 고교학점제 교육과정

## 1) 고교학점제의 성격

고교학점제란 학생이 기초 소양과 기본 학력을 바탕으로 진로와 적성에 따라 과목을 선택하고, 이수 기준에 도달한 과목에 대해 학점 취득을 인정하고, 이들이 누적되어 졸업에 필요한 학점 수에 이르렀을 때, 졸업 자격을 부여하는 제도를 의미한다.

다음 [그림 9-5]에서 보는 것처럼, 학교에서는 선택과목에 대한 학생의 수요를 조사하여 이를 기반으로 교육과정을 구성하고, 학생들이 진학과 취업 등 진로와 연계된 학업 계획을 수립하고 책임 있게 이수할 수 있도록 지도 체계를 마련한다. 학생들은 자신의 진로를 바탕으로 수강 신청을 한다. 학교에서는 학생참여형 수업을 실시하고 학생 맞춤형 책임지도를 강화한다. 수업과 연계한 평가를 통하여 이수와 미이수를 가려내고, 미이수인 경우에 보충 프로그램을 제공한다. 학생들이 과목별 이수 기준(출석과 최소한 성취기준 도달)을 만족하면 학점을 부여한다. 졸업에 필요한 이수학점에 이르렀을 때 졸업 자격을 부여한다.

[그림 9-5] 개별 학교에서의 고교학점제 운영 절차

출처: 교육부(2019). https://curri.gyo6.net/pageLink.do?link=/hscredit/intrcn/inqr.do&menuNo=4010000

## 2) 고교학점제의 적용 시기와 관련 법령

고교학점제는 2020년 마이스터고, 2022년 특성화고에 도입되었으며, 2023년 전체 일반계고 및 특목고 등을 대상으로 부분 도입(2023년 입학생부터 적용)하고, 2025년부터 전체 고등학교에 전면 적용된다.

고교학점제의 운영의 기반이 되는 법령은 〈표 9-7〉과 같다.

표 9-7  **고교학점제 관련 법령**

「초 · 중등교육법」 [시행 2022. 3. 25.] [법률 제18461호, 2021. 9. 24. 일부개정]

제48조(학과 및 학점제 등) ① 고등학교에 학과를 둘 수 있다.
② 고등학교의 교과 및 교육과정은 학생이 개인적 필요 · 적성 및 능력에 따라 진로를 선택할 수 있도록 정하여져야 한다.
③ 고등학교(제55조에 따라 고등학교에 준하는 교육을 실시하는 특수학교를 포함한다)의 교육과정 이수를 위하여 학점제(이하 "고교학점제"라 한다)를 운영할 수 있다. 〈신설 2021. 9. 24.〉
④ 고교학점제를 운영하는 학교의 학생은 취득 학점 수 등이 일정 기준에 도달하면 고등학교를 졸업한다.
⑤ 고교학점제의 운영 및 졸업 등에 필요한 사항은 대통령령으로 정한다. 〈신설 2021. 9. 24.〉

제48조의2(고교학점제 지원 등) ① 교육부장관과 교육감은 고교학점제 운영과 지원을 위하여 고교학점제 지원센터를 설치 · 운영할 수 있다.
② 교육부장관과 교육감은 고교학점제 지원센터의 효율적 운영을 위하여 필요하다고 인정하면 교육정책을 연구 · 지원하는 법인이나 기관에 그 업무를 위탁할 수 있다.
③ 국가와 지방자치단체는 고교학점제의 운영을 위하여 필요한 행정적 · 재정적 지원을 하여야 한다.
④ 제1항부터 제3항까지에 따른 고교학점제 지원센터의 설치 · 운영, 위탁 및 행정적 · 재정적 지원 등에 필요한 사항은 대통령령으로 정한다.

## 3) 교육과정과 고교학점제

2015 개정 교육과정 부분 개정(2022.1 개정고시)을 통하여 고등학교에서 고교학점제 도입을 위한 기준을 마련하였다. 이 기준은 2023년 고등학교 입학생부터 적용하도록 하였다.

첫째, 고교 수업량 기준을 단위에서 학점으로 전환하였다. 단위에서 학점으로 변경한 것은 단순히 수업에 출석한 것을 이수한 것으로 보는 대신에 출석률과 학업성취율을 반영하여 과목의 이수 여부를 결정한다는 것을 의미한다.

둘째, 수업량의 적정화하기 위하여 현재 고교 3년간 204단위 이수에서 192학점(교과 174학점, 창의적 체험활동 18학점)을 이수하도록 조정하였다. 또한 학점당 수업량 기준을 50분 기준 17회(16+1) 체제를 유지하되, 17회 중 1회는 학교가 자율적으로 주제 중심의 프로젝트 수업, 융합 수업 등으로 활용하도록 하였다.

셋째, 학교생활기록 작성 및 관리지침 개정(교육부훈령 제433호, 시행 2023.3.1., 일부 개정 2023.2.10.)을 통하여 공통과목(국어, 영어, 수학)의 최소 성취수준 보장 지도 시행 관련 사항을 명시하였다.

넷째, 학교 간 공동교육과정과 학교 밖 교육 관련 근거와 관련된 지침을 정비하였다. 고교학점제로 개별 학교에서 학생들의 요구에 따른 모든 과목을 개설할 수 없으므로, 학교간 연계를 통하여 공동 교육과정을 운영하도록 하였다. 또한 학생이 진로·적성을 고려하여 수강을 희망한 과목 또는 창의적 체험활동 중 학교장이 학교 내 개설 또는 학교 간 공동교육과정으로 운영이 어렵다고 판단한 과목이나 창의적 체험 활동에 대하여 일정한 요건을 갖춘 지역사회 기관을 통해 이수하도록 하였다.

2022 교육과정을 통하여 다음과 같이 고교학점제 전면 적용을 위한 기반을 마련하였다.

첫째, 1학점 수업량을 축소하였다. 학점당 수업량을 50분 기준 17(16+1)회에서 16회로 전환하고, 여분의 수업을 활용하여 다양한 프로그램을 자율적으로 운영하도록 하였다.

둘째, 일반계고와 특목고의 경우, 교과 필수 이수학점을 줄이고(94단위 → 84학점), 자율이수 학점을 늘렸다(86단위 → 90학점).

셋째, 고교 단계 공통 소양 함양을 위한 공통과목은 유지하되, 선택과목을 일반선택, 진로선택, 융합선택으로 재구조화하였다.

교육부(2022)는 고교학점제의 정상적인 운영을 위한 학교의 조직과 문화의 변화 그리고 교육청의 지원에 관하여 다음과 같이 제안하였다.

첫째, 학교 조직 면에서는 학생 선택형 과목의 수요 조사, 교육과정 편성, 진로·학업 설계 등을 포함한 교육과정 업무를 총괄하기 위하여, 부장 교사, 진로·학업 설계 전담 교사, 행정 지원 인력으로 구성된 전담 부서를 설치할 필요가 있다. 또한 담임교사, 교과 담당 교사, 진로 학업 설계 전담 교사 간 협력 체제의 구축이 요구된다. 특히 담임교사는 학생의 진로 및 과목 선택, 과목 학습 등을 다각도로 지원하고, 학생의 학교생활 전반 및 학업 성취 모니터링, 진로 변경에 따른 과목 선택 추가 상담 등의 역할을 수행한다.

둘째, 학교 문화 면에서는 학생의 자기주도성이 요구된다. 학생이 자신의 적성과 진로를 스스로 탐색하고, 이를 기반으로 학업 설계를 하기 위하여 적극적인 학습자로서 역할을 해야 한다. 학부모는 고교학점제 운영의 근본 취지를 이해하고 이를 바탕으로 자녀가 올바른 학업 설계를 할 수 있도록 하는 적극적인 후원자로서의 역할을 할 필요가 있다. 담임교사는 단순한 학급 관리를 넘어서서 학생과 학부모와 협력하여 학생 개개인이 진로에 맞는 학업 설계를 하고 실천할 수 있어야 한다. 즉, 고교학점제의 안정적인 정착을 위해서 학생, 학부모, 교원 간의 신뢰에 바탕을 둔 공동체 문화가 형성되어야 한다.

셋째, 교육청은 학점제 운영을 위한 추진 체제를 구축하고, 정책 방향을 안내하며 학교 컨설팅과 교원들의 역량 개발을 위한 연수를 한다. 학교간 공동교육과정, 온라인 학교를 운영하며, 개별 학교의 학점제형 교육공간의 구축을 지원하며, 학점 인정을 위한 학교 밖 교육기관을 발굴하고 협약을 한다.

## 4) 고교학점제의 주요 쟁점

고교학점제는 진로와 적성에 따른 과목 선택의 확대, 단위제에서 학점제로의 전환, 공통과목의 최소 성취기준 보장을 위한 책임 교육의 실시 등에서 고등학교 교육의 전반적인 변화를 요구하고 있다. 고교학점제는 2018년 연구 · 선도 학교를 지정하여 운영해 왔고, 2021년 제도의 기반을 마련하고 2023~2024 단계적 적용을 거쳐 2025년 전면적으로 실시될 예정에 있다. 교육부는 고교학점제를 통하여 학생 중심 교육과정 편성 · 운영 및 수업 방법의 혁신, 진로 · 학업 설계 교육의 활성화, 책임교육 실현을 위한 노력 강화 등을 강조하지만, 고교학점제 운영과 관련된 반론도 적지 않다. 고교학점제와 관련된 주요 쟁점은 다음과 같다.

첫째, 고등학교 교육의 성격에 관한 쟁점이다. 고교학점제는 고등학교 과정을 진로를 위한 준비 과정으로 본다. 필수학점을 줄이고 자율이수학점을 늘렸으며, 진로에 따른 과목 선택권을 대폭 확대하였다. 하지만 고등학교 과정이 의무교육 기간은 아니지만, 중학교 졸업자의 대다수가 고등학교로 진학하고 그중에서 대다수의 학생이 졸업한다는 점에서 민주 시민의 육성에 목적을 둔 '보통교육'의 성격을 더욱 강화해야 한다는 주장이 있을 수 있다.

둘째, 고등학생들이 자신의 적성을 찾고 진로를 탐색하는 것은 필요한 일이지만,

'진로의 탐색'과 '진로와 관련된 과목을 선택'하는 것은 다른 문제로 볼 수 있다. 고등학생이 진로와 관련된 과목을 이수한다는 것은 탐색의 단계를 넘어서 진로를 결정하는 것에 가까운 일이라는 점에서 고등학교 1학년 학생들이 이 시기에 자신의 진로를 결정하는 것이 타당한가 하는 문제가 제기될 수 있다.

셋째, 고교학점제를 시행한다고 해서 학생의 요구를 바탕으로 선택과목을 확대하는 것이 적절한 일인가 하는 문제가 제기될 수 있다. 특히, 과학과 산업기술의 발달로 인한 직업 세계에 큰 변화가 있고, 대학 졸업 이후에도 자신의 전공을 살려서 취업을 하기 어려운 사회 환경에 비추어 볼 때, 고등학교에서 진로와 관련된 과목의 선택이 학생들에게 얼마나 도움이 되는지에 의문이 있다.

넷째, 고교학점제의 시행으로 학생들의 요구에 따른 선택과목의 확대로 학교간 공동교육과정, 온라인 학습, 지역사회 연계 학점 인정 등을 제시하고, 이를 위한 법적 기반을 구축하고 운영 지침을 제시하며 행·재정적 지원 체제를 구축하고 있지만 그 실효성에 대하여 논란이 있다.

다섯째, 선택과목의 확대로 인하여 한 교사가 여러 과목을 담당하거나 기간제와 순회 교사를 늘리고, 교사자격증이 없는 분야 전문가를 투입하는 것에 대한 반론도 만만하지 않다. 특히 교사에게 여러 과목을 가르치는 것은 내용 전문성의 부족으로 수업의 질이 떨어질 가능성이 있으며, 교사의 자발적인 참여를 이끌어 내기 어렵다는 문제도 있다.

여섯째, 고교학점제를 운영할 때 지역 간 그리고 단위 학교 간 교육격차가 더욱 벌어질 수 있다. 농·어·산촌의 소규모 학교의 경우에 선택과목의 확대가 어려우며, 학교 간 공동교육과정의 운영도 여의치 않고, 지역사회 또한 인적·물적 자원의 부족으로 학교를 지원할 형편이 되지 않을 수 있다. 고교학점제의 시행은 지역 간 그리고 같은 지역 내에서도 학교 간 교육격차를 심화시킬 수 있다.

참고문헌

강현석, 박영무, 박창언, 손충기, 이원희, 최호성 공역(2006). 교육과정 개발과 설계. 교육과학사.

경상남도교육청(2017). 학교교육과정 편성 · 운영도움자료. 초등학교편.

교육부(1997). 초 · 중등학교 교육과정.

교육과학기술부(2008). 중학교 교육과정 해설 (I).

교육과학기술부(2009). 2009 개정 교육과정.

교육부(2013). 중학교 자유학기제 시범 운영계획(안). 교육부 정책자료.

교육부(2014). 2015 문이과 통합형 교육과정 총론 주요 사항(시안). 교육부 보도자료(2014. 9.).

교육부(2015a). 학생의 꿈과 끼를 키워 행복교육을 실현하는 중학교 자유학기제 시행 계획
    (시안).

교육부(2015b). 교육과정.

교육부(2022). 교육과정.

교육부(2021.8.22.). 2025년 일반계고 학점제 전면 적용을 위한 고교학점제 단계적 이행 계획
    발표 보도 자료.

교육부, 한국교육과정평가원(2022). 고교학점제 도입 · 운영 안내서.

권다남(2016). 자유학기제 실시 학교에서의 교육과정 의사결정과 자율성. 부산대학교 대학원
    석사학위논문.

김인식, 최호성, 최병옥(1998). 학교 중심 교육과정의 탐구. 경남대학교 출판부.

박현주 역(1996). 교육과정 이해를 위한 주요 개념. 교육과학사.

서울특별시교육청(2015). 자유학기제 교육과정 운영 매뉴얼.

서울특별시교육청(2021). 학교교육과정과 교사교육과정.

이덕난(2013). 중학교 자유학기제의 주요 쟁점 및 과제. 이슈와 논점. 636호. 국회입법조사처,
    2013.4.12.

이상주(1974). 의사결정의 관점에서 본 교육과정. 교육과정 연구의 과제, 59-74.

정영근(2000). SBCD에 따른 교육과정 개발 방법의 고찰. 교육과정연구, 18(2), 297-322.

정영근(2002). 한국의 학교수준 교육과정 개발(SBCD) 유형 특징의 연구. 교육과정연구,
    20(3), 45-75.

최호성(1996). 학교중심 교육과정의 과제와 전망. 교육과정연구, 14(1), 78-105.

한국교육개발원(2014). 자유학기제 운영 종합 매뉴얼. 연구자료 CRM−2014-56.

한국교육개발원(2015). 자유학기제 전면 확대 방안 연구. 수탁연구 CR 2015-10.

황규호(2013). 자유학기제를 위한 교육과정 설계 방안 탐색. 제1차 자유학기제 포럼 자료집.

허경철(1998). 교육과정 해설(국민학교). 배영사.

Brady, L. (1995). *Curriculum Development*. Prentice-Hall.

Marsh, C. J. (2009). *Key Concepts for Understanding Curriculum* (4th ed.). Routledge.

Oakes, J. (1985). *Keeping track: How schools structure inequality*. Yale University Press.

Print, M. (1993). *Curriculum Development and Design* (2nd ed.). Allen & Unwin Pty Ltd.

Sabar, N. (1991). School-based Curriculum Development. *The International Encyclopedia of Curriculum* by A. Lewy (ed., pp. 367-371). Pergamon Press.

Skilbeck, M. (1975). School-based Curriculum Development and Teacher Education. Mimeographed paper.

Skilbeck, M. (1984). *School-Based Curriculum Development*. Paul Chapman Publishing Ltd.

CHAPTER

**10**

# 학교-지역 연계 교육의 필요성과 유형

학교는 교육을 목적으로 설립된 기관이다. 오늘날 학교는 교육을 하는 가장 중요한 기관이기는 하지만 '유일한' 기관은 아니다. 학교 바깥에는 가정을 포함하여 지역사회가 둘러싸고 있다. 아동과 청소년은 학교와 지역사회를 오가며 살아가고 있다. 학습은 더욱이 학교에서만 일어나는 것이 아니며, 아동과 청소년은 가정과 지역사회 속에서도 지식과 기능을 익히고 태도를 배운다. 그런데 학교는 교육을 위하여 교원, 프로그램, 학교의 장비와 시설 등 매우 한정된 자원을 가지고 있다. 오늘날 교육에 대한 학생의 요구는 매우 다양하며, 국가 또한 정책적인 측면에서 학교에 다양한 교육을 효율적으로 실시할 것을 요구하고 있다. 하지만 학교의 한정된 자원으로는 이러한 학생의 요구와 국가의 정책적 요구를 충족하기 어렵다.

지역사회에는 교육을 위해 활용할 수 있는 자원이 풍부하다. 인적 자원과 물적 자원은 물론이고 기술적 자원도 넘쳐난다. 학교가 지역사회에 산재한 자원들을 효과적으로 활용한다면 더욱 큰 교육성과를 기대할 수 있다. 학교-지역 연계 교육이 필요한 이유다.

물론 학교-지역 연계 교육의 필요성을 교육자원의 수와 다양성만으로 설명할 수는 없다. 학교에서 배우는 내용이 지역사회라는 구체적이고 실제적인 맥락과 연결될 때 살아 있는 학습이 된다. 학교에서 배우는 앎이 지역사회의 삶과 연결되는 것이다. 이러한 학습을 통하여 아동과 청소년은 지역사회의 발전을 이끄는 주체성 있는 주민으로 성장한다.

이 장에서는 학교-지역 연계 교육의 필요성을 바탕으로, 학교-지역 연계 교육과정의 유형을 살펴보고, 학교-지역 연계 교육의 활성화를 위한 조건 등을 탐색하려고 한다.

구체적인 학습과제는 다음과 같다.

- 학교-지역 연계 교육의 필요성을 파악한다.
- 학교-지역 연계 교육과 관련된 대표적인 교육정책을 알아본다.
- 학교-지역 연계 교육과정의 유형과 유형별 특성을 이해한다.
- 학교-지역 연계 교육의 활성화를 위한 환경 구축 방안을 살펴본다.

# 1. 학교-지역 연계 교육의 필요성

학교-지역 연계 교육의 필요성과 중요성을 학생, 교사, 주민의 자원에서 살펴보면 다음과 같다. 우선 학생의 측면이다. 학교-지역 연계 교육은 '아이들의 성장을 위해서 필요하다.' 이를 구체적으로 말하면, 첫째, 학교의 한정된 자원으로는 학생의 다양한 필요를 충족하기 어렵다. 학교에는 교원이라는 인적 자원, 교육과정과 교과서라는 기술 자원, 교구와 시설 등의 물적 자원이 있으나, 학생의 다양한 교육적 요구를 충족시키는 데는 한계가 있다. 예를 들어, 학교 안에서의 음악교육은 사회적 요구와 관심은 높은 데 비해, 교육과정이 요구하는 다양한 예술적 경험을 학교가 제공하기에는 한계가 있다(문보경, 이인희, 2018). 국가수준 교육과정 기준에 따른 학습 시간의 한계, 사용가능한 악기의 종류와 수의 제한, 다양한 분야의 음악 지도자의 부재 등이 문제가 된다.

둘째, 학교에서 배우는 내용의 추상성을 극복하기 위하여 필요하다. 학교에서 배우는 학습 내용이 추상적이어서 이해가 쉽지 않고 학습자 자신의 삶과의 관련성을 파악하기 힘들다. 그 결과 학습에 대한 흥미를 잃기 쉽다. 따라서 학교는 학습자에게 학습 내용을 직접 경험을 통하여 지각할 수 있는 기회를 제공할 필요가 있다. 학교-지역 연계 교육을 통해서 교실과 교과서에만 배운 내용을 실제 삶과 연결하여 느끼고 성찰하는 지식의 맥락화가 필요하다(천주영, 이경건, 홍훈기, 2021). 배운 내용을 지역사회 속에서 확인하고 또 직접 경험하는 행위를 통하여 지식을 재창조하는 과정이 요구된다.

셋째, 지역에 대한 관심을 갖게 되고 지역 주민으로서의 정체성을 가지며 지역에 도움이 되는 일을 하게 된다. 자신이 살고 있는 삶의 터전에서 일어나는 일에 관심을 가질 뿐만 아니라 지역의 문제를 찾고 해결하고자 하는 자세와 문제해결력이 길러진다.

넷째, 지역에 있는 다양한 인물, 단체, 기관과 교류하는 가운데 민주시민으로서 필요한 역량이 길러진다. 학생은 지역사회의 다양한 사람들과 관계를 갖게 된다. 또한 지역사회의 다양한 기관과 단체를 알게 된다. 이러한 과정에서 지역사회에 대한 이해가 깊어진다. 또한 학생들의 현재의 삶과 미래 성인이 되었을 때 지역사회의 어떤 사람, 기관, 단체에서 어떤 도움을 받고 도움을 줄 것인지를 몸으로 익히게 된다. 지역사회와 관계를 맺기 위해서는 적극성, 주체성, 소통, 배려, 협력하는 자세와 실천이 요구된다. 지역사회 속에서 다양한 관계 맺기는 시간의 경과와 더불어 이와 같은 역량을 점진적으로 길러 준다.

다음으로 교사의 측면이다. 학교-지역 연계 교육을 통해서 교사도 성장한다. 학교-지역 연계 교육을 통하여 교사들은 지역에 대해 관심을 갖게 되고, 지역민과 교류하게 되며, 지역의 여러 단체와 기관과 협력하는데 필요한 자세와 역량을 키우게 된다. 또한 학교-지역 연계 교육은 교사들에게 지역 연계 과목이나 프로그램의 개발과 운영 기회를 제공한다. 이 과정에서 마을에 관해 살펴보고 분석하며, 이를 수업의 장면으로 가져올 수 있는 다양한 교육적 장치와 방법을 모색하는 가운데 교육과정 문해력이 길러지고 재구성 역량이 신장된다(은석현, 이동성, 2022; 이동성, 2021).

마지막으로 학부모와 주민의 측면이다. 학교-지역 연계 교육은 교육에 대한 학부모와 주민들의 관심을 불러일으키고 책임 의식을 길러 준다. 교육은 학교 교육으로 완결되는 것이 아니라 학부모와 주민들의 관심과 적극적 참여가 뒷받침될 때 질적 수준이 높아지고 성과가 극대화된다. 학부모와 주민들이 학교-지역 연계 교육활동에 참여함으로써 아이들과 학교 교육에 대한 이해가 높아지고, 프로그램 개발과 운영 등의 교육역량이 신장된다. 또한 이러한 교육활동에 종사함으로써 소통과 협력, 비판적 사고력, 문제해결력, 공동체 의식을 가진 민주 시민으로 성장한다.

우리 사회에서는 이러한 여러 가지 이유로 오래전부터 학교-지역 연계 교육을 위하여 노력해 왔다. 최근에는 지역사회 전체가 하나의 교육공동체가 되어야 한다는 이념으로 중앙정부와 지방정부 차원에서 혁신교육지구 사업과 마을교육공동체 사업을 추진해 오고 있다. 이와 같은 정책으로 학교-지역 연계 교육에 대한 관심이 크게 높아지고 다양한 실천이 생겨났다(양병찬, 2018, 2019).

하지만 이러한 관심과 실천이 일부 학교 관계자와 일부 마을활동가에 한정된 것이 아닌지 하는 의문이 있다. 학교-지역 연계 교육을 실천해 온 사람들에게는 너무나 당연한 일이라고 여기겠지만, 우리 사회에 적지 않은 학교관계자와 지역 인사들에게는 여전히 낯선 일일 수 있다. 특히 학교 관계자들은 '마을교육공동체'라는 말에 다소의 저항감을 가질 수 있다. 그동안 학생과 학부모가 아니라 실질적인 교육주체는 교사라고 생각해 왔던 학교 관계자에게 학교가 아니라 마을이 교육의 핵심 주체라는 주장은 머리와 달리 마음으로 받아들이기 어렵다(김대현, 권다남, 2023; 김재윤, 2022).

그러나 우리 교육이 걸어온 역사를 되돌아보면, 학교-지역 연계 교육을 해야 한다는 정책적인 요구는 지속적으로 있었고 시간의 경과와 더불어 점점 더 강화되어 왔다. 다음에서는 학교-지역 연계 교육과 관련하여 어떤 정책적인 요구들이 있었는가를 살펴보고자 한다.

## 2. 교육과정 정책과 학교-지역 연계 교육

학교의 한정된 자원으로는 교육정책의 요구를 충족하기 어렵다. 진로교육, 인성교육, 방과후교육, 돌봄 교실, 문화예술교육, 교육복지 사업 등 국가에서 추진해 온 정책들을 의미 있게 수행하기 위해서는 학교-지역 연계 교육이 지금보다 더욱 활성화되어야 한다. 그동안 학교-지역 연계 교육은 중앙정부와 지방정부의 다양한 교육정책을 통해서 강조되어 왔다. 이러한 정책이 실질적인 의미에서 학교-지역 연계 교육에 어떤 성과를 가져왔는지는 검증이 필요한 부분이지만, 그 공간을 열고 확장시킨 것은 사실이다.

### 1) 교육과정 지역화 정책과 학교-지역 연계

우리나라에서는 교육과정 분권화, 교육과정 자율화, 교육과정 지역화 정책을 오래 전부터 추진해 왔다. '교육과정 분권화'는 교육과정에 관한 의사결정 권한을 시·도 교육청 또는 단위학교에 이양하거나 위임하는 것을 의미한다. 우리나라에서 교육과정 분권화는 제2차 교육과정 시기부터 시작되었지만, 본격적이고 체계적으로 실행한 것은 제6차 교육과정 시기부터라고 할 수 있다. 6차 교육과정 시기에는 국가, 지역, 학교의 교육과정을 구분하고, 교육청과 학교의 교육과정 자율권을 분명히 했다. 이후 7차 교육과정, 2007 교육과정, 2009 교육과정, 2015 교육과정 시기를 지나면서 교육청과 단위학교의 교육과정 의사결정 권한을 확대하였다(민용성, 2018; 박순경, 2008; 정광순, 2021). 지난 문재인 정부에서도 '교육 민주주의 회복 및 교육자치의 강화'로 교육과정 분권화 정책의 수준과 강도를 더 높였으며, 그 일환으로 전국 시·도 교육감협의회 주최의 '지역교육과정특별위원회가 구성·운영되었다(전국시·도교육감협의회, 2021).

하지만 우리나라에서 교육과정 분권화 정책은 교육과정과 관련하여 시·도의 교육과정 편성·운영 지침 개발과 지역화 교재 개발 등에 집중되고(김대현, 2021; 김은주, 2016; 박순경, 2010), 단위학교의 경우에도 교과군, 학년군, 교과(군) 및 창의적 재량 활동 시수의 20% 증감, 집중이수제, 선택과목 확대 등의 편성 측면에 강조점을 두었으며(한혜정, 이승미, 2014; 홍원표, 2011), 학교에서의 학습경험과 지역사회에서의 삶을 통합하기 위한 학교-지역 연계 교육과정 운영을 위한 구체적인 권한의 설정과 내부 역량의 개발에는 이르지 못하였다(김대현, 2011; 김선영, 소경희, 2014; 김평국, 2014).

　'교육과정 자율화'는 교육과정 분권화와 연동되어 있다. 교육과정에 대한 의사결정 권한이 시·도나 학교에 위임되거나 이양되지 않는다면 자율화를 논의할 수가 없다. 하지만 권한의 부여만으로 자율화가 보장되는 것은 아니다. 시·도나 학교가 주어진 권한을 바탕으로 과업을 수행할 수 있는 역량을 가져야 하며, 과업 수행과 관련된 여건이 충족되어야 한다(김종희, 2018; 박순경, 2003; 정영근, 이근호, 2011; Kennedy, 1992; Lawson, 2004 ). 하지만 우리나라에서 교육과정 자율성에 대한 논의는 상당 부분 시·도와 학교의 교육과정 의사결정 권한과 관련된 것이며, 교사가 교육과정에서 요구하는 성취 목표와 기준을 해석하여 교육과정을 재구성하여 수업을 수행할 수 있는 자율성으로(임선아, 정윤희, 2019; 정윤리, 임재일, 2021; Ben-Pertz, 1980) 축소 해석되고 있다. 2022 교육과정에서 제시하고 있는 학교-지역 연계 교육과정 개발·운영은 새로운 교과(활동)이나 단원을 개발하는 것으로 국가수준 교육과정에서 제시한 빈 공간을 개발을 통하여 새로이 채워야 한다. 따라서 단위학교에서 학교-지역 연계 교육과정을 편성·운영하기 위하여 교사의 역량, 학교 조직과 문화, 학교장 리더십 등을 갖출 필요가 있다.

　'교육과정 지역화'는 중앙에 집중되어 있는 교육과정 결정에 관한 권한이 지역 단위나 학교 단위, 또는 궁극적으로는 교사에게 분산되는 것을 의미한다. 이러한 의미의 지역화는 교육과정 분권화와 같은 의미를 지닌다. 하지만 교육과정 지역화의 또 다른 의미는 이러한 분권에 바탕을 두고, 지역과 관련되는 교육과정(교과나 단원 등)을 직접 개발·운영하는 것과 국가수준 교육과정을 충실하게 운영하기 위하여 지역이라는 소재를 적절하게 이용하는 것으로 나눌 수 있다. 전자를 적극적 의미의 지역화, 후자를 소극적 의미의 지역화라고 한다(곽병선, 1989; 김대현, 2021; 김대현, 이은화, 1999; 김용만, 1986; 김재복, 1991).

　　우리나라에서 교육과정 지역화는 형식적인 측면에서 시·도 수준의 교육과정 편성·운영 지침 개발과 학교 교육과정 편성 운영으로 나타나고, 내용 측면에서는 대개 시·도 수준에서 사회과를 중심으로 한 지역화 교과서와 지역화 단원 개발로 전개되었다. 2022 교육과정에서 제시하고 있는 학교–지역 연계 교육과정 개발·운영은 시·도 수준에서 지역화 교과서나 지역화 단원의 개발을 넘어서서, 단위학교에서 전체 교과를 대상으로 학교–지역 연계 교육과정(교과, 활동, 단원 등)을 개발·운영하는 것이다. 이런 점에서, 시·도나 학교 차원에서 특정한 교과를 중심으로 하는 지역화 교재나 단원 개발을 포함해서 지역사회와 협업을 통하여 새로운 교과나 활동을 개발하고 운영할 것을 요구하고 있다(Demarest, 2014; Savage & Evans, 2015). 따라서 학교와 지역이 어떤 거버넌스 체제 속에서 어떤 내용을 중심으로 어떤 방식으로 협업할 것인가를 결정해야 하고, 교육청과 교육지원청에서는 어떠한 지원을 해야 할 것인가를 모색해야 할 상황에 놓여 있다.

## 2) 자유학기제 정책에서의 학교–지역 연계

　　우리나라 중학교에서는 자유학기제를 운영하고 있다. 자유학기제는 학생참여형 수업과 과정중심평가를 강화하며, 자유학기활동으로 진로탐색, 주제선택, 예술·체육활동, 동아리 활동을 운영한다. 그동안 우리나라 중학교에서의 학교–지역 연계 교육은 자유학기활동과 연계되어 많이 운영되었다. 자유학기제가 운영되는 기간에 학교가 지역사회와 협력하면 정규 교육과정 내에서 학교–지역 연계 교육과정을 운영할 공간이 생긴다. 앞으로도 자유학기제를 이용하여 진로탐색, 주제선택, 예술·체육활동, 동아리 활동 등을 지역사회와 연계하여 더욱 적극적으로 운영할 필요가 있다.

## 3) 방과후학교 정책에서의 학교–지역 연계

　　방과후학교는 학교 계획에 따라 운영되는 교육활동으로, 학생과 학부모의 요구와 선택을 반영하여, 수익자 부담 또는 재정 지원으로 이루어지는 정규수업 이외의 교육 및 돌봄 활동을 가리킨다.

　　방과후학교는 학교의 계획에 의해 운영되지만, 지역사회 영리 및 비영리기관(단체)

등에 위탁 운영하거나, 지역사회 인사를 강사로 위촉할 수 있고, 지역사회의 다양한 시설을 활용할 수 있다는 점에서, 학교–지역 연계 교육이 활발하게 진행될 수 있는 영역이다.

서울시교육청은 학교–지역 연계 교육의 활성화 차원에서 '학교방과후학교'에 덧붙여 '마을방과후학교' 정책을 추진하였다. 학교방과후학교는 학교 내에서 이루어지는 방과후 활동에 제한되기 때문에 지역사회와의 연계는 그만큼 제한적이었던 반면에, 마을방과후학교는 지역사회의 참여가 더욱 다양하고 광범위하다고 할 수 있다. 이와 같은 방과후학교의 진전은 학교–지역 연계 교육의 공간을 더욱 확장하고 있다.

## 4) 인성교육 정책에서의 학교–지역 연계

우리나라 「인성교육진흥법」 제1조는 인성교육의 개념을 제시하고 있다. 즉, "인성교육"이란 자신의 내면을 바르고 건전하게 가꾸고 타인·공동체·자연과 더불어 살아가는 데 필요한 인간다운 성품과 역량을 기르는 것을 목적으로 하는 교육이다. 또한 동법 제6조 3항에는 "인성교육은 학교와 가정, 지역사회의 참여와 연대하에 다양한 사회적 기반을 활용하여 전국적으로 실시되어야 한다."고 규정하고 있다.

이와 같이 「인성교육진흥법」에서는 인성교육을 학교–지역 연계를 통하여 기르도록 하고 있다. 인성은 특히 단순한 원리나 이론의 학습이 아니라 체험과 실천이 동반될 때 제대로 길러질 수 있다는 점에서, 학교를 넘어서서 지역사회 속에서 지역의 여러 인물과 만나고 단체와 기관 속에서 활동하는 가운데 길러진다고 본다.

그동안 학교는 도덕 교과를 포함하여 여러 교과나 창의적 체험활동을 통하여 인성교육을 해 왔지만, 학교의 담을 넘어서 지역사회와 연계하려는 시도는 많지 않았다 (홍순혜, 엄경남, 2023). 점점 더 파편화되고 물질이 전부가 되는 배금주의가 만연한 우리 사회에서 인성교육의 중요성을 생각하면, 이론 중심의 학교 안 교육이 아니라 학교–지역 연계를 통하여 살아 있는 인성교육을 더욱더 적극적이고 체계적으로 펴 나갈 필요가 있다.

## 5) 진로교육 정책에서의 학교-지역 연계

우리나라 「진로교육법」 제4조 4항에는 "진로교육은 국가 및 지역사회의 협력과 참여 속에 다양한 사회적 인프라를 활용하여 이루어져야 한다"고 하고 있다. 동법 제13조 1항에는 「초·중등교육법」 제24조에도 불구하고 교육감은 특정 학년 또는 학기를 정하여 진로 체험 교육과정을 집중적으로 운영하는 진로학년·학기제를 운영할 수 있다."고 규정하고 있다.

이와 같이 진로교육은 학교 교육에서 특별법을 만들어 강조할 만큼 중요한 영역이다. 그동안 우리나라 학교에서는 학교급을 막론하고 진로교육을 실시하고 지방자치단체에서는 진로체험처를 발굴하여 도움을 주고 있다. 특히 진로교육은 학교라는 공간 속에서 한정된 자원으로 하기에는 한계가 많으므로 지역사회와 협력하여야 할 필요성을 강조하였다.

그동안 적지 않은 성과가 있었지만, 학교 밖에서 이루어지는 진로교육은 대개 한시적 일회성 행사와 같은 것이어서 실질적인 교육적인 성과를 내지 못한다는 비판이 많았다. 또한 진로는 단순한 직업을 매칭하는 것이 아니라 자신의 적성을 알고 이를 바탕으로 평생에 걸쳐 자신이 살아갈 사회적·경제적 기반을 준비하는 과정이라는 점에서 진로교육의 올바른 방향을 세울 필요도 있다(이도영, 2023).

이런 점에서 진로교육은 내용과 체계를 갖춘 학교-지역 연계 교육이 더욱 절실한 분야다. 지역사회에는 다양한 사업장이 있으며, 학생들에게 접근성이 좋다. 아동과 청소년이 관심 있는 직종에서 적절한 멘토를 만날 수 있고 진로 체험을 할 수 있다. 물론 학교-지역 연계 진로체험은 학생을 단순히 진로체험처로 데려가는 것이 아니라 교사, 학생, 학부모의 사전 합의와 사회적 그리고 직업적으로 검증되고 준비된 멘토의 선정, 안전하고 쾌적한 작업 공간의 확보 속에서 진행되어야 한다. 2022 교육과정에서는 상급 학교 전환이나 사회 진출과 관련하여 진로교육을 더욱 강조하고 있다. 학교-지역 연계 교육의 공간이 더욱 넓어진 것이다.

## 6) 교육복지우선지원사업 정책에서의 학교-지역 연계

교육복지우선지원 사업은 국가가 저소득층을 포함한 취약계층의 교육복지에 초점을 두고 추진해 왔다. 이 사업은 학교와 지역사회와의 협력을 사업 초기부터 강조하고 있다. 학교와 지역사회의 협력 없이 이 사업은 성공을 거둘 수 없다. 왜냐하면 이 사업은 취약계층의 아동 청소년의 학습, 문화·체험, 심리·정서, 복지 등을 지원하는 것을 목표로 한다는 점에서, 한정된 자원을 가진 학교만으로는 불가능한 일이기 때문이다. 따라서 학교와 지역사회 간의 긴밀한 협력 체제가 구축되어 학생의 요구를 과학적으로 파악하고 적절한 프로그램을 개발하고 운영하며 그 결과를 통한 개선이 지속적으로 이루어질 필요가 있다. 즉, 교육복지우선지원 사업은 학교-지역 연계를 통한 교육 프로그램의 개발과 운영이 절실한 영역 중의 하나다.

## 7) 혁신교육지구와 마을교육공동체 정책에서의 학교-지역 연계

혁신교육지구 사업은 학교와 마을이 만나 공동체를 형성하고 아동·청소년의 성장을 돕는 마을교육공동체 실현을 목표로 하고 있다(양병찬, 2019). 마을교육공동체는 학교를 포함한 마을이 학생을 위한 하나의 교육공동체가 되어야 한다는 방향을 제시한 것으로 실현되어야 할 이념이라고 할 수 있다.

혁신교육지구의 마을교육공동체 관련 사업들을 살펴보면, 사업이 운영되는 형태는 공공영역(교육협력센터, 혁신교육센터, 평생교육센터 등)에서 사업을 종합 조정하면서 민간 영역의 다양한 기관과 단체(주민운영학교, 교육단체, 사회적 기업 등)를 지원하는 형태를 기본으로 하고 있다. 사업에서 이루어지는 주요 활동은 유·초·중등학교의 정규 교육과정 운영을 지원하는 활동, 예컨대 교과 교육, 창의적 체험활동, 자유학기제를 지원하거나 방과후학교 운영, 주민 평생교육 등이 포함된다(양병찬, 2018).

혁신교육지구와 마을교육공동체 정책은 학교와 지역사회의 연계 교육을 활성화하는 중요한 기반으로 작동하고 있다. 오랫동안 진로체험이나 인성교육, 문화예술교육 등 산발적으로 진행되어 왔던 학교-지역 연계 교육의 기본 틀을 제시하고 실행을 촉진하는 동력이 되고 있다.

## 8) 고교학점제 정책에서의 학교-지역 연계

고교학점제란 학생들이 진로에 따라 다양한 과목을 선택·이수하고, 누적 학점이

기준에 도달할 경우 졸업을 인정받는 제도다. 고교학점제가 정착되려면 학교에서 학생의 흥미와 적성에 기반을 두고 진로와 연계된 다양한 과목을 개설하고 운영해야 한다. 하지만 학교는 일정 수의 교원, 교과 프로그램, 시설 등의 한계로 학생들이 원하는 만큼의 다양한 과목을 개설할 여유가 없다. 즉, 학생이 원하는 과목을 학교에서 개설한다고 하더라도 이를 가르칠 전문 교사가 없을 가능성도 있다. 정부 당국에서는 교사들에게 연수를 통하여 복수자격증을 갖게 하거나 장기적으로는 교원양성기관에서 복수자격을 가진 교사를 양성할 것을 주문하고 있다. 교사들은 시간적인 한계도 있지만 '상치 과목 교사'라는 말이 있듯이 자신이 오랫동안 배우고 가르쳐 온 과목 말고 단기간의 연수를 통하여 타 과목을 가르칠 것을 원하지도 않으며 이수한 경우에도 제대로 가르칠 것이라는 보장도 없다. 이런 점에서 모든 과목은 아니지만, 지역사회에서 내용 전문성이 있는 지역인사가 자신의 전문성을 살려서 해당 교과목을 가르칠 기회를 갖는 것도 필요하다.

또한 과목들 중에는 학교가 가진 시설과 장비로는 의미 있는 교육성과를 거두기 어려운 과목도 있다. 이럴 경우 학교는 지역사회에서 잘 갖추어진 시설과 장비를 활용할 필요가 있다.

지역사회 기관에서 온·오프라인으로 운영되는 과목의 도움을 받는 것도 대안이 된다. 이때 학교 바깥의 지역사회 기관에서 운영하는 프로그램을 사정할 질적 기준을 마련하고 이를 만족시키는 것에 한해서 이수 인증을 할 수 있다. 이와 같은 여러 가지 이유로 고교학점제의 운영은 학교와 지역 연계 교육을 절실하게 필요로 한다.

## 9) 2022 교육과정과 학교-지역 연계

학교-지역 연계 교육의 필요성은 2022 교육과정 총론의 인간상과 핵심역량에서도 나타난다. 총론에서 제시한 인간상과 핵심역량은 학교, 가정, 지역사회의 연대에 의하여 구현될 수 있다. 또한 교육과정 구성의 중점이나 교수학습 지침에도 학교-지역 연계 교육을 강조하고 있다.

**표 10-1** 2022 교육과정의 구성 중점과 교수·학습 지침

(교육과정 구성의 중점) 교육과정 자율화·분권화를 기반으로 학교, 교사, 학부모, 시·도 교육청, 교육부 등 교육 주체들 간의 협조 체제를 구축하여 학습자의 특성과 학교 여건에 적합한 학습이 이루어질 수 있도록 한다(2022 국가교육과정 총론).
(교수·학습 설계) 학교는 학교 교육과정의 효율적인 설계와 운영을 위하여 지역사회의 인적, 물적 자원을 계획적으로 활용한다. 학습 내용을 실생활 맥락 속에서 이해하고 적용하는 기회를 제공함으로써 학교에서의 학습이 학생의 삶에 의미 있는 학습 경험이 되도록 한다(2022 국가교육과정 총론).

이와 더불어 2022 교육과정에서는 기존의 학교-지역 연계 교육 정책, 즉 자유학기제, 고교학점제, 교과 및 체험활동 20% 시수 증감, 성취기준 중심 수업, 교육과정 대강화 정책을 고수하고 있다. 이번에는 학교가 지역과 함께 할 수 있는 '학교자율시간'을 신설하여 학교-지역 연계 교육의 공간을 더욱 확장하고 있다. 즉, 초·중학교에 '학교자율시간'을 신설하여 단위학교가 지역과 연계하거나 학교와 학생의 필요를 고려한 다양하고 특색 있는 교육과정을 운영할 수 있도록 하고 있다. 이러한 초·중학교의 학교자율시간은 고등학교의 '16+1' 수업량 유연화 방안이 초·중학교 교육과정 개정 논의에 적용된 것이라고 볼 수 있다.

이와 같이 학교의 한정된 자원으로는 교육 정책의 요구를 충족하기 어렵다. 진로교육, 인성교육, 방과후교육, 돌봄 교실, 문화예술교육, 교육복지사업 등 국가에서 추진해 온 정책들을 의미 있게 수행하기 위해서는 학교-지역 연계 교육이 지금보다 더욱 활성화되어야 한다.

## 3. 학교-지역 연계 교육의 유형

학교-지역 연계 교육을 개발과 운영 주체에 따라 학교중심, 지역중심, 학교-지역 협력 중심으로 구분할 수 있다. 여기서 개발은 프로그램을 기획하고 만드는 활동을 가리키며, 운영은 프로그램을 실행에 옮기는 수업에 해당한다. 물론 칼로 무를 자르면 잘린 조각들이 서로 완전히 독립된 개체로 분리되는 것과 달리, 학교-지역 연계

교육은 학교중심의 한쪽 끝에서 지역중심의 다른 끝쪽을 연결하는 선상의 여러 지점들을 가리킨다. 이들 유형은 각기 다른 특성과 장점, 한계를 가지고 있기에 학교-지역 연계 교육 활동에 참여하는 사람들이 깊은 관심을 가질 필요가 있다.

첫째, '학교중심 학교-지역 연계 교육'은 학교가 프로그램 개발의 주체가 되고 운영은 지역을 활용하든지 아니면 지역과 협력을 통해서 운영하는 교육과정을 의미한다. 이러한 유형의 연계 교육은 기본적으로 국가수준 교육과정에 기반을 둔다. 6차 교육과정 이후 초등학교 3학년과 4학년의 지역화 교과서 개발과 여러 교과에서 지역화 수업을 진행한 사례가 이에 해당한다. 즉, 교과 수업에서 성취기준을 중심으로 교사가 가르칠 내용을 지역사회의 여러 자원과 연계하여 가르치는 것이다. 그동안 폭넓게 이루어진 국어, 사회, 음악, 미술, 과학 교과 수업에서의 내용이나 소재 중심의 지역화(김대현, 2021; 김대현, 이은화, 1999; 김용만, 1986)가 이에 해당한다.

최근에는 2009 개정 이후 교육과정에서 제시한 교과별 시수 20% 증감 운영을 이용하여 학교에서 주제 중심의 지역과 연계된 단원을 개발하여 운영한 것도 포함된다. 전라북도의 회현초등학교에서 개발한 '학교 교과목'이 이에 해당한다. 회현초등학교에서는 '부부리마을 교육과정'이라는 학교 교과목을 개발하여 운영하고 있다(양경아, 2023). 2019년에 교과목 개발을 시작하여 2020~2021년 교과목을 체계화하고 2022년 학운위 심의를 거치고 교재 개발를 개발하여 운영을 하고 있다. 마을 속에서 민주시민으로 성장한다는 목표를 가지고 1학년에서 6학년에 이르는 과정을 개발하였다. 부부리마을 교육과정 체계는 〈표 10-2〉와 같다.

표 10-2    **부부리마을 교육과정 체계**

| 마을 교육 | 내용 | 학년 | 대주제 |
|---|---|---|---|
| 마을에 관한 교육 | 우리 아이들이 속해 있는 마을과 지역에 대해 배우는 것 | 1학년 | 반가워 마을아 안녕 학교야 |
| | | 2학년 | 이야기 따라 마을 속으로 |
| 마을을 통한 교육 | 우리 마을의 인적, 문화적, 환경적, 역사적 인프라를 적극적으로 활용하여 이루어지는 학습 형태 | 3학년 | 나는 마을 문화해설사 |
| | | 4학년 | 슬기로운 마을 농부생활 |
| | | 5학년 | 마을 속 삶을 찾아서 |
| 마을을 위한 교육 | 우리 아이들이 마을 발전의 훌륭한 시민이 될 수 있도록 미래 진로를 키워주는 활동 | 6학년 | 우리 마을을 바꾸다 |

부부리마을 교육과정은 기본적으로 회현 초등학교 교사들이 중심이 되어 개발하였다. 물론 이러한 교육과정이 개발되기까지 학부모 동아리(좋은 생각, 사랑수book, 따공)의 형성과 활동, 그리고 교사와 주민의 참여로 동아리 활동이 더욱 다양하고 활성화되었다는 점을 무시할 수 없다. 또한 회현마을자치와 풀뿌리마을교육협동조합 등의 활동도 긍정적인 영향을 주었다. 하지만 부부리마을 교육과정의 개발 주체는 어디까지나 학교 교사들이라 할 수 있다. 운영 과정에서는 문화 해설이나 농사활동 등에서 마을전문가들의 도움을 받고 있다.

이러한 유형의 교육과정은 교사중심 교육과정으로 학생의 발달 단계를 고려하고, 국가수준 교육과정에 부합하는 장점이 있다. 또한 일회성 한시적 체험중심의 프로그램이 아니라 학년 간 연계성을 갖고 장기간에 걸쳐서 운영되는 것도 장점이다. 그리고 이러한 프로그램을 통해서 학생들이 어디에 도달해야 하는지 하는 성취기준 중심의 운영이 이루어진다. 하지만 이러한 유형의 교육과정은 기본적으로 지역사회의 여러 자원을 활용하는 데 초점이 있고, 진정한 의미에서 지역을 개발의 공동 주체로 삼아서 협력하는 것은 아니라고 할 수 있다. 또한 이러한 유형의 교육과정은 프로그램 개발자들이 전보를 통하여 다른 학교로 이동하는 경우 프로그램이 안정적으로 운영되거나 지속되지 않을 가능성도 존재한다.

둘째, '지역중심 학교-지역 연계 교육'은 지역사회의 여러 기관이나 단체에서 개발하는 교육과정으로 지역의 도서관, 미술관, 진로체험처 등 기관이나 마을학교 등에서 개발하여 운영하는 프로그램을 가리킨다. 학생들이 지역사회에 있는 미술관이나 도서관, 진로체험처 등을 방문하면 그곳에서 마련한 교육프로그램을 통하여 학습을 하게 된다. 이러한 프로그램이 학교의 교육과 직접 그리고 간접으로 연결되어 있다면 학교-지역 교육 프로그램으로 볼 수 있다. 또한 마을학교에서는 아동, 청소년, 마을 주민 등을 대상으로 다양한 프로그램을 개발하고 운영하고 있다. 이들 교육프로그램 중에서 학교의 교육을 보완하거나 심화하는 성격의 프로그램이라면 학교-지역 연계 프로그램으로 부를 수 있다.

근래 들어 전국의 많은 혁신교육지구에서는 다양한 프로그램을 개발하여 운영하고 있다. 프로그램 운영은 학교 안이나 밖에서 이루어진다. 예를 들어, 부산 사상구(사상희망교육지구)에서는 관내 초등학생을 대상으로 다양한 지역 연계 프로그램을 운영하고 있다. 지역 연계 프로그램은 사상 지역에 대한 이해를 높이기 위해 우리 마을 문화탐방 백양산 웰빙숲과 운수사, 우리마을 생태탐방 삼락생태공원, 첨단신발융합허브센터 슈즈ㅅ사상Ⅱ로 내가 사는 고장의 문화·환경·산업에 대한 이해를 높이는 수업으로 구성하고 있다.

'우리마을 문화탐방'은 초등 3학년 지역화 교과와 연계해 백양산 두꺼비바위, 운수사에 대한 해설을 듣고 다도와 타종 체험을 통해 사상의 역사에 대해 학습할 기회를 제공한다.

'우리마을 생태탐방'에서는 삼락생태공원에서 4학년 과학 교과서에서 배우는 수생 동·식물을 계절에 맞춰 학습한다.

기존의 신발 커스팀 수업 슈즈ㅅ사상Ⅰ에서 확장한 '슈즈ㅅ사상Ⅱ'는 첨단신발융합허브센터(감전동 소재)를 방문해 과거 부산 경제를 이끌었던 사상 신발 공단의 역사를 배우고 신발을 직접 재단하고 재봉해 보면서 신발이 만들어지는 과정을 직접 체험해 볼 수 있다(부산일보, 2023.04.26.).

이들 프로그램은 혁신교육지구(희망교육지구)에서 개발하여 초등학생을 대상으로 운영한다. 개발의 주체는 학교의 교사보다는 지역사회의 인사(마을교사)라고 할 수 있으며, 운영 또한 대개 마을교사가 하는 경우가 대부분이다. 앞에서 말한 바와 같이, 혁신교육지구에서는 마을교육공동체(마을교사)가 다양한 프로그램을 개발하고 학교의 허용을 받아서 학생들을 대상으로 운영한다.

이러한 유형의 프로그램은 음악이나 미술, 연극과 같은 문화·예술 분야, 역사, 지리와 같은 사회 분야, 숲이나 하천 등의 생태 분야의 전문가들이 프로그램을 개발하기 때문에 전문가들이 가진 풍부한 지식과 경험을 통하여 학습할 수 있는 장점이 있다. 또한 대개 학교 안과 밖에서 체험 중심으로 이루어지기 때문에 학생들이 흥미를 가지고 몰입감 또한 높다. 하지만 참여하는 학생들의 눈높이에 맞지 않을 수 있고, 학교 교육과정과 관련이 있다 하더라도 한시적·일회성 등의 프로그램 운영으로 끝날 수 있다. 또한 무엇보다 큰 한계는 아무리 양질의 프로그램을 개발하고 좋은 강사를 확보하고 있다 하더라도 학교에서 '개방'을 하지 않으면 헛수고로 끝날 가능성이 있다는 점이다. 교육청과 지자체의 노력으로 프로그램이 학교에서 안정적으로 운영되기 위하여 교육청과 지자체가 협력하여 충분한 홍보와 행정(학교와 지역사회 기관의 협력 관계 구축 등)과 재정 지원(차량 제공, 강사료 현실화 등)이 있어야 한다.

셋째, 학교–지역 협력에 바탕을 둔 학교–지역 연계 교육과정은 학교와 지역사회의 기관이나 단체가 협력하여 개발한 교육과정을 가리킨다. 혁신교육지구에서 개발한 프로그램도 학교와 마을교육공동체가 협력하여 개발했다면 여기에 해당된다. 예를 들면, 순천시에서 개발한 동천마을 교육과정은 학교교사와 지역사회(초등학교 교사, 마을교육활동가, 순천풀뿌리교육자치협력센터, 순천시 지속가능발전협의회, 환경과 생명을 지키는 교사모임 등)가 교육과정 거버넌스를 구축하여 개발하였다. 순천시를 가로질러 흐르는 '동천강'을 주제로 초등 6년 과정의 교육과정으로 교과와 창의적 체험활동의 자율활동 시수를 활용하여 운영한다. 동천마을 교육과정 체계는 〈표 10-3〉과 같다.

**표 10-3  동천마을 교육과정**

| 학년 | 프로그램명 | 구분 | 주제 | 차시운영 |
|------|-----------|------|------|----------|
| 1 | 동천아 반가워 | 1학기 | 오감으로 만나는 동천 | 12차시(자율8, 즐생2, 슬생2) |
| | | 2학기 | 동천에서 알아보는 가을 곤충 | 12차시(자율10, 슬생 2) |
| 2 | 동천은 즐거워 | 1학기 | 생태감수성을 키우는 동천 나들이 | 12차시(자율8, 즐생2, 슬생2) |
| | | 2학기 | 동천과 함께하는 가을 | 12차시(자율6, 즐생4, 국어2) |
| 3 | 동천은 신기해 | 1학기 | 동천에서 만나는 물속 생물 | 12차시(자율8, 미술2, 체육2) |
| | | 2학기 | 동천의 다양한 새와 곤충 살펴보기 | 12차시(자율8, 미술2, 체육1, 국어1) |
| 4 | 동천은 참 고와 | 1학기 | 동천에서 만나는 다양한 식물 알아보기 | 12차시(자율8, 미술1, 체육1, 사회2) |
| | | 2학기 | 동천의 열매와 씨앗 알아보기 | 12차시(자율8, 미술2, 체육1, 국어1) |
| 5 | 동천은 다양해 | 1학기 | 동천 생물다양성 탐사 (물 밖, 물속 식물) | 16차시(자율11, 미술2, 체육2, 과학1) |
| | | 2학기 | 동천이 주는 혜택, 생태계 서비스 알아보기 | 20차시(자율10, 국어4, 과학2, 미술2, 실과1, 도덕1) |
| 6 | 동천에 놀러와 | 1학기 | 죽도봉에서 만나는 역사문화인문이야기 | 18차시(자율11, 국어5, 봉사2) |
| | | 2학기 | 동천 캐릭터 만들기 | 14차시(자율8, 미술2, 수학1, 봉사3) |

또한 전남 영광군의 묘량중앙초등학교에서는 학교와 학부모, 지역주민, 지역단체, 전문가 등이 결합하여 함께 교육과정을 개발하였다. 묘량중앙초등학교는 깨움마을학교와 협력하여 3학년부터 6학년까지 총 4개 과목을 운영하며, 3학년은 우리마을 역사탐험대, 4학년은 어린이 농부학교, 5학년은 마을생태 과학교실, 6학년은 와글와글 마을기자단 등을 운영하고 있다(김필성, 김수동, 2023).

학교가 지역사회가 협력하여 교육과정을 개발하면 사회적으로 적절한 내용과 체계를 갖고, 학생의 눈높이에 맞으며, 국가수준 교육과정과 연계될 가능성이 높다. 또한 공동의 개발 과정을 거쳤기 때문에 체계적으로 운영하고 운영에 대한 책임 또한 공유하게 된다. 하지만 학교교사와 마을활동가가 함께 참여하여 교육과정을 개발하는 것은 쉽지 않다. 우선 학교교사들의 인식이 달라져야 한다. 교육은 교사들의 전유물이 아니라 마을의 여러 단체와 기관들이 힘을 합칠 때 아이들에게 필요한 역량을 길러 주고 주체성 있는 주민과 민주시민으로 길러 줄 수 있다. 이러한 협력이 가능하도록 중간지원조직이 공간을 열며, 교사와 마을활동가를 지원해야 한다. 또한 개발 과정에서 많은 단체와 기관이 참여하여 합의를 이루는 것도 쉽지 않으며 개발 기간이 길고 개발자의 헌신이 요구된다. 또한 운영 과정에서 학교교사와 마을활동가가 협력 주체로서 참여해야 의미 있는 성과를 거둘 수 있다. 또한 마을교사는 내용 전문가로 전문성에 큰 변화가 없지만, 대부분의 학교교사는 직접 참여하여 개발한 일부 교사를 제외하고는 자신의 관심과 가치관 그리고 내용에 대한 이해 수준에 따라 운영의 질이 달라질 수 있다.

이와 같이 학교-지역 연계 교육의 유형은 다양하다. 마을공동체나 마을교육공동체가 강하게 형성되어 있는 지역에서는 지역중심이나 학교 지역 협력 중심의 교육 유형이 나타나기 쉽다. 부산의 대천마을, 충남의 홍동마을, 전남 영광군의 모량마을 등(김필성, 2023)이 이에 해당한다.

또한 중앙정부나 지자체의 정책이나 지원이 학교-지역 연계 교육의 유형에 영향을 미친다. 전북교육청의 '학교 교과목' 개발 정책은 학교중심의 학교-지역 연계를 가져오고, 순천에서는 중간지원조직 '순천풀뿌리교육자치협력센터'의 역할을 기반으로 동천, 철도마을, 순천만습지 마을교육과정이 탄생하였다.

학교-지역 연계 교육은 '연계'라는 이름처럼 학교와 지역사회의 강한 협력을 기반으로 나아가는 교육을 지향하지만, 학교와 지역의 형편과 요구에 따라 만들어지는 유형이 다를 수 있다. 특히 학교가 여전히 폐쇄적이고 마을교육공동체 형성이 미진한 지역에서는 학교중심 학교-지역 연계 교육부터 시작하는 것이 타당하다고 본다.

## 4. 학교-지역 연계 교육의 환경 구축

현재 우리나라에서 학교-지역 연계 교육을 하고 있는 학교나 지역이 절대 다수라고 말하기는 어렵다. 학교-지역 연계 교육이 장점이 많고 불가피한 측면이 없지 않지만, 현실적으로 학교-지역 연계 교육이 활성화되려면 환경이 갖추어져야 한다. 경기도의 시흥시와 같이 학교-지역 연계 교육환경이 제도적으로 안정화된 곳도 있지만(박현숙, 2023), 학교-지역사회 간의 협의 구조 미약, 중간지원조직의 불안정, 학교중심적 사고, 국가수준 교육과정과의 연계 등에서 개선해야 할 점이 없지 않다. 다음에서는 학교-지역 연계 환경 구축을 학교와 지역사회의 관계와 교육청과 지자체의 관계 두 축을 중심으로 살펴보려고 한다.

### 1) 학교와 지역사회의 연계

#### (1) 학교와 지역사회 간 안정적 협의 구조

마을공동체나 마을교육공동체가 확고히 자리를 잡고 있는 지역에서는 비교적 학교-지역 연계 교육이 잘 이루어지고 있다. 이것은 이미 오래전부터 학교와 지역사회 간에 협의 구조를 만들고 안정적으로 운영하고 있기 때문이다. 하지만 학교-지역 연계 교육을 막 시작하려는 학교나 마을공동체나 마을교육공동체가 활성화되어 있지 않은 곳에서 학교-지역 연계 교육을 하기 위해서는 반드시 학교와 지역사회의 협의 구조를 우선적으로 만들 필요가 있다. 또한 학교-지역 연계 교육이 잘 운영되어 온 지역에서도 호의적인 학교관리자나 담당 교사의 전보로 이러한 협의 구조가 흔들릴 수 있기 때문에 이를 안정적으로 유지할 장치를 마련해야 한다. 또한 이러한 협의 구조의 안정화를 위해서 학교에서는 학교-지역 연계 교육의 총괄 책임자를 정하고, 담당 부서를 두며 전담 교사를 배치해야 한다. 마지막으로 학교-지역 연계 교육에는 예산과 시설 이용 등이 수반되는 경우가 많으므로 행정실에도 이 업무를 담당하는 직원을 지정할 필요가 있다.

### (2) 학교교사와 마을교사의 소통과 협력

학교–지역 연계 교육을 효과적으로 운영하려면 학교 교사와 마을교사 간에 소통과 협력이 필수적이다. 특히 지역에서 개발한 프로그램을 학교 안팎에서 운영하는 경우 마을교사가 수업을 하고 교사는 수동적으로 참여하는 경우가 적지 않다. 하지만 마을교사는 대개 프로그램의 내용에 전문성을 가지고 있을 뿐, 학생에 대한 이해나 교수 방법에는 서툰 경우가 적지 않다. 교사는 마을교사에게 프로그램에 참여하는 학생들의 발달적 특성과 학급의 특수한 문화 그리고 특별한 학생에 대한 안내를 하고 프로그램이 교육적으로 어떤 교육적 가치를 지향하는지 어떤 교수 · 학습방법이 적절한지를 놓고 마을교사와 소통하고 협력할 필요가 있다.

### (3) 마을교사에 대한 불신과 학교의 폐쇄성 극복

교사들은 대개 학교–지역 연계 교육의 필요성에는 공감하지만, 마을교사의 역량에 대해서는 회의적으로 생각하는 경우가 많다(김은경, 양병찬, 한혜정, 김나영, 2021; 김지현, 허준, 이예지, 2022). 교사들은 마을교사들이 프로그램 내용과 관련하여 전문성을 가지고 있다고 믿지만, 학생들의 발달 수준이나 교수법은 잘 알지 못한다고 생각한다.

따라서 학교–지역 연계 교육이 효과적으로 이루어지려면 마을교사의 역량 개발이 필요하다(이동은, 2023). 그동안 지자체와 혁신교육지구에서는 마을교사 양성과 재교육을 위한 연수를 꾸준히 해 왔다. 하지만 이것이 마을교사에 대한 교사들의 불신을 얼마나 해소했는지에는 의문이 있다.

아마 교사의 이러한 불신 속에는 마을교사의 교육역량에 대한 의문보다는 교사가 '유일한' 교육전문가라는 생각이 마음속에 자리 잡고 있기 때문일 수 있다. 교사들은 교원양성기관에서 4년 이상 교사교육을 받았고, 어려운 시험을 거치고 정식 교사가 되었다. 그들의 입장에서는 몇십 시간, 혹은 몇 주 정도의 교육으로는 교육 전문성을 가질 수 없다고 생각한다. 그 결과 교사들은 학교–지역 연계 교육에서 마을교사가 하는 일부 수업을 '허용할 수는 있어도' 완전히 평등한 관계에서 함께 프로그램을 기획하고 운영하는 것을 달가워하지 않는다(김대현, 권다남, 2023).

이러한 교사들의 태도에 대하여 마을교사들은 섭섭함을 넘어서 분노의 감정을 표출하기도 한다. 마을 교사들은 프로그램을 학교에 가지고 들어가는 것을 '뚫는다'고 하는데, 이것은 학교가 높은 담으로 둘러싼 견고한 성처럼 여겨지기 때문이다(김재윤, 2022). 학교를 포함한 마을이 하나의 교육공동체가 되려면 그 구성원들인 학교교사, 마을교사가 모두 교육을 위한 협력하는 주체가 되어야 한다. 현시점에서의 학교–지역 연계 교육은 긴 여정 속에 이제 막 첫걸음을 내딛는 상황으로 보인다. 하지만 앞 절에서 밝힌 것처럼, 혁신교육지구나 마을교육공동체 활동에 참여한 경험이 있는 교사들은 마을교사들을 교육의 또 다른 주체로 본다는 점에 주목할 필요가 있다. 학교교사들이 지역사회에서 일어난 일에 관심을 갖거나 지역사회의 성장을 위하여 일하는 사람들과의 만남의 기회가 늘어날수록 학교–지역 연계 교육의 폭이 넓어지고 깊이가 생기게 된다.

### (4) 교사의 업무 과중 해소와 협력적 문화 조성

학교–지역 연계 교육이 활발히 이루어지려면 교육과정에 관한 교사의 전문성이 요구된다. 교사가 교과와 창의적 체험활동의 성격을 잘 이해하고 어떤 목적으로 어떤 지점에서 지역사회와 연계할 것인가를 파악하고 이를 바탕으로 프로그램을 개발하고 운영하는 데 필요한 역량을 갖추어야 한다. 또한 학교–지역 연계는 개별 교사 차원에서 이루어질 수도 있지만, 대개 동 교과나 동 학년 등의 교사들과 함께 기획하고 운영하는 것이 효과적이다. 학교–지역 연계 교육의 필요성에 공감하고 실천을 함께 하고자 하는 동료 문화의 조성이 학교–지역 연계 활성화를 촉진하는 동인이 된다.

또한 교사들이 학교–지역 연계 교육을 기피하는 원인 중 하나는 교사에게 교과지도, 생활지도, 행정업무 등 기본 업무가 많기 때문이다. 따라서 교사들은 학교–지역 연계 교육의 필요성과 중요성은 인정하지만 기본 업무에 새로운 업무를 추가하는 것을 원하지 않는다. 기본 업무 중에서 불필요한 업무를 덜어 내거나 행정업무 전담 인력의 충원을 통하여 업무 부담을 줄여 주면서 학교–지역 연계 교육에 관심과 실천을 유도할 필요가 있다.

### (5) 한시적 일회성 프로그램의 해소와 국가수준 교육과정과의 연계

학교–지역 연계 교육이 항상 국가 교육과정 체제와 연계되어야 하는 것은 아니다. 시·도가 지향하는 교육적 가치나 개별 학교가 지향하는 교육적 가치에 기반을 두고 학교-지역 연계 교육을 할 수도 있다. 하지만 학교와 교사의 측면에서는 국가수준 교육과정이 규정하는 교과와 창의적 체험활동의 목표 달성을 위한 학습 시간도 빠듯하므로 학교-지역 연계 교육을 계획할 때 국가수준 교육과정 체제의 어떤 교과의 성취기준이나 어떤 창의적 체험활동과 연관되는지를 염두에 두는 것도 도움이 된다.

이것은 현재 학교-지역 연계 교육을 통하여 운영되고 있는 프로그램이 한시적 일회성 성격의 프로그램이 적지 않다는 것과 연관된다. 학습은 기본적으로 '반복과 지속'을 통하여 이루어진다. 한시적 일회성 프로그램의 교육적 효과에 의문을 갖는 이유다. 학교-지역 연계 교육이 이러한 성격을 가지는 것은 단위 학교 차원의 자율적 교육과정 운영 시간이 매우 제한되어 있고, 국가의 교과교육과정이 매우 촘촘하게 되어 있어 비집고 들어갈 틈이 적기 때문이다. 그 결과 적지 않은 학교-지역 연계 프로그램이 자유학기나 방과후 프로그램, 진로체험 등을 통해서 이루어진다. 학교-지역 연계 교육이 이러한 한시적 일회성을 벗어나려면 국가수준 교육과정의 교과를 중심으로 전개될 필요가 있다. 이럴 경우 기본적으로 학교교사와 마을교사가 기획 단계에서부터 협업을 해야 한다. 하지만 앞에서 언급한 바와 같이, 마을교사의 교육역량에 대한 불신과 교직 전문성이라는 고정 관념으로 쉽지 않다. 하지만 전북 회현초등학교의 '학교 교과목' 개발에서 보듯이, 학교-지역 연계 교육이 일반 교과 영역에서도 적용하는 것이 충분히 가능하다고 본다.

## 2) 교육청과 지자체의 관계

### (1) 교육청과 지자체의 협력

혁신교육지구 내의 중간지원조직을 보면 지자체와 교육청 담당자 간에 협업이 잘 이루어지는 곳이 있고 그렇지 못한 곳이 있다. 대개 중간지원조직 결성의 초반에는 업무 담당자 간에 갈등이 있지만, 시간이 지남에 따라 상호 이해의 바탕 위에서 협력이 잘 이루어지는 편이다. 하지만 서로 간에 갈등이 지속되는 곳에서는 학교-지역 연계 교육이 활성화되기 어렵다. 양 기관의 업무 담당자 간에 충분한 소통의 시간을 두고 서로의 업무 방식에 대한 이해와 양보가 필요하다. 또한 지자체와 교육청의 경우에 각각 학교-지역 연계 교육과 관련된 부서들이 매우 많고 다양하다. 하지만 부서들 간의 칸막이로 인하여 협업이 잘 이루어지지 않는 경우도 적지 않다(한혜정,

2022). 각각의 기관과 양 기관을 통틀어 학교-지역 연계 교육 전반을 컨트롤할 수 있는 기구(위원회 등)의 설치와 '실질적인' 역할이 필요하다.

### (2) 담당자의 업무 부담 해소와 중간지원조직의 강화

학교-지역 연계 교육이 활성화되려면 업무 담당자의 부담이 적정해야 한다. 우선 시·도마다 차이는 있지만, 시·도 교육청에서 이 업무를 담당하는 장학사의 수가 한정되어 있다. 예를 들면, B시의 경우에는 한 명의 장학사와 행정직원이 시 전체의 혁신교육지구와 마을교육공동체 업무를 담당한다. 아무리 두 분의 역량이 뛰어나다 하더라도 이러한 업무 부담은 학교-지역 연계 교육의 활성화에 큰 걸림돌이 된다.

혁신교육지구에는 대개 중간지원조직이 운영되고 있다. 여기에는 지자체의 담당자와 교육지원청 파견 장학사가 팀을 이루어 업무를 수행한다. 시·도와 기초자치단체마다 차이는 있지만, 최근 적지 않은 혁신교육지구에서 담당 장학사의 수가 감축되었다. 예를 들면, B시의 경우 기초자치단체별로 교육지원청에서 한 명씩 파견된 장학사가 두세 개 지자체에 한 명을 배치하는 것으로 전환하였다. 전국적인 조사가 필요한 시점이다. 또한 지자체의 경우 순환 보직으로 업무 담당자가 계속 바뀌고 있다. 이제 학교-지역 연계 교육이 막 도약하려던 시점에서 이와 같은 중간지원조직의 약화는 대형 악재로 작용한다. 중간지원조직의 안정화가 필요하다.

### (3) 마을교사의 선정과 예산

학교-지역 연계 교육이 관심을 끌면서 학교 차원에서 독자적으로 지역과 연계하는 프로그램을 운영하고자 할 때 적절한 강사와 보조 강사를 찾는 일은 대단히 중요한 일이다. 학교로서는 관련 분야의 강사들이 있는 인력풀을 찾기도 어렵고 그중에서 양질의 강사를 선택하는 것도 쉬운 일이 아니다. 또한 강사 선정을 하더라도 이와 관련된 각종 서류와 절차도 복잡하다. 중간지원조직이 잘 운영되는 곳에서는 학교가 겪는 이러한 어려움을 크게 덜어 준다. 하지만 중간지원조직이 제대로 기능을 하지 않은 곳의 단위 학교는 위와 같은 일을 학교 차원에서 해야 하므로 학교-지역 연계 교육을 기피할 수밖에 없다.

또한 마을교사들 중에는 강사 자리를 '일자리'로 생각하는 사람들이 있을 수 있다. 충분한 교육 능력이 있고 검증을 거친다면 안정된 일자리로 만드는 것이 마땅하다.

마을교사의 교육활동이 안정된 일자리가 되지 않으면 양질의 인력을 고정적으로 확보할 수 없다. 이런 점에서 학교-지역 연계 교육의 예산은 장기적인 정책 속에서 충분히 안정적으로 확보되어야 한다.

### (4) 지역교육자원 인프라 구축

지역사회에는 교육에서 활용할 수 있는 많은 자원들이 있다. 하지만 개별 자원과 '자원들의 인프라'는 다르다. 인프라는 단순한 자원들의 모음이 아니라, 자원들이 잘 활용될 수 있도록 전반적으로 잘 구조화된 자원들의 집합체를 뜻한다. 이런 점에서 학교-지역 연계 교육이 활성화되기 위해서는 지역사회 내의 자원 목록을 제공할 것이 아니라 학교 기관에서 쉽게 접근하고 활용할 수 있는 수준의 인프라 방식으로 제시할 필요가 있다. 지역사회의 교육자원을 기본적인 주제를 정하여 네트워크 방식으로 구축하되, 학교와 지역마다 연계 교육을 통하여 지향하는 목적이 다르므로 이에 적절한 교육자원들이 목적에 맞게 활용될 수 있도록 상황에 맞게 부단히 재구축하는 것이 바람직하다.

### (5) 소통과 홍보의 강화

혁신교육지구에서는 학교에서 활용할 수 있는 교육프로그램을 개발하고 마을교사들을 양성하고 있다. 학교에서 원하는 프로그램을 신청하면 마을교사, 교육자료, 차량 등을 제공한다. 하지만 프로그램을 운영하겠다고 신청하는 학교의 수는 기대와 다를 수 있다. 이러한 일이 일어나는 배경에는 학교의 업무 담당자를 제외한 일반 교사들이 프로그램을 제공한다는 사실을 잘 알지 못하기 때문이다. 따라서 학교-지역 연계 교육이 활성화되려면 혁신교육지구의 담당자와 학교 간에 적극적인 소통과 프로그램의 홍보가 필요하다. 실제로 일부 혁신교육지구나 마을교육공동체 사업이 활발히 운영되는 곳에는 프로그램, 운영 매뉴얼, 그리고 기타 안내 자료를 학교에 배부하지만(김언순, 민혜리, 이부영, 2018), 전국적인 현상은 아니다. 또한 이와 같이 공적인 통로를 통해서 전달되는 경우에도 업무담당자 외에 일반 교사들이 적극적인 관심을 보이지 않는 경우가 많다. 그러므로 교사들이 학교-지역 연계 교육의 필요성을 느끼고 실천하고자 하는 동기가 생길 수 있도록 효과적인 소통과 홍보 수단을 마련할 필요가 있다.

### (6) 예산 운용의 유연성

혁신교육지구에서는 사업 예산을 대개 교육청과 지자체가 분담하고 있다. 사업을 계획할 때 성격에 따라 교육청 사업과 지자체 사업으로 분류하여 사업별로 예산을 지출한다. 하지만 학교-지역 연계 교육이라는 새롭고 자율적인 프로그램의 운영을 지향하는 사업의 성격과 달리, 예산 운영에 자율성이 부족하여 필요한 사업 운영 과정에 효율성을 떨어뜨리는 경우가 적지 않다(문보경, 강윤진, 이인회, 2020). 법령에 위배되지 않는다면 예산을 유연하게 쓸 수 있도록 하고, 사업의 효율성을 떨어뜨리는 각종 규제와 지침 등은 과감히 손질하여 개선할 필요가 있다.

### (7) 대학입시제도와의 연계

고등학교에서 학교-지역 연계 교육을 하는 것은 쉽지 않다. 특성화 고등학교나 특수목적고에서는 학교의 특성상 학교-지역 연계가 필요한 경우가 있을 수 있다. 취업이나 특정한 분야의 전문성을 높이기 위해서는 학교 안의 교육만으로는 한계가 크기 때문이다. 일반계 고등학교의 경우에 현실적으로 대학입시로 인하여 학교-지역 연계 교육이 쉽지 않다. 하지만 고교학점제와 같은 제도의 도입은 학교-지역사회의 연계 교육에 새로운 길을 열어 주고 있다. 또한 현재 수시로 대학에 가는 학생들이 정시로 입학하는 학생보다 수가 더 많다. 학생들의 진로와 관련된 과목을 학교-지역 연계로 운영하는 것은 필요한 일로 보인다.

### (8) 교사양성기관과 현직 교사 연수의 교육과정에 반영

학교-지역 연계 교육이 활성화되려면 무엇보다 전국의 교원양성기관의 교육과정이 달라져야 한다. 현재 교육대학이나 사범대학에서는 교과 교육이나 일반 교직에서 학교-지역 연계 교육에 대하여 가르치지 않는다. 교사가 될 사람들에게 이러한 교육을 하지 않고서 학교 현장에서 학교-지역 연계 교육의 활성화를 기대할 수 없다. 미래 교사를 양성하는 교원양성기관에서는 학교-지역 연계 교육의 필요성, 영역, 방법 등을 이론적 접근과 사례를 통하여 가르칠 필요가 있다. 이를 위하여 교원양성기관에서는 담당 교수들이 학교-지역 연계 교육의 필요성과 중요성을 먼저 인식하고, 교육과정과 수업을 바꾸며, 관련된 수업을 운영할 전문가를 초빙하고 장기적으로 양성해야 한다. 또한 이 과정에서 교수, 학생, 교사, 마을교사들이 함께 참여하는 사례를 중심으로 하는 워크숍을 지속적으로 개최할 필요가 있다.

현직 교사 또한 학교-지역 연계 교육에 대하여 양성 기관에서 배운 적이 없으며, 혁신학교나 혁신교육지구에 속해 있는 학교의 교사가 아니라면 학습할 기회가 거의 없다. 이런 점에서 단위 학교별 또는 시·도 교육연수원을 통하여 학교-지역 연계 교육에 대한 연수를 강화할 필요가 있다. 연수의 방식은 교원양성기관과 크게 다르지 않다고 생각한다. 연수의 대상에는 반드시 교감, 교장 등 학교관리자와 행정실의 책임자와 담당자를 포함시켜야 한다.

## 5. 학교-지역 연계 교육의 발전 과제

이 또한 지나가리라! 우리는 그동안 교육을 바꾸기 위한 무수한 정책이 기대한 성과를 내지 못하고 사라지는 것을 보아 왔다. 학교-지역 연계 교육이 이전에 비하여 많이 활성화되었지만, 이 또한 일시적 유행처럼 사라질 수 있다고 생각할 수 있다. 하지만 학교의 교육력에 근본적인 한계가 있다는 것을 인지하면, 이러한 태도에는 변화가 필요하다.

비록 학교-지역 연계 교육의 대대적인 확산을 일으킨 혁신교육지구와 마을교육공동체 사업들이 주춤거리고는 있지만, 미래 교육의 한 축이 디지털에 기반을 둔 혁신이라면 또 다른 한 축은 학교와 지역 연계 교육의 강화라고 생각한다.

이런 점에서, 여기서는 그동안 중앙정부 차원에서 제시한 많은 교육 정책들이 학교-지역 연계 교육의 활성화를 요구하고 있으며, 그 공간을 계속 확장해 왔다는 것을 밝혔다. 다음으로 학교-지역 연계 교육은 학교중심, 지역중심, 학교-지역 협력중심의 유형으로 구분할 수 있으며, 중앙과 지방정부의 정책과 마을이 처한 상황에 따라 적합한 유형이 있을 수 있으며, 마을교육공동체가 활성화되지 않은 지역에서는 학교중심 학교-지역 연계부터 시작하는 것이 타당할 것이라는 점을 제안하였다. 또한 학교-지역 연계가 활성화되기 위한 조건으로 학교와 지역사회의 관계, 교육청과 지자체의 역할을 중심으로 모두 열세 가지를 제안하였다.

학교-지역 연계 교육은 학생과 교사, 지역민에게 주체성을 심어 주고 서로 협력하게 하며 사회의 성장을 위하여 공동 책임을 질 줄 아는 민주시민을 키우는 원동력이다. 그동안 학교—지역 연계를 통한 많은 교육 사례들이 이러한 사실이 옳다는 것을 증명하고 있다.

그동안 진로, 인성, 방과후, 교육복지우선지원 등의 중앙과 지방정부의 많은 정책들과 분권과 자치에 기반을 둔 교육과정 지역화 정책은 학교—지역 연계 교육의 길을 열어 왔다. 이에 덧붙여 2022 교육과정은 자유학기제, 고교학점제, 학교자율시간 등으로 학교—지역 연계 교육의 공간을 더욱 넓히고 있다.

하지만 이러한 공간의 확장이 학교—지역 연계 교육의 확대와 확산을 보장하지는 않는다. 학교—지역 연계 교육을 성공적으로 실시하고 있는 학교와 지역사회는 전국적으로 얼마나 될까? 어느 정도의 비율을 차지하고 있을까?

교사는 학교 교육의 핵심이 되는 주체로서, 학교—지역 연계 교육의 운명을 결정하는 인물이다. 교사가 학교—지역 연계 교육에 관심과 의지를 가지며 연계를 할 수 있는 역량을 갖추고 실천에 옮길 때, 연계를 통한 교육의 성과를 기대할 수 있다.

교사들이 학교—지역 연계 교육의 가치를 인식하기 위해서는 교사와 학생 모두 지역사회 속으로 들어가야 한다. 그것도 한시적 · 일회성 마을 탐방이나 체험활동이 아니라 장기간의 계획 속에서 지역사회 인사들과 지속적으로 교류해야 한다. 이러한 만남 속에서 학교—지역 연계 교육의 중요성을 인식하고 협력을 통하여 프로그램을 함께 기획하고 실천하는 과정을 거치게 되면 비로소 학교—지역 연계 교육이 의미 있게 이루어진다. 하지만 대다수의 교사들은 이러한 만남의 공간이 어디에 있으며 어떻게 참여할지를 알지 못한다.

따라서 교사와 마을활동가가 함께 만날 수 있는 공간을 마련해 주고 참여 기회와 방식을 알려 주는 지원 체제가 구축되어야 한다. 이러한 지원 체제는 교사와 마을활동가가 프로그램을 만들고 운영하는 데 필요한 행정적 지원은 물론 재정적 지원을 위해서도 필요하다. 그동안 일부 시 · 군의 중간지원조직이 이러한 역할을 해 왔다. 이러한 지원 속에서 교사와 마을활동가가 만나서 공동의 이념 속에서 프로그램을 개발하고 운영하는 과정에서 학교—지역 연계 교육에 대한 교사의 인식과 실천이 달라지고 있다. 전환점이 생긴 것이다. 학교—지역 연계 교육은 학생들의 성장을 위해서도 필요하지만, 교사들이 지역 주민으로, 민주시민으로 그리고 종전과는 다른 새로운 모습의 교사로 재탄생을 위해서도 필요하다.

학교—지역 연계 교육이 활성화되기 위해서 교원은 물론이고 학부모 지역사회 주민들이 '아동과 청소년 교육은 학교에서 한다.'는 학교중심적 사고 체계에서 벗어나야 한다. 또한 학교-지역 연계 교육을 가로막는 수많은 변수들, 즉 학교와 마을교육공동체의 소통, 프로그램의 홍보 강화, 칸막이식 행정의 해소, 마을교사의 역량 제고, 교사의 업무 부담 감소와 전보제도의 혁신과 같은 문제를 해결해야 한다.

그중에서 특히 강조하고 싶은 것은 학교, 교육청, 지자체, 마을교육공동체를 연결하는 중간지원조직의 강화다. 최근 전국적으로 중간지원조직의 전문 인력 수가 감축되고 업무 담당자의 잦은 변경으로 그동안 소기의 성과를 내어 왔던 학교-지역 연계 교육이 축소될 위기에 처해 있다. 학교-지역 연계 교육의 중요성을 생각하면 기관장의 교체에 따라 중간지원조직의 위상이 뒤바뀌고 기능이 약화되어서는 안 된다.

또한 교사들부터 학교중심적 사고에서 벗어나야 한다. 그러기 위해서는 교원양성기관에서 학교-지역 연계에 관한 내용을 교과교육학과 일반교육학 과목 속에 포함시켜 학습할 기회를 주도록 해야 한다. 이와 함께 교사를 포함한 학교관리자, 행정실 요원 등도 현장 연수를 통하여 학교-지역 연계 교육의 필요성과 실천 방법을 익히도록 해야 한다. 이들 연수는 정책에 대한 설명과 함께 반드시 사례를 중심으로 생각하고 논의하는 방식으로 진행될 필요가 있다.

# 참 고 문 헌

권다남, 김대현(2023). 일반학교와 혁신학교 교사의 마을학습 교육과정에 관한 인식 차이. *Journal of the Korean Data Analysis Society*, 25(2), 855-867.

김경옥(2011). 전남지역 초등학교 사회과 향토사교육의 내용과 활성화 방안: 3학년 지역화 교과서 '사회과 탐구'를 중심으로. 교육문제연구, 39, 23-51.

김대현(1994). 제6차 초등학교 교육과정의 성공적 실행을 위한 학교의 권한과 책임. 초등교육연구, 8(1), 33-44.

김대현(1999). 학교차원에서 교육과정을 재구성하기 위한 교직원 개발 모형 탐색. 교사교육연구, 38, 197-211.

김대현(2011). 교육과정 결정에 있어서의 국가의 간섭 조건. 교육사상연구, 25(3), 21-35.

김대현(2021). 국가교육과정체제 75년 우리에게 무엇을 남겼나? 교육혁신연구, 31(2), 115-141.

김대현, 권다남 (2023). 마을학습 교육과정의 운영 현황 및 개선 방향 탐색. 교육종합연구. 21(1), 159-183.

김대현, 이은화(1999). 교육과정 지역화의 과제와 전망. 교사교육연구, 37, 65-78.

김미향(2020). 학교와 지역사회 간 연계·협력에 기반한 마을교육공동체의 개념 탐색. 평생학습사회, 16(1), 27-52.

김봉석(2013). 만들어가는 지역화 교재 개발 사례: 지명과 경관 변화를 중심으로. 사회과교육, 52(3), 109-121.

김선영, 소경희(2014). 교사들이 기대하는 교육과정 자율권 탐색. 아시아교육연구, 15(4), 55-79.

김언순, 민혜리, 이부영(2018). 학교-지역사회 연계 교육 활성화를 위한 지역교육자원 활용 방안: 서울시 동북지역 2개 자치구를 중심으로. 학습자중심교과교육연구, 18(22), 83-107.

김용만(1986). 사회과 교육과정 지역화의 이론적 배경과 접근법. 사회과교육연구, 19, 9-19.

김은경, 양병찬, 한혜정, 김나영(2021). 마을교육공동체 활동에 대한 교육주체 참여형 성장 분석의 가능성 탐색: J 혁신교육지구 사례를 중심으로. 평생교육학연구, 27(1), 1-30.

김은주(2016). 우리나라 시·도 교육청 교육과정 편성·운영 지침분석을 통한 개선 방안 모색 연구. 교육연구논총, 37(4), 43-70.

김은주, 김대현, 권다남(2023). 초등학교 교사의 마을학습 교육과정에 관한 인식. 교육공동체연구와 실천, 5(1), 63-82.

김인근(1995). 실과 지역화 교육과정의 이론과 실제 적용: 전기기구 다루기 단원을 중심으로, 실과교육연구, 1(1), 141-156.

김재복(1991). 우리나라 교육과정 지역화의 필요와 저해요인에 관한 고찰. 인천교육대학교논문집, 25(1), 147-162.

김재윤(2022). 교사의 마을교육공동체 참여 과정에 대한 자문화 기술지. 평생교육연구, 28(1), 95-123.

김재윤(2023). 순천 마을교육과정의 궤적과 발전. 미간행 발표물.

김재윤, 김한별(2022). 학교-마을 연계 교육 실천에서 마을 주민들의 학습 경험 탐색. 교육문화연구, 28(5), 105-127.

김재춘(2011). 이명박 정부의 교육과정 자율화 정책에 대한 비판적 논의. 교육과정연구, 29(4), 47-68.

김종희(2018). 초등학교 학교교육과정 자율화 수준 저해요인 분석. 학습자중심교과교육연구, 18(22), 639-662.

김지영, 임춘배(2015). 제주 자연환경과 문화를 활용한 초등 5,6학년 미술과 교육과정지역화 연구. 미술교육연구논총, 42, 181-203.

김지현, 허준, 이예지(2022). 마을교육공동체 활성화 요인 관련 국내 연구 동향 분석. 교육공동체 연구와 실천, 4(3), 1-24.

김필성(2023). 마을교육공동체의 형성과 발달 과정: 부산광역시 대천마을을 중심으로. 내러티브와 교육연구, 11(2), 195-224.

김필성, 김수동(2023). 학교와 마을연계 교육과정 사례 분석. 한국교육과정개발연구, 1(2), 117-130.

남상준(2003). 학교교육과정의 지역적 적합성과 사회과 교육과정 지역화의 상보적 관계. 사회과교육연구, 10(1), 1-19,

문보경, 강윤진(2020). 학교-마을 연계 기반 제주 지역의 마을교육공동체 구축을 위한 환경 분석. 학습자중심교과교육연구, 20(18), 607-634.

문보경, 강윤진, 이인회(2020). 학교-마을 연계 기반 제주지역의 마을교육공동체 구축을 위한 환경 분석. 학습자중심교과교육연구, 20(18), 607-634.

문보경, 이인회(2018). 예술교육 활성화를 위한 마을교육공동체 사례 연구. 문화예술교육연구, 13(4), 49-73.

문보경, 이인회(2022). A시 마을교육공동체의 운영 체제 분석 및 유형 탐색. 열린교육연구, 30(4), 25-54.

민용성(2018). 교육과정 분권화 정책의 방향과 과제-초·중등교육법의 개정안을 중심으로. 학습자중심교과교육연구, 18(8), 737-754.

박수정, 김경주, 방효비(2021). 시도 교육청의 혁신교육지구 정책 분석: 2020학년도 혁신교육지구 계획을 중심으로. 학습자중심교과교육연구, 21(11), 761-778.

박순경(2003). 국가교육과정 적용에서의 교육과정 지역화의 실효성 논의(1): 시·도 교육청 수준 교육과정 편성·운영 지침의 연구 개발 과업을 중심으로. 교육과정연구, 21(1), 111–127.

박순경(2005). 우리들은 1학년 교과의 성격과 지역화의 실태 분석. 교육과정연구, 23(3), 187–205.

박순경(2008). 교육과정 분권화의 출발점과 방향 타진을 위한 시론. 교육과정연구, 26(2), 87–105.

박순경(2010). 교육과정 지역화의 흐름과 자리매김. 교육과정연구, 28(3), 85–105.

박창언(2013). 교육과정의 지방자치를 위한 국가권한의 문제와 과제. 교육과정연구, 31(1), 79–102.

박현숙(2023). 학교 교육과정 자치 지원을 위한 지역교육 지원 체제. 미간행발표물.

배현순, 이희수, 이효영(2021). 마을교육공동체 운영 활성화 방안 연구: 부산 다행복교육지구 사업을 중심으로. 열린교육연구, 29(2), 87–107.

부산일보(2023.04.26.). 사상희망교육지구 지역 연계 프로그램 본격 운영.

성열관, 김진수, 양도길, 엄태현, 김선명, 김성수(2017). 교육과정통합, 어떻게 할 것인가?. 살림터.

송언근(2018). 초등 사회과 지역교과서에 본 교육과정 지역화의 특징. 한국지역지리학회 학술대회발표집, 68–71.

신경희(2012). 교육과정 자율적 운영에 관한 교사의 역할 수행 비교: 한국과 미국 교사를 중심으로. 교사교육연구, 51(2), 297–312.

양경아(2023). '부부리 마을' 학교 교과목 이야기. 미간행 발표물.

양병찬(2018). 한국 마을교육공동체 운동과 정책의 상호작용. 평생교육학연구, 24(3), 125–152.

양병찬(2019). 한국 '마을교육공동체' 현상의 확산과 진화: 지역개발과 지역교육의 관계 재구축의 관점에서. 한국교육사회학회 연차학술대회 자료집, 1–30.

윤옥경(2021). 초등 사회과 지역교과서 위상 변화 시기의 지역화 교육 실행 사례 연구. 한국지리환경교육학회지, 29(1), 1–13.

은석현, 이동성(2022). 학교-마을교육과정 편성·운영 경험에 대한 자문화기술지. 교육종합연구, 19(4), 1–24.

이경언(2018). 2015 개정 음악과 교육과정에 따른 시·도 교육과정 편성·운영 지침의 지역화 현황 분석. 국악교육연구, 12(1), 125–146.

이도영(2023). 마을교육공동체의 진로교육에 관한 질적 사례 연구. 교육종합연구, 21(2), 307–328.

이동성(2021). 마을기반 학교교과목 개발 경험에 대한 질적 사례연구. 질적탐구, 7(4), 35–63.

이동은(2023). 학교 연계 마을교육공동체 활성화 방안 연구. 교육비평, 52, 137–179.

이승미(2019). 2015 개정 교육과정에 따른 시·도교육과정 편성·운영 지침의 개선 방향 탐색. 학교교육학연구, 25(3), 135–160.

이윤미, 김순미(2021). 교사의 교육과정 자율성 확대를 위한 국가교육과정 개발 방향 연구. 학습자중심교과교육연구, 21(18), 331–349.

이인회, 강윤진, 문보경(2020). 마을교육공동체 구축에 대한 교사와 마을활동가의 인식 비교 분석. 학습자중심교과교육연구, 24(20), 239-265.

임유나(2019). 국가 교육과정 문서의 대강화와 상세화에 대한 일고. 교육문제연구, 32(3), 31-56.

장정숙(2003). 지역 교과서 분석을 통한 교육과정 지역화의 적합성에 대한 연구: 초등학교 3학년 '전주의 생활'을 중심으로. 초등사회과교육논총, 5, 157-209.

전국시도교육감협의회(2021). 2022 개정 교육과정에 대한 제안. 전국시도교육감협의회.

정광순(2021). 교육과정 자율화를 위한 기반 탐색. 통합교육과정연구, 15(1), 27-48.

정영근, 이근호(2011). 교육과정 자율화 정책 수용에 대한 교사의 인식 고찰. 교육과정연구, 29(3), 93-119.

정영모(2019). 마을교육공동체의 방과후학교 참여 활성화 방안 연구. 예술인문사회 융합 멀티미디어 논문지, 9(4), 171-181.

정영식, 전형기, 김필성, 곽종철, 김광식(2022). 초등 마을 기반 학교교과목 운영의 교육적 효과분석. 초등교육연구, 33(2), 783-802.

정윤리, 임재일(2021). 교육과정 자율화 정책 논의를 통한 차기 국가교육과정 개발에 관한 일고: 교사교육과정 정책을 중심으로. 교육과정연구, 39(4), 5-33.

조현숙, 김대현(2012). 학교의 교육과정 자율화 정책 수용에 관한 연구. 수산해양교육연구, 24(6), 989-1002.

천주영, 이경건, 홍훈기(2021). 과학과 교육과정 정책에 대한 전문가 인식 탐색–교육과정 편성·운영 지침 및 성취기준 개정을 중심으로-. 한국과학교육학회지, 41(6), 483-499.

최류미(2021). 시·도 교육청 교육과정 편성·운영지침 개발에서의 숙의에 대한 연구. 부산대학교 일반대학교 박사학위논문.

한혜정(2022). 혁신교육지구 사업성과에 대한 교원과 마을교육활동가의 인식 연구: 충북행복교육지구사례를 중심으로. 교육종합연구, 20(3), 53-70.

한혜정, 이승미(2014). 중학교 교과집중이수 실태 분석 및 차기 국가교육과정에의 반영 방향: 학교교육과정 편성을 중심으로. 교육과정평가연구, 17(3), 1-21.

홍순혜, 엄경남(2023). 학교인성교육에서 지역사회 연계 현황 및 활성화 방안. 학교사회복지, 61, 75-109.

홍원표(2011). 우상과 실상: 교육과정 자율화 정책의 모순된 결과와 해결 방안 탐색. 교육과정연구, 29(2), 23-43.

홍후조(2002). 학교수준 교육과정의 특성화 방안 연구: 일반계 고등학교의 경우를 중심으로. 교육과정연구, 20(3), 119-152.

황규호(2013). 국가교육과정 개정과 학교교육의 질. 교육과정연구, 31(3), 27-52.

Ben-Peretz, M. (1980). Teachers' role in curriculum development: An alternative approach. *Canadian Journal of Education/Revue Canadienne de l'education*, 5(2), 52-62.

Center for Educational Research and Innovation (1979). *School-based curriculum development*. OECD.

Demarest, A. B. (2014). *Place-based curriculum design: Exceeding standards through local investigations*. Routledge.

Fuller, B. (2008). *Strong states, weak schools: The benefits and dilemmas of centralized accountability*. Emerald Group Publishing.

Kennedy, K. J. (1992). School-based curriculum development as a policy option for the 1990s: An Australian perspective. *Journal of Curriculum and Supervision*, 7(2), 180-195.

Lawson, T. (2004). Teacher autonomy: power or control? *Education*, *32*(3), 3-18.

Sabar, N. (1985). School based curriculum. *Journal of Curriculum Studies*, *17*(1), 452-454.

Savage, J. & Evans, W. (2015). *Developing a local curriculum: Using your locality to inspire teaching and learning*. Routledge.

# 교육과정 운영과 재구성

교육과정 개발자들은 양질의 교육과정을 만들 수만 있다
면 교육 현장이 달라지고, 결국 교육 성과를 얻을 수 있
다고 생각해 왔다. 하지만 개발된 교육과정이 교사의 책꽂이 한 귀퉁이에 방치된 채
활용되지 않을 수도 있다. 새로운 교육과정이 실패하는 것은 설계가 잘못되었다기보
다는 미숙한 운영 때문인 경우가 많다. 이 장에서는 교육과정 운영의 개념과 영향 요
인을 제시한다. 또한 교육과정 재구성의 다양한 의미를 살펴보고, 교-수-평-기 일
체화의 개념과 실천 전략으로 백워드 단원 설계 모형을 알아본다.

구체적인 학습과제는 다음과 같다.

---

- 교육과정 운영의 개념과 운영에 영향을 미치는 요인을 파악한다.
- 교육과정 재구성의 다양한 의미를 이해한다.
- 교-수-평-기 일체화의 개념과 실천 전략으로 백워드 단원 설계 모형을 알아본다.

---

## 1. 교육과정 운영

### 1) 교육과정 운영의 개념

교육과정 운영은 개발된 교육과정을 실천에 옮기는 과정을 의미한다. 교육과정 개
발이 국가, 지역, 학교, 교실 등의 다양한 수준에서 일어난다고 보면, 운영의 의미도
한 가지로 뭉뚱그려서 규정할 수 없는 어려움이 있다.

국가나 지역 차원에서 보면 교육과정 운영은 개발된 교육과정이 학교 현장에 정착
될 수 있도록, 국정, 검정, 인정 교과용 도서를 개발하고 보급하며, 교사의 수급과 연
수를 지원하고, 실천 과정의 질 관리를 위하여 취하는 제반 조치를 가리킨다.

하지만 학교나 교실 차원에서 보면 교육과정 운영은 교육과정의 개발 취지가 학교
교육의 여러 활동(교과 수업이나 창의적 체험활동, 학급경영이나 생활지도 등)을 통하여
실현될 수 있도록 하는 제반 과정 및 활동을 의미한다. 이런 점에서 교육과정 운영에

서 수업이 중심이 되기는 하지만, 교육과정 운영은 수업을 넘어서서 학교 교육의 목적을 달성하기 위한 제반 활동을 포함한다.

Synder, Bolin, 그리고 Zumwalt(1992)는 교육과정 운영에 관한 많은 연구를 분석하여 교육과정 운영을 보는 관점을 충실한 운영(fidelity perspective), 상황에 따른 조정(mutual adaptation), 교육경험의 창조(curriculum enactment)로 구별하였다.

충실한 운영(fidelity perspective)[1]은 교육과정 개발자의 의도가 현장에서 살아날 수 있도록 운영하는 것을 가리킨다. 학교 바깥에서 개발한 교육과정은 개발의 주안점이 훼손되지 않도록 전파와 보급의 과정을 거친 다음 학교와 교실에서 학교관계자와 교사에 의하여 구현되어야 한다. 충실한 운영에서는 개발자와 보급자가 교육과정을 운영하는 지침을 결정하며, 학교관계자와 교사는 개발자의 의도를 충실하게 구현하는 전달자(the deliverer of the curriculum to students)의 역할을 한다. 충실한 운영에서 교육과정의 성패는 개발자의 의도가 학교와 교실 현장에서 얼마나 구현되었는가에 따라 결정된다.

이런 점에서 충실한 운영에서는 전파와 보급에서의 '충실한' 과정과 학교관계자와 교사의 '충실한' 역할을 강조한다. 전파와 보급에서의 충실한 과정은 연구, 개발, 보급 모형(the research, development, and dissemination approach)과 연관이 있다. 연구–개발–보급 입장은 개발 과정에서 각계의 의견도 수렴하고 전문가가 참여하여 체계적인 과정을 거쳐 교육과정을 개발하였으므로 교사가 특수한 장면에 맞게 이를 수정할 필요가 거의 없다고 가정한다. 이 입장에서는 교사를 비교적 수동적인 소비자 혹은 수용자로 간주하여서, 교육과정 개발자, 즉, 전문가가 훌륭한 교육과정을 만들고 이의 사용법을 제시하게 되면 단순하게 받아들여 개발자의 의도대로 교육과정을 적용할 것이라고 믿는다(김평국, 2003). 또한 교육과정에서 교사의 충실한 운영은 교사의 관심에 기반을 둔 수용 모형(the concerns based adoption model)과 관련이 있다. 일반적으로 Hall과 Hord(2006)가 제안한 이 모형은 관심 정도, 실행 수준, 실행 형태라는 세 가지 도구를 사용하여 교육과정 실행에 대한 교사의 관심과 실행 수준 및 형태를 진단하고 그 결과에 따라 지원책을 개발하여 변화를 촉진하는 내용이 들어 있다.

---

[1] the fidelity of the translation to the original text(네이버 영어 사전). 여기서 fidelity는 '번역을 원문에 가깝게(정확하게) 한다'는 뜻으로 교육과정의 경우 개발자의 의도가 현장에서 최대한 살아나게 한다는 의미로 볼 수 있다.

상황에 따른 조정(mutual adaptation)²⁾에서는 개발된 교육과정이 운영의 실제 환경 속에서 조정을 거치면서 적용되는 것을 가리킨다. 실제로 개발된 교육과정이 개발의 의도 그대로 현장에서 운영된다고 보기는 어렵다. 교육과정을 운영하는 사람들 (users)이 가진 관심이나 생각, 이해관계 그리고 운영 환경(학교 조직과 문화 등)의 다양한 영향 속에서 개발된 교육과정은 조정을 거치면서 운영된다. 따라서 이 관점은 개발된 교육과정 속에 들어 있거나 운영하는 사람들이 지닌 정치·경제적 이데올로기에 따라 교육과정 운영이 달라질 수 있다는 데에도 관심을 갖는다. 또한 이 관점은 교육과정이 운영되는 여러 맥락에 따라 교육과정이 변용될 수 있다는 점을 강조함으로써 종종 교사와 학생이 함께 교육경험을 만들어 가는 과정을 중요하게 생각하는 교육경험의 창조(curriculum enactment) 관점과 구별하기 어려울 때가 있다.

마지막으로 교육경험의 창조(curriculum enactment)³⁾에서는 교육과정을 교사와 학생이 함께 만들어 가는 교육경험으로 본다. 교육경험의 창조 관점에서는 '외부에서 개발한 교육과정이 없다거나 필요 없다.'라고 보지는 않는다. 외부에서 개발된 교육과정과 교과서, 수업자료 등은 교실 장면에서 교육경험을 만들어 가는 데 필요한 중요한 수단으로 간주된다. 교사와 학생은 교육과정의 수용자가 아니라 창조자의 역할을 하며, 그들의 성장 정도가 교육과정 성패의 지표가 된다.

Apple이 편집한 민주학교(Democratic Schools) 속에 나오는 카브리니 그린 지역 초등학교의 교육과정 운영은 교사와 학생이 함께 하는 교육경험의 창조 사례라고 할 수 있다. 시카고 시의 변두리 지역인 카브리니 그린 지역의 초등학교에서 위험하고 낡은 학교 시설을 폐기하고 새로운 학교를 세우기 위하여 교사와 학생들이 함께 하며 일 년 동안 벌인 캠페인은 교과서에 있는 무미건조한 문제가 아니라 그들이 직접 겪고 있는 진짜 문제를 해결하기 위하여 공동으로 사고하고 실천하는 과정에서 사고하는 법, 함께 의논하는 법, 민주주의의 개념과 원리 등을 학습하는 교육 경험을 갖게 된다.

---

2) Most of these tools have been specially adapted for use by disabled people. 이 도구들 대부분은 장애인 분들이 사용하실 수 있도록 특별히 맞춰져 있습니다(네이버 사전). 이와 같이 adaptation은 현장의 상황에 맞추어 조정하는 것을 의미한다.

3) enactment of an Act에서 enactment는 법률의 제정(制定: 새로 만들어 정하다의 뜻)을 의미한다. 교육과정 분야에서 제정이란 교사와 학생들이 교실 장면에서 교육과정을 새로 만들어 간다는 것을 의미한다.

## 2) 교육과정 운영 요인

교육과정 운영에 영향을 미치는 요인은 무척 많으며, 이들 요인을 분류하는 준거도 매우 다양하다. 학교에 따라 교육과정 운영에 영향을 미치는 요인도 다르며, 같은 요인이라도 영향력에 차이가 있을 수 있다. 일반적으로 학교의 교육과정 운영에 영향을 미치는 요인을 살펴보면, 교육과정 자체 요인, 학교 내부 요인, 학교 외부 요인으로 구분할 수 있다.

### (1) 교육과정 자체 요인

교육과정 운영에 영향을 미치는 교육과정 자체 요인으로 네 가지를 들 수 있다. 첫째, 교육과정이 성공적으로 운영되려면 인간과 사회의 요구를 제대로 반영하고 있어야 한다. 인간의 심층적인 욕구와 시대·사회적 요구를 반영하지 않는 교육과정은 운영에 어려움이 있다. 둘째, 교육과정의 내용과 체제가 명료해야 한다. 교육과정을 운영하는 사람들이 이 교육과정을 활용하여 무엇을 해야 하는지가 분명해야 한다. 셋째, 교육과정의 내용과 체제가 수용가능해야 한다. 교육과정 운영자가 실행할 수 없는 내용이나 실행 환경과 동떨어진 교육과정은 성공을 보장하기 어렵다. 넷째, 교육과정은 유관 자료와 함께 개발되고 제시되어야 한다. 교육과정과 교과용 도서 및 각종 교수·학습자료, 평가 자료가 한 벌로 갖추어질 때 교육과정의 효과적인 운영을 기대할 수 있다.

### (2) 학교 내부 요인

#### ① 학교 조직

학교는 교장-교감-부장교사-교사로 이어지는 위계에 따른 업무 분장과 역할이 부여되는 관료제적인 속성과 수업과 학생지도에서 교사의 전문성을 바탕으로 하는 자율성을 인정하는 이중적인 속성을 가지고 있다.

학교의 이러한 조직 특성은 교육과정 운영에도 큰 영향을 미친다. 교장은 학교에서 교육과정을 운영하는 데 매우 주요한 역할을 한다. 교장의 교육과정 이해 수준에 따라 교육과정의 운영 수준이 달라진다. 일반적으로 교장은 교육과정의 운영의 질을 높이기 위하여, 첫째, 교사들이 교육과정에 관심을 가질 수 있도록 한다, 둘째, 교사들이 교육과정을 효과적으로 운영할 수 있는 능력을 갖도록 돕는다. 셋째, 교육과정을 운영하는 데 필요한 자료와 비품을 마련하여 제공한다. 넷째, 학교의 조직 구조와 문화를 교육과정의 운영에 도움이 될 수 있도록 조정하고 조성한다. 다섯째, 교사들이 교육과정을 성공적으로 운영하는 데 필요한 시간과 자원을 제공해야 한다.

교사는 교육과정 운영의 주요한 주체로서, 교사의 관심, 참여, 그리고 교사에 대한 지원 등에 영향을 받는다. 교사의 교육과정에 대한 관심의 차이는 교육과정 운영에 영향을 미친다. 일반적으로 교사가 교육과정 운영에 관련되는 결정에 참여하면 성공적으로 운영될 가능성이 높다. 교사에 대한 물적 지원, 시간 부여, 행정적 지도력과 보살핌, 동료와의 상호작용 기회 확대 등은 교육과정 운영에 영향을 준다(김두정, 1996).

최근 전국의 대부분 학교에는 '교사전문적학습공동체'가 결성되어 운영되고 있다. 일명 '전학공'이라고 불리는 이 협의체는 교사들이 교육과정, 수업, 평가, 생활지도, 학급경영 등에서 전문성을 발휘하고 이와 관련된 역량을 신장할 목적으로 만든 교사 조직이다. 전국의 시·도 교육청에서는 학교마다 결성되어 있는 전학공의 활약을 기대하며 재정적인 지원을 하고 있다. 현재 학교마다 전학공의 구성이나 운영, 성과 면에서 편차가 적지 않지만, 제대로 기능을 한다면 전학공은 학교에서의 교육과정 개발과 운영에 큰 도움을 줄 수 있다. 특히 전학공의 리더 교사를 포함하여 교사들이 학교에서의 교육과정 개발과 운영의 교육적 가치를 인식하고 개발과 운영에 열의와 전문성을 가지면, 학교에서의 교육과정 운영은 손쉽게 이루어지고 교육 성과 또한 기대할 수 있다. 경기도의 대표적인 혁신학교인 장곡중학교에서 박현숙 교사를 포함한 교사 모임이 운영한 '열네 살 영화로 세상과 소통하다' '실학의 시대를 만나다' '지구를 생각하는 시간' 등이 이에 해당한다(박현숙 외, 2017). 장곡중학교의 사례는 교사들의 자발성과 동료성에 기반을 둔 협의체 형성이 학교에서의 교육과정 운영의 핵심 열쇠라는 것을 보여 준다.

학생집단은 학교에서 교육과정을 개발하고 운영할 때 주체로서 참여해야 한다. 교육과정 운영에서 학생들의 발달 정도(학생들의 학교 및 학년 등)에 따라 참여의 내용, 수준, 방식에서 차이가 있겠지만. 학생들이 배움의 주체로서 참여하지 않을 때 제대로 된 학습이 일어나기 어렵다. 이전의 경험과 현재의 경험을 연결하고, 학교 안과 밖의 경험을 연결하며, 이 과목의 학습과 저 과목의 학습을 연결하는 주체는 학생 본인이 될 수밖에 없다. 그러므로 학교 차원의 교육과정이 성공적으로 운영되려면 학생들에게 자신감을 심어 주고 그들의 자주성을 존중해야 한다. 학생들이 자신감을 갖지 못하면 학습과정에 참여를 꺼릴 것이고 자주성을 존중하지 않으면 적극적으로 참여하지 않으려고 한다. 또한 교육과정 운영에서 교사들뿐만 아니라 학생들 간에도 소통과 협력이 필요하다. 이러한 협업이 이루어지려면 소통하는 능력과 협력하는 마음가짐과 기능이 필요하다. 따라서 학교에서 교육과정 운영을 위해서 학생들에게 소통하고 협력하는 '기본 역량'을 학습할 기회를 주어야 한다. 이러한 소통과 협력하는 힘은 학교에서 교육과정을 개발하고 운영을 거듭할수록 신장된다.

학교에서의 교육과정 운영에 영향을 주는 또 다른 집단으로 학부모를 생각할 수 있다. 학부모가 학교와 함께 자녀의 성장을 돕는 또 다른 교육 주체라는 인식을 가지고 학교 교육에 적극적으로 참여하는 것이 중요하다. 학부모가 학교에서 실시하는 교육과정 운영의 교육적 가치에 공감할 뿐만 아니라 계획, 운영, 평가과정에서 적극적으로 참여하여 지원과 지지를 할 때 교육의 성과가 높아진다.

### ② 학교 문화

학교 문화는 학교 급이나 단위 학교에 따라 차이가 있다. 하지만 동서양을 막론하고 공통적으로 나타나는 현상은 교직사회의 '개인주의'와 '보수주의' 학교문화다. 이정선(2002)은 한국 초등학교의 교직 문화를 전문적 기술문화의 부재, 개인주의, 현재주의, 보수주의, 교직의 이중적 성격 등으로 규정하였다. 여기서는 학교에서의 교육과정 운영과 관련하여 교직 문화의 개인주의와 보수주의의 성격을 살펴보고자 한다.

교직의 개인주의 문화는 학교가 관료제적 직제를 가지고 있음에도 교직의 전문성을 인정하는 데서 출발한다. 초등학교 교사들은 동학년에 소속되어 있기는 하지만 각기 자신이 관할하는 독립된 학급을 가지며, 행정업무의 경우에도 역할 분담이 끝나면 자신이 맡은 일에 책임을 지는 구조로 되어 있다. 학교는 부서 간이나 부서 내의 구성원 간에 긴밀한 협력 없이는 운영이 불가능한 조직이 아니라, 교사들이 각기 맡은 직무를 충실히 이행하면 운영에 큰 어려움이 없는 조직이다.

중학교나 고등학교의 경우에도 교사는 동학년이나 교과별 조직에 소속되어 있기는 하지만, 학생들의 교과지도, 생활지도, 학급경영 등에서 자율적인 운영 권한을 갖는다는 점에서 초등학교와 다르지 않다. 이러한 조직 구조의 특성이 교사의 개인주의 문화를 만들어 내는 원인이 된다.

　이러한 개인주의는 '자신의 이익을 위하여 교사가 행위한다는 것'이 아니라, '다른 교사가 하는 일을 몰라도 되거나, 하는 일을 간섭하지 않는다.'는 불간섭의 문화와 연결된다. 자신이 맡은 일에 충실하면 된다는 생각으로 학교라는 전체 조직의 운영에 관심을 기울이지 않게 된다는 것을 의미한다.

　교직 사회는 보수주의 문화가 강하다. 보수라는 말은 '보(保): 보호하여 수(守): 지키다.'라는 뜻으로 새로운 것이나 변화를 적극적으로 받아들이기보다는 전통적인 것을 옹호하며 유지하려는 경향이라고 할 수 있다. 교육은 새로운 것을 발견하는 활동이 아니라 이미 발견된 것을 습득이나 재발견하게 하는 활동이며, 학생들을 장차 맞닥뜨리게 될 사회에 적응시키는 활동이라는 점에서 보수적인 성격을 가질 수밖에 없다. 이런 까닭으로 교사들은 학생들을 함께 배우는 과정에 있는 사람이라기보다는 계도하여 올바른 방향으로 인도해야 하는 미성숙한 존재로 생각하기 쉽다. 또한 교육의 성과는 단기간에 드러나지 않고 측정하기 어렵다는 점에서 개혁이나 혁신의 요구에서 비교적 자유로울 수 있다. 또한 교사의 승진이나 보수, 보직 배정 또한 특별한 경우를 제외하고는 대체로 경력에 따라 배분되기 때문에 남보다 더욱 노력해야 할 동기를 찾기 어렵다는 점도, 교사들이 현재에 매달리는 이유가 된다.

　이러한 교직 사회의 문화는 학교에서 교육과정 운영의 혁신을 방해하는 요인이 된다. 뒤집어 말하면, 학교에서 교육과정 운영의 혁신을 이루고자 하면 교직 사회의 문화가 개인주의를 극복하고 협력적으로 바뀌어야 하며, 보수주의에 침몰되지 않고 혁신을 지향해야 한다.

　협력적인 학교 문화는 교사들 간의 협력으로 한정되지 않는다. 기존의 학교에서 학생들은 교사들과 마찬가지로 교실에서는 운집해 있을 뿐이고, 학습은 개별적으로 이루어지며, 상급학교 진학으로 둘러싼 경쟁으로 협력적인 학습이 일어나기 힘들다. 교육과정 운영이 잘 이루어지는 학교에서는 계획이나 수업, 평가의 과정에서 교사들 간의 협력, 교사와 학생의 협력, 동료 학생들 간의 협력이 필수적이다. 이와 함께 교육의 성과는 학교가 가정과 지역사회와 함께 협력할 때 기대할 수 있다는 점에서 볼 때, 교육과정은 학부모의 지지와 지원 그리고 지역사회의 협력도 중요하다. 즉, 교육과정 운영은 교사들 간의 협력은 물론이고, 교사와 학생, 학생 서로의 협력, 학부모의 지지와 지원, 지역사회의 지원과 책임 등을 필요로 한다.

또한 교육과정 운영은 학교의 보수주의 문화를 극복하는 데서 출발한다. 학교 교육은 오랫동안 교과별 수업으로 운영되었으며, '교사들은 가르치고 학생들이 배운다.'는 것이 상식으로 자리 잡아 왔다. 또한 '많이 가르칠수록 많이 배운다.'고 믿어 왔다. 사람들은 변화가 필요하다는 것을 인정하지만, 오랫동안 익숙한 것을 버리는 것이 불편하고 새로운 것이 어떤 결과를 가져올지 모른다는 두려움에서 자신에게 닥치는 변화를 달가워하지 않을 수 있다. 이것은 학교에서 교사와 학생뿐만 아니라 관리자나 학부모도 마찬가지다. 교육과정 운영은 교육에 대한 새로운 신념을 갖는 데서 출발한다. 또한 이러한 신념은 특정한 개인이나 일부 집단이 아니리 학교 교육에 관여하는 대다수의 사람과 집단이 공유해야 한다.

### ③ 학교의 시간, 공간, 재정

교육과정 운영에서 시간은 매우 중요한 자원이다. 교육과정 운영은 교육의 목표, 참여 학생의 학년이나 학생 수, 제재나 주제의 크기 등에 따라 시간 운영방식이 달라질 필요가 있다. 교육과정은 2~3주 정도를 교과별 수업을 하지 않고 어떤 제재나 주제를 중심으로 온전히 운영할 수 있다. 또한 1주에 몇 시간을 제재나 주제를 중심으로 운영하면서 수주나 한 학기 혹은 한 해 전체에 걸칠 수도 있으며, 2~3시간이나 4~8시간만의 단기 과제로 운영할 수도 있다. 어떠한 경우가 되든 교육과정 운영에서 시간표는 교육목표나 학생의 적성과 진로, 학습 주제나 제재의 성격에 따라 융통성 있게 편성될 필요가 있다.

그리고 학교에서 교육과정 운영의 질을 높이려면 교사들이 함께 모여 교육과정을 기획할 수 있는 시간을 보장해야 한다. 외국의 경우에 학기 중에 '수업이 없는 날'을 정하여 이러한 시간을 확보하기도 하지만, 우리의 경우 현실적으로 어렵기 때문에, 일과 시간을 이용하여 교사들이 모여서 교육과정을 계획하고 운영에 필요한 자료를 수집하고 정리할 시간을 확보할 수 있도록 해야 한다. 또한 교사들에게는 교육과정의 계획이나 운영뿐만 아니라 결과를 판단하고 스스로 평가해 보는 반성의 시간도 필요하다. 교사들이 학교생활 속에서 함께 하는 시간을 갖지 못한다면 교육과정 운영의 혁신을 이루어 내기 어렵다.

또한 학교에서 교육과정이 효과적으로 운영되려면 교육공간의 융통성 있는 운영과 확장이 필요하다. 교육과정의 효과적 운영은 같은 규격의 표준화된 기존 교실에서 운영할 때 한계를 지닌다. 학교를 신축할 경우에 교육과정 운영을 위하여 다양한 목적으로 사용할 수 있는 크고 작은 공간을 설계 단계부터 반영할 수 있지만, 기존 학교의 경우에는 현재 있는 공간을 최대한 효율적으로 사용할 필요가 있다. 일반 교실은 물론 과학실, 음악실, 미술실 등 특별실을 활용하고, 강당과 운동장 등을 달성하고자 하는 교육목표나 학생집단의 크기에 따라 때로는 분할하거나 합쳐서 사용할 수 있다. 이와 함께 교육과정의 효과적 운영을 위해서는 학교 바깥의 공간 활용도 적극적으로 계획하고 사용할 필요가 있다. 지역사회의 도서관, 체육관, 박물관 등 다양한 교육 관련 시설과 함께 시장, 관공서, 기업체, 주변의 대학 등을 교육목적으로 활용해야 한다. 이와 함께 교사들이 교육과정 운영을 위한 계획을 수립하고 운영을 협의하며 평가에 관하여 논의하는 공간도 필요하다. 학년실, 교과실, 특별실과 도서실 등 다양한 시설을 사용할 수 있지만, 하나의 공간을 지정하고 정해진 시간에는 반드시 사용할 수 있도록 할 필요가 있다.

　학교에서의 교육과정 운영에는 적절한 재정적 지원이 필요하다. 교사들이 교육과정 운영에 대한 전문성을 갖기 위해서는 학교 바깥의 워크숍 참여나 학내에서 실시하는 워크숍의 운영에 비용이 필요하다. 교육과정 운영을 위한 계획, 수업, 평가와 관련된 내부 협의회 운영을 위해서도 적절한 예산의 지원이 요청된다. 이와 함께 학부모와 지역사회 인사들과의 간담회와 외부 자원 인사의 활용에도 비용이 발생할 수 있다. 또한 교육과정 운영에는 교과서를 넘어서서 다양한 교수·학습자료가 필요하므로 이에 대한 구입 비용이 든다. 때로는 단순한 자료를 넘어서서 새로운 교육 기구나 설비가 필요하다. 또한 학교 내의 공간을 분할하거나 합치는 과정에서 비용이 발생할 수도 있으며, 학교 외부의 시설을 이용할 경우 사용료를 지불해야 할 경우도 발생한다. 학교에서 매년 예산을 편성할 때 교육과정 운영과 관련된 예산을 계획하여 사전에 반영할 필요가 있다.

## (3) 학교 외부 요인

### ① 교육정책과 행정지원

　교육부와 교육청의 교육정책과 인적·물적 지원 체제는 교육과정의 운영에 영향을 크게 미친다. 교육부는 다양한 정책을 수립하고 집행하는데, 이들 정책이 교육과정 운영에 영향을 미친다. 2022 교육과정에 도입된 '학교자율시간'과 '진로연계학기 운영'은 개별 학교에서의 교육과정 운영의 자율성을 신장시키지만, 그만큼 교육과정과 관련된 학교의 부담이 커진다. 이와 관련된 교사의 관심, 의지, 수행 능력 등이 필요하기 때문이다.

또한 교육부와 교육청의 지원이 교육과정 운영에 영향을 준다. 2022 교육과정에서는 총론에서 '학교 교육과정의 지원'이라는 절을 두고, '교육과정의 질 관리' '학습자 맞춤 교육 강화' '학교의 교육환경 조성'이라는 주제 아래 교육부와 교육청의 지원 사항을 구체적으로 제시하고 있다. 예를 들면, 학교의 교육환경 조성과 관련하여 교육부의 역할을 다음과 같이 규정하고 있다.

- 교육과정 자율화·분권화를 바탕으로 교육 주체들이 각각의 역할과 책임을 충실하게 수행할 수 있는 협조 체제를 구축하고 지원한다.
- 시·도 교육청의 교육과정 지원 활동과 단위 학교의 교육과정 편성·운영 활동이 상호 유기적으로 이루어질 수 있도록 행·재정적 지원을 한다.
- 이 교육과정이 교육 현장에 정착될 수 있도록 교육청 수준의 교원 연수와 전국 단위의 교과 연구회 활동을 적극적으로 지원한다.
- 디지털 교육환경 변화에 부합하는 미래형 교수·학습 방법과 평가체제 구축을 위해 교원의 에듀테크 활용 역량 함양을 지원한다.
- 학교 교육과정이 원활히 운영될 수 있도록 학교 시설 및 교원 수급 계획을 마련하여 제시한다.

이와 같이 교원의 수급과 연수, 교과용 도서의 개발과 보급, 교육시설 확충과 유연한 교육공간의 조성, 교육재정 등의 교육부와 시·도교육청의 지원은 교육과정 운영에 큰 영향을 준다.

② 평가제도

학교 안팎의 각종 평가제도는 교육과정의 운영에 결정적인 영향을 미친다. 평가제도 때문에 개발된 교육과정과 운영되는 교육과정 사이에 틈이 벌어지기도 한다. 치열한 입시제도로 선발 기능이 교육기능을 앞지를 경우, 중등학교의 교육과정 운영이 개발된 교육과정이 의도와는 다른 방향으로 진행된다.

특히 고등학생들이 내신 성적과 수학능력고사 성적이 반영되는 일부 과목을 중시하고 그렇지 않은 과목을 소홀히 하여 교육과정이 정상적으로 운영되지 못하는 일이 자주 일어난다. 학생들의 적성과 진로를 바탕으로 과목 선택권을 확대하는 '고교학점제' 역시 대학입학제도와 긴밀히 연계되지 않는다면, 대학 입학에 유리한 과목의 선택으로 왜곡 운영될 가능성이 있다.

### ③ 지역사회의 협력

우리나라 학교 교육은 학생들의 학습과 삶을 분리해 왔다. 교육은 학교에서 하고, 삶은 마을 속에서 일어나며, 둘 사이에는 아무런 관련이 없는 것처럼 간주되었다. 마을 속에 학생들의 삶의 뿌리가 있고 마을이 학생들의 삶을 형성하고 성장시키는 실존적 맥락이라는 생각을 하지 못했다. 또한 마을의 인적 · 물적 · 문화적 · 환경적 · 역사적 인프라를 적극적으로 활용하지 못했다.

학교는 교육을 위하여 매우 한정된 자원을 가지고 있지만, 지역사회에는 교육을 위해 활용할 수 있는 자원이 풍부하다. 인적 자원과 물적 자원은 물론이고 기술적 자원도 넘쳐 난다. 학교가 지역사회에 산재한 자원들을 효과적으로 활용한다면 더욱 큰 교육성과를 기대할 수 있다.

## 2. 교육과정 재구성

학교 현장에서는 '교육과정 재구성'이란 말이 많이 사용된다. 하지만 '교육과정 재구성'이란 말은 그 말을 사용하는 맥락에 따라 뜻이 달라진다. 우선 재구성이란 말은 이미 구성된 무엇이 있다는 것을 전제로 한다. 이때 이미 구성된 무엇을 국가수준 교육과정이라고 보는 데 의견이 다른 것 같지는 않다. 그렇다면 국가수준 교육과정을 재구성한다는 것이 어떤 의미일까?

첫째, 국가수준 교육과정에서 제시한 편제를 학교 차원에서 재구성하는 것을 생각할 수 있다. 2022 교육과정에서 제시한 교과와 창의적 체험활동의 20% 증감을 통하여 학교 교육과정을 구성한다면 편제 면에서의 재구성이라고 할 수 있다.

둘째, 국가수준에서 제시한 교과별 내용 영역과 영역별 성취기준을 재구성하는 것을 생각할 수 있다. 이들 영역과 성취기준은 학생이 학습하고 성취해야 할 '최소기준'이라는 점에서 생략이 불가능하다. 논쟁이 있을 수는 있다. 성취기준은 교과 교육과정 개발의 산물이다. 성취기준은 교과의 기반이 되는 학문의 성격을 반영하고, 사회적 유용성을 기반으로 하며, 학생들의 학습가능성을 토대로 확정된다. 하지만 엄밀한 의미에서 보면 성취기준은 '개발 과정에서 이루어진 사회적 합의의 산물'이다. 시간과 공간을 초월하여 보편적이고 절대적인 것은 아니다. 한 교과 내에서 어떤 성취기준은 다음 개정에서 사라질 수 있고, 새로운 것이 추가될 수 있다. 이런 점에서 국가수준 교육과정에 포함된 모든 교과의 모든 성취기준이 반드시 학습과 달성의 대상이 되어야 하는가라는 문제 제기는 있을 수 있다. 여하튼 현 시점에서 고시 문서에 포함된 교과별 성취기준은 학습을 통하여 달성해야 할 대상이라고 할 수 있다.

학교에서는 성취기준과 관련하여 분할하거나 통합하는 것은 가능하고 학습 시기도 조정할 수 있다. 많은 학교에서 진행되고 있는 학교수준에서의 교육과정 통합 운영은 성취기준의 통합과 학습시기 조정이라는 기반 위에서 이루어진다.

〈표 11-1〉은 2015 초등학교 사회교과와 도덕교과의 통합 사례다. 두 교과에서 '인권'이라는 공통 주제가 나오는데, 두 교과의 성취기준을 통합하여 재구성하였다. 기존의 성취기준(6도 03-01과 6사 02-01)을 하나로 합친 것은 사회교과와 도덕교과에서 인권의 중요성을 인식한다는 것이 중복되고, 인권 신장을 위해 노력했던 사람들의 활동을 조사하는 과정에서 사람들의 활동에 매몰되어 인권이라는 핵심 주제를 놓치는 일이 발생할 수 있기 때문이다. 6사 02-02 재구성 성취기준은 이미 6도 03-01과 6사

**표 11-1  성취기준의 재구성**

| 기존의 성취기준 | 재구성한 성취기준 |
|---|---|
| 6도 03-01 인권의 의미와 인권을 존중하는 삶의 중요성을 이해하고, 인권 존중의 방법을 익힌다. | 6도 03-01 6사 02-01 재구성<br>인권의 의미와 중요성을 인식하고, 인권을 존중하는 방법을 익힌다. |
| 6사 02-01 인권의 중요성을 인식하고 인권 신장을 위해 노력했던 사람들의 활동을 탐구한다. | |
| 6사 02-02 생활 속에서 인권 보장이 필요한 사례를 탐구하여 인권의 중요성을 인식하고, 인권 보호를 실천하는 태도를 기른다. | 6사 02-02 재구성<br>생활 속에서 인권 보장이 필요한 사례를 탐구하고 인권 보호를 위해 참여하고 실천하는 태도를 기른다. |

출처: 김대현, 류영규, 김지현, 이진행, 박종혁(2022), p. 156.

02-01 재구성에서 인권의 중요성을 제시하였으므로 삭제하고, 인권보호의 필요성과 참여의 필요성을 모두 강조하기 위해서다.

또한 국가수준 교육과정에서 제시하지 않은 내용이나 성취기준을 학교에서 추가할 수 있다. 이때 추가되는 내용이나 성취기준이 학생에게 교육적으로 필요하고 사회적으로 바람직하고 발달 수준에 적합한 것이어야 한다.

셋째, 국가수준 교육과정에서 제시한 교과별 성취기준을 달성하기 위하여 교과서를 포함하여 학습자료 등을 재구성하는 것을 교육과정 재구성이라고 부를 수 있다(엄밀히 말하면, 교과서 재구성이라고 할 수도 있을 것이다). 오늘날 교과서는 학습을 위한 하나의 재료에 불과하다는 학습재의 관점이 우세함에도 불구하고, 교과서 중심 수업을 해 왔던 오랜 관행이 학교 현장에서 사라진 것은 아니다. 교과별 성취기준을 달성할 수 있다면 교과서도 주요한 자료가 되지만, 교과서에 실린 내용은 그 자체로 학습해야 할 대상이 아니라 성취기준 달성을 위한 도구로서 재편집 재조직하며 활용되어야 한다. 또한 성취기준 달성에 더 적합한 자료가 있다면 교과서를 떠나서 수업에서 적극적으로 활용해야 한다. 장곡중학교의 김현정 역사 선생님은 교과서에 대해서 다음과 같이 말했다.

교과서는 참고 자료일 뿐, 교재를 재구성하는 것은 교사의 몫이다. 교과서에 실린 단원들을 꼼꼼히 분석하여 1년 동안 다룰 수 있는 주제를 추출, 그 주제에 따라 다양한 읽기 자료를 구하여 재구성할 수 있다. 그런가 하면 때로는 교과서에 실린 텍스트로는 한계가 있거나 상황이 적절치 않다고 판단될 때는 적절한 텍스트를 구하여 이용할 수도 있다(박현숙 외, 2017, 209).

## 3. 교-수-평-기 일체화와 백워드 수업설계 모형

교-수-평-기 일체화란 교육과정을 중심으로 수업이 이루어지고 교육과정의 달성 과정과 결과를 평가하며, 이러한 평가 결과를 학생생활기록부에 기록하는 것을 가리킨다. 교육의 본질 면에서 보면 지극히 당연한 일이다. 하지만 그동안의 학교 교육에서 이러한 당연한 일이 공공연히 지켜지지 않는 경우가 많았다. 수업은 교육과정보다는 교과서 내용을 중심으로 전개되고, 평가는 교과서에서 배운 내용이나 상급학교 진학에 필요한 내용을 중심으로 실시되어, 교육과정, 수업, 평가 간에 괴리 현상이 자주 발생하였다.

교-수-평-기 일체화에서 '출발점'은 교육과정이다. 2022 국가수준 교육과정의 목표가 자기주도적인 사람, 창의적인 사람, 교양 있는 사람, 더불어 사는 사람을 기르는데 있다면, 학교 수업은 이러한 사람을 기르는 방향으로 전개되어야 하며, 평가는 이러한 사람이 길러졌는가를 확인하고 그 이유를 아는 데 있다. 현실은 어떠한가?

2022 수학 교과의 목표는 "수학의 개념, 원리, 법칙을 이해하고 수학의 가치를 인식하며 바람직한 수학적 태도를 길러 수학적으로 추론하고 의사소통하며 다양한 현상과 연결하여 정보를 처리하고 문제를 창의적으로 해결하는 수학 교과 역량을 함양"하는 데 있다. 수학교과의 수업은 이러한 목표를 지향하여 실시하고 평가는 이러한 목표 달성과 관련하여 실시되어야 교-수-평-기 일체화가 이루어진다.

마찬가지로 2022 중학교 수학 교과의 '좌표평면과 그래프'의 성취기준은 〈표 11-2〉와 같다.

표 11-2 **2022 중학교 수학 교과 좌표평면과 그래프의 성취기준**

[9수02-05] 순서쌍과 좌표를 이해하고, 그 편리함을 인식할 수 있다.
[9수02-06] 다양한 상황을 그래프로 나타내고, 주어진 그래프를 해석할 수 있다.
[9수02-07] 정비례, 반비례 관계를 이해하고, 그 관계를 표, 식, 그래프로 나타낼 수 있다.

'좌표평면과 그래프'의 수업은 성취기준을 지향하여 실시하고 평가는 이러한 성취기준의 달성 과정과 결과를 사정하는 것이 교-수-평-기 일체화를 이루는 길이다.

즉, 교-수-평-기 일체화는 수업이나 평가에 앞서 교육과정을 정확히 파악하고 이해하여 교육과정 중심의 수업을 해야 하며, 교육과정 중심의 평가를 해야 한다는 것을 강조하는 말이다. 특히 평가는 일반적으로 수업이 끝난 뒤에 실시하는 활동으로 인식하여 수업과의 관련성은 높지만 교육과정과의 관계는 상대적으로 낮았다고 할 수 있다. 백워드 설계 모형은 교-수-평-기 일체화를 위한 실천적 기반을 제시하고 있다.

## 1) 백워드 수업설계 모형

백워드 수업설계 모형은 교육과정을 설계하는 초기 단계에서 교육목적의 달성 여부를 평가할 수 있는 계획을 세운다. 3장에서 Tyler의 모형이 교육목적 설정 → 학습경험의 선정과 조직 → 교육평가로 이어지는 것과 달리, 이 모형은 교육목적 설정 → 교육평가 계획 → 학습경험 및 수업계획의 순서로 진행된다. 이 모형은 수업이 이루어지고 난 뒤에 평가 활동을 하는 것이 아니라, 평가 계획을 학습경험 및 수업계획보다 먼저 세운다는 점에서 백워드(backward) 설계 모형이라고 부른다.

Wiggins와 McTighe는 이 모형의 주창자로 세 가지의 이론적 기반을 제시하였다(조재식, 2005).

첫째, 목적 지향적 교육과정 설계를 강조한다. 그들은 Tyler의 목표 모형이 자신들이 개발한 설계 모형의 기반이 된다고 주장한다. Tyler는 교육과정의 개발에서 목표 설정을 가장 중요한 과업으로 삼았으며, 교육목적과 교육평가의 일관성을 주장하였다. Wiggins와 McTighe(2004)는 "백워드 설계 관점은 새로운 것이 아니다. 50년 전에 Tyler가 백워드 설계의 논리를 제시하였다."라고 하였다.

둘째, Bruner의 학문 구조 이론의 영향을 받았다. Bruner는 지식의 구조, 즉 학문을 구성하고 있는 기본적 아이디어, 개념 혹은 원리를 가르쳐야 한다고 하였다. 백워드 설계 모형에서는 Bruner가 제시한 지식의 구조에 해당하는 것을 영속적 이해(enduring understanding)라고 부른다. 영속적 이해란 학습자들이 비록 아주 상세한 것들을 잊어버린 이후에도 머릿속에 남아 있는 큰 개념 혹은 중요한 이해를 가리킨다.

셋째, 교육과정 개발에서 평가의 기능과 역할의 중요성을 수용한다. 백워드 설계 모형에서는 학습경험 또는 구체적인 학습내용의 선정에 앞서서 매우 구체적인 평가 계획안을 마련한다. 따라서 이 모형에서 훌륭한 교사는 다양한 평가도구를 타당하고 신뢰할 수 있게 개발할 수 있는 평가 전문가의 역할을 수행한다.

Wiggins와 McTighe가 제시한 백워드 설계 모형을 구체적으로 살펴보면 [그림 11-1]과 같다. 그들은 백워드 설계 단계를 [그림 11-1]과 같이 제시하고 간략한 설명을 붙였다(강현석 외 공역, 2008).

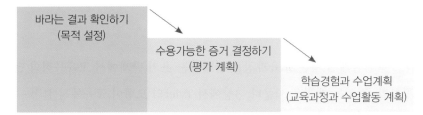

[그림 11-1] 백워드 설계의 단계

백워드 설계 모형의 첫 번째 단계는 바라는 결과를 확인하기(목적 설정)다. 학생들이 무엇을 이해하고, 알아야 하며, 할 수 있어야 하는가? 먼저 코스나 단원의 목표(내용기준과 학습결과 등)를 설정해야 한다. 다음으로 이 코스나 단원에서 학생들이 무엇을 이해하도록 할 것인가를 결정한다. Wiggins와 McTighe는 수업 내내 학습활동만 강조하여 이해 능력을 길러 주지 못하는 '활동중심(activity-based) 설계'와 많은 내용을 가르치기에 급급하여 배운 내용을 이해하지 못하는 '피상적인(coverage-based) 학습 설계'의 잘못을 지적하며, 교육과정 설계는 학생들이 배운 내용을 이해하는 데 초점을 두어야 한다고 하였다. 백워드 설계 모형을 제시하고 있는 그들의 저서 이름이 『설계를 통한 이해(Understanding by Design)』라고 생각하면, 그들이 교육과정 설계에서 이해를 매우 중요하게 여기고 있다는 것을 알 수 있다. 다음으로 그들은 학생들의 이해를 촉진하는 데 필요한 본질적인 질문을 만들며, 이어서 학생들이 알아야 할 지식과 기능들을 구체화한다.

두 번째 단계는 수용가능한 증거를 결정하기(평가 계획의 수립)다. 만약 학생들이 바람직한 결과를 성취했다면 당신은 그 사실을 어떻게 알 수 있는가? 학생들이 이해했다는 증거는 무엇일까? 백워드 설계 모형은 특정한 단원이나 단시 수업을 설계하기 전에 교사와 교육과정 계획자가 '평가자'처럼 사고하기를 요구한다. 그들은 학생들이 해야 할 수행과제와 그것을 채점할 루브릭을 만들며, 퀴즈와 테스트를 개발하고, 자기평가 기회를 부여하도록 계획한다.

세 번째 단계는 학습을 계획하는 단계다. 설정한 코스나 단원의 목표와 이해에 도달하도록 하기 위하여 학생들에게 어떤 경험을 하게 할 것인가를 계획한다. Wiggins와 McTighe는 학습계획을 〈표 11-3〉에서처럼 WHERETO의 머리글자로 정리하였다.

표 11-3  백워드 디자인의 학습계획

학습활동

어떤 학습경험과 수업이 학생들이 의도한 결과를 성취하는 것을 가능하게 할 것인가? 어떻게 설계할
것인가?

W: 단원이 어디로(where) 향하고 있는지, 무엇을(what) 기대하는지 학생이 알도록 도와주어라.
    학생들이 어디로부터 오는지(예를 들어, 선행 지식과 흥미로부터) 교사가 알도록 도와주어라.
H: 모든 학생의 주의를 환기시키고(hook), 그들의 흥미를 유지(hold)시켜라.
E: 학생들을 준비(equip)시키고, 주요 아이디어를 학생들이 경험(experience)할 수 있도록 도우며, 이
    슈를 탐험(explore)하도록 도와주어라.
R: 학생들의 이해와 작업을 재고(rethink)하고 개정(revise)할 수 있는 기회를 제공하라.
E: 학생들이 그들의 작업과 그것의 함축적인 의미를 평가(evaluate)하도록 허락하라.
T: 서로 다른 요구와 흥미, 학습자의 능력에 대해 맞추도록(tailor) 개별화하라.
O: 효과적인 학습뿐만 아니라 주도적이고 지속적인 참여를 최대화할 수 있도록 조직(organize)하라.

출처: 강현석 외 공역(2008), p. 42.

## 2) 백워드 설계 모형의 발전

Wiggins와 McTighe(2011)는 백워드 설계에 대한 연구를 진행하는 과정에서 얻은
새로운 아이디어와 사용자들의 의견을 반영하여 백워드 설계 2.0 모형을 제시하였
다. 백워드 설계 2.0 모형은 백워드 설계의 기본적인 개념과 원리는 그대로 유지하면
서 시사점을 반영하여 수정하였는데, 그 수정 사항을 정리하면 다음과 같다(강현석,
이지은, 2013).

첫째, 1단계에서 단원의 목표를 전이(Transfer: T), 의미(Meaning: M), 습득
(Acquisition: A)으로 세분화하였다. 이해는 전이(Transfer: T)와 의미(Meaning: M)로 나
누어지며, 의미는 구체적인 이해(Understanding)와 본질적 질문(Essential Questions)으
로 세분화된다. 따라서 학습자는 지식과 기능을 습득하고 지식의 추론 과정을 거쳐
이해에 도달하며 이해한 것을 전이할 수 있어야 한다. 백워드 설계 2.0 모형은 기존
설계에 비해 목표를 세분화하였고, 전이를 강조하였다.

둘째, 2, 3단계에서는 목표 유형을 T(전이), M(의미), A(습득)로 코드화하고, 학습경
험을 계획할 때에도 목표 유형별로 분리해서 계획하는 단계를 거쳐 단원 설계 전체의

목표와 평가가 일치될 수 있도록 하였다. 코드를 통해 설계자는 설계의 단계별 과정에서 목표가 평가 계획과 학습경험 선정에 일관성 있게 반영되고 있는지 스스로 점검, 수정할 수 있으며 모든 과정이 전이 목표를 향해 통일될 수 있도록 하였다.

셋째, 백워드 템플릿이 새롭게 변화되었다. 백워드 템플릿은 현장에서 사용가능한 백워드 단원을 개발할 수 있도록 하며, 단원 설계 시의 오류를 방지해 주는 역할을 한다. 백워드 설계 2.0 모형에서는 새로워진 특징을 잘 반영할 수 있도록 템플릿을 수정하여 제시하였는데, 단계별 하위 요소의 배열 형태에 변화를 주었으며, 코드, 평가 준거, 사전 평가, 과정 모니터링 등을 이전 버전에 추가하였다.

## 3) 백워드 설계 방식으로 단원 설계하기

백워드 설계 모형의 구체적인 형태는 템플릿을 통해 구현된다. 템플릿은 단원을 개발할 때 조직자를 제공하고 설계과정을 보완해 줄 수 있으므로 매우 중요한 과정이다.

### ① 1단계: 바라는 결과 확인하기

1단계에서는 바라는 결과를 설정한다. 이 단계는 교육과정 설계자로 하여금 목표를 분명히 구성하도록 하는 역할을 한다. 바라는 결과는 단원 수준의 영속적이고 장기적인 목표로서, 단시 수업의 목표를 위한 합리적인 근거를 제공한다(이지은, 2011). 바라는 결과는 설정된 목표, 전이, 의미, 습득으로 나뉘어져 설계된다. 1단계의 템플릿은 〈표 11-4〉와 같다.

표 11-4 　백워드 설계 2.0 모형 1단계 템플릿

| 1단계-바라는 결과 확인하기 | |
| --- | --- |
| 설정된 목표 | 전이 |
| 이 단원은 어떠한 내용기준과 프로그램 혹은 과업 관련 목표를 다룰 것인가? | 학생들은 자신들이 학습한 것을 …… 하는 데 사용할 것이다. |
| | 어떤 유형의 장기적 성취가 바람직한가? |

| 이 단원은 어떤 마음의 습관과 교차 학문적 목표(예를 들어, 21세기의 기능, 핵심 능력)를 다룰 것인가? | 의미 | |
|---|---|---|
| | 이해 | 본질적 질문 |
| | 학생들은 ……을 이해할 것이다. | 학생들은 ……을 숙고할 것이다. |
| | 학생들이 이해하기를 바라는 것은 구체적으로 무엇인가? 그들은 어떠한 추론을 형성해야 하는가? | 어떠한 사고 유발 질문이 탐구, 의미 형성, 그리고 전이를 촉진할 것인가? |
| | 습득 | |
| | 학생들은 ……을 알 것이다. | 학생들은 ……에 정통할 것이다. |
| | 학생들은 어떤 사실과 기본 개념을 알고 또 기억할 수 있어야 하는가? | 학생들은 어떠한 별개의 기술과 절차를 사용할 수 있어야 하는가? |

출처: 강현석, 유제순, 온정덕, 이지은(2015), p. 45.

### ② 2단계: 수용가능한 증거 결정하기

　2단계는 수용가능한 증거를 결정하는 단계다. 즉, 학습자들이 전이와 의미, 습득 목표에 이르렀음을 보여 줄 수 있는 증거가 되는 수행과제와 기타 다양한 증거에 대하여 작성한다. 진정한 이해에 대한 궁극적인 평가는 '학습자가 학교에서 배운 것으로 무엇을 할 수 있는가?'에 대한 전이의 능력과 관련된다고 볼 수 있다. 학습자들은 깊이 있는 사고를 해야 할 뿐만 아니라, 습득된 사고와 기능 및 지식을 바탕으로 하여 효율적으로 행동해야 한다. 그것이 백워드 설계 2.0에서 전이를 1단계의 가장 상단에 위치하게 한 이유다(Wiggins & McTighe, 2011). 2단계는 이러한 평가가 잘 이루어지도록 수행과제와 기타 증거를 구성해야 하며, 코드, 평가 준거, 수행과제, 기타 증거로 제시되어 있다. 2단계의 템플릿은 〈표 11-5〉와 같다.

표 11-5 백워드 설계 2.0 모형 2단계 템플릿

| 2단계-수용가능한 증거 결정하기 | | |
|---|---|---|
| 코드 | 평가준거 | |
| 바라는 결과 모두가 적절하게 평가되고 있는가? | 바라는 결과의 달성을 판단하기 위해서 각각의 평가에 필요한 준거는 무엇인가?<br><br>평가 양식과 상관없이 어떤 특징이 가장 중요한가? | **수행과제**<br><br>학생들은 ……을 증거로 그들이 실제로 이해하고 있음을 보여 줄 것이다.<br><br>학생들은 복잡한 수행을 행하며 그들의 이해(의미 형성 및 전이)를 어떻게 증명할 것인가?<br><br>**기타 증거**<br><br>학생들은 …… 함으로써 1단계 목표 달성을 보여 줄 것이다.<br><br>1단계 목표 달성 유무를 결정하기 위해 수집해야 할 다른 증거(자료)는 무엇인가? |

출처: 강현석, 유제순, 온정덕, 이지은(2015), p. 46.

### ③ 3단계: 학습경험 계획하기

3단계는 학습경험과 구체적인 수업을 계획하는 단계다. 이때는 1단계의 바라는 결과와 2단계의 수용가능한 증거가 일치될 수 있도록 체계적으로 조직한다. 2.0 버전에서는 기존의 템플릿에서는 볼 수 없었던 사전 평가와 모니터링의 단계가 추가되었다. 본격적인 학습활동 전에 학습자들의 사전 지식과 경험을 평가하고, 학습활동 중간의 모니터링을 통해 적절한 피드백을 사용하여 학습자들이 목표에 더 잘 도달할 수 있도록 한 장치라고 할 수 있다. 3단계의 템플릿은 〈표 11-6〉과 같다.

표 11-6 백워드 설계 2.0 모형 3단계 템플릿

| 3단계-학습 경험 계획하기 | | |
|---|---|---|
| 코드 | 학생의 사전 지식, 기능 수준, 그리고 잠재적인 오개념을 확인하기 위해서 어떠한 사전 평가를 사용할 것인가? | 사전 평가 |
| 각 학습활동 혹은 유형의 목표는 무엇인가? | **학습활동**<br><br>학생들의 전이, 의미 그리고 습득 성공은 ……에 달려 있다. | **향상도(progress) 관찰**<br><br>• 학습활동 중에 학생들이 습득, 의미, 그리고 전이로 나아가는 것을 어떻게 관찰할 것인가? |

- 학습계획에서는 세 가지 목표(습득, 의미, 전이)가 다루어지는가?
- 학습계획은 학습 원리와 최고의 실행을 반영하는가?
- 1단계와 2단계는 탄탄하게 줄 맞추기되어 있는가?
- 이 계획은 모든 학생들에게 매력적이고 효과적일 것 같은가?

- 잠재적인 난관이나 오해는 무엇인가?
- 학생들은 자신들이 필요한 피드백을 어떻게 구할 것인가?

출처: 강현석, 유제순, 온정덕, 이지은(2015), p. 47.

## 4) 백워드 설계 모형의 장점과 한계

백워드 설계 모형은 단원을 계획하는 데 큰 도움을 준다. 이 모형이 단시 수업이나 코스의 설계를 하는 데도 적용될 수 있지만, 주로 단원 설계에 초점을 둔다. 학교에서 단원 설계가 교사들이 지성, 열성, 창의성 등을 기반으로 수행해야 할 주된 과업이라는 점에서 이 모형은 교사들에게 큰 도움을 준다.

백워드 설계 모형은 목표 설정 과정에서 교과의 내용기준을 반영하며, 평가 계획을 통하여 내용과 관련된 수행 성취기준을 명확히 한다는 점에서 국가 교육과정 기준과 현장의 수업을 일치시키는 장점이 있다.

이 모형은 교사가 단원을 설계할 때 국가 교육과정에서 제시하는 내용 기준이나 성취기준을 출발점으로 삼게 된다는 점에서 교과서 중심 수업이나 평가 대비 수업에서 교육과정 중심의 수업으로 전환하는 길을 열어 준다.

또한 국가에서 실시하는 성취도 평가가 국가 교육과정의 내용기준과 성취기준에 부합되게 만들어졌다면, 백워드 설계 모형에 바탕을 두고 실시하는 학교의 수업은 이러한 성취도 검사에 쉽게 대비할 수 있다는 이점이 있다.

하지만 이러한 교육적 이점에도 불구하고, 현장에서 백워드 설계 모형을 사용할 때는 해결해야 할 여러 가지 과제들이 있다. 먼저 기존의 백워드 설계는 주로 사회과나 과학과 등의 주지 과목 위주로 개발되고 적용되어 온 한계를 가지고 있었다. 그동안 백워드 교육과정을 통한 '이해'가 기본적으로 '기능'을 목표로 하는 교과에서는 실현되기 어렵다는 인식이 있었기 때문이다. 최신 백워드 설계에서는 이 한계를 극복하기 위하여 전이(transfer)를 더욱 강조하여 기존의 설계에 비해 기능 교과에서의 실현이 용이할 것으로 기대된다.

또한 백워드 설계 모형의 복잡한 단계들과 낯선 템플릿은 학교 현장에서 교사들이 적용하기를 꺼리는 원인이 된다. 이를 해결하기 위해서는 Wiggins와 McTighe가 제안한 모형을 그대로 적용하기보다는 그 과정에서 보다 분명하지 않은 단계나 절차, 교사들에게 이해가 잘 되지 않거나, 개선이나 수정이 필요한 사항들에 대하여 한국의 교실 상황에 부합하도록 모형을 개선해 나가는 노력이 필요하다(이지은, 강현석, 2012).

# 참고문헌

강현석, 유제순, 조인숙, 이지은(2013). 백워드 단원 설계와 개발: 기본모듈(Ⅰ). 교육과학사.

강현석, 유제순, 온정덕, 이지은(2015). 백워드 단원 설계와 개발: 기본모듈(Ⅱ). 교육과학사.

강현석, 이원희, 허영식, 이자현, 유제순, 최윤경 공역(2008). 거꾸로 생각하는 교육과정 개발—교과에 대한 진정한 이해를 목적으로—. 학지사.

강현석, 이지은(2013). 백워드 교육과정 설계 2.0 버전의 적용 가능성 탐색. 교육과정연구, 31(3), 63-94.

교육과학기술부(2008). 중학교 교육과정 해설.

교육과학기술부(2009a). 2009 개정 교육과정.

교육과학기술부(2009b). 초·중등학교 교육과정 총론.

교육부(2022). 초·중등 교육과정.

김대현, 류영규, 김지현, 이진행, 박종혁(2022). 학교에서의 교육과정통합 단원 개발. 학지사.

김두정(1996). 교육과정 운영. 교육과정연구, 14(1), 106-125.

김인식, 박영무, 최호성 공역(1996). 교육과정 이론과 분석. 교육과학사.

김평국(2003). 교육과정 적용을 위한 새로운 교원연수모형으로서의 해석적 교원연수모형. 교육과정연구, 21(2), 123-143.

이경섭, 이홍우, 김순택(1988). 교육과정: 이론, 개발, 관리. 교육과학사.

이정선(2002). 한국의 초등학교 교직문화에 대한 이해. 초등교육의 정체성 확립을 위한 초등학교 구성원의 문화에 대한 이해, 121-165.

이지은(2011). 백워드 설계모형을 적용한 이해중심 교육과정 개발. 경북대학교 대학원. 박사학위논문.

이지은, 강현석(2012). 백워드 설계의 새로운 모형 개발: 개선 모형을 중심으로. 교육문제연구, 45, 87-114.

조재식(2005). 백워드(backward) 교육과정 설계 모형의 고찰. 교육과정연구, 23(1), 63-94.


Apple, M. W. (1995). *Education and Power* (2nd ed.). Routledge & Kegan Paul.

Apple, M. W., & Beane, A. J. (2007). *Democratic Schools* (2nd ed.). Heinemann.

Armstrong, D. G. (1989). *Developing and Documenting the Curriculum*. Allyn & Bacon.

Bennis, W. G. (Ed.) (1976). *The Planning of Change* (3rd ed.). Holt Rinehart and Winston.

Dewey, J. (1916). *Democracy and Education*. Macmillan.

Dick, W., Carey, L., & Carey, J. O. (2008). *Systemic Design of Instruction* (7th ed.). Boston: Allyn & Bacon.

Fullan, M., & Pomfret, A. (1977). Research on Curriculum and Instruction Implementation. *Review of Educational Research, 47*, 335-397.

Guba, E. C. (1968). Diffusion of Innovation. *Educational Leadership, 25*, 292-295.

Hall, G. E., & Hord, S. M. (2001). *Implementing Change: Patterns, Principles, Potholes* (2nd ed.). Allyn & Bacon.

Hall, G. E., & Hord, S. M. (2006). *Implementing Change: Patterns, Principles, Potholes* (2nd ed). Allyn & Bacon.

Hord, S. M., Stiegelbauer, S. M., Hall, G. E., & George, A. A. (2006). *Measuring Implementation in Schools: Innovation Configurations*. SEDL.

Marsh, C. J., & Willis, G. (2006). *Curriculum: Alternative Approaches, Ongoing Issues*. Merrill Prentice Hall.

McNeil, J. D. (2006). *Contemporary Curriculum: In Thought and Action* (6th ed.). John Wiley & Sons.

Posner, G. J. (2004). *Analyzing the Curriculum* (3rd ed.). McGraw-Hill.

Rogers, E. M. (1962). *Diffusion of Innovation*. The Free Press.

Saylor, J. G., Alexander, A. M., & Lewis, A. J. (1981). *Curriculum Planning for Better Teaching and Learning* (revised 2nd ed.). Holt Sounders.

Schwab, J. J. (1969). The Practical: A Language for Curriculum. In Westbury & Wilkof (Eds.), *Science, Curriculum and Liberal Education* (pp. 287-321). University of Chicago Press.

Synder, J., Bolin, F., & Zumwalt, K. (1992). Curriculum Implementation. In *Handbook of Research on Curriculum* by P. W. Jackson (Ed, pp. 402-435). Macmillan Publishing Company.

Tanner, D., & Tanner, L. (1995). *Curriculum Development: Theory into practice* (3rd ed.). Merrill an imprint of Prentice Hall.

Tyler, R. W. (1949). *Basic Principles of Curriculum and Instruction*. University of Chicago Press.

Tyler, R. W. (1981). Specific Approaches to Curriculum Development. In Giroux, H. A., Penna, A. N., & Pinar, W. F. (Eds.), *Curriculum and Instruction* (pp. 17-30). California: McCutchan Publishing Corporation.

Wiggins, G., & McTighe, J. (2004). *Understanding by Design* (expanded 2nd ed.). Prentice Hall.

Wiggins, G., & McTighe, J. (2011). *The understanding by design guide to creating high-quality units*. Association for Supervision and Curriculum Development.

서울특별시 교육청 홈페이지. https://www.seoul.go.kr/

# CHAPTER 12

# 교육과정 평가와 질 관리

교육에 있어서 평가의 궁극적 목적은 교육의 질을 개선하고 향상시키기 위한 것이다. 그러나 지금까지 학교에서는 선발이나 판정을 위한 목적으로 학생의 성취도를 측정하고 평가하는 데 주력하고, 교육과정에 대한 평가를 소홀히 한 것은 사실이다. 이것은 교육과정 평가의 개념이 명확하지 않은 데도 원인이 있으며, 교육과정을 평가하는 데 필요한 평가 목적, 주체, 대상과 영역, 준거와 기준, 절차 등에 대한 연구가 미비한 데도 이유가 있다. 이 장에서는 교육과정 평가의 개념에 대하여 알아보고, 이어서 학교수준 교육과정 평가를 개략적으로 살펴보며, 교육과정 질 관리 방안인 국가학업성취도 평가와 성취평가제에 대하여 알아보고자 한다. 먼저 교육과정 평가를 교육과정 평가의 개념, 목적, 주체, 대상과 영역, 준거와 기준, 절차, 방법론 등의 요소를 중심으로 검토한다.

구체적인 학습과제는 다음과 같다.

- 교육과정 평가의 개념과 목적을 이해한다.
- 교육과정 평가의 주체, 대상과 영역, 준거와 기준, 절차와 방법 등을 파악한다.
- 학교 교육과정 평가의 개념, 목적, 영역, 준거와 기준, 절차 및 과제를 알아본다.
- 교육과정 질 관리 방안인 국가학업성취도 평가와 성취평가제를 이해한다.

## 1. 교육과정 평가

### 1) 교육과정 평가의 개념

평가는 평가 대상의 가치를 체계적으로 조사하는 활동이다(박병량, 2003: 521). 평가는 평가 대상이 무엇인가에 따라 정치 분야의 평가, 경제 분야의 평가, 사회 분야의 평가, 문화 분야의 평가, 교육 분야의 평가 등으로 나뉜다. 그중에서 교육 분야의 평가는 교육활동과 그 결과의 가치를 체계적으로 조사하는 활동을 가리키며, 교육과정 평가는 '교육 분야 평가의 한 분야로서 교육과정 활동과 그 결과의 가치를 체계적으로 조사하는 활동'을 의미한다.

평가는 누가, 무엇을, 왜, 무엇에 비추어, 어떻게 할 것인가 하는 활동으로 구성된다. 즉, 평가는 평가 주체, 평가 대상, 평가 목적, 평가 기준, 평가방법의 다섯 가지를 기본 요소로 하여 이루어지는 활동이다. 이런 점에서 교육평가는 교육활동과 결과의 어떤 면을 누가 왜 무엇에 비추어 어떻게 자료를 수집하고 해석할 것인가 하는 활동으로 구성된다. 교육과정 평가도 마찬가지인데, 교육과정 평가의 개념은 교육과정 평가의 목적, 교육과정 평가의 주체, 교육과정 평가의 대상, 교육과정 평가의 기준, 교육과정 평가의 방법 등을 바탕으로 구성된다.

## 2) 교육과정 평가의 목적

교육과정을 평가하는 것은 교육과정이나 교육과정의 운영이 교육의 성패에 결정적인 영향을 줄 만큼 중요하기 때문이며, 또한 평가를 통하여 교육과정이나 교육과정의 운영을 개선할 수 있다는 믿음 때문이다. 만일 교육과정이 교육의 성패에 미치는 영향력이 미미하고, 그 어떠한 노력으로도 교육과정이나 교육과정 운영의 과정을 개선할 수 없다면 교육과정을 평가할 이유는 없다. 다시 말해, 교육과정을 평가하는 것은 교육의 성패를 결정하는 중요한 요인이 되는 교육과정이나 교육과정 운영의 질을 개선하기 위하여 정보를 얻는 데 목적을 둔다.

이를 Scriven(1967)이 제시한 평가의 유형에 비추어 말한다면, 형성평가의 관점에서 교육과정 평가의 목적은 개발 중이거나 운영 중인 교육과정을 개선하는 데 있으며, 총괄평가의 측면에서 현재 사용 중인 교육과정을 유지하거나 문제를 발견하여 폐기하고 새로운 교육과정을 얻기 위한 정보를 수집하고 파악하는 데 있다.

교육평가 분야를 주도해 온 여러 학자들은 교육과정을 평가하는 목적을 다음과 같이 세 가지로 제시하였다(진영은, 2003: 235-238).

첫째, 교육과정 평가는 교육목표의 달성 정도를 확인하는 데 목적이 있다. 교육목표의 달성은 교육과정과 교육과정 운영이 성공적으로 이루어진 것을 의미하는 반면에, 목표에의 미달은 교육과정이나 교육과정 운영에 실패했다는 것을 의미한다. 이러한 입장에서 교육과정 평가는 교육과정의 목표를 확인하고, 목표 달성을 측정할 수 있는 지표를 설정하며, 지표에 대한 자료를 수집하고 분석하는 과정으로 이루어진다.

둘째, 교육과정 평가는 전문적인 지식과 기술을 바탕으로 교육과정의 가치를 체계적으로 조사하고 판단하는 데 목적이 있다. 이러한 입장에서 교육과정 평가는 교육과정에서의 평가 대상과 평가질문을 결정하고, 평가의 준거와 기준을 설정하며, 준거 관련 자료를 수집하고, 기준에 비추어 수집된 자료의 가치를 판단하는 과정으로 이루어진다.

셋째, 교육과정 평가는 교육과정과 관련된 유용한 정보를 기술하고 획득하여 의사결정자에게 제공함으로써 합리적인 의사결정을 돕는 데 목적이 있다. 이러한 입장에서 교육과정 평가는 평가 정보가 필요한 의사결정 영역을 확인하고, 대안을 평가하는 준거를 선택하며, 자료를 수집, 분석 및 조직하고, 평가 정보를 보고하는 과정으로 이루어진다.

평가자들은 평가를 실시하는 이유나 평가가 이루어지는 맥락이 어떠한가에 따라 위의 세 가지 목적 중에서 어느 한 가지를 선택할 수 있다. 예를 들면, 교육과정 질 관리 차원에서 이루어지는 국가학업성취도 평가는 교육의 목표 달성 정도를 확인하는 데 중점을 두지만, 국가 차원의 검정을 거친 교과서를 학교에서 채택할 때는 교과서들 간의 교육적 가치를 체계적으로 조사하는 것에 목적을 둔다. 하지만 교육과정을 총체적으로 평가하기 위해서는 앞에 제시된 세 가지의 목적을 달성할 수 있는 적절한 평가방법들이 모두 활용되어야 한다.

## 3) 교육과정 평가의 주체

교육과정 평가의 주체는 누가 되어야 하는가? 교육과정 평가의 주체는 평가를 필요로 하는 '요구 주체'와 평가를 실제로 하는 '수행 주체'로 구분할 수 있다.

교육과정 평가에서 요구 주체는 학교를 비롯한 교육기관과 그 속에서 근무하는 교직원, 교육부나 교육청을 포함하는 교육행정기관, 그리고 학생이나 학부모, 일반 시민 등 매우 다양하다. 교육과정 평가의 수행 주체 역시 학교를 비롯한 교육기관과 그 속에서 근무하는 교직원, 교육부나 교육청을 포함하는 교육행정기관, 그리고 학생이나 학부모, 일반 시민 등을 포함한다. 그러나 교육과정 평가활동이 비교적 전문적인 활동이라는 점에서 평가의 수행 주체는 요구 주체와 달리 제한적일 수밖에 없다.

교육과정 평가의 주체를 요구 주체와 수행 주체로 구분할 때, 이들의 관계에 따라 다음과 같은 네 가지의 평가 장면을 구성할 수 있다.

첫째, 평가를 받는 기관이 요구 주체이며 동시에 수행 주체가 되는 경우다. 이러한 장면에서는 평가의 목적이 뚜렷하고 구성원들이 자발적으로 참여하는 장점이 있으나, 평가자가 평가에 대한 전문적인 지식이나 기술이 부족할 때가 있다. 이러한 평가 장면은 전형적인 내부 평가에 속한다.

둘째, 평가를 받는 기관의 바깥에 요구 주체와 수행 주체가 있는 경우다. 이러한 장면에서는 평가의 목적이 뚜렷하고 객관적인 평가가 이루어진다는 장점이 있으나 평가를 받는 기관의 구성원들의 지원과 지지를 얻기 어렵다는 단점이 있다. 이러한 평가 장면은 전형적인 외부 평가라고 할 수 있다.

셋째, 요구 주체는 평가를 받는 기관이며 수행 주체는 평가를 받는 기관의 바깥에 있는 경우다. 이러한 장면은 평가를 받는 기관이 평가를 받아야 할 필요성을 절실히 느끼고 있으며 평가의 객관성과 전문성을 확보하려는 과정에서 나타난다. 이러한 평가 장면은 외부 평가에 속하며, 평가 대상 기관의 구성원들의 지원과 지지를 얻는 것이 평가의 성패를 좌우한다.

넷째, 요구 주체는 평가를 받는 기관의 바깥에 있으며 수행 주체는 평가를 받는 기관이 되는 경우다. 이러한 장면은 평가를 받는 기관이 수행 주체가 되어 요구 주체의 요구에 응하는 과정으로 이루어지는데, 형식상의 평가나 합리화를 위한 평가가 이루어질 가능성이 높다. 이러한 평가 장면은 내부 평가에 속한다.

이와 같이 네 가지의 평가 장면은 각각 장점과 단점을 지니고 있다. 교육과정 평가는 상기한 네 가지 평가 장면의 특성과 장단점을 살펴서 실시해야 한다.

다음으로 교육과정 평가 주체와 관련하여 수행 주체가 지녀야 할 자질을 알아볼 필요가 있다. 수행 주체는 신뢰성, 전문성, 권위와 영향력 등을 지니고 있어야 한다.

첫째, 평가 수행 주체가 평가의 과정과 결과의 제시에서 신뢰를 얻기 위해서는 평가 대상과 상황을 잘 알고 있어야 하며, 진실해야 하고, 이해관계가 없어야 한다. 특히 평가 주체가 평가 결과에 따라 사회적인 명성이나 지위 획득 그리고 금전적인 이득이나 손해를 입는 당사자이거나, 아니면 평가 대상 기관과 관련된 사람들의 사회적인 명성이나 지위 획득 그리고 금전적인 이득이나 손해와 직접 또는 간접적으로 관련된다면 평가의 신뢰성은 확보하기 어렵다.

둘째, 평가 수행 주체는 평가에 대한 전문적인 지식과 기술을 지니고 있어야 한다.

물론 평가 수행 주체의 전문성은 평가 장면에 따라 요구의 정도가 다르다고 할 수 있다. 일반적으로 내부 평가에서는 외부 평가만큼 평가 수행 주체의 높은 전문성을 요구하지는 않는다. 하지만 평가가 제대로 이루어지기 위해서는 교육과정 평가에 대한 지식과 경험 그리고 대인관계와 의사소통 기술을 익히고 있어야 한다. 이를 위하여 전문평가인력의 양성이나 훈련이 시급한 과제라고 할 수 있다.

셋째, 평가 수행 주체가 평가활동을 제대로 하기 위해서는 권위와 영향력 등을 지니고 있어야 한다. 교육과정 평가는 평가를 계획하고, 문제나 쟁점을 제기하며, 필요한 자료를 수집하고 처리하며, 보고하는 활동으로 이루어진다. 이 과정에서 평가 대상 기관의 구성원들의 참여와 협력이 필수적이다. 평가 수행 주체가 권위와 영향력을 지니고 있을 때 구성원들의 참여와 협력 수준을 높일 수 있다.

## 4) 교육과정 평가의 대상과 영역

교육과정의 주요 활동은 개발, 운영, 평가이며, 이러한 활동들은 국가, 지역, 학교 수준에서 이루어진다. 주요 활동과 활동이 이루어지는 수준을 교차시키면 〈표 12-1〉과 같이 아홉 가지 교육과정 평가 영역이 나타난다. 즉, 국가수준 교육과정 개발, 국가수준 교육과정 운영, 국가수준 교육과정 평가, 지역수준 교육과정 개발, 지역수준 교육과정 운영, 지역수준 교육과정 평가, 학교수준 교육과정 개발, 학교수준 교육과정 운영, 학교수준 교육과정 평가 등이다.

**표 12-1** 교육과정 평가의 대상과 영역

| 수준＼활동 | 개발 | 운영 | 평가 |
|---|---|---|---|
| 국가 | | | |
| 지역 | | | |
| 학교 | | | |

그런데 모든 활동은 다시 계획과 실행과 산물 등으로 이루어지므로, 앞의 영역들은 〈표 12-2〉와 같이 더 세분화된다. 이 표에 따르면 교육과정 평가의 영역은 모두 27개 영역으로 나타난다.

표 12-2 **교육과정 평가의 대상과 영역 구체화**

| 수준 \ 활동 | 개발 | | | 운영 | | | 평가 | | |
|---|---|---|---|---|---|---|---|---|---|
| | 계획 | 실행 | 산물 | 계획 | 실행 | 산물 | 계획 | 실행 | 산물 |
| 국가 | | | | | | | | | |
| 지역 | | | | | | | | | |
| 학교 | | | | | | | | | |

교육과정 평가 중에서 교육과정 개발 평가는 교육과정 개발의 체제와 합리적인 계획의 수립에 대한 평가, 계획한 대로 개발활동이 일어나는지에 대한 평가, 개발활동의 산물인 교육과정 문서와 자료 그리고 기타 산물에 대한 평가로 구성된다.

교육과정 운영 평가는 교육과정 운영의 체제와 합리적인 계획의 수립에 대한 평가, 계획한 대로 운영 활동이 일어나는지에 대한 평가, 운영 활동의 산물로서 학생들의 교육 성취와 교사들의 전문성 향상 등을 포함하는 산물에 대한 평가로 이루어진다.

교육과정 평가의 평가는 교육과정 평가의 체제와 합리적인 계획의 수립에 대한 평가, 계획한 대로 평가활동이 일어나는지에 대한 평가, 평가활동의 산물이 가치가 있는지에 대한 평가를 포함한다. 교육과정 평가활동의 평가는 개발과 운영에 대한 평가 자체를 평가하는 메타평가에 해당한다.

## 5) 교육과정 평가의 준거와 기준

평가의 대상과 영역을 결정하고 나면 평가의 준거와 기준을 설정해야 한다. 평가의 준거는 가치 판단의 근거가 되는 것으로서 평가 대상이 지니고 있는 속성을 가리킨다. 그리고 평가의 기준이란 평가 준거로서의 속성이 어느 수준인가를 결정하는 척도를 말한다(박병량, 2003: 522-523). 예를 들어, 학교수준 교육과정 개발 조직의 구성에 대한 평가에서 구성원의 교육과정 전문성은 평가 준거가 되고, 전문성의 정도는 평가 기준이 된다.

교육과정 평가에서 평가의 준거는 상기한 27개 영역 각각에서 중시되는 가치 판단의 근거들이 되는 만큼 그 수는 헤아릴 수 없이 많고 다양하다. 예를 들어, 국가수준 교육과정 운영의 산물만을 평가할 때도 학생의 학습능력, 교사들의 수업기술, 교육청의 교육과정 지원체제 등을 평가 준거로 삼을 수 있으며, 학생의 학습능력은 다시 인지적 능력, 정의적 능력, 심동적 능력 등으로 더욱 세분화하여 평가 준거로 선택할 수 있다. 따라서 교육과정 평가에서 평가 준거는 평가의 목적에 의하여 선택적으로 결정할 수밖에 없다.

교육과정 평가에서 평가 기준은 절대적 기준과 상대적 기준으로 구분할 수 있다. 절대적 기준은 전문가의 판단에 의한 이상적 상태를 정점으로 하여 수준을 정하는 것이며, 상대적 기준은 시간적으로 앞뒤나 공간적으로 동시에 존재하는 것들을 상호 비교하여 우열을 판단할 목적으로 수준을 정하는 것이다. 앞에서 예를 든 학교수준 교육과정 개발 조직의 전문성을 평가할 때도 절대적 기준을 적용하는 것은 전문가들이 설정한 전문성의 수준을 얼마나 만족시키는가를 재는 것이며, 상대적 기준을 적용하는 것은 전년도에 비해서 또는 다른 학교와 비교해서 구성원의 전문성이 얼마나 높은가를 재는 것이다.

## 6) 교육과정 평가의 절차

평가의 주체, 목적, 대상과 내용 등에 따라서 교육과정 평가의 절차는 달라질 수 있다. 다음에 제시한 절차는 평가자가 반드시 따라야 할 순서라기보다는 교육과정 평가자가 해야 할 핵심 과업을 대략적으로 그려 본 것이다.

첫째, 교육과정 평가의 목적을 확인한다. 교육과정 평가를 하는 목적이 개발이나 실행 중에 있는 교육과정을 개선하는 데 있는 것인지, 아니면 실행이 끝난 교육과정의 성과를 사정하여 교육과정을 유지하거나 폐기하는 데 있는 것인지를 결정해야 한다. 그리고 교육목적이 얼마나 달성되었는지를 사정하는 데 있는지, 아니면 교육과정의 계획, 운영, 성과의 가치를 체계적으로 사정하여 그 질을 판단하는 데 있는지를 결정해야 한다.

둘째, 교육과정 평가의 주체를 정해야 한다. 교육과정 평가의 목적이 결정되면 누가 교육과정 평가를 하는 것이 효과적인 것인지를 결정할 필요가 있다. 예를 들어, 교육과정 평가의 목적이 교육의 목적을 얼마나 달성했는가를 사정하는 데 있다면 평가 전문가가 참여할 필요는 없지만, 교육과정의 계획, 운영, 성과를 체계적으로 사정하여 그 질을 판단하는 데 있다면 평가 전문가가 평가를 담당하는 것이 적절하다.

셋째, 평가의 대상과 영역 그리고 준거와 기준을 분명히 한다. 교육과정 평가의 목적이 결정되면 이에 따라 평가의 대상과 영역을 정하고 준거와 기준을 결정하게 된다. 평가 담당자는 이를 바탕으로 표집 선정, 조사 변인 선정, 변인 통제 등을 포함하는 교육과정 평가의 설계를 한다.

넷째, 자료를 수집하고 분석한다. 자료 수집의 방법에는 공식적인 서류나 문서 점검, 설문조사, 면담, 관찰, 자체보고서 작성 등이 활용될 수 있으며, 자료 분석의 방법은 크게 양적 분석과 질적 분석으로 나눌 수 있는데, 평가에 대한 관점이나 평가의 목적에 따라 분석의 방법을 선택한다.

다섯째, 평가보고서를 작성하고 보고한다. 교육과정 평가자는 평가활동을 마친 다음에 평가의 설계, 수행과정, 결과 등에 관한 내용이 담긴 보고서를 작성하고 그 내용을 자체 평가인 경우에는 기관의 내부에, 외부 평가인 경우에는 요청 기관에 보고하게 된다.

## 7) 교육과정 평가의 방법

평가의 방법론은 평가를 위한 자료 수집과 해석의 접근 방식을 말한다. 평가의 방법론을 탐구 양식과 관련지어 구분하면, 양적 평가방법론과 질적 평가방법론으로 대별할 수 있다.

양적 접근은 경험적 · 계량적 방법을 활용하여 평가 대상을 어떤 형태로든 수치화하려고 노력하며, 이에 반하여 질적 접근은 현상학적 · 해석학적 탐구의 전통을 따라 평가에 관련된 이해당사자들의 간주관적 이해를 통해 평가 대상을 해석하는 데 주된 관심을 갖는다. 하지만 어느 한 접근이 다른 것보다 우월하거나 열등하다고 생각해서는 안 된다.

이종승의 주장처럼, 교육과정 평가는 어떤 대상이든지 궁극적으로 어느 한 탐구 양식을 고집하거나 우열을 가정하기보다는 양적 탐구와 질적 탐구 양식을 융통성 있게 활용해야 한다(최호성, 박경희, 2002: 79-81).

## 2. 학교 교육과정 평가

### 1) 학교 교육과정의 개념

학교 교육과정이라는 말에는 학교수준(school-level) 교육과정과 학교중심(school-based) 교육과정의 의미가 들어 있다. 학교수준 교육과정은 학습자와 교육 관련 기관 간의 거리를 기초로 하거나 교육행정조직상의 위계적 지위에 따라 구분한 것이다. 반면에 학교중심 교육과정은 교육과정에 관한 의사결정 권한의 종류와 크기에 따라 학교가 교육과정에 관한 주요 의사결정의 권한을 갖는다는 적극적 의미와, 학교가 당연히 가져야 할 적절한 수준의 의사결정 권한을 회복한다는 소극적 의미가 있다.

이러한 점에서 우리나라의 학교 교육과정은 학교수준 교육과정의 적극적 의미와 학교중심 교육과정의 소극적 의미를 지닌다고 볼 수 있다. 즉, 학교 교육과정은 국가와 지역 교육청이 제시한 교육과정 기준과 지침 아래 교육과정을 운영하되(학교수준 교육과정), 종전에는 제대로 행사하지 못했던 교육과정 관련 의사결정권을 행사할 수 있게 되었다(학교중심 교육과정)는 의미를 지닌다.

이러한 견해는 여러 가지 점에서 유용하다. 우선 일선 학교들이 학계에서 사용해 온 학교중심 교육과정이라는 말의 '중심'이라는 상징적 표현에 현혹되지 않고, 교육 과정과 관련하여 학교가 '할 수 있는 일'과 '할 수 없는 일', '해야 할 일'과 '하지 않아도 될 일' '먼저 해야 할 일'과 '뒤에 할 일'을 결정하여 실천하는 데 도움을 준다.

모든 학교에 해당되는 것은 아니지만 여건이 허락하는 일부 학교에서는 학교중심 교육과정의 적극적 의미를 수용하여 학교별 비전이나 목적을 설정하고 이를 실행하기 위한 프로그램을 개발하고 운영하는 일을 할 수 있다. 이와 같은 작업은 교사의 수급과 질, 교사문화, 학교 및 학급의 물리적 여건, 학교장의 신념과 지도성, 교육청의 지원, 지역사회와 학부모의 지지와 지원 등의 여러 조건들이 충족되는 곳에서 효과를 볼 수 있다.

## 2) 학교 교육과정 평가의 목적

학교 교육과정 평가는 교육과정의 값을 매기는 활동, 즉 교육과정의 가치를 판단하는 활동이다. 학교 교육과정을 평가하는 목적은 학교 교육과정 개발이나 운영 활동이 효과적으로 일어날 수 있도록 하고, 학교 교육과정 운영의 성과를 사정하여 학교 교육과정에서 유지할 부분과 개선할 부분을 판단하는 데 있다.

## 3) 학교 교육과정 평가의 주체

학교 교육과정 평가는 자체 평가로 수행될 수도 있고 외부 평가로 수행될 수도 있다. 대부분의 학교 교육과정 평가는 내부 평가로 이루어지며, 일부 학교만이 국가의 교육과정 질 관리의 차원에서 외부 평가의 대상이 된다. 평가의 주체 면에서 볼 때 내부 평가와 외부 평가는 각기 나름대로의 장점과 단점을 지니고 있으므로 평가자 또는 평가 참여자는 이 점을 잘 알고 있어야 한다. 그리고 학교 교육과정 평가를 제대로 수행하기 위해서는 평가 수행 주체의 전문성을 향상시킬 필요가 있으며, 평가를 공정하고 효율적으로 할 수 있는 평가 환경을 조성해야 한다.

## 4) 학교 교육과정 평가의 대상과 영역/준거와 기준

학교 교육과정 평가를 위한 준거와 기준을 제시하는 것은 지면 관계로 어려움이 있으므로 여기서는 한 가지 예시만을 제시하려고 한다. 예를 들어, 학교 교육과정을 계획할 때 계획에 참여한 사람들이 교육과정에 대한 전문성을 가지고 있는가 그리고 민주적인 방식으로 결정을 하였는가 하는 것은 학교 교육과정 계획 평가의 준거가 되고, 어느 정도로 전문적이고 민주적인 방식으로 운영되었는가 하는 것은 운영 평가의 기준이 된다. 이러한 방식으로 평가의 각 영역과 하위 영역에서 준거와 기준을 설정하여 학교 교육과정을 평가하게 된다.

〈표 12-3〉은 중학교의 학교 교육과정 평가 영역에 관한 사례다(이근호, 이미숙, 이병천, 김희경, 백경선, 2017). 평가 영역을 학교 교육과정 편성, 학교 교육과정 운영, 학교 교육과정 성과, 학교 교육과정 지원, 결과 활동 및 환류의 다섯 가지로 구분하고,

**표 12-3** 중학교 학교 교육과정 평가 영역

| 평가 영역 | 평가 항목 |
|---|---|
| 학교 교육과정 편성 | 요구 조사 및 지역 특성 반영<br>교과 교육과정 편성<br>특색교육을 위한 프로그램 |
| 학교 교육과정 운영 | 교과 교육과정 운영<br>창의적 체험활동 교육과정 운영<br>자유학기제 프로그램 운영 |
| 학교 교육과정 성과 | 인지적 영역 및 정의적 영역의 변화<br>학업성취도 관련 변화 |
| 학교 교육과정 지원 | 교사 전문성 지원<br>담임 배정 및 교무 분장<br>예산 편성 및 지원 |
| 결과 활용 및 환류 | 문제점 파악 및 개선<br>민주적 절차 및 풍토 |

출처 이근호, 이미숙, 이병천, 김희경, 백경선(2017), pp. 226-228.

각 영역별로 세부 항목을 제시하였다.

## 5) 학교 교육과정 평가의 절차

학교에서 자율적으로 실시하게 되는 내부 평가의 일반적 절차와 방법을 살펴보자. 물론 다음의 절차 중 일부는 평가의 목적이나 평가 상황에 따라 생략해도 무방하다.

- 평가의 목적 설정
- 평가 영역의 확정
- 평가 영역별 준거 설정
- 평가 지표 및 자료 출처 결정
- 자료의 수집 및 처리
- 평가적 판단
- 평가 결과의 보고
- 평가 결과의 활용

상기한 절차 중 자료의 출처, 자료의 수집과 처리 방법은 구체적으로 살펴볼 필요가 있다(배호순, 2001). 먼저, 자료 출처는 다음과 같다.

첫째, 학교 교육활동에 직접 참여한 인사들이 중요한 출처가 될 수 있다. 말하자면, 교육과정을 기획 및 설계하는 과정에 참여한 인사들(교장, 교감, 교무부장, 연구부장, 교육과정 부장, 일반 교원)과 교육과정을 실제로 실천 및 운영하는 데 참여한 인사들(교장을 비롯한 전체 교원, 행정 직원 등)과 학생이 가장 중요한 출처가 될 수 있다.

둘째, 교육과정의 효과 및 영향을 파악하기 위한 대상으로 학생이 그 핵심 출처가 되는 동시에 학부모, 지역사회, 졸업생(동문), 교육산업 관련인사들까지 그 출처가 될 수 있다. 그리고 학생의 학습성과로서 학습결과를 나타내는 학력검사 점수와 그들의 성장 발달과 변화과정을 나타내는 근거들이 또 다른 중요한 자료 출처가 될 수 있다.

셋째, 또 다른 중요한 자료의 출처는 교육과정 관련 서류 및 근거 자료들이라고 할 수 있다. 단위 학교를 중심으로 교육과정을 평가하는 경우에 중요한 자료의 출처로 인식되는 서류 및 근거 자료를 간략하게 소개하면 다음과 같다.

**표 12-4  학교 교육과정 평가자료**

학교 교육계획서, 교무일지, 수업지도안, 교원연수계획서, 연구수업계획서, 자율장학보고서, 연수결과 보고서, 교육과정위원회 회의록, 학교행사 계획 및 실적, 교육평가 계획 및 실적, 학급일지, 학교예산 편성 및 집행 실적, 특별활동 계획 및 실적, 학생회의록, 학생회 운영기록, 학교운영위원회 활동 내역 등

다음으로, 자료 수집에는 다음과 같은 방법을 사용할 수 있다.

첫째, 관련 근거 서류의 분석 방법(기록물 내용분석법)이다. 교육과정 계획과 관련되거나 실천 및 운영과 관련된 공식적인 서류나 문서를 객관적인 평가 근거 자료로 활용이 가능할 때 사용하는 평가방법이다. 교육과정 관련 자료와 교육과정 운영 및 실천 근거 자료들을 중심으로 한 기록물의 내용을 분석함으로써 교육과정을 어떻게 운영하고 실천했는가를 추론할 수 있게 된다.

둘째, 설문조사(질문지법)다. 교육과정 평가를 위한 평가 항목이나 준거 중에서 개인의 의식이나 의견, 태도의 변화에 관한 근거를 중시하여 평가할 필요가 있을 때, 교사·학생·학부모·졸업생 등을 대상으로 질문지를 실시하는 방법을 말한다. 이 방법을 사용하는 경우에 가장 중시해야 할 사항은 어떤 내용을 질문할 것인가와 누구를 대

상으로 실시할 것인가를 교육과정 평가 목적 및 내용에 맞추어 선정하는 것이다.

셋째, 면담을 통한 방법이다. 문서나 서류 점검을 통해 파악하기 곤란하거나 혹은 교육과정 평가를 위한 평가 항목이나 준거 중에서 심층적으로 확인할 필요가 있을 경우, 교사·학생·학부모 등을 대상으로 근거 자료를 수집하기 위하여 실시하는 방법이다. 개별 면담이나 집단 면담, 포커스 그룹 면담 등의 방법을 적용할 수 있다.

넷째, 관찰에 의한 방법이다. 실제로 현장을 방문하여 관찰함으로써 보다 객관적이고 정확한 평가 근거자료를 수집할 가능성이 많은 상황에서 실시하는 자료 수집 방법이다. 관찰 결과를 평가의 근거 자료로 활용하는 경우에, 단일 관찰자의 관찰에만 의존하는 것을 삼가고, 적어도 2~3명 이상의 관찰자가 각자 관찰·평가하여 합산하도록 해야만 근거 자료의 객관성 및 신뢰성이 확보될 수 있다. 이 방법은 관찰자가 교육활동이 이루어지는 현장에 참여하는 참여 관찰 방법과 직접 참여하지 않고 관찰하는 비참여 관찰 방법으로 나눌 수 있다.

다섯째, 자기보고에 의한 방법이다. 교사에게는 자신의 교육활동에 대하여 스스로 평가하여 보고하도록 하며, 학생들에게는 자신의 학습 및 생활에 대하여 스스로 평가하여 보고하도록 하는 방법이다. 이러한 방법을 사용할 때는 어떤 방식으로 보고하도록 할 것인가를 선정하는 것과 어떤 내용에 대하여 어떻게 보고할 것인가를 사전에 결정하여 주지시키는 일과 자기보고 결과를 어떻게 분석하여 활용할 것인가를 고려하여 사전에 체계적으로 대처해야 할 필요가 있다.

여섯째, 추적조사법이다. 학교생활 전반에 걸쳐 학교를 중심으로 한 학생들의 족적 및 흔적을 조사하고 분석함으로써 학생중심의 학습경험과 학습활동의 양상을 직접 또는 간접적으로 파악할 수 있다. 이 방법을 통하여 학생들이 학교에서 생활하는 동안 어떤 경험을 하고 무엇을 중시하고 의미 있게 여기며 생활했는가를 추적함으로써 학교생활의 진면목을 추론할 수 있는 동시에 교육과정 운영 및 실천에 관한 구체적인 실증적 근거와 교육과정으로 인한 교육 효과 및 영향을 추론해 낼 수 있다.

일곱째, 결정적 사건 연구기법(critical incident technique)이다. 학교 교육의 효과를 비교적 잘 드러내는 매우 중요한 상황이나 사건을 중심으로 학생 또는 교사의 반응이나 행동을 분석하여 교육과정 평가 또는 학교 평가의 근거 자료로 활용하는 방법이다.

여덟째, 관행분석법(의례 및 규범 분석)이다. 학교생활에서 학생들이 특히 강조하여 지켜야 할 규범이나 규칙, 또는 필수적으로 준수해야 할 규약이나 관행 및 의례 사항이 무엇인가를 조사 및 분석함으로써 학교생활을 통하여 학생들이 무엇을 경험하고 그 경험이 학교 교육목표와 어떤 관련성이 있으며 교육과정 운영 및 실천 활동과 어떻게 관련되어 있는가를 직접 또는 간접적으로 분석할 수 있다.

아홉째, 임상적 면접법이다. 앞에서 언급한 면담방법과 동질적인 방법이지만 교육활동이 전개되는 도중에 또는 교육과정이 운영되고 실천되는 생생한 현장에서 현장중심과 학생중심의 관점으로 교육활동에 관한 인식 및 태도(반응)나 교육활동으로 인한 변화과정 또는 변화된 점을 파악하는 데 중점을 둔다는 점에서 차이가 있다.

열째, 점검목록표 활용법이다. 평가 목적 및 평가 내용의 성격을 중시하여 사전에 작성한 점검목록표(checklist)를 활용하여 교육과정을 평가하는 방법이다. 이 방법을 사용하는 경우에 가장 중시해야 할 사항은 평가 목적 및 내용과 관련된 평가 준거를 어떤 방식으로 점검하여 평정할 수 있도록 할 것인가에 대한 치밀한 사전 계획을 수립해야 한다는 점이다. 동시에 점검 및 평정 과정상의 신뢰성(객관성 및 공정성)을 확보하기 위하여 평정자에 대한 교육 훈련이 필수적으로 요청된다.

마지막으로 의미변별기법이다. 교육과정의 효과 또는 영향을 파악하는 데 중점을 두는 경우에 학생들의 특정 개념이나 교육활동(사건, 상황 등)에 대한 인식 및 태도의 변화를 파악하기 위하여 이러한 방법을 사용한다. 이 방법은 특정 개념에 대한 의미변별을 위하여 선정된 추상적인 형용사들을 대칭 상태로 짝지어 제시하고 그 짝을 이룬 형용사를 통하여 특정 개념에 대한 자신의 태도 또는 반응을 표현하도록 하는 것이다.

자료의 처리 방법은 크게 양적 처리 방법과 질적 처리 방법으로 나눌 수 있다. 먼저 양적 처리 방법은 평가 대상인 교육과정 내용 자체 또는 운영 및 결과에 대한 자료를 수집하고 측정하기 위하여 도구를 활용하고 그 결과를 객관화, 수량화하여 분석 처리하는 방법이다. 반면에, 질적 처리 방법은 평가 대상인 교육과정 내용 자체 또는 운영 및 효과 등을 평가자가 직접 관찰하고 기술하며 판단하는 데 중점을 두는 방법이다. 이 두 가지 처리 방법 중에서 어떠한 방법을 취하든지 간에, 평가 준거의 성격에 비추어 어떻게 하면 타당하고 신뢰할 만한 근거 자료를 다각적으로 수집할 수 있는가가 중요하다.

## 3. 교육과정 평가의 과제

국가수준 교육과정 지침에 따르면, 학교는 매년 교육과정 운영 실적을 자체 평가하여, 그 결과를 다음 학년도의 교육과정 편성과 운영에 반영하도록 하고 있다. 이러한 지침에 의거하여 이루어지고 있는 단위 학교의 교육과정 평가를 더욱 효과적으로 실시하기 위해서는 다음과 같은 과제를 해결할 필요가 있다.

첫째, 학교 구성원들이 학교 교육과정 평가의 필요성을 인식하고 평가의 과정에 적극적으로 동참할 수 있도록 도와주어야 한다. 학교 교육과정 평가가 '교육부나 교육청의 행정적인 요구에 따라 억지로 하게 되는 일거리'로 인식되거나 1년에 한두 번 관례적으로 치르는 '요식 행위'로 생각하지 않고, 학교 교육의 질을 개선하기 위하여 자료를 수집하고 방안을 모색하는 중요한 수단이라는 점을 인식하도록 도움을 줄 필요가 있다.

둘째, 학교 구성원들이 교육과정 평가의 다양한 모형과 방법들을 익히고 사용할 수 있도록 학습기회를 제공해 주어야 한다. 교육과정 평가는 평가의 주체와 목적에 따라 대상, 영역, 준거, 자료 수집과 처리, 보고의 내용과 방식 등이 달라지므로, 단위 학교가 처해 있는 학교 안팎의 요구에 부합하는 교육과정 평가를 하기 위해서는 학교 구성원들이 교육과정 평가의 다양한 모형과 방법을 익히는 기회를 가질 필요가 있다.

셋째, 학교 교육과정 평가에서 내부 평가와 질적 평가방법을 강화할 필요가 있다. 외부 평가는 통상적으로 책무성 확인의 일환으로 실시되기 때문에 학교 구성원들이 자발적으로 학교 교육의 질을 개선하고자 하는 의욕을 불러일으키지 못하며, 평가 방식에 있어서도 타 학교와의 비교를 목적으로 하는 가운데 양적 지표와 드러난 결과만을 중시하는 경향이 있다. 이런 점에서 학교 교육과정 평가는 학교 구성원들이 자발적으로 학교 교육과정의 문제를 찾고 이를 개선하는 데 도움을 주는 내부 평가를 강화하며, 정성적인 평가를 가능하게 하는 질적 평가방법을 더욱 적극적으로 활용하는 것이 중요하다.

## 4. 국가수준 학업성취도 평가와 성취평가제

### 1) 국가수준 학업성취도 평가

세계 여러 나라에서는 국가수준 교육과정의 목표 도달 정도를 파악하고 교육과정 개선을 위한 기초자료를 확보하기 위하여 국가 학업성취도 평가를 실시하고 있다. 국가수준 학업성취도 평가는 국가수준 교육과정에서 설정한 학습목표를 학생들이 어느 정도 달성하고 있는가를 파악하는 시험이지만, 개별 학생의 성취수준과 함께 교육정책의 수립과 국가 교육과정의 개선을 위한 기초 자료로 활용된다. 박인용 등(2017)은 국가 학업성취도의 기능을 다음과 같이 제시하였다.

첫째, 국가수준 교육과정에 따른 교육목표 도달 정도를 확인함으로써 교육과정 개선의 정보를 얻는다.

둘째, 학업성취와 관련이 높은 교육맥락 변인을 분석함으로써 학업성취를 높이기 위한 교육정책의 근거 자료를 얻는다. 학업성취를 높이기 위한 교육정책에는 학교 수업의 교수학습 방법 개선과 같이 학교 교육의 질적 수준을 개선하는 것도 포함된다.

셋째, 개별 학생의 학업성취(기초미달 여부)를 파악하고, 기초미달 학생의 경우 학습 지원을 제공한다. 이 경우는 학업성취도 평가가 모든 학생을 평가대상으로 하는 전수 형태로 이루어지거나, 표집 평가라도 개별 학생이 동의하면 언제나 해당 평가가 가능할 때 가능하다.

우리나라에서 국가수준 학업성취도 평가는 1998년 기본 계획을 수립한 이래 지금까지 매년 실시하고 있다. 시행 초기에는 표집 체제였는데, 2008년에 전수체제로 전환되었다가, 2017년부터 다시 표집체제로 환원되었다.

현행 국가수준 학업성취도 평가는 준거참조평가(절대평가)로 일부 교과(국어, 영어, 수학, 사회, 과학)에서 선다형 및 서답형 문항을 통해 평가하고, 우수학력−보통학력−기초학력−기초학력미달의 4단계 성취수준으로 평가하고 있다. 국가수준 학업성취도 평가에서 산출된 '기초학력 미달률'은 현재 우리 사회에서 학교 교육의 질과 책무성을 가름하는 주된 평가 지표로 사용되고 있다.

평가대상의 경우, 시행 초기부터 2012년까지 초등학교 6학년, 중학교 3학년, 고등학교 1학년 혹은 고등학교 2학년을 대상으로 시행되었다가, 2013년부터 초등학생이 평가에서 제외되어 현재 중학교 3학년과 고등학교 2학년 학생을 대상으로 평가를 시행하고 있다(김유리, 김성식, 2019).

　2023년 9월 국가수준 학업성취도 평가는 중학교 3학년과 고등학교 2학년 전체 학생의 3%를 표집(476개교, 총 24,835명)하여 실시하였다. 중학교 3학년(국어 · 수학 · 영어 · 사회 · 과학)과 고등학교 2학년(국어 · 수학 · 영어) 교과에 대한 학업성취 수준뿐만 아니라, 학생들의 학교생활 만족도, 사회 · 정서적 역량 등 비인지적 특성에 대한 진단을 포함한다. 우리나라에서는 국제 · 해외 성취도 평가(피사(PISA), 팀스(TIMSS), 미국, 호주 학업성취도 평가 등)에서 컴퓨터 기반 평가를 도입하는 추세를 반영하여, 2022년부터 컴퓨터 기반 평가(CBT) 방식을 도입하였으며, 2023년에도 컴퓨터 기반 평가를 실시하였다. 컴퓨터 기반 평가(CBT)는 미디어, 도구 조작, 정보 검색 등 다양한 컴퓨터 기능을 통해 문제해결 과정을 현실적으로 재현한 것이다. 다음은 2023년 국가수준 학업성취도 평가의 교과 및 범위다.

**표 12-5　국가 학업성취도 평가 교과 및 범위**

| 학년 | 교과 | 평가 범위 | 교과별 시간 | 비고 |
|---|---|---|---|---|
| 중3 | 국어, 수학, 영어, 사회, 과학 | 중 1~2학년 전 과정, 3학년 1학기 과정 | 45분 | 사회, 과학은 각 1.5% 표집 |
| 고2 | 국거, 수학, 영어 | (국어 · 영어) 범교과 소재, (수학) 고등학교 '수학'과목 | 50분 | |

출처: 교육부 공식 블로그.

　이와 같이 국가 교육과정의 질 관리 차원에서 매년 실시하는 국가수준 학업성취도 평가와 관련하여 다음과 같은 쟁점이 있다.

　첫째, 평가 방법에 대한 쟁점이다. 현재 국가수준 학업성취도 평가의 시험 문항은 국가수준 교육과정에 기반하여 개발되는 선다형과 서답형으로 구성되어 있다(서답형 문항은 전체 문항의 20~30% 정도의 비중을 차지한다). 하지만 선다형이든 서답형이든 현행 국가수준 학업성취도 평가에서는 학생의 정의적 발달이나 행동이 포함되는 영역의 평가에는 한계가 있다. 특히 2015년부터 시행되고 있는 역량중심 교육이나 2022 교육과정에서 교과에서 강조하는 가치 · 태도 영역의 학습 결과를 재는 데는 한계가 있다.

둘째, 평가 대상에 대한 쟁점이다. 우리나라에서는 표집조사에서 출발하여 전수조사로 변경하였다가 현재 표집조사를 하고 있다. 전수조사는 학생 개인과 학부모가 자신이나 자녀의 학업성취 정도를 알게 하는 장점이 있는 반면에, 비용과 행정력의 낭비가 있으며, 학생 비교나 학교간 비교로 악용된다면 부작용이 있다는 점에서 비판의 대상이 된다. 표집조사는 학생과 학부모가 자신의 학업성취를 구체적으로 알 수 있는 기회를 갖지 못하며, 이를 기반으로 학습을 위한 개별 대책을 세울 기회를 갖지 못하는 단점이 있다. 현재 국가수준 학업성취도 평가의 대상은 중학교 3학년과 고등학교 2학년이다. 초등학교 6학년에게 실시되던 평가가 너무 어린 학생들에게 학습과 평가에 부담이 된다는 취지에서 2013년 폐지되었다. 하지만 중·고등학교뿐만 아니라 초등학교 학생을 대상으로 실시해야 한다는 주장이 있으며, 한걸음 더 나아가 평가 대상을 초등학교 1학년부터 고등학교 3학년에 이르는 전 학년을 대상으로 실시해야 한다는 주장도 제기되고 있다.

## 2) 성취평가제

성취평가제는 국가수준 교육과정에 근거하여 개발된 교과목별 성취기준과 성취수준에 따라 학생의 학업성취 수준을 평가하는 것이다.

성취평가제는 학생들 간 상대적 서열 중심의 규준참조평가에서, 학생들이 성취해야 할 목표 중심의 준거참조평가로의 전환을 의미한다. 성취평가제는 기존의 상대평

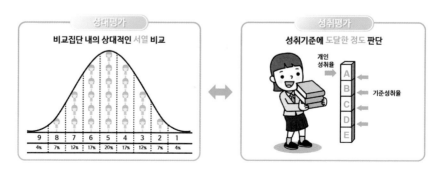

[그림 12-1] 상대평가와 성취평가의 비교

출처: https://stas.moe.go.kr/cmn/page/pageContDtl:H_ACVMT_EVAL

가가 가지는 한계를 극복하여 학생에게 성취 정도에 대한 구체적인 정보를 제공하고 성취 수준에 적합한 다양한 학습이 가능하도록 하여 학생의 학습능력을 향상시키며 학생들 간 무한경쟁으로 인한 과중한 학업 스트레스를 덜어 주는 이점이 있다. 또한 교사에게도 학생의 성취 정도에 따라서 적절한 교수ㆍ학습 방법을 계획하고 실행할 수 있다는 장점이 있다.

우리나라에서 성취평가제는 중학교의 경우 2012학년도 신입생부터 전 교과에서 시행하고, 고등학교의 전문교과는 2012년, 보통교과는 2014학년도 1학년 신입생부터 시행하고 있다.

2023년 성취평가제와 관련한 교과학습 발달상황과 관련된 교육부의 지침은 〈표 12-6〉과 같다.

**표 12-6 학교생활기록 작성 및 관리지침 [시행 2022. 3. 1.]**

② 초등학교의 교과학습 발달상황은 각 교과별 성취기준에 따른 성취수준의 특성 및 학습활동 참여도 등을 '세부능력 및 특기사항'란에 교과별로 문장으로 입력하되, 1, 2학년 '바른 생활', '슬기로운 생활', '즐거운 생활' 교과는 통합하여 입력한다.

③ 중학교는 제1항의 규정에 의하여 시행한 평가에 따라 '교과', '과목', '원점수/과목평균', '성취도(수강자수)'를 산출하여 각 학기말에 입력한다. 다만, 체육ㆍ예술(음악/미술) 교과(군)의 과목은 '교과', '과목', '성취도'를 입력한다.

④ 고등학교는 제1항의 규정에 의하여 시행한 평가에 따라 '교과', '과목', '단위수', '원점수/과목평균(표준편차)', '성취도(수강자수)', '석차등급'을 산출하여 각 학기말에 입력한다. 다만, 다음의 교과(목)는 예외로 하여 각 호의 사항을 입력한다.

   1. 보통 교과 진로 선택과목(진로 선택으로 편성된 전문 교과 포함): '교과', '과목', '단위수', '원점수/과목평균', '성취도(수강자수)', '성취도별 분포비율'

   2. 보통 교과 공통과목의 '과학탐구실험' 및 전문 교과Ⅱ, Ⅲ: '교과', '과목', '단위수', '원점수/과목평균(표준편차)', '성취도(수강자수)'

   3. 보통 교과의 체육ㆍ예술 교과(군)의 일반 선택과목: '교과', '과목', '단위수', '성취도'

⑧ 고등학교의 보통 교과 중 교양 교과는 과목명 및 이수단위를 입력하고 '성취도(수강자수)'란과 '석차등급'란에는 'P'를 각각 입력한다. 또한 중학교에서도 고등학교 교양교과(환경, 보건, 진로와 직업 등) 성격의 과목을 선택하여 이수한 경우 과목명 및 이수시간을 입력하고 이수여부에 'P'를 입력한다.

⑩ 전문 교과Ⅰ 및 보통 교과[공통과목 과학탐구실험, 진로 선택과목(진로선택으로 편성된 전문 교과 포함), 체육ㆍ예술 교과(군)의 일반 선택과목, 교양 교과(군)의 과목 제외]는 과목 수강자수가 13명 이하인 경우 '교과', '과목', '단위수', '원점수/과목평균(표준편차)', '성취도(수강자수)'를 입력하고, '석차등급'란에는 '석차등급'이나 'ㆍ'을 입력한다. 다만, 수강자 수가 13명 이하인 과목이 2과목 이상인 경우에 '석차등급'란에 '석차등급' 또는 'ㆍ' 표기 중 한 가지 방법으로 동일하게 입력한다.

여기서 볼 수 있는 바와 같이, 고등학교의 경우 과목에 따라 석차 등급을 제시하도록 한 것은 대학입학제도와 관련이 있다. 대학에서 학생을 선발할 때, 학교에 따라 분할 점수를 달리하고 성적 부풀리기가 발생하게 되면 교과학습 발달기록을 학생을 비교할 수 있는 잣대로 활용하기 어렵기 때문이다.

2022년 12월 개정 교육과정이 고시되어, 2025년부터 고교학점제가 전면 도입된다. 고교학점제는 학생이 과목을 이수하고 학점을 취득하려면 출석(수업 횟수의 2/3)과 학업성취율(40%) 이상을 충족해야 한다. 교육부는 성취평가제의 학업성취율과 성취도 변화에 대해 [그림 12-2]와 같이 제시하였다(백승진, 2023).

| 〈현행〉 | | | 〈향후(2025학년도~)〉 | | |
|---|---|---|---|---|---|
| 성취율 | 성취도 | | 성취율 | 성취도 | |
| 90% 이상 | A | | 90% 이상 | A | |
| 80% 이상~90% 미만 | B | | 80% 이상~90% 미만 | B | |
| 70% 이상~80% 미만 | C | | 70% 이상~80% 미만 | C | |
| 60% 이상~70% 미만 | D | | 60% 이상~70% 미만 | D | ↑ 이수 |
| 60% 미만 | E | | 40% 미만 | I | ↓ 미이수 |

[그림 12-2] 고교학점제에서의 학업성취율과 성취도(교육부, 2021)
출처: 교육언론창(https://www.educhang.co.kr).

고등학교의 모든 과목에서 학점 이수 여부를 판단하려면 성취평가와 같은 준거참조평가로 학생 평가제도를 운영해야 한다. 2025년부터는 본격적으로 모든 과목의 성취평가 결과가 반영된다. 교육부는 석차 등급제에서 수강 인원 수 등에 따라 내신 등급에 유불리가 생긴다는 현장의 목소리를 반영하여, 성취평가제를 2025학년도(고1~)부터 모든 선택과목(일반선택, 융합선택, 진로선택)으로 확대 도입하기로 했다(백승진, 2023).

| 교과 | 성적 산출 |
|---|---|
| 공통과목<br>일반선택과목 | 성취도(A,B,C,D,E),<br>석차등급 병기 |
| 진로선택과목 | 성취도(A,B,C) 표기 |

[현행(2019~)]

[향후(2025~)]

| 교과 | 성적 산출 |
|---|---|
| 공통과목 | 성취도(A,B,C,D,E,I),<br>석차등급 병기 |
| 선택과목<br>(일반/융합/진로) | 성취도(A,B,C,D,E,I) 표기 |

[그림 12-3] 고등학교 내신 성적 산출 방식의 변화(보통교과)

출처: 교육언론창(https://www.educhang.co.kr).

성취평가제는 학생에게는 자신의 성취 내용과 정도를 알게 함으로써 학습력의 증진에 도움을 주고, 교사에게는 학생들의 성취 수준을 파악함으로서 학생에게 맞는 수업 방법을 적용할 수 있는 기회를 준다. 하지만 성취평가제의 시행과 관련하여 해결해야 할 쟁점이 있다.

첫째, 교과별 성취기준과 학교에서 치르는 교과별 시험(지필과 수행 포함)의 출제 내용의 관련성이다. 성취평가제는 국가수준 교육과정에서 제시한 교과별 성취기준을 기반으로 평가를 실시하는데, 학교에서 치르는 시험이 국가수준 교육과정의 교과별 성취기준을 충실하게 반영하는가 하는 것이다. 만일 시험의 내용이 국가수준 교육과정에서 제시한 교과의 성취기준과 관련성이 부족하다면 성취평가제 시행의 근본이 흔들리게 된다.

둘째, 성취평가제의 등급 산출과 관련된 문제다. 현재 초·중·고등학교의 대부분의 과목은 성취율에 따라 ABCDE 5등급으로 나타내며, 일부 과목은 ABC 등급으로 표기하도록 하고 있다. 그런데 성취율은 시험 내용의 범위와 난이도에 영향을 받기 때문에 때마다 달라질 수 있다. 이보다 근본적인 문제는 교과별 성취기준의 달성률이 명확하지 않을 수 있다는 점이다. 교과별 성취기준에서 성취율 80%와 90%의 차이는 무엇인가 하는 질문을 제기할 수 있다.

첫 번째와 두 번째 문제를 해결하기가 쉽지 않지만, 현재로서는 교사들이 교과의 성취기준을 충실히 반영하여 시험 문제(지필과 수행)를 출제해야 하며, 성취율의 차이를 나타내는 객관적인 잣대를 가질 필요가 있다.

셋째, 성취평가제의 성패는 대학입학제도와 긴밀하게 연관되어 있다. 성취 결과의 기록이 오늘날같이 복잡하게 된 것도 학생들의 성적이 대학입학자료로 활용되기 때문이다. 성취평가제가 도입의 취지에 맞게 시행되기 위해서는 이에 걸맞는 대학입제도가 마련될 필요가 있다. 하지만 현실적으로 쉽지는 않는 일이다.

# 참고문헌

교육부(2023). 고등학교 학교생활기록부 기재 요령.

김석우(2009). 교육평가의 이해. 학지사.

김유리, 김성식(2019). 신학력관과 2015 교육과정에 기반한 국가수준 학업성취도평가의 대안 모색. 교육문화연구, 25(2), 149-173.

박병량(2003). 학급경영(개정판). 학지사.

박인용, 김완수, 서민희 외 (2017). 2016년 국가수준 학업성취도 평가 결과: 고등학교 학업성취도 결과(연구자료 ORM 2017-43-2). 한국교육과정평가원.

배호순(2001). 교육과정 평가론. 교육과학사.

백승진(2023). 교육디자인네트워크: 줄세우기 평가 벗어날 때. 교육언론 창(2023.09.27.)

이경진, 최진영(2007). 교사의 교육과정 실행에 대한 종단적 사례 연구: 학습과제 및 담화를 중심으로. 교육과정연구, 25(3), 215-245.

이근호, 이미숙, 이병천, 김희경, 백경선(2017). 학교 기반 교육과정 평가 방안 연구. 교육과정평가원 연구보고 RRC 2017-9

진영은(2003). 교육과정: 이론과 실제. 학지사.

최호성, 박경희(2002). 학교 교육과정 평가모형의 구안과 시·도 교육청 평가 실제의 분석. 교육과정연구, 20(2), 71-95.

Kemmis, S., & Stake, R. (1988). *Evaluating Curriculum.* Deaken University Press.

Scriven, M. (1967). The Methodology of Evaluation. In Perspectives on Curricular Evaluation by Tyler, R. W., Gagné, R. M., & Scriven, M. (Eds.), *AERA Monograph Series on Curriculum Evaluation, NO. 1.* (pp. 39-83). Rand McNally.

Worthen, B. R., Sanders, J. R., & Fitzpatrick, J. L. (1997). *Program Evaluation: Alternative Approaches and Practical Guidelines* (2nd ed.). Longman.

교육부 공식 블로그. https://if-blog.tistory.com/14464

교육언론창. https://www.educhang.co.kr

학생평가지원포털. https://stas.moe.go.kr/cmn/page/pageContDtl:H_ACVMT_EVAL

한국교육과정평가원 홈페이지. https://www.kice.re.kr/

# 찾아보기

## 내용

# 저자 소개

**김대현**(Kim Daehyun)

  경주에서 태어나서 부산에서 자랐다. 부산대학교에서 교육학과 교육과정 분야를 공부하였다. 진주교육대학교를 거쳐 부산대학교에서 대부분의 교수 생활을 하였다. 한국교육과정학회장을 역임하였고, 한국교육학회의 임원으로 활동하였다. 교육부의 교육과정심의위원과 각론조정위원장을 지냈으며, 국가교육회의와 정책기획위원회에서 활동하였고, 현재 국가교육위원회의 국가교육과정전문위에서 일을 하고 있다. 부산대학교에서 교수학습지원센터장, 사범대학장, 교무처장 등의 보직을 수행하였고, 현재 지역혁신연구원이라는 단체의 원장을 맡고 있다. 『학교에서의 신뢰』(학지사, 2021), 『교육과정 통합이론』(학지사, 2021), 『교육과정을 향한 도전적 시선』(학지사, 2023) 등을 포함하여 20여 권의 저서, 역서, 공저를 냈다. 부산에서 사는 것을 기쁨과 자랑으로 생각하고 있다.

교육과정의 이해(3판)

How to Understand and Shape Curriculum

2011년  2월 28일 1판  1쇄 발행
2016년  3월 25일 1판 11쇄 발행
2017년  3월 15일 2판  1쇄 발행
2023년 10월 10일 2판 12쇄 발행
2024년  3월 31일 3판  1쇄 발행

지은이 • 김대현
펴낸이 • 김진환
펴낸곳 • ㈜ 학지사

04031 서울특별시 마포구 양화로 15길 20 마인드월드빌딩
대표전화 • 02-330-5114    팩스 • 02-324-2345
등록번호 • 제313-2006-000265호

홈페이지 • http://www.hakjisa.co.kr
인스타그램 • https://www.instagram.com/hakjisabook

ISBN 978-89-997-3093-1  93370

정가 22,000원

저자와의 협약으로 인지는 생략합니다.
파본은 구입처에서 교환해 드립니다.

이 책을 무단으로 전재하거나 복제할 경우 저작권법에 따라 처벌을 받게 됩니다.

출판미디어기업 학지사

간호보건의학출판 **학지사메디컬** www.hakjisamd.co.kr
심리검사연구소 **인싸이트** www.inpsyt.co.kr
학술논문서비스 **뉴논문** www.newnonmun.com
교육연수원 **카운피아** www.counpia.com
대학교재전자책플랫폼 **캠퍼스북** www.campusbook.co.kr